法显崂山登陆纪念

东魏天柱山石窟

峡沟南山石窟

大泽山"书法走廊"

崂山华严寺

湛山寺

QINGDAOFOJIAOYANJIU

青岛佛教研究

任颖卮　王东升/著

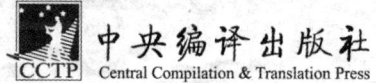

中央编译出版社
Central Compilation & Translation Press

图书在版编目 (CIP) 数据

青岛佛教研究 / 任颖卮，王东升著. — 北京：中
央编译出版社，2015.4
ISBN 978 - 7 - 5117 - 2190 - 7

I.①青… Ⅱ.①任…②王… Ⅲ.①佛教—青岛
市 Ⅳ.①B949.2

中国版本图书馆 CIP 数据核字（2015）第 024108 号

青岛佛教研究

出 版 人：刘明清
出版统筹：董　巍
责任编辑：陈　素　曲建文
责任印制：尹　珺
出版发行：中央编译出版社
地　　址：北京市西城区车公庄大街乙 5 号鸿儒大厦 B 座（100044）
电　　话：(010) 52612345（总编室）　　(010) 52612363（编辑室）
　　　　　(010) 52612316（发行部）　　(010) 52612315（网络销售）
　　　　　(010) 52612346（馆配部）　　(010) 66509618（读者服务部）
传　　真：(010) 66515838
经　　销：全国新华书店
印　　刷：北京天正元印务有限公司
开　　本：710 毫米×1000 毫米　1/16
字　　数：287 千字
印　　张：17
版　　次：2015 年 4 月第 1 版第 1 次印刷
定　　价：48.00 元

网　　址：www.cctphome.com　　邮　箱：cctp@cctphome.com
新浪微博：@中央编译出版社　　微　信：中央编译出版社（ID：cctphome）
淘宝店辅：中央编译出版社直销店（http://shop108367160.taobao.com）

本社常年法律顾问：北京市吴栾赵阎律师事务所律师　闫军　梁勤
凡有印装质量问题，本社负责调换。电话：010—66509618

题　记

辩证法在佛教徒那里已经达到了比较精致的程度。

——马克思

佛教乃教世之仁，佛教是哲学之母，研究佛教可佐科学之偏。

——孙中山

释迦牟尼真是大哲，我平常对人生有许多难以解决的问题，而他居然大部分早已明白启示了，真是大哲。

——鲁迅

佛教的创始人释迦牟尼主张普渡众生，是代表当时在印度受压迫的人讲话。为了免除众生的痛苦，他不当王子，出家创立佛教。因此，信佛教的人和我们合作，在为众生即人民群众解除压迫和痛苦这一点上是共同的。

——毛泽东

佛教产生于古代印度，但传入中国后，经过长期演化，佛教同中国儒家文化和道家文化融合发展，最终形成了具有中国特色的佛教文化，给中国人的宗教信仰、哲学观念、文学艺术、礼仪习俗等留下了深刻影响。中国唐代玄奘西行取经，历尽磨难，体现的是中国人学习域外文化的坚韧精神。……中国人根据中华文化发展了佛教思想，形成了独特的佛教理论，而且使佛教从中国传播到了日本、韩国、东南亚等地。

——习近平（在联合国教科文组织总部的演讲，2014 年 3 月 27 日，巴黎）

目 录

绪 论 ………………………………………………………………… 1

一、佛教的历史源流 ………………………………………… 1

二、佛教的经典与教义 ……………………………………… 3

三、佛教的戒律和行事 ……………………………………… 13

四、佛教的建筑 ……………………………………………… 16

第一章 魏晋南北朝时期的青岛佛教 …………………………… 18

一、东晋高僧法显在崂山登陆 ……………………………… 18

二、宋高僧道普在崂山海域殉道 …………………………… 21

三、宋齐居士明僧绍隐居崂山 ……………………………… 21

四、北魏创建崂山法海寺 …………………………………… 23

五、平度释迦院造像碑和天柱山石窟 ……………………… 25

第二章 隋唐宋元时期的青岛佛教 ……………………………… 27

一、日僧圆仁在青岛的足迹 ………………………………… 27

二、大珠山三大石窟 ………………………………………… 29

三、宝寿重修崂山法海寺 …………………………………… 31

四、平度大泽山智藏寺 ……………………………………… 32

第三章 明代的青岛佛教 ………………………………………… 35

一、憨山大师早年岁月 ……………………………………… 35

二、憨山大师崂山年谱 ……………………………………… 39

三、憨山大师崂山春秋 ……………………………………… 54

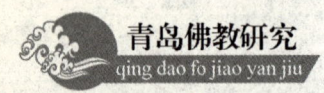
四、崂山僧道之争始末 ················ 86

五、平度大泽山智藏寺 ················ 97

六、其他佛教成就 ················ 104

第四章　清代的青岛佛教 ················ 110

一、崂山华严庵 ················ 110

二、崂山法海寺 ················ 122

三、尼姑广住崂山修行 ················ 123

四、大泽山智藏寺、日照庵的重修 ················ 124

五、其他青岛佛寺 ················ 127

第五章　近代的青岛佛教 ················ 131

一、青岛佛学研究社 ················ 131

二、倓虚大师对青岛佛教的贡献 ················ 139

三、弘一大师在湛山 ················ 195

四、青岛佛学会与中国佛教会青岛分会 ················ 208

第六章　近代青岛的日本佛教 ················ 217

一、日本佛教侵入青岛 ················ 217

二、日华佛教团组织慰灵祭 ················ 227

三、成立宗教组织 ················ 235

四、战后日本佛教的命运 ················ 245

第七章　建国后的青岛佛教 ················ 251

一、明哲法师与湛山寺的发展 ················ 251

二、北宋金银书《妙法莲花经》面世 ················ 255

三、灵珠山菩提寺的兴建 ················ 257

参考文献 ················ 258

后记 ················ 265

绪 论

宗教是人类社会发展到一定历史阶段出现的一种文化现象，属于社会意识形态。主要特点为，相信现实世界之外存在着超自然的神秘力量或实体，该神秘统摄万物而拥有绝对权威、主宰自然进化、决定人世命运，从而使人对该一神秘产生敬畏及崇拜，并从而引申出信仰认知及仪式活动。根据美国民调机构皮尤研究中心（Pew Research Center）发表的最新《全球宗教概观》报告，在全球 69 亿人口中，有 84％ 的人有宗教信仰，其中，基督徒 32％、伊斯兰教徒 23％、印度教徒 15％、佛教徒 7％；没有宗教信仰的 10 余亿人中，有 62％ 的人口生活在中国。

佛教是与基督教、伊斯兰教并称的世界三大宗教之一。它产生于公元前六至五世纪的古印度，相当于我国的春秋时期，至今已有二千五百多年的历史。佛教长期以来广泛流传于中国和东南亚一些国家，十九世纪末开始传入欧美、非洲和大洋洲。据有关资料统计，目前全世界的佛教徒约有三亿多人。

一、佛教的历史源流

（一）佛教的创建过程

释迦牟尼是佛教对其创始人的尊称，他的原名叫乔达摩·悉达多，是喜马拉雅山印度一侧的伽比罗卫国的王子，生于公元前五百六十年左右，父亲是净饭王。二十九岁时，他的幸福生活被一次出游所打断，一路见老人、病人、尸体、苦行僧，悟出生老病死之苦。回家得一子，更受刺激。当夜，他坐车到树林深处，脱下丝绸衣，开始苦行。他用了七年时间和那些婆罗门、耆那教徒一起苦行，搞得精神恍惚，仍一无所获，遂悟出中间道路的重要。他晚年对众比丘说法时还强调，声色犬马的享乐生活和过于悲惨的苦行生活都不利于冷静地思考真理，只有中间道路才能把人引向正道。到三十五岁

1

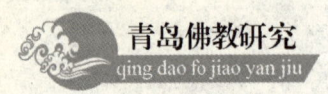

时，他在菩提树下思考解脱之道达七昼夜，终于悟出四圣谛和八正道而成佛。释迦牟尼四方游化、传道四十余年，大批武士、富商、奴隶甚至妓女纷纷皈依。于是创立最早的僧伽组织，标志着佛教诞生。弟子中最有影响者两人：

一是摩柯迦叶，悟性最高，原属婆罗门种姓，在佛陀得道的第三年皈依，八天即得道成为阿罗汉，被列为佛门十大弟子之首；又曾率五百弟子修习头陀行，被尊为头陀之首。此外，禅宗还把他作为顿悟的典范，并且尊为西天二十八祖之首。

一是阿难陀，释迦牟尼堂弟，二十五岁出家，追随佛陀二十五年，深得佛陀真传。佛陀临终前，他曾经随侍左右，加上佛陀无书，所以许多教训和遗嘱传自他，他由此被中国禅宗尊为西天二十八祖之次。

（二）佛教的演化和发展

释迦牟尼宣说的教义和制定的教规为原始佛教，其后随着社会的发展，佛教经历了部派佛教、大乘佛教和密教的发展和演变。

1. "根本分裂"：在佛陀去世一百年后，佛教出现的第一次大分裂。这次分裂使佛教分为了上座部和大众部。其中，上座部由一些长老组成，比较保守，强调恪守释迦牟尼在世时的教理和诫命；大众部由大多数下层僧侣组成，比较自由，强调对教理和戒律加以改良。佛教分裂的根本原因是佛教发展的需要：一方面，由于很多富人加入佛教，所以要求改变不蓄金银的戒律；另一方面，为了吸引更多的群众入教，必须对佛陀加以神化，于是出现了贬低阿罗汉果位的需要。

2. "枝末分裂"：公元前四——世纪，两大派进一步分为十八和二十个小部派，史称"枝末分裂"。从此进入长达几百年的"部派佛教"时期。这段时期，争论的问题更复杂，主要有两个：

一是佛陀是人是神之争：上座部的创始人大都是亲自跟随过佛陀的高级僧侣，所以反对把佛陀当成神，认为佛陀的伟大仅仅在于他的智慧和品德，而他的肉体和寿命都是有限的；大众部的成员是入教较晚的下层弟子，所以他们心目中的佛陀就是神，如认为佛陀有手过膝、面如狮、音深远等三十二种相。

二是"我"的有无之争：诸法无我本是"三法印"之一，因而不承认永恒不灭的灵魂是佛教与婆罗门教的根本区别。但是佛教继承了婆罗门教的轮回说，从而导致了一个内在的逻辑矛盾：没有不灭的灵魂，谁来充当业报轮回的主体。到了部派时期，这一矛盾更加突出，于是大多数部派开始通过各种途径提出变相的"我"或"灵魂"，只有少数部派继续坚持原来的主张，从而引起争论。

3. 三乘的由来：对于上述问题，上座部各派偏重"有"，大众部偏重"空"，因此，后来上座部的一部分（经量部）逐渐转化为大乘有宗；大众部的一部分逐渐转化为大乘空宗，另一部分继续坚持原来的主张，并转化为小乘佛教。加上后来与民间信仰的结合所导致的密教，佛教逐渐分化为"大乘"、"小乘"、"密乘"三大分支。"乘"意为承载，即承载佛教徒到达彼岸的方法。

大乘佛教主要分布在中国和日本。该派主张把佛陀神格化，提出法身（宇宙本体）、应身（神）、化身（人）说，认为修行的最高目的不是阿罗汉，而是菩萨行，菩萨可救苦救难，普渡众生。

小乘佛教现分布于东南亚国家。小乘是大乘教徒对恪守原始佛教的教条，只求自己修成阿罗汉，而不求把佛教发展成普渡众生的泱泱大教的信徒的贬称。但实际上，小乘比大乘更为接近原始佛教。

密乘佛教主要分布于西藏和蒙古等地。该派是公元七世纪从大乘佛教中分化出来的，受婆罗门教影响，搞神秘主义，重视经咒，让信徒背诵一些无确切意义的咒语。最著名的是"唵嘛呢叭咪吽"六字真言，念得越多越好。有的还搞转经筒，内藏十二张纸，全部写上这些咒语，每转一圈，等于把上面的咒语都念了一遍，一分钟可转一百二十转，相当于大约念了三百五十万次。

二、佛教的经典与教义

（一）佛教的主要经典

释迦牟尼在世时并无著述，佛教经典是在他逝世后的两千多年间逐渐形成的，佛教徒把它们分为"经"、"律"、"论"三大类，合称"三藏"。"经"是根据弟子们的回忆所记载的佛陀语录；"律"是佛教的各种典章制度；"论"是历代高僧对佛经的阐释。按照佛教的历史发展，这些典籍又可分为小乘佛教经典、大乘佛教经典和中国佛教典藉。

1. 小乘佛教的经典

小乘佛教的基本经典是论述原始佛教的主张的《阿含经》和论述"部派佛教"的主张的《阿毗达摩发智论》和《大毗婆沙论》。

"阿含"是梵文音译，意为"法归"，即归集了佛的全部说法。《阿含经》按内容和文体分为"长阿含"、"中阿含"、"杂阿含"、"增一阿含"四类。

《阿毗达摩发智论》简称《发智论》，是佛陀入灭后三百年，由迦旃延尼子所著。全书阐发说一切有部的基本观点，兼及当时部派佛教斗争的各种问题。

《大毗婆沙论》简称《毗婆沙论》，是迦旃延尼子的弟子对《发智论》的解释和宣传，系统总结"说一切有部"的主张，并且阐发了小乘佛教的基本概念、范畴、义理，带有早期佛教百科全书性质。

2. 大乘佛教的经典：影响最大的经典主要有龙树提婆的四论，即《中论》、《百论》、《十二门论》、《大智度论》。它们发挥《般若经》的空观思想，提出"缘起性空"和"八不中道"的理论。这种理论认为，世界万物是因缘和合而成的，故而万物没有独立不变的自体自性。然而，尽管缘起万物的本性空寂，但是现象并不是绝对虚无的，而是"非有非无"的。这种基于"缘起性空"的见解和方法称为"中道观"。《中论》说："众因缘生法，我说即是空，亦谓是假名，亦是中道义。"基此，龙树认为，万物"不生亦不灭，不常亦不断，不一亦不异、不来亦不去"，称为"八不中道"。还有无着、世亲的《摄大乘论》、《唯识二十论》、《唯识三十论》。它们主要阐释了佛教唯识论的观点，强调世界万法都是"心识"的变现，即"三界唯心，万法唯识"、"境在识内"、"唯识无境"。

3. 中国佛教的经典

广义而言，包括译著和自著两大类，都收录在汉文大藏经之中。狭义而言，专指中国人自己的著述，包括注疏、专论、语录等。

魏晋南北朝时期的佛教经典影响最大的主要有两部。

《肇论》：东晋僧肇的佛教论文集，是中国化佛教的代表作。书中收入的《不真空论》、《物不迁论》、《般若无知论》系统阐发了佛教中观学派的宇宙观、动静观和认识论。特别是《不真空论》以"缘起性空"论证般若空观，认为万物虚幻不真，"非有非无"，从而使人们对"般若空观"的理解达到了新高度。

《弘明集》：梁朝僧佑所著的佛教论文汇编。此书围绕当时社会所关心与争论的重大问题，辑录了东汉末年至梁朝约三百年间的上百篇佛教论文。

隋唐时期，中国佛教开始分宗立派，各宗派都有作为自己的基本教材的论著。

天台宗：最重要的著作有《法华文句》、《法华玄义》、《摩诃止观》，均为天台宗创始人智顗所作，被称为"天台三大部"。它们阐释了天台宗的基本教义定慧双修、五时八教、"一心三观"、"三谛圆融"、"一念三千"。

三论宗：创始人吉藏的《大乘玄论》、《三论玄义》、《二谛义》发挥龙树中观学派三论中的缘起性空、八不中道和二谛思想，提出"破邪显正"和"四重二谛"的理论，以"忘言绝虑"、"一无所得"为最终境界。

华严宗：创宗人法藏的《华严一乘教义分齐章》、《华严金狮子章》、《华严义海百门》、《华严经探玄记》等发挥《华严经》的思想，提出无尽缘起论、四法界观、六相圆融、十玄门等理论，其教义的中心思想乃在说明世界万有相互依存、融通无碍、一即一切、一切即一。

唯识宗：创宗人玄奘及其弟子窥基的《成唯识论》、《成唯识论述记》、《大乘法苑义林章》。此宗系统译介无着世亲的唯识学理论，阐释"八识"和唯有内识、非有外境的思想。

禅宗：虽然该宗主张"教外别传，不立文字"，但是其保留下来的禅宗文字却大大超过其他宗派。最主要的有《楞伽师资记》、《六祖坛经》、《古尊宿语录》、《五灯会元》。根据上述经典，禅宗始终以人人皆有佛性为信念，以"明心见性"为宗旨，以"无念、无相、无住"、"顿悟"为修持方法。特别是后期禅宗，甚至主张不读经、不礼佛，以机锋棒喝为教学方式，把佛教修行和世俗日常生活打成一片。

藏传佛教的经典：主要是在十四世纪后半叶编完藏文大藏经，分为"正藏"和"副藏"两大部分。"正藏"藏文称"甘珠尔"，意为经部，收入了经、律、密咒三方面的典籍。"副藏"称"丹珠尔"，意为论部，包括经律的阐明和注疏、密教仪轨，即赞颂、经释和咒释三部分。其中，宗喀巴所著《菩提道次第广论》为格鲁派的根本典籍，藏化佛教的重要论著。

（二）佛教的基本教义

从某种意义上，佛教教义的主要内容可分为两大方面：一是关于因果与修行的理论方面的，这是佛教教义的实践方面、宗教方面、道德说教方面。二是关于生命和宇宙的真相方面的，这是佛教教义的理论方面、哲学方面、辩证思维方面。佛教关于生命和宇宙的真相的理论，是建立在佛教修行（主要是禅悟）基础上的成果。当然，从具体内容上看，这两大方面是不可能截然分割开来的。

佛教的基本教义，主要包括缘起、法印、四谛、八正道、十二因缘、因果业报、三界六道、三十七道品、涅槃，以及自成一体的密宗法义等。现将

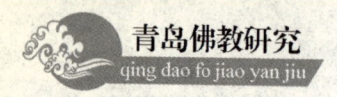

佛教的基本教义简介如下。

1. 缘起

缘起，即诸法由因缘而起。佛教以缘起解释世界、生命及各种现象产生之根源，由此建立起佛教特殊的人生观和世界观。

所谓缘起论，即阐释宇宙万法皆由因缘所生起之相状及其原由等教理之论说。缘起论是佛法的代表，是佛教与世界上其他宗教或古今任何哲学流派相区别的根本特征。缘起论系以"法印"为基础，以"十二因缘"、"四谛"、"八正道"为中心思想。所有佛教之教法均以缘起论为依准。不管是原始佛教、部派佛教还是大乘佛教，任何时代或任何地域之佛教宗派，必然以缘起论为其根本教理，反之，则不能称为佛教。随着佛教的发展，以缘起论为根本教理，逐渐发展出业感缘起、赖耶缘起、真如缘起、法界缘起、六大缘起等一系列缘起论系统教说。

2. 法印

所谓"法印"，即作为印证是否合乎佛法的标准。小乘佛教有三法印、四法印、五法印之说。

所谓"三法印"，即《杂阿含经》卷十所说："一切行无常，一切法无我，涅槃寂灭。"通常作：诸行无常，诸法无我，涅槃寂静。

所谓"四法印"，即《增一阿含经》卷十八所说："一切诸行无常，一切诸行苦，一切诸行无我，涅槃永寂。"通常作：诸行无常，诸法无我，诸受皆苦，涅槃寂静。

所谓"五法印"，即《菩萨地持经》卷八在四法印外，再加上"一切法空"，则成五法印。通常作：诸行无常，诸法无我，诸受是苦，一切法空，涅槃寂静。

大乘佛教则以诸法实相作为法印，称一实相印。所谓诸法实相，指一切万法真实不虚之体相，或真实之理法、不变之理，此系佛陀觉悟之内容，本然之真实。佛教认为，世俗认识的一切现象均为假相，唯有摆脱世俗认识才能显示诸法常住不变之真实相状，故称实相。

3. 四谛

四谛，又作四圣谛。谛，意为真理或实在。（1）苦谛：指三界六道生死轮回，充满了痛苦烦恼。（2）集谛：集是集合、积聚、感招之意。集谛，指众生痛苦的根源。谓一切众生，由于贪、瞋、痴等造成种种业因，从而感招未来的生死烦恼之苦果。从根本上来说，众生痛苦的根源在于无明，即对于佛法真理、宇宙人生真相的无知；正因为无明，众生才处于贪、瞋、痴、慢、疑、恶见等等烦恼之中，由此造下种种恶业；正因为造下种种恶业，又使得众生未来要遭受种种业报。这样反复自作自受，轮回不休。（3）灭谛：指痛苦的寂灭。灭尽三界烦恼业因以及生死轮回果报，到达涅槃寂灭的境界，称为灭。（4）道谛：指通向寂灭的道路，主要指八正道。佛教认为，依照佛法去修行，就能脱离生死轮回的苦海，到达涅槃寂灭的境界。

4. 八正道

八正道，即合乎正法的八种悟道成佛的途径，又称八圣道。（1）正见：正确的见解，离开一切断常邪见。（2）正思维：正确的思维，离开一切主观分别、颠倒妄想。（3）正语：正确的言语，也就是不妄语、不慢语、不恶语、不谤语、不绮语、不暴语，远离一切戏论。（4）正业：正确的行为活动，也就是不杀生、不偷盗、不邪淫等，诸恶莫做，众善奉行。（5）正命：正确的生活方式，即远离一切不正当的职业和谋生方式，如赌博、卖淫、看相、占卜等。（6）正精进：正确的努力，去恶从善，勤奋修行，不懒散度日。（7）正念：正确的念法，即忆持正法，不忘佛教真理，时时以惕励自己。（8）正定：正确的禅定，即专注一境，身心寂静，远离散乱之心，以佛教智慧去观想事物的道理，获得人生的觉悟。

5. 十二因缘

所谓十二因缘，就是：无明、行、识、名色、六处、触、受、爱、取、有、生、老死。这十二个环节一环套一环，顺逆都互相缘生缘灭，故称十二因缘。（1）无明缘行："无明"，指众生对佛法真理、对宇宙人生真相的无知状态。正因为无知，由此产生行，即盲目的冲动，亦即意志活动。（2）行缘识：正因为有意志活动，因而产生心识，识即精神活动，指按照意志活动投生后产生最初的意识。（3）识缘名色：由于心识活动而形成精神和物质的胎质。名，指概念、精神方面；色，指色质、物质方面的形体。（4）名色缘六处："六处"，又称"六入"，在此指六根，即眼、耳、鼻、舌、身、意等感官和认识器官。这时，胎质逐渐成熟，即将诞生。（5）六处缘触："触"指接触，指胎儿出生后，六种感觉和认识器官与外界接触。（6）触缘受："受"即感受、接受，由于身心逐渐发育，六根与色、声、香、味、触、法六境接触频繁，而产生相应的或苦或乐、或不苦不乐的感受。（7）受缘爱："爱"指爱欲、贪爱，随着年龄的增大，在不断感受的基础上产生分别心，有了爱恶之情。（8）爱缘取："取"即执着、追求，正因为有了贪爱，到了成年以

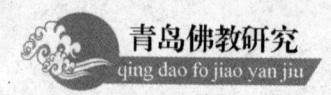

后，爱欲强盛，开始对外界执着追求。（9）取缘有：这里的"有"，指思想、行为所产生的难以抹掉的后果，即业，分为善、恶、无记三种性质的业。由于执着，造下了种种业。（10）有缘生：正因为有了业，这种业必然产生未来的果报，使人在死后重新投胎受生，从而导致来世的再生。（11）生缘老死：有了生则必然招致老、死。这样，十二个环节辗转不断地生死轮回，互为因缘，即是十二因缘。由此可见，众生之所以有生死轮回种种痛苦烦恼，根源在于无明，即对生活真实的无知。反之，只要破除无明，就可以灭除生死轮回的痛苦而获得解脱。佛说："无明的起源不可见，不可假定在某一点之前没有无明。"同时，佛又说："凡是真正见到苦的，必也见到苦的生起，必也见到苦的止息，必也见到导致苦的止息之道。"

十二因缘包含过去、现在、未来三世，有两重因果关系，称为三世两重因果。

6. 因果业报

因果，或称因果律，为佛教教义系统中用来说明世界一切关系的基本理论。谓一切事物皆由因果法则支配之，有因必有果，有果必有因，"已作不失，未作不得"。若否认这种因果之理的存在，则称"拨无因果"。

佛教在因果问题上反对四种邪执：（1）邪因邪果，即将万物生起的原因归结为大自在天等超人格的力量。（2）无因有果，即承认现存的现象世界为果，但此果的原因是难以探究的，故否定此果的起因。（3）有因无果，即承认现存的现象世界为因，但此因的结果是难以探究的，故否定此因的结果。（4）无因无果，即否定因果二者，不承认一切因果。

佛教认为，众生的行为能引生异时之因果，善之业因必有善之果报，恶之业因必有恶之果报，此称善因善果、恶因恶果，或称善因乐果、恶因苦果。这种因果之理，俨然不乱，称为因果业报，又作因果报应、善恶业报。若从实践修行上论因果关系，则由修行之因能招感成佛之果，这称为修因得果、修因感果。又一般所谓三世因果，多系指异熟因和异熟果之因果关系而言。亦即认为现世之罪福苦乐，乃前世所造善恶诸业的果报；而今生之善恶行为，亦必将影响来生的罪福报应。与三世因果密切相关的是三时报业，所谓三时报业，即根据善恶业因所招感异熟果的时间，分为：（1）顺现业，即现在世造业，现在世受报。（2）顺生业，即此世所造业，下一世受报。（3）顺后业，指此生所造业，在多世以后受报。《大宝积经》云："假使经百劫，所作业不亡，因缘会遇时，果报还自受"。

对因、缘、果的具体分析，佛教有六因、四缘、五果之说。六因即：能作因、俱有因、同类因、相应因、遍行因、异熟因；四缘即：因缘、等无间缘（又称"次第缘"）、所缘缘、增上缘；五果即：异熟果（又称"报果"）、等流果、士用果（又称"士夫果"）、增上果、离系果（又称"解脱果"）。

与因缘果报密切相关的一个概念是业。业，音译作羯磨，造作之义。意谓行为、作用、意志等身心活动。若与因果关系结合，则指由过去行为延续下来所形成的力量。善恶之业有生起苦乐之果的力用，称为业力。业的果报，则称业报，又称业果，即善恶业因招致的苦乐果报。佛教虽然强调因果法则是普遍的宇宙规律，但并不承认宿命论。佛教在强调业力的同时，也充分肯定心力的作用。认为心能造业，心也能转业，业力与心力是相互作用的。

7. 三界六道

三界六道是佛教业报轮回说的主要内容。佛教认为，众生由惑业之因（贪、瞋、痴等）而招感三界六道之生死轮回的果报，如车轮之回转，永无尽止，故称轮回，或生死轮回、轮回转生。

三界，指众生所居住的三种世界，或者说三类生存形态，即欲界、色界、无色界。

欲界，指具有淫欲、情欲、色欲、食欲、睡眠欲等多种欲望的众生所居之世界，其间男女参杂而居、多诸染欲，故称欲界。欲界众生的苦乐相差很大，包括：地狱、饿鬼、畜生、阿修罗、人、六欲天（即欲界六天）。因欲界为六道众生杂居之地，故又称杂居地。

色界，指远离欲界淫、食之欲而仍具有清净色质的众生所居之世界。这里的色，指色质，亦即物质。此界在欲界之上，没有欲染，无男女之别，其众生皆由化生，以光明为食物及语言，其身体及物质环境皆清净美妙。此界依禅定之深浅粗妙而分为四级，即初禅天、二禅天、三禅天、四禅天。其中，初禅、二禅、三禅各有三天，第四禅有九天，共十八天，称色界十八天。

无色界，指超越物质（色）之世界。此界唯有受、想、行、识四种精神现象而没有物质现象（色）。此界众生无身体，亦无物质环境，唯以心识住于深妙之禅定中，故称无色界。此界在色界之上，分为四天：空无边处天、识无边处天、无所有处天、非想非非想处天，称为无色界四天。

欲界、色界、无色界之果报虽有优劣、苦乐等差别，但都属于生死轮回之迷界，故为圣者所厌弃。

六道，又称六趣，指众生以自己所作的行为（业）而趣向来生的六种生

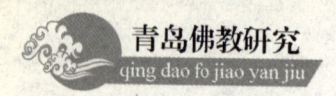

存形态或生存世界，亦即众生生死轮回的六种去处，分别是：天道、人道、阿修罗道、畜生道、饿鬼道、地狱道。其中，天道、人道、阿修罗道被称作三善道，畜生道、饿鬼道、地狱道被称作三恶道。除了天道分为欲界天、色界天、无色界天以外，其余五道皆属于欲界。六道与三界的概念是互相重合的，通常称三界六道。

8. 三十七道品

三十七道品，又作三十七菩提分，指为追求智慧、获得觉悟而进入涅槃境界的三十七种修行方法和途径。三十七道品分为七科，即四念住、四正勤、四神足、五根、五力、七觉支、八正道等七个方面。

四念住，又作四念处，指四种以智观境的方法：（1）身念处，观身不净，观此色身皆是不净，破除净想的颠倒。（2）受念处，观受是苦，观一切感受（苦受、乐受、不苦不乐受），悉皆是苦，破除乐想的颠倒。苦受是苦苦，乐受是坏苦，不苦不乐受是行苦。（3）心念处，观心无常，观此识心念念生灭，更无常住，破除常想的颠倒。（4）法念处，观法无我，观诸法皆因缘所生，空无自性，破除我想的颠倒。

四正勤，又作四正断，指四种正确的修行努力：（1）已生恶令其断灭。（2）未生恶令其不生。（3）未生善令其生起。（4）已生善令其增长。

四神足，又作四如意足，指四种可以得到神通如意的定：（1）欲神足，由希慕、意欲发起的定力，可得神通变化如意自在。（2）勤神足，又作精进神足，由精进修行发起的定力，可得神通变化如意自在。（3）心神足，又作念神足，由心念发起的定力，可得神通变化如意自在。（4）观神足，又作思维神足，由观想、思维发起的定力，可得神通变化如意自在。

五根，又作五无漏根，指五种能生起、增上一切善法的根本：（1）信根，笃信正道及助道善法。（2）精进根，于正法修行，精勤不断。（3）念根，于正法忆持不忘。（4）定根，修习禅定，心不散乱。（5）慧根，对于诸法观照明了。

五力，指由五根增长所产生的力用：（1）信力，信根增长，能破除疑惑。（2）精进力，精进根增长，能破除懈怠。（3）念力，念根增长，能破除邪念。（4）定力，定根增长，能破除昏沉散乱。（5）慧力，慧根增长，能破除烦恼及三界见思之惑。

七觉支，又作七觉分，指达到觉悟的七种次第或七种智慧：（1）择法觉支，以智慧辨别、选择所修之法的真伪、正邪。（2）精进觉支，勇猛精勤地修习正法，无有间杂。（3）喜觉支，契悟正法，心得欢喜。（4）轻安觉支，又作除觉支，断除诸见烦恼，得身心轻安愉快。（5）念觉支，思维、忆持所修之正法。（6）定觉支，摄心不散而入定境。（7）舍觉支，能舍离所见念着之境，心无挂碍。

八正道，又作八圣道，指通向涅槃解脱的八种正确途径。具体内容见前面所介绍。

9. 涅槃

涅槃，意译作灭、寂灭、灭度等，是佛教修行的最终目的和最高境界，一般指破除烦恼、无明后所证得的精神境界，这是一种不生不灭、超越生死、永恒安乐的境界。此外，出现于此世为人的佛（特指释迦牟尼），其肉体之死，称涅槃（寂灭）、般涅槃（圆寂）。后来，也将佛教高僧大德的死亡，称作涅槃、般涅槃。

小乘佛教将涅槃分为有余依涅槃和无余依涅槃，或略称有余涅槃和无余涅槃。前者虽断烦恼，但肉体（残余之依身）仍然存在；后者是灰身灭智之状态，肉体（残余之依身）已灭，生死之因已尽，众苦永寂。

大乘唯识学派则将涅槃分为本来自性清净涅槃、有余依涅槃、无余依涅槃、无住处涅槃四种。本来自性清净涅槃，指一切事物的本来相即是真如寂灭之理体，亦即真如、实相；无住处涅槃，或略称无住涅槃，指依于智慧，破除无明，远离烦恼、所知二障，不滞生死之迷界，又因大悲救度众生而不滞于涅槃之境地，即所谓不住生死，亦不住涅槃。

北本《涅槃经》卷二十二称，涅槃具足常、乐、我、净，谓之涅槃四德。涅槃境界为永远不变之觉悟，谓之常；涅槃境界无苦而安乐，谓之乐；涅槃境界自由自在、毫无束缚，谓之我；涅槃境界无烦恼之染污，谓之净。南本《涅槃经》卷三称，涅槃具足常、恒、安、清净、不老、不死、无垢、快乐，谓之涅槃八味。以涅槃八味配涅槃四德，则常、恒为常，安、快乐为乐，不老、不死为我，清净、无垢为净。

总之，涅槃是一种超越生死轮回之迷界而获得觉悟、解脱的绝对境界，它虽然是修因感果而得，但不是由因缘和合而成，因而是唯一不变的、永恒的。这种境界是佛教追求的终极目标，是一种不可言说、不可思议的超越人天福报的终极存在状态。而且，涅槃境界并不是只有死后才能达到。只要证得这种境界，生与死的分别对证道者而言已经失去了意义，不管是在生还是死后，他都将永远处于没有烦恼、没有迷惑的大自由、大自在中。

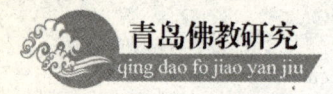
10. 密宗法义

在佛教教义中，密宗的教义系统具有其显著的独特性。密宗认为，佛教其他诸宗的教义，是作为应化佛的释迦牟尼对娑婆世界的众生所作的教化，是显教；唯有密宗的教义，是作为法身佛的大日如来（毗卢遮那佛）在法界心殿对金刚萨埵等从心流出自内证之内眷属，宣说佛自内证之境界，深妙奥秘之秘密法门，是大日如来的真言教法。密法于释迦牟尼入灭后之八百年，由龙树菩萨开南天铁塔，亲从金刚萨埵受之而流传于世。

密宗的两部根本经典是《大日经》和《金刚顶经》。以《金刚顶经》为根本经典，依此书所画之曼荼罗，称金刚界曼荼罗；以《大日经》为根本经典，依此书所画之曼荼罗，称胎藏界曼荼罗。密宗的基本思想是《大日经》中所说："菩提心为因，大悲为根本，方便为究竟。"大意是指，首先要发起立志成佛的菩提心，这是成佛的种因；其次要有救度众生的大悲心，这是增长各种菩提功德的根本之所在；再者，为证得菩提，救度众生，可以运用一切方便法门，在一定情况下，可以不拘泥于某些戒律。

密宗法义的主要内容，可以概括成"六大体大"、"四曼相大"、"三密用大"等。

所谓"六大体大"，指地、水、火、风、空、识六大乃诸法之体性，为构成有情无情一切世间万法之要素。其中，前五大为色法，后一大为心法。地大，指一切坚性的东西；水大，指一切湿性的东西；火大，指一切暖性的东西；风大，指一切动性的东西；空大，指一切无碍之物；识大，指一切诸法的了别特性。密宗认为，有情识的生物有心，叫有情有心；无情识的草木金石也有心，只不过草木金石之心犹如静水无波，或如同动物冬眠冰冻了而已，叫非情有心。例如花木向阳盛开，即是花木有心而向阳。地、水、火、风、空、识六大遍满一切法界，虽一尘一毛亦必具有六大，无一不为六大所造。换言之，地、水、火、风、空、识六大互具其他，互遍无碍，即六大无碍之义。

所谓"四曼相大"，即四种曼荼罗周遍于万法，摄尽万法之相状。曼荼罗，意译坛、坛场、轮圆具足、聚集，有轮圆具足、极味无比、养育佛种、聚集圣众之义。密宗用来形容菩提境地万德圆满之佛果。密宗行者在修法时，将曼荼罗作为观想的对象，然后将自己置身其中，将"我"与"佛"变为一体，以达到即身成佛的境界。在此，曼荼罗也是密宗修行的坛场、道场。所谓四种曼荼罗：（1）大曼荼罗，指诸尊相好具足之身；是表示宇宙全体的形相，是万事万物的普遍之相，相当于大日如来的相好具足身。（2）三昧耶曼荼罗，指诸尊所持刀剑、轮宝、金刚、莲花等表示本誓的标帜；相当于大日如来的意密。（3）法曼荼罗，指诸尊之种子及真言；相当于大日如来的语密。（4）羯磨曼荼罗，指诸尊之威仪事业；相当于大日如来的身密。

所谓"三密用大"，指身、语、意三密之作用周遍于法界，赅遍宇宙万有。密宗认为，佛之三密不可思议，一切形色为佛之身密，一切音声为佛之语密，一切观想意念为佛之意密。众生身结印契（身密）、口诵真言（语密）、意观本尊（意密），则称众生之三密。佛之三密加护、摄持于众生之三密，称为三密加持。佛之三密与众生之三密相应融合，称为三密相应（三密瑜伽）。若修行者能与本尊三密相应（三密瑜伽），达到与本尊一体化，则可以即身成佛。

由于密宗的修法颇为神秘而复杂，有结印、持咒、观想、结坛、供养本尊，修气、脉、明点，以至乐空双运等，密宗的本尊也多为忿怒诸尊，形象狰狞凶恶，有的双身赤裸拥抱，且多以骷髅、毒蛇、人首、尸体等为装饰，世人对此颇多误解。因此，密宗非常重视师徒亲传，强调密宗不可滥学。藏密在归依三宝之上，更置归依上师（喇嘛）一项，共为四归依。

三、佛教的戒律和行事

（一）佛教的戒律

即僧人的行为规范或者生活纪律，其目的在于止恶防非、从善增德。佛教的戒律包括小乘戒、大乘戒、在家信徒戒、出家僧人戒（比丘戒和比丘尼戒）。从内容上看，佛教的基本戒律主要有四种：

1. 五戒：即不杀生、不偷盗（也作"不与取"）、不邪淫、不妄语、不饮酒。它们是佛教信徒必须遵守的最基本戒律。

2. 八戒：在前五戒的基础上增加"不坐高广大床"、"不着香花，不观听歌舞伎乐、不食非食（过午不食）"。在家信徒在每月六天的斋日里必须遵守。

3. 十戒：是七至二十岁的沙弥和沙弥尼奉行的戒规。将八戒中"不观听歌舞伎乐"另立一戒，再增加"不蓄金银财宝"一戒，合为十戒。

4. 具足戒：亦称"大戒"，满二十岁以后僧人所奉行的戒律，戒条数目说法不一，通常依《四分律》所说，比丘戒二百五十条，比丘尼戒三四八条，通常说为五百条戒。因与沙弥、沙弥尼所受十戒相比，戒品具足，故名

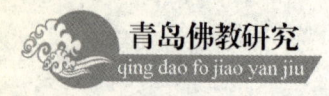

"具足戒"。出家人只有受具足戒，才能取得正式的僧尼资格。

（二）佛教的行事

可分日常课诵和年中行事两种。

1. 日常课诵：在原始佛教时期，僧众的日常行事，除了出外乞食，每日各自修行。修行的方法，一是闻佛说法，或互相讨论；二是修习禅定。佛灭度后，后来寺院立有佛像，又有佛经，于是便有了礼拜供养佛像和读诵佛经的行仪。佛教初传入中国，弟子随师修行，也没有统一规范日常行事。在东晋时代，道安法师创立僧尼规范：一是行香、定座、上经、上讲之法，即为讲经仪规；二是常日六时行道、饮食唱时之法，即为课诵临斋仪规；三是布萨、差使、悔过等法，即为忏悔仪规。当时天下寺院普遍遵行。宋明以来又在此基础上形成了寺院普遍奉行的朝暮课诵，逐渐统一为每日"五堂功课"、"两遍殿"。早殿有两堂功课，念诵《楞严咒》为一堂功课，念诵《心经》、《大悲咒》"十小咒"等为一堂功课。念诵的开始有"香赞"，中间有"赞佛偈"，最后有"祝韦陀"，并且有钟、鼓、磬、木鱼等法器伴奏。晚殿有三堂功课，一堂功课是诵《阿弥陀经》和念佛名，祈愿自己往生西方净土。另一堂功课是念"八十八佛"和《大忏悔文》，表示自己改悔过恶，发愿今后精进修行，永不退转。在一般寺院里，逢单日念《阿弥陀经》和念佛；逢双日念"八十八佛"和《大忏悔文》，但是全部念的寺院也不少。第三堂功课是"蒙山施食"，则是每天都要举行的。就是在晚殿时，僧众取少许米及水，按照《蒙山施食仪》，一边念诵，一边施给饿鬼。这一仪式源于密宗，蒙山在今四川省雅安地区名山县，相传甘露法师在蒙山集成此仪。

2. 年中行事：即在一年中例行的佛事活动，主要有：

夏安居，又称坐夏。印度夏季的雨期长达三个月之久。此三个月，出家人禁止外出，聚居一处致力修行。至今，斯里兰卡等南亚诸国和日本的佛教仍遵行之。日本以每年四月十五日至七月十五日为夏安居日，以十月十五日至翌年一月十五日为冬安居日。中国对于安居日没有严格的规定。

打七，是中国禅宗和净土宗的重要佛教仪式。于七日之中专心修持，称为"打七"。打七的时间有一个七天至十个七天不等，通常是从阴历十月十五日至腊月八日，共七七四十九天。禅宗打七的内容主要是参禅。净土宗打七的内容是专心念阿弥陀佛，伴以敲木鱼击磬。

浴佛法会，佛诞节为纪念释迦牟尼诞生的节日，又称"浴佛节"。佛教根据"佛生时，龙喷香雨浴佛身"的传说，规定在这一天举行法会，用香水灌洗佛像。节日的时间汉族地区一般为农历四月八日，一九五四年，在缅甸首都仰光召开的"世界佛教徒联谊会"第三次大会上规定，公历五月的月圆之日为"世界佛陀日"。

盂兰盆会，又称盂兰盆节，意为求事倒息，在解夏自恣日即七月十一日进行，是佛教超度祖先的一种仪式。

水陆法会，也称"水陆道场"、"悲济会"等，是中国佛教的一种非常隆重的经忏法事，是由梁武帝的《六道慈忏》和唐代密教"冥道无遮大斋"相结合发展起来的。法会少则七天，多则可达四十九天。法会上设内坛和外坛，以各种饮食为供品，供养诸佛、菩萨、天神、五岳、海河、大地、龙神、冥官眷属乃至畜生、饿鬼及地狱众生等，诵经念佛，追荐亡灵。

焰口，即"放焰口"，又是叫"焰口施食仪"，"焰口"有时又译为"面燃"，是佛教经典中所说的鬼王之名。焰口施食仪的内容有净坛、供养、归敬三宝，以手结印，口诵有关施食灭罪等各种神咒及变食真言等。此仪式多在晚上举行，是追荐死者、超度亡灵的佛事之一。此外，一些重大法会圆满之日，也都举行这一仪式。

诵戒，又称布萨，梵文音译为优波婆素陀、布萨婆沙，义译为长净、增长、净住、说戒。同住的比丘每半月集会一处，或齐集说戒堂，请精熟律法的比丘读诵戒本，以反省过去半月内的行为是否合乎戒条，如果有犯戒的，则应该在大众面前忏悔，使比丘都能长住于净戒中，长养善法，增长功德。

佛教节日诸佛菩萨圣诞（阴历）

序号	时间	名称	序号	时间	名称
1	正月初一日	弥勒佛圣诞	13	六月十九日	观世音菩萨成道
2	正月初六日	定光佛圣诞	14	七月十三日	大势至菩萨圣诞
3	二月初八日	释迦牟尼佛出家	15	七月廿四日	龙树菩萨圣诞
4	二月十五日	释迦牟尼佛涅槃	16	七月三十日	地藏菩萨圣诞
5	二月十九日	观世音菩萨圣诞	17	八月廿二日	燃灯佛圣诞
6	二月廿一日	普贤菩萨圣诞	18	九月十九日	观世音菩萨出家纪念日
7	三月十六日	准提菩萨圣诞	19	九月三十日	药师琉璃光如来圣诞
8	四月初四日	文殊菩萨圣诞	20	十月初五日	达摩祖师圣诞
9	四月初八日	释迦牟尼佛圣诞	21	冬月十七日	阿弥陀佛圣诞
11	五月十三日	伽蓝菩萨圣诞	23	腊月廿九日	华严菩萨圣诞
12	六月初三日	护法韦驮尊天菩萨圣诞			

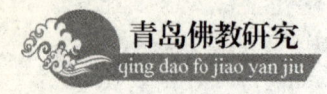

佛教在诸佛菩萨圣诞日都要举行仪式，主要有佛诞节、涅槃节、成道节等。

四、佛教的建筑

佛教建筑主要包括佛寺、佛塔和石窟。

我国佛教建筑在初期受到印度影响，塔庙里，以塔为中心，周围建以殿堂、僧舍。塔中供奉着舍利、佛像等，是寺院的中心建筑。唐代以后，殿堂逐渐成为主要建筑，塔被移于寺外，多建寺前、寺后或另建塔院，形成了以大雄宝殿为中心的佛寺结构。宋代时，禅宗兴盛，形成了"伽蓝七堂"制度，七堂指佛殿、法堂、僧堂、库房、山门、西净、浴室。规模较大的寺院还有讲堂、禅堂、经堂、塔楼、钟楼、鼓楼等。明清以来，佛寺建筑格局已成定式，殿堂塑像也大抵一致。佛寺殿堂的配置大致是，以南北为中轴线，自南往北，依次为：山门、天王殿、大雄宝殿、法堂、再后是藏经楼。东西配殿则有伽蓝殿、祖师殿、观音殿、药师殿等。寺院的东侧为僧人生活区，包括僧房、香积厨、斋堂、茶堂、职事堂（库房）等。西侧主要是云会堂（禅堂）。山门一般有三个，即空门、无相门、无作门。山门常盖成殿堂式，殿内左右分塑二金刚力士，守护佛法。山门而后的天王殿，中供大肚弥勒，弥勒是释迦的继承人，称为"未来佛"。弥勒像的左右分别为四大天王像，掌管东西南北四大部洲的山河大地，又称为"四大金刚"。弥勒像的背后是护法神韦驮天尊。大雄殿供奉主尊释迦牟尼像。供一尊佛，或释迦佛或毗卢佛或接引佛，有的供三尊佛，或三世佛（中释迦佛、左东方药师琉璃光佛、右西方极乐世界阿弥陀佛）或三身佛（法身、报身、化身）。主尊两侧，常有左右胁侍，即老"迦叶"、少"阿难"，或塑文殊、普贤两菩萨。殿内东西两侧面，多塑十八罗汉像或二十诸天。佛背后多塑一堂"海岛观音"。法堂是演说佛法、皈戒集会之处，是寺中仅次于大殿的主要建筑。最后是藏经楼，珍藏佛经的地方。大雄宝殿两旁的东西配殿，西为伽蓝殿，供像三尊，中波斯匿王，左陀太子，右给孤独长者，两侧常供十八位伽蓝神。东为祖师殿，多供奉达摩或当寺开山祖师。其他尚有库房、客房、厨房、浴室等等，分布四周。

后来佛寺还有很多别名，如精舍、刹、香刹、窟、庵、院、丛林等。

佛塔，亦称宝塔，原是印度梵文 Stupa（窣堵波）的音译，还有称为浮屠，是佛教的象征。佛塔最早用来供奉和安置舍利、经文和各种法物。佛塔的造型起源于印度。汉代，佛塔建筑随着佛教传入中国，到后汉末年就已经风行全国了。我国的佛塔，按建筑材料可分为木塔、砖石塔、金属塔、琉璃塔等，两汉南北朝时以木塔为主，唐宋时砖石塔得到了发展。按类型可分为楼阁式塔、密檐塔、喇嘛塔、金刚宝座塔和墓塔等。塔一般由地宫、基座、塔身、塔刹组成，塔的平面以方形、八角形为多，也有六角形、十二角形、圆形等形状。塔有实心、空心，单塔、双塔，塔的层数一般为单数。在许多历史悠久的寺院旁边，有成群的古塔，密集如林，被称为塔林。这些古塔是这一寺院中历代高僧和尚们的墓塔，寺院的历史越久，规模越大，塔林也越大，塔的数量也越多。

石窟是佛教建筑的最古形式之一，源于古代印度。原是释迦牟尼及其弟子坐禅或苦修的石室，在印度称为"石窟寺"。后随佛教的发展，石窟逐渐发展成为集建筑、雕塑、绘画于一体的佛教石窟文化综合体。我国是世界上佛教石窟艺术最为繁荣和发达的国家，开凿时间之长、数量之多、规模之大、分布之广，包括印度在内的任何国家都不能比拟。中国的石窟兴于魏晋，盛于隋唐，它吸收了印度健陀罗艺术的精华，融汇了中国绘画和雕塑的传统技法和审美情趣，反映了佛教思想及其发生、发展的过程，创造了菩萨、罗汉、护法，以及佛本行、佛本生的各种故事形象，反映了佛教思想及其汉化过程，是研究中国社会史、佛教史、艺术史及中外文化交流史的珍贵资料。我国现存的主要石窟群均为魏唐之间或宋前期作品，其中以石刻负盛名的有大同云冈、洛阳龙门、天水麦积山和重庆大足四大石窟。

青岛佛教兴起于魏晋南北朝时期，以东晋高僧法显崂山登陆为标志，青岛与佛教结下法缘，崂山从此成为青岛佛教中心。隋唐宋元时期，青岛佛教继续发展，日本僧人圆仁在青岛留下一系列足迹，除崂山外，大珠山、大泽山等地也有佛教遗迹。明代，"四大高僧"之一的憨山德清隐居崂山十二年，建寺颂藏，广结善缘，弘扬佛法，大泽山一庵纯禅师组织了一次佛教界的"兰亭盛会"，青岛佛教发展到高峰。清代，青岛佛教以崂山华严庵为主要成就，一大批寺院进行了重修。近代，随着佛教复兴运动的兴起，在周叔迦、叶恭绰、王湘汀等一批军政要员的推动下，青岛佛教也得到了复兴，倓虚大师主持兴建了天台宗最年轻的湛山寺，聘请名僧讲学，培养大批僧才，制定寺规进行道风建设，从而使湛山寺成为近代佛寺典范。随着日军军事侵略的步伐，日本佛教也进入青岛，他们建立寺院、组织慰灵祭，沦为日本侵华战争的帮凶。日本战败投降后，日本佛教也退出了青岛。建国后，青岛落实了佛教政策，重建、新建了一批佛寺，青岛佛教重新成为青岛文化、青岛旅游的重要组成部分。

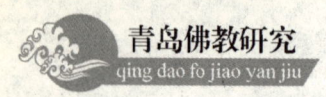

第一章　魏晋南北朝时期的青岛佛教

汉代，佛教沿着丝绸之路逐渐向中国内地传播。到魏晋南北朝时期，佛教向中国文化圈的推进势头由弱转强，佛教传播到包括青岛在内的山东许多地方，并形成了泰山、济南、青州等佛教中心。时属青州长广郡的青岛海岸自古为中外海上交通要道之一，不仅与南洋群岛乃至印度等地早有海舶往来，与扬州、建康等地的交通往来也十分频繁。在晋末宋初的西行求法运动中，青岛海岸成为高僧来往的重要海上交通线，故青岛的佛教最先是与求法高僧联系在一起的。

一、东晋高僧法显在崂山登陆

西行求法活动自朱士行①之后，以晋末宋初为最盛，这时期最知名的求法者大约百余人，其中法显无疑是最突出的一个，"故海陆并遵，广游西土，留学天竺，携经而反者，恐以法显为第一人"②。

法显（约334－420年），东晋司州平阳（今山西临汾地区）人，一说是并州上党郡襄垣（今山西襄垣）人，中国第一位到海外取经求法的大师，杰出的旅行家和翻译家。法显三岁出家做沙弥，二十岁受比丘戒。他常慨叹律藏残缺，誓志寻求。东晋安帝隆安三年（399），六十五岁高龄的法显和同学慧景、道整等由长安出发，前往天竺（古代印度）寻求戒律。他以顽强的毅力遍历北、西、中、东天竺，获《方等般泥洹经》、《摩诃僧祇律》、《萨婆多律抄》、《杂阿毗昙心论》、《摩诃阿毗昙》等梵本，后又在师子国（今斯里兰卡）获《弥沙塞律》、《长阿含》及《杂藏》等梵本。此次求经之旅，前后凡

----

① 朱士行（203－282年），又称朱子行、朱士衡，法号八戒，颍川（今禹州市）人，三国时期魏国佛教僧侣，汉族地区最早的西行求经僧侣。

② 汤用彤：《汉魏两晋南北朝佛教史》，中华书局1983年版，第380页。

十四年，游历三十余国，携回大批梵本佛经。法显跋山涉水，备尝艰辛，他曾在《佛国记》的跋文里自云："顾寻所经，不觉心动汗流！"义熙八年（412），法显由海路启程回国。原准备由广州上岸，不料途中遭遇风暴，飘流多日，七月十四日最终在青岛崂山登陆。法显在《佛国记》中记载了这段传奇经历：

于时天多连阴，海师相望僻误，遂经七十余日，粮食、水浆欲尽，取海咸水作食。分好水，人可得二升，遂便欲尽。商人议言："常行时，正可五十日便到广州。尔今已过期多日，将无僻耶？"即便西北行求岸。昼夜十二日，到长广郡①牢山南岸，便得好水、菜。但经涉险难，忧惧积日，忽得至此岸，见藜藿菜②依然，知是汉地。然不见人民及行迹，未知是何许。或言未至广州，或言已过，莫知所定。即乘小舶，入浦③觅人，欲问其处。得两猎人，即将归，令法显译语问之。法显先安慰之。徐问："汝是何人？"答言："我是佛弟子。"又问："汝入山何所求？"其便诡言④："明当七月十五日，欲取桃腊佛。"又问："此是何国？"答言："此青州长广郡界，统属晋家⑤。"闻言已，商人欢喜。即乞其财物，遣人往长广郡。太守李嶷敬信佛法，闻有沙门持经、像乘舶泛海而至，即将人从至海边，迎接经、像，归至郡治。商人于是还向扬州。刘沇青州⑥，请法显一冬一夏。夏坐讫，法显离诸师久，欲趣长安。但所营事重，遂便南下向都，就禅师出经律。

当时，多连阴天气，海师看错了方向，因而耗费了七十多天，粮食和饮水快用尽了，只得取海中咸水做饭。每人分得淡水大约两升，用完之后就彻底没有淡水了。商人们商议说："在正常情况下，只需要五十天便能到达广州。如今已经超期好多天了，难道是我们偏离了方向吗？"于是，立即向西北航行寻找海岸。又昼夜航行了十二天，最终到达了长广郡地界的牢山南岸，并找到了淡水和蔬菜。经历了这么多的危险艰难，忧愁恐惧了这么多时

---

① 长广郡，西晋咸宁三年（277）置，治所在不其县（今崂山区北），包括今青岛市、莱西市、海阳市、即墨市、莱阳市等地，北魏改治所到胶东（今平度）。

② 藜藿菜，泛指野菜。

③ 浦，指河流入海处。

④ 诡言，假称，谎称。

⑤ 统属晋家，多数版本作"统属刘家"，只有少数版本作"统属晋家"。法显归国之时，刘裕尽管已经专权，但仍未代晋，《佛国记》成书时仍属晋代，故作"统属刘家"的版本为传抄之误。

⑥ 刘沇青州，指刘道怜，"沇"同"兖"，即兖州。义熙八年九月十三日，刘道怜奉命为兖、青州刺史。

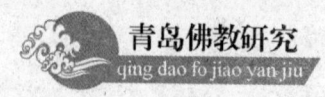
日，忽然登上海岸，看到岸边熟悉的野菜，知道我们真的到达了汉地。由于看不到居民和人迹，我们仍然不知道这是什么地方。有人说还未到广州，有人说已经过了广州，一时难于确定。商船上的人随即乘坐小船进入河湾，希望能够找到人，询问清楚我们究竟是到了什么地方。上岸的人遇到两个猎人，立即将其带回大船，让法显询问他们。法显先问候安慰两个猎人。慢慢地，猎人问道："你是什么人？"回答说："我是佛家弟子"。又问道："你进山干什么呀？"法显故意说道："明日是七月十五日，我们想进山摘些桃子供奉给佛。"法显又问道："这是什么地方？"回答说："这是青州长广郡地界，统属晋家。"外国商人一听非常高兴，立即奉送给这两位猎人一些财物，让他们前去长广郡报信。长广郡太守李嶷一向崇敬信奉佛法，听说有沙门奉持经像乘船渡海归来，立即带人到海边，迎接佛经、佛像回到长广郡治所。外国商人从这里南下扬州去了。法显应兖、青州刺史刘道怜的邀请，到彭城居住了一冬一夏。夏坐结束后，法显感到远离各位法师已经很久了，便想回长安去。但是，因为所要做的事情很重要，所以便南下到达都城建康，同佛陀跋陀罗禅师一起翻译佛教经律。

义熙九年（413），法显到达晋都建康（南京），在道场寺同佛陀跋陀罗（觉贤）、宝云等译出《摩诃僧祇律》四十卷、《僧祇比丘戒本》一卷、《僧祇比丘尼戒本》一卷、《大般泥洹经》六卷、《杂藏经》一卷。法显是直接将梵文等外文佛教经典译为中文的创始人，也是中外文化交流的开宗人，在中外文化交流史和佛教史上具有非常重要的地位。法显还撰写了《佛国记》（即《高僧法显传》，介绍了沿途各国的宗教、民俗、地理等情况，保存了许多中亚细亚以及印度、斯里兰卡等国的重要史料。

东晋名僧法显西行求法归来，海风与海浪把他送到崂山，对崂山周边地区佛教的传播和发展起到历史性的作用。当时的崂山地区属于青州长广郡治下，郡守李嶷热情地接待法显，当然也是目睹法显带来的经书、神像的第一人。法显崂山登陆"是为高僧入崂之始"，可惜"机缘未熟，过而不留"[1]。法显大师虽然在崂山没有久住，"可是在历史上已竟给胶海佛法，结下了一种法缘"[2]。

① 袁荣叟：《崂山佛教考》，见周至元《崂山志》，齐鲁书社1993年版，第302页。
② 倓虚讲述、大光记录：《影尘回忆录》第二十章《青岛湛山寺创修经过》，宗教文化出版社2003年版，第276页。

二、宋高僧道普在崂山海域殉道

南北朝时期的刘宋（420－479 年）境内高僧云集，寺院林立，佛教十分兴盛。当时，随着佛教经典的陆续译传与研习，研究《涅槃经》成为一种风潮。《涅槃经》又称《大般涅槃经》、《大涅槃经》，为大乘佛教前期作品，约二三世纪时成书。晋宋时，该经对中国佛学界影响很大，为涅槃学派的本据经典。当时《涅槃经》的汉译本有两种：一是东晋法显、觉贤、宝云等于东晋义熙十三年（418）译出的《大般泥洹经》六卷，又称小本《涅槃经》、"前分"或"初分"；二是北凉昙无谶（385－433 年）于北凉沮渠蒙逊玄始十年（420）译出的《大般涅槃经》四十卷，也称"北本"或大本《涅槃经》，谶译的后三十卷称作"后分"。宋文帝元嘉初年，《大般涅槃经》传到了刘宋，讲习极盛。由于该经品数疏简，文义艰异，初学难解，于是东安寺慧严、道场寺①慧观等便将该经前半段（即《大般涅槃经前分》）对照于法显、觉贤共译的六卷《泥洹经》，整理删订再治，增加品数而成为三十六卷、二十五品，此即《南本涅槃经》，而使"涅槃之学"、"顿悟之说"得以弘布于当时。但时人认为昙无谶所译还不完全，《大般涅槃经》还有一个"后分"。慧观法师请求宋文帝资助，派遣沙门道普带领书吏十人西行寻找《涅槃经》后分。道普，高昌人，游历过西域诸国，供养佛像，头顶佛钵，四方寺塔，无不瞻仰，善梵文，懂多国语言。道普一行"至长广郡，舶破伤足，因疾而卒"。道普临终叹道："《涅槃经》后分，与汉地无缘矣。"②

从法显到道普，西行求法的高僧不畏艰难险阻，那一双双凌云的芒鞋踏破了天地的界限，那一肩肩经筴承担了佛陀的福音，穿越了文化的鸿沟，穿越了历史的苍桑，到达了青岛海岸。

三、宋齐居士明僧绍隐居崂山

明僧绍（？－483 年）字承烈，平原鬲（今山东陵县及德州德城区）人。南朝宋齐隐士、经学家。祖玩，州治中。父略，给事中。明僧绍的传记见于《南齐书》卷五四《高逸·明僧绍传》与《南史》卷五十《明僧绍传》，

---

① 道场寺，位于建康（今南京），晋太宁（323－325）初年，司空谢石所建，故又称谢司空寺、谢寺。东晋末叶，与庐山共为南方佛教之中心。

② （梁）慧皎：《高僧传》卷二《昙无谶附道普传》。

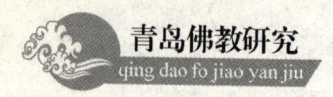

两处记载基本相同。由僧绍及其兄僧胤、弟僧暠之名可以推测出明氏家族有佛教信仰的传统。唐初，明僧绍的六代孙明崇俨为唐高宗的宠臣，高宗亲自为其撰写了《摄山栖霞寺明征君之碑》①，其中记述了明僧绍笃信佛教的情形：

> 征君早植净因，宿苞种智②。悟真空于绮岁③，体法性于青襟。照与神通，心将道合。遗荣轩冕，少无尘杂之情；讬志林岩，自叶幽贞之趣。亭亭秀气，掩璧月而架丹霄；皎皎清衿，漱琼湍而凌碧濑。即相非相，指万象为虚空；无我无人，等四流于寂灭。加以学穷儒肆④，该综典坟，论极元津，精通《老》、《易》。至若鹿野龙宫之秘，猿江鹤树之文，莫不递贯清衷，总持丹府。班荆⑤坐樾⑥，独神王于亭皋⑦；朗啸长吟，乃情超于宇宙。蒲轮每至，攀桂之节逾高；玉帛屡陈，枕石之诚弥固。

由"净因"、"种智"、"真空"、"法性"等佛教术语可知，明僧绍从小就对佛教有着浓厚兴趣，是个虔诚的佛教徒。除佛教外，他还精通儒学、道教，可谓融通三教。明僧绍不乐仕途，而喜欢托志林岩，朗啸长吟，交流学问，讲学授徒。

明僧绍，明经有儒术，宋元嘉（424—453年）中，再举秀才，永光中（465），镇北府辟功曹，都未就职，而是隐居在长广郡崂山，聚徒立学。关于明僧绍在崂山的岁月，《摄山栖霞寺明征君之碑》作了如下记载：

> 遂乃缅怀飞遁，抗迹⑧崂山；托岫疏阶，凭林结栋。纫兰制芰⑨，方轻藻火之衣；爽籁风松，自代管弦之响。横经⑩者四集，请益者千余，高凤⑪愧以韬光，张超谢其成市。于时南风不竞，东土构屯，人厌豺狼之毒，家充蛇豕之铒。盗仍有道，望境归仁，共结盟誓之言。不犯征君之界，岂非至诚

---

① 《全唐文》卷十五《摄山栖霞寺明征君碑铭》。
② 种智：佛教语，"一切种智"的省称。就广义言之，一切种智同于萨婆若（一切智）。然于三智中，相对一切智，则指惟佛能得之智，即能以一种智慧觉知一切道法、一切众生之因种，并了达诸法之寂灭相及其行类差别之智。
③ 绮岁：青春，少年。
④ 儒肆：儒教。
⑤ 班荆：指朋友相遇，共坐谈心。
⑥ 樾：书面用词，树荫。
⑦ 亭皋：水边的平地。
⑧ 抗迹：高尚其志行、心迹。
⑨ 制芰：以芰荷之叶裁制衣裳，指象征芳洁的隐者之服。
⑩ 横经：横陈经籍，指受业或读书。
⑪ 高凤，字文通，南阳叶人，东汉名儒，以笃学著称，见《后汉书·逸民传》。

攸感，木石开心者乎。及元历告终，青光启祚，齐高祖希风仁德，侧席傍求，屡下征书，确乎不拔。

在崂山，明僧绍过着世外桃源般的高尚自由的生活，他以学行德业相号召，从者云集。对于他的人格魅力，碑文中以高凤、张超等名士作比，评价很高。就连当地的盗贼都敬重他的仁德，相约不去骚扰他。可以设想，佛学应该也是明僧绍在崂山日常讲肆中的一项重要内容，如此，明僧绍当是在崂山地区传播佛教的第一人。

刘宋泰始中（466），青冀两州被北魏攻占，明僧绍随家族南下建康。升明元年（477），又随其弟青州刺史庆符来到郁洲，在掩榆山（一作拚榆山，在今江苏连云港）上筑栖云精舍而居。大约在齐高帝建元二年（480），明僧绍随其弟回到建康，选择远离台城的摄山（今南京栖霞山），作为息心宴坐之地，与沙门僧远、法度相交游。居摄山期间，明僧绍计划在岩石上凿石为像，未果而死，他把摄山的山居舍给了沙门法度。永明七年（489），法度以栖霞精舍为基础，正式创立了栖霞寺。僧绍的儿子仲璋继承父志，永明二年（484）与法度在山岩上合力凿成数尊佛菩萨石像，此后又有人不断继续雕凿佛像，渐具规模，即今栖霞山"千佛岩"。

同许多六朝文人一样，明僧绍一生不乐仕宦而钟情于优游山林，对山水泉石情有独钟。他在崂山隐居几十年，讲学弘教，或许也建有精舍吧，可惜这段详情已经无从查考。

四、北魏创建崂山法海寺

法海寺，位于青岛市城阳区石门山西麓源头村东，碑云"魏武皇帝创建"[①]。魏武皇帝没有确指，据考察，北魏时期可以称为魏武皇帝者有四人：

北魏道武帝，386—409 年在位；

北魏太武帝，424—452 年在位；

北魏宣武帝，500—516 年在位；

北魏孝武帝，532 年在位。

从魏天兴元年（398）魏道武帝拓跋珪建都平城（今山西大同）起，到魏永熙三年（534）魏分成东西两国止，北魏历经十四位皇帝，其中除魏太

---

① 《元泰定三年重修法海寺碑》，载黄肇颚：《崂山续志》（点校本），山东省地图出版社 2008 年版，第 325 页。

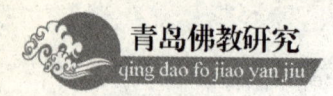

武帝拓跋焘一度反对佛教外，其他诸帝都信奉或支持佛教。特别是后来的魏孝文帝（471－499年）元宏和魏宣武帝（500－515年）元恪在位期间，大兴佛事，称得上是北魏佛教的最盛时期。再考虑到刘宋泰始中（466）崂山所属的青州才被北魏攻占，故法海寺创建于北魏宣武帝时期比较可信。

　　1980年7月间，时崂山县源头粮站在修筑门前小桥时，于一米半深处发现一批残缺不全的石造像，计有像头、肢体、石像底座等一百二十余件，多是高髻、隆准、大耳、袒胸、跣足。石造像身大者残高两米，身小者仅二十厘米。由于破坏得较为严重，虽经修整却无一完整，但从这批石造像的残部来看，仍可看出当年纯熟的雕刻水平。这些石造像的面部表情各不相同，有的庄重肃穆，有的面带笑容，有的闭目深思。发型更是别致多样，有高髻、螺髻之分，也有头戴花冠、宝缯束发之别。佛像有的身穿通肩式袈裟，有的着方领褒衣博带式大衣，下着长裙，裙带作小结。有的端坐于莲瓣方座上，有的双足跣立在束腰圆形莲座上，均右手前伸，左手下垂，掌心向外，作"施无畏与愿印"状。菩萨像上披帛巾，从双肩搭下，内着百褶长裙，有项饰和璎珞，均双足跣立于圆形莲花座上。随同这批石造像出土的，还有一件残佛像端坐的长方形底座，座前题铭："大齐武平二年岁次辛卯五月丁未朔七日癸丑，任娲为亡先主许法择，自恨生不值佛出，又不见弥勒三会，娲敬造弥勒像一躯，上为国王帝主，下为七世父母，生存养属，一切众生，普同斯福，一时来佛。"座右侧题铭："佛弟子任阿娲、佛弟子许仕宽、佛弟子许仕亮。"由此可知，大齐武平二年（571），任阿娲和她的两个儿子为超度亡夫而捐资雕刻了一座弥勒佛石像。根据造型、服饰、雕刻技法、底座题铭等多方面的考证，这批石像应是南北朝时期的作品。由于石造像的出土地点距离法海寺只有二十米，据此推断，这批石造像原应供奉于法海寺内。从出土佛像数量之多，可以看出当时法海寺规模之大、香火之盛。

　　法海寺出土的石像虽然残缺不全，身首异处，但是从发掘处看，原来的掩埋过程是井然有序的：所有石像全部侧身而卧，头东足西、背北胸南整齐排列，像首、肢、底座也都摆放在石像之间，由此可以推测当时这些佛像是被迫埋下的，或与周武帝"灭法"有关。建德六年（577），周武帝宇文邕征讨北齐时，以佛教费财伤民、悖逆不孝为由，在境内大规模推行废佛活动，拆毁一切寺塔，焚毁经籍佛像，勒令僧尼还俗，佛教一时销声匿迹。如此，崂山法海寺的这些佛像应该是在这一背景下被毁的。法海寺属于有记载的崂山地区最早的佛教庙场，标志着崂山佛教在北魏时期已初具规模。

五、平度释迦院造像碑和天柱山石窟

青岛北部的平度市是岳石文化的发祥地，文化底蕴极其丰厚。平度佛教刻石有《北魏王珍之等造像碑题记》和东魏《姚保显造石塔记》，为我们提供了珍贵的北朝时期平度的佛教史料。

（一）北魏平度释迦院造像碑

今平度城北40里有苏村，北魏时期属东莱郡的当利县。北魏时这里便建起了大型佛寺释迦院，这是平度境内有史可考的最早的佛教寺院。释迦院的规模及僧众人数已不可考，残存的造像碑题记可以作为当年佛教兴盛的见证。民国《续平度县志·金石》记载：“苏村释迦院魏正光三年（522）造像碑，碑阴题名首行有‘当利本县’四字，第二行有‘正光三年’四字，余多剥蚀不可辨。”释迦院在历经数次灭佛劫难之后，直到民国年间仍有前后三院，拥有庙产，可以看出佛教在这一地区的深远影响。释迦院殿宇最后毁于上世纪40年代初，造像碑则于1958年被征运到故宫博物院珍藏起来。作为珍贵的早期佛教文化遗存，“释迦院造像碑”为研究佛教在早期中国尤其在胶东地区的流传历史，提供了重要的实物资料。

（二）东魏天柱山石窟

南北朝时期，山东境内出现了一批摩崖石窟造像，今存有济南黄石崖摩崖造像、东平司理山摩崖造像、青州驼山石窟等。这一时期，平度北部的天柱山也开凿了佛像石窟。天柱山以“孤峰秀峙、如柱擎天”而得名，山中有十三处东汉、北朝等时期的摩崖刻石，是极其珍贵的书法艺术瑰宝。天柱山佛像石窟位于天柱山西麓劈石门东侧，是一座由路边独石凿空而成的小型石窟。从外面看，石窟南北长5.5米，东西宽3.5米，高3.5米。窟门开于北端，门高1.4米；宽0.7米。窟壁厚1.5—0.2米不等，窟内侧长3.3米，宽1.8米，高1.7米。窟内四面均凿有佛像，皆因漫漶而不辨眉目。其中以西壁造像最多，有一佛二菩萨并小佛龛二十七尊，其中三尊高70—80厘米，其余高20—24厘米。北壁在门西有三尊，门东一尊，均高20多厘米。南壁只在下部正中有一尊，高40余厘米。东壁有七尊。其中有三尊不是浮雕，而是用线条勾勒成的岩画，均高20—40厘米。佛像或坐或立，姿态自然。窟内造像东魏风格明显，褒衣博带，主尊跌坐于束腰台座之上，大衣下部衣褶密簇，悬裳垂搭于台座前，虽风化破坏严重，但仍旧依稀可辨，两侧菩萨

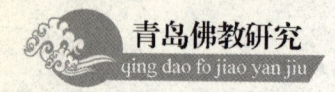

披帛沿胸侧下垂，在腹下交叉，裙多密褶。

石窟西壁正中有《姚保显造石塔记》，"□□并□一躯□大佛仰□：六□□□□思唯□高□造石塔□躯武定六年□人姚保显造"。碑宽 39 厘米，高 35 厘米，碑文约 40 字，可识读的有"大佛"、"造石塔"、"武定六年"、"姚保显造"等 26 字，楷书。由此推断，石窟于东魏武定六年（548）开凿完成，姚保显怀着对佛祖的虔诚之心开凿石窟大修功德。该处石窟是山东省境内东部沿海地区为数不多的北朝佛教石窟，颇为珍贵。

魏晋南北朝时期所建青岛佛教寺院

寺院名称	建寺时间	今天所属地域	资料来源
靖林寺	南朝齐	莱西	《重修靖林寺记》
法海寺	北魏	城阳	《元泰定三年重修法海寺碑》
释迦院	北魏	平度	《王珍之等造像碑》
杜村宝塔寺	南北朝	胶州	道光版《胶州志·古迹》
茂林寺	北齐	胶州	道光版《胶州志·古迹》

总之，魏晋南北朝时期，青岛佛教因地理位置优势与高僧法显、道普结缘。宋齐居士明僧绍隐居崂山讲学，当是在崂山地区传播佛教的第一人。北魏宣武帝时期，创建了崂山法海寺，规模宏伟，香火旺盛。此外，青岛莱西、平度、胶州等地也出现了重要的佛教寺庙与石窟建筑。

第二章　隋唐宋元时期的青岛佛教

一、日僧圆仁在青岛的足迹

日本是与中国隔海相望的邻国，自古以来两国就有着密切的经济、政治交往和文化交流。在这当中，佛教曾发挥过重要的桥梁和纽带作用。六世纪，中国佛教经由朝鲜正式传入日本。公元 607 年，日本大和王朝的圣德太子派使者入隋建立两国邦交，同时派留学僧前来学习佛法，拉开了中日佛教文化交流史上耀眼的一幕。从舒明天皇二年（630）至宇多天皇宽平六年（894），日本先后向唐朝派出遣唐使十六次，每次派遣唐使船来华，几乎皆派遣留学生、留学僧来华学习儒学经史和佛教。据不完全统计，入唐留学生、留学僧（包括随行僧）约有一三八人，其中留学僧一〇五人，占百分之七六多，人数远远超过留学生的人数。这既反映了日本对派留学僧入唐学习佛法的重视程度，也反映出佛教在日本社会占有的重要地位。随着航海技术的进步，除遣唐使船往来之外，日本僧人也搭乘商船往来于两国之间，主要经由朝鲜半岛、辽东半岛西行至山东半岛登陆，故山东半岛尤其是登州、莱州，在唐朝对外交往中起着相当重要的作用。

唐文宗开成三年（838），日本天台宗高僧圆仁（794－864 年）一行入唐求法。他们先经江苏、山东、河北、山西等地到达长安，后又经河南、安徽、江苏、山东等地于宣宗大中元年（847）返国，前后历时九年七个月左右。圆仁两次在山东境内活动长达四年之久，足迹遍及山东半岛。初来中国时，圆仁与弟子惟正、惟晓及行者丁雄万（也作丁雄满）先在文登县清宁乡赤山村附近的法华院居住八个月，后去登州，经莱州、青州、淄州、齐州、德州，从贝州所属武城县出山东，入河北，赴山西五台山。他们归国时，在山东境内居住二年有余，仅在法华院田庄中即居住一年半之久。在山东活动期间，圆仁一行曾两次经过青岛地界。

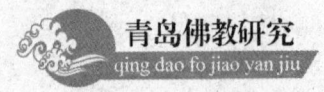
（一）第一次于青岛到过平度市埠口村

据圆仁回国之后写成的《入唐求法巡礼行记》卷二记载，圆仁一行于开成五年（840）三月十五日到达莱州，时莱州管辖四县，即掖县（今山东省莱州市）、昌阳县①、胶水县②、即墨县。十七日，向西南行，误入密州路，后经人指点，得赴正路。行十五里，到潘村潘家断中③。饭后出发，行四十里，"到胶水县界三埠村刘清宅宿。……东南去村三十里有胶水县"④。三埠村即今平度市马戈庄镇埠口村。二〇〇六年，引黄济青工程在马戈庄镇埠口村村北发现一处唐宋文化遗址，井然有序地分布着水井、灰坑、窑穴、石砌水渠等民用基础设施，并发掘出大量的铁制农具、农用器具、陶罐和瓷碗等，这一遗址的发掘，充分说明了唐代时这里已经有了大量的人口聚居，并形成村落。马戈庄镇位于平度市最西端，西与潍坊市接壤，境内有胶莱河。埠口村则位于马戈庄镇的最西部，而胶河渡口就位于埠口村西南紧邻的明家店子，这与圆仁的记载基本符合："行五里，过胶河渡口。……傍河行十五里，到青州北海县界田庄卜家断中。"⑤ 因此，基本可以确定圆仁经过的三埠村就在该地区。

（二）第二次于青岛到过即墨、黄岛、崂山等地

据《入唐求法巡礼行记》卷四记载，圆仁于会昌五年（845）七月八日从楚州出发，去往登州。七月十二日到达莒县（今山东莒县），二十六日到密州（治所在今山东诸城）。八月二日到高密县（今山东高密县）。八月六日，到达即墨县，"人心孝顺，能安存客"⑥。十日后经昌阳（今山东莱阳）、登州、牟平，于二十四日到达文登县（今山东文登县）。自此至会昌七年（847，正月改为大中元年）闰三月十二日从文登县过海，圆仁被安置在一寺

---

① 昌阳县，汉高帝时（前206—前195）置昌阳县（设治于今文登市宋村东），属东莱郡。东汉、魏因之。晋初，省昌阳县并入长广县。惠帝元康八年（298），又析长广县复置昌阳县，设治于今山东莱阳市照旺庄，属长广郡。650年昌阳城被水淹没，迁县治于现莱阳城址。923年唐庄宗李存勖为避祖名，改昌阳为莱阳。

② 胶水县，隋代置，明代改平度州，民国时改平度县。

③ 今平度市西北部与莱州市接壤的灰埠山镇有"界山潘家"，不知是否即圆仁经过的"潘家"。

④ ［日］释圆仁原著、［日］小野胜年校注、白化文等修订校注：《入唐求法巡礼行记校注》，花山文艺出版社，1992年版，第233页。

⑤ ［日］释圆仁原著、［日］小野胜年校注、白化文等修订校注：《入唐求法巡礼行记校注》，花山文艺出版社，1992年版，第233页。

⑥ ［日］释圆仁原著、［日］小野胜年校注、白化文等修订校注：《入唐求法巡礼行记校注》，花山文艺出版社，1992年版，第484页。

庄中。闰三月十七日，到密州诸城县界大朱山，即今黄岛大珠山骏马浦，遇新罗人陈忠商船载炭欲往楚州，商量船脚价，订下绢五匹。五月五日，上船候风。五月九日出发，"缘风变东南，去大朱山不远，于琅邪台①与斋堂岛②中间抛石住。经四宿"③。六月五日，终于到达楚州新罗坊。六月九日，他们得到苏州船上的唐人江长、新罗人金珍等的书信，说他们的船五月十一日从苏州松江口发往日本，过廿一日后到达莱州界牢山，即今崂山，希望他们在崂山等待。六月十日，他们搭船赶往崂山。六月廿六日，到达崂山南杵家庄，寻访金珍的船，发现他们已经开往登州赤山浦，并在赤山等他们。六月廿七日，他们雇船主王可昌船，往乳山方向追逐那艘船。六月廿八日，到达即墨田横岛，因无风信，"经十五日发不得"④。直到七月二十日，圆仁一行才到达乳山长淮浦，登上金珍的船。次日到达登州。九月二日从赤山浦出发归国。

唐朝时期，青岛的崂山港口、大珠山港口是重要的东亚交通路线，是日本、新罗通往内地的必经之地，因此位置优势，日僧圆仁在青岛留下了一系列足迹，大大丰富了青岛佛教的内容。肇始于圣德太子遣使入隋建立两国邦交之后，直至明清乃至近现代，两国的佛教文化交流可以说一直没有中断过。

二、大珠山三大石窟

大珠山位于青岛黄岛区南部，南北长二十多公里，主峰大砦顶海拔四八六米，总面积六五平方公里。2004 年，大珠山石窟被发现，这是青岛地区仅存的隋唐时代的佛像石窟，传说鼎盛时期此地曾有石窟九九座，现仅存石屋子沟石窟、峡沟南山石窟和峡沟西山石窟三座。

石屋子沟石窟位于石屋子沟村石屋子水库一巨石内，石窟洞口为长方形，高约77厘米，宽约54厘米。石窟内部平面为方形，窟顶呈人字坡形。石窟高 1.60 米，宽约 1.70 米。窟外侧有一马状浮雕，窟口右侧有一羊形浮

---

① 琅邪台，又名琅邪山，位于山东省原诸城县境内，上世纪 80 年代改属青岛市管辖。

② 属青岛黄岛区，处琅邪台东南方向海中，因岛上有古斋堂，故名。

③ ［日］释圆仁原著、［日］小野胜年校注、白化文等修订校注：《入唐求法巡礼行记校注》，花山文艺出版社，1992 年版，第 501 页。

④ ［日］释圆仁原著、［日］小野胜年校注、白化文等修订校注：《入唐求法巡礼行记校注》，花山文艺出版社，1992 年版，第 507 页。

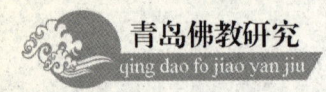

雕。窟内左壁自左至右雕有坐佛像一尊、立佛像四尊。坐佛像高 52 厘米,肩宽 20 厘米,莲座宽 32 厘米,半结跏趺坐,双手合十,肉髻浑圆。中间最高一尊立佛像高 136 厘米,肩宽 40 厘米,长身直立,赤足踏地,足长 17 厘米,足高 7 厘米。其余三尊立佛身长在 70—80 厘米之间,宽约 20 厘米。正面墙壁上雕有坐佛像两尊,一尊高 79 厘米,肩宽 46 厘米,仰莲座高 10 厘米;另一尊高 79 厘米,肩宽约 47 厘米,仰莲座高 14 厘米。两座佛像均半结跏趺坐,其外侧各有两胁侍立像。右面墙壁坐佛像身长约 70 厘米,宽约 20 厘米,旁边各有一立像,高约 50—60 厘米,宽约 30 厘米;左端一坐像,高 53 厘米,莲座为 3 层,高 17 厘米;右端尚有两坐像,已模糊不清。石窟坡顶雕有 8 个飞天以及云纹图案,线条流畅。

峡沟南山石窟位于峡沟村一高大山岩中,窟口高约 150 厘米,宽约 160 厘米。窟内为方形,窟顶呈人字坡形,窟高约 1.60 米,宽 2.50 米,内壁曾有浮雕 21 尊,现多斑驳剥脱,细节难辨,多为人为破坏。

峡沟西山石窟位于峡沟村半山坡,洞门呈倾斜状,高约 76 厘米,宽约 66 厘米,两侧各雕刻一只老虎。窟顶呈人字形坡。窟内左侧墙壁上排列三行坐佛,最上顶是一尊较大的坐佛浮雕,高约 38 厘米,宽约 16 厘米,莲花座宽 21 厘米,面孔比较清晰。中间一行均匀排列坐佛六尊,高度自左至右分别为 31 厘米、34 厘米、36 厘米、35 厘米、30 厘米、33 厘米。肢体动作不一,伸出的肢体浮雕皆被损坏。最下方有坐佛 3 尊,体积比中间的小,高度均为 30 厘米,形态基本一致,均半结跏趺坐,受损较小。正面墙壁是释迦牟尼坐像,高约 70 厘米,肩宽约 27 厘米,仰莲座宽 38 厘米,肉髻宽 8 厘米、高 3 厘米,两侧各有立佛两尊,坐佛两尊,其中两侧立佛高约 50 厘米、宽约 20 厘米,右侧两尊坐佛下面尚有一坐佛。右侧墙壁与左侧墙壁上的坐佛浮雕布局相似,最上方有坐佛一尊,比左侧墙壁的略大,最下方一行并排坐佛五尊,中间一行的坐佛面部残缺。总体来说,峡沟西山石窟保存最为完好。

大珠山"石窟群"的菩萨造像线条简练、流畅,方头大耳,袒肩露腹,石窟两侧壁上造像面容丰圆、清秀,造像衣服线条稀疏,有较明显的隋朝石窟造像特点,但与隋唐时期盛行的石窟艺术特色还有所区别,可能这也是大珠山石窟的一种特色。①

---

① 姜茂森:《大珠山的隋唐"三大石窟"》,《青岛文史资料》第 16 辑,第 114—118 页。

三、宝寿重修崂山法海寺

法海寺自北魏创建后，宋、金、元时期不断得到重修。宋代嘉祐年间（1056—1063 年），寺僧重修。金大安二年（1210），师公芯清澄，起建法海堂。岁月既久，殿宇堕摧。元延祐二年（1315），本寺住持信公、玉公，请淮涉寺寿公住持法海寺，再次重修寺庙。寿公，训名宝寿，即墨人，出家城南淮涉寺，他"不茹荤膻，坚持戒行，课诵药师金刚之经，严持上生普贤之品。三业虔诚，究鸡园之奥义；寸心恭谨，穷鹫岭之真机。加以游历五峰圣境，遍阅大藏金文"。大德二年（1298），宝寿于慧公座传法赐衣。至大三年（1310），赐佛日圆通之号。师住法海寺前后十余年，"胁不至席，每念修持"。监寺广能等青社篆事司典史修顒协力兴功，施材施力，"首创法堂五间，前后六楹七标。既塑释迦五士，兼饰观音一堂，金碧灿然，功勋备矣。然后创建云堂、厨舍、耳屋、僧寮、阶砌、门窗，三门房舍，一一具备。四十间同办同修，不日成就，昔所未备，今忽完成"。这次重修后的法海寺规模宏大，功能完备，成为崂山最重要的佛寺。广能等念住持修建之功，思善众布施之德，久经岁月，虑废前功，丐文砻石，谒恳无门，勉以发挥，纪一期之实事，敬而秉笔，为百代之宏规。铭曰：

至哉圣道，恍惚杳冥，包罗万有，指导群生。无生无灭，非晦非明，人人具足，个个圆成。因差一念，现万种形，三途沦没，六趣伶俜。是故调御，示迦罗城，王宫不恋，雪岭修行。道周沙界，福荫寰瀛，教演一藏，万古典型。因兹梵宇，若布棋星，法海寺者，古迹堕零。信公数载，守业何更，一旦礼请，寿师峥嵘。遵守戒德，诵念虔诚，五峰亲礼，遍阅藏经。每宏讲席，钟鼓腾声，总统赐号，佛日嘉名。创建殿宇，圣像棱层，一一具备，灿烂丹青。爰有作者，监寺广能，普化四众，事事主盟。一期盛事，日久何凭，丐文砻石，千古德馨，哀斯功德，端祝圣龄，河清海晏，万邦载宁。佛塔营邱兴国禅寺住持嗣祖无门野老进吉祥撰。岁次丙寅泰定三年（1326）十月上旬一日立石。①

宝寿法师圆寂后，弟子们为纪念他的功德，在寺西为其建塔一座。

---

① 《元泰定三年重修法海寺碑》，载黄肇颚：《崂山续志》（点校本），山东省地图出版社 2008 年版，第 325－326 页。

四、平度大泽山智藏寺

大泽山，原称东莱山，又名九青山、巨青山，为胶东名山之一。大泽山位于平度市东北 35 公里，绵亘于青岛、烟台两市接壤处，主峰海拔 737 米，面积 324 平方公里。大泽山峰峦叠嶂，怪石嶙峋，奇泉遍布，名胜古迹繁多。佛教在大泽山周围的浸润历史悠久，南北朝时期，大泽山主峰西南 20 公里处的苏村就有了释迦院，大泽山西麓天柱山一带就开凿了佛教石窟。

大泽山智藏寺创建于唐代，到宋金时期，智藏寺已经声名远播，颇具规模，文人学士慕名游览者颇多。北宋宋徽宗政和二年（1112），长安人秦元似与荆门军（今湖北荆门）人朱巽游览大泽山，宿于智藏寺，并留下了有纪年可考的诗刻。秦元似作五言律诗云：

> 古木巢辽鹤，阴崖溜石泉。
>
> 登临多意绪，深邃好风烟。
>
> 啸傲欣远俗，裴回觉近天。
>
> 荧煌逼星汉，疑是继张骞。

该诗刻于智藏寺东甘露泉旁石壁上，诗刻高 160 厘米，宽 128 厘米，7行，计楷书 67 字。落款为"壬辰仲夏四日永兴秦元似谒言公禅伯因游大泽山智藏禅寺留题"。

另一首为七绝，诗云：

> 纷纷尘事乱如蓬，终日山头兴未穷。
>
> 暑气拂天人喘吁，碧岩泉畔濯清风。

该诗刻于普贤门西虎头岩上，落款为"政和壬辰五月四日长安秦元似"。

同年，朱巽[①]七言律诗《宿大泽山早起》云：

> 半月重来幸有缘，烦襟涤荡逐溪泉。
>
> 乍离尘世登真境，暂宿禅居寄洞天。
>
> 红日映岩如发火，白云出岫若堆烟。
>
> 凌晨侧听高僧论，心绪悠悠断俗牵。

该诗刻于大泽山智藏寺东甘露泉旁石壁上，刻面高 146 厘米，宽 127 厘米，8 行，计 73 字，落款为"宿大泽山早起政和二年六月三日朱巽题"。

---

① 朱巽，宋荆门军（今湖北荆门）人，字子权，系政和进士、翰林学士朱震之弟，二人所学甚富，时号称"二朱"。

金章宗承安四年（1199）九月二十六日，前莱州节度使游大泽山智藏寺，作七言律诗一首，题记刻于智藏寺西边方水石之东壁上。诗云："六十三载不曾闲，□□身心□世间。今日始酬平日志，此生应悟宿生山。□□收拾行李去，别后商量次第还。□□一身□此耳，□□□俊作□宫（官）。"落款为"前莱州节度使燕山金□□师曾述承安己未九月二十六日游大泽山智藏寺题记"。可惜，字多漫漶不清。

可见，自唐至宋元，历时近千年，智藏寺发展成为闻名全国的名刹，出现了言公禅伯等知名的高僧，寺院除殿堂僧寮外还有供游客住宿的房舍，因此吸引了大批文人学士来此游览拜谒，流连忘返。

隋唐宋元时期所（重）建青岛佛教寺院

寺院名称	建寺时间	今属地域	资料来源	备注
狮莲院	隋开皇年	城阳		重建，又名城阳寺
荆沟院	隋开皇年	即墨	同治版《即墨县志·寺观》	又名崇佛寺、金沟院、崇福寺
玲珑庵	隋	黄岛		
朝阳寺	唐大中元年（847）	黄岛	《胶南县志》	又名天齐庙
慈云寺	唐大顺元年（890）	胶州	道光版《胶州志·古迹》	
福胜寺	唐大顺二年（891）	胶州	道光版《胶州志·古迹》	
清凉寺	唐大顺二年（891）	胶州	道光版《胶州志·古迹》	
林花庵	唐	城阳		
兴国寺	唐	莱西	《王氏族谱》	
智藏寺	唐	平度	《明重建大泽山智藏寺碑记》	
禅窟院	唐	平度		
石门寺	金大定五年（1165）	黄岛	道光版《胶州志·古迹》	又名玉泉寺
普明院	宋庆元五年（1199）	胶州	道光版《胶州志·古迹》	民国《增修胶志·古迹》作"普明寺"

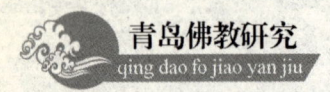

寺院名称	建寺时间	今属地域	资料来源	备注
崇福寺	宋至元十一年（1274）	胶州	道光版《胶州志·古迹》	又名讲经寺
太微观	宋德祐元年（1275）	胶州	道光版《胶州志·古迹》	
观音寺	北宋	即墨		
石佛庵	宋	崂山	黄宗昌《崂山志·宫观建置》	
普庆庵	宋	崂山	《青岛市志·崂山志》	
靛泊庙	元元贞元年（1295）	莱西		又名龙女寺
长直寺	元延祐年（1314－1320）	即墨	同治版《即墨县志·寺观》	
庆成寺	元泰定元年（1324）	即墨	同治版《即墨县志》	寺内设僧会司
黔陬寺	元泰定二年（1325）	胶州	道光版《胶州志·古迹》	
淮涉寺	元泰定二年（1325）	即墨	同治版《即墨县志·寺观》	
张应院报恩寺	元至正元年（1341）	胶州	道光版《胶州志·古迹》	
观音庙	元至正二年（1342）	即墨	同治版《即墨县志·寺观》	
洪福寺	元至正六年（1346）	胶州	道光版《胶州志·古迹》	重建
靖林寺	元至正二十二年（1362）	莱西	《莱阳县志》	重建
兴国寺	元	即墨	同治版《即墨县志·寺观》	
大架山观音寺	元	莱西		
龙潭寺	元	黄岛		

第三章　明代的青岛佛教

佛教自东汉传入我国后，中经隋唐鼎盛，至宋元时已经趋于衰微，但仍属传播最广、影响最大的宗教之一。入明以后，朱元璋鉴于元代崇奉喇嘛教的流弊，转而对传统佛教采取控制与扶持并举的方针，致使明初以后佛教又复兴起来，尤其到明末，出现了所谓的佛教"复兴"气象，高僧涌现，僧徒兴盛，明中叶佛教死气沉沉的局面大为改观。山东佛教自明初以后一度呈现复兴之象，据嘉靖《山东通志》记载，明初以来山东各地共兴建或重修的著名佛寺达 152 座。到明代后期，佛教在山东已渐衰微，但青岛佛教却因明末高僧憨山驻锡崂山、一庵禅师驻锡大泽山而空前兴盛起来。

一、憨山大师早年岁月

憨山大师（1546－1623），法名德清，字澄印，号憨山。俗姓蔡，全椒县（今属安徽省）人。明万历时期，佛教重新复兴，名僧大德辈出，憨山大师与莲池袾宏（1535－1615 年）、紫柏真可（1543－1603 年）、蕅益智旭（1599－1655 年）被誉为晚明"四大高僧"。现据《憨山老人自序年谱实录》，将憨山大师隐居崂山前的出家、参学、悟道经历简述如下。

（一）早期佛缘

憨山大师，父名彦高，母洪氏信佛，生平供奉观音大士。母初梦大士携童子入门，接而抱之，遂有娠而诞。周岁时，憨山大师患风疾几乎丧命，母祷大士，遂许舍出家，寄名于本地长寿寺，遂易乳名和尚。七岁开始入社学读书，开始关注生死之事。九岁读书于寺中，闻僧念观音经，能救世间苦，心大喜。从寺僧处得到《观世音菩萨普门品》，读之即能诵。其母供奉观音大士，每烧香礼拜，憨山大师必跟随行礼。十岁，憨山大师立志做个行遍天下、自由自在的僧人。十一岁，偶见行脚僧数人，遂萌发出家之志。

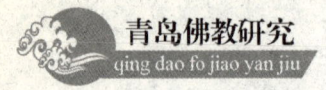

（二）报恩寺修炼

憨山大师在报恩寺中的生涯可分为两个阶段：十二岁至十九岁，受戒前为一个阶段；十九岁正式披剃受戒，至二十六岁离寺北游，为另一阶段。兹按年谱，举其要事如下：

十二岁，憨山初入寺，即受到西林和尚①的赏识，并特意栽培，带他去见正在该寺讲经的禅宗名宿无极大师，听讲佛法。十四岁，西林和尚选徒孙辈中有学行的师兄，教授憨山学习《法华经》，憨山四个月即精通。当时流通的经典，憨山皆能精通。十七岁，西林和尚延请名师，教习憨山四书五经等举子业，还有诸子、历史、古文、词赋等，憨山很快即能赋诗述文。憨山还曾写过一首《江上篇》的赋，同学者一时都十分推崇他的学问。但由于憨山大师经常生病，因此想放弃学业。

十九岁，经云谷大师②指点，憨山读了元代高僧明本禅师的《中峰广录》③，深受启迪，便请西林大和尚为他剃度，并焚弃俗书，一心投入到佛法修持上来。冬天，憨山从无极大师受具足戒，听其讲清凉国师的《华严玄谈》，恍然了悟法界圆融无尽之义理，很仰慕清凉国师之为人，因而自命其字为"澄印"，并屡有前往"冬积坚冰，夏仍飞雪"的清凉山的念头。

二十岁，西林和尚圆寂，入寂前抚摩着憨山的背对诸弟子说："是虽年幼，有老成之见。我死后，房门大小事，皆取决之，勿以小而易之也。"④西林和尚对憨山评价甚高并委以重任。西林和尚的师弟少师祖担任了报恩寺的住持。这年冬天，憨山往天界寺参加云谷大师主持的盛大的坐禅法会，禅业精进。

二十一岁，雷电引起报恩寺大火，一百四十多间殿堂和画廊几乎都化为灰烬。朝廷降罪逮捕了少师祖等十八人，寺中的僧人恐受株连，纷纷离去。憨山挺身而出，尽力解救厄难，使他们免于死罪。此后，憨山立下了远游修行、待机兴复报恩寺的宏大志向。不久，少师祖又逝世了。憨山想方设法偿

---

① 西林大和尚（1482—1565年），讳永宁，别号西林，六合县郭氏子。幼出家报恩寺，后为本寺提点。嘉靖十年，众举为本寺住持，综理山门事。嘉靖二十年，升僧录右觉义。又五年，升左觉义。见《憨山老人梦游集》卷30《南京僧录司左觉义兼大报恩寺住持高祖西林翁大和尚传》。
② 云谷禅师（1500—1575年），法名"法会"，又号"云谷"，祖籍浙江省嘉喜县胥山镇，俗姓怀。
③ 《中峰广录》，三十卷。元代中峰明本撰，北庭慈寂等编，全称《天目中峰和尚广录》。
④ 《憨山老人梦游集》卷五三《憨山老人自序年谱实录上》。

还了寺里的所有借贷，又用一部分资金来维持寺院里的生活，这才使报恩寺保存了下来。这年冬天，憨山到天界寺听无极大师讲解《法华经》，结识了蒲州人妙峰和尚。二十二岁，朝廷在报恩寺设立义学，专门培养僧徒。憨山担任教师，为僧徒开讲《左传》、《史记》、"四书"、"五经"等课业。为了帮助报恩寺偿还债务，憨山在报恩寺只讲学一年多，又先后到高座寺、金山寺授课。

（三）云游参学

1571—1574 年，为兴复报恩寺，憨山大师开始云游参学，以待时机。他先后到过庐山、扬州、京师等地，听过法华、唯识、因明等讲座，参拜过遍融大师①、笑岩法师②及若干名士。万历元年（1573）正月，二十八岁的憨山大师行脚至五台山，依《清凉传》书中所载胜迹游到北台。此地有憨山，奇秀无比，大师一见心中欣喜，默取"憨山"为号。下五台山后，憨山大师行脚至盘山，登上千像峰顶，遇一隐者居岩洞内修行，憨山与之交谈，甚为相得，于是便留下来一同修行。一天夜里，憨山大师经行修炼时，忽然顶门一声巨响，轰如乍雷，山河大地，身心世界，豁然顿空，立即进入特殊的色空境界。过了五寸香时间，才渐觉有身心，渐觉脚下踏实，开眼渐见山河大地，一切境相，恢复如初，身心轻快，举足如风轻。隐者说这是色阴境界。憨山大师与老僧人在千像峰岩洞中度过了整个夏天。

万历二年（1574），憨山大师离开五台山后，到过京师，后又渡孟津，参观了武王观兵处。随即去少林寺参拜达摩祖师，入洛阳，参白马寺，访焚经台。山阴太守陈公准备刻印《肇论中吴集解》，请憨山大师校阅。憨山大师阅读僧肇名作《物不迁论》，顿悟生死之事，于是幼时所疑，全部化解。

（四）五台山作为

五台山是文殊菩萨道场，也是华严四祖澄观国师撰写《华严经疏》的地方，自古以来就是思玄栖禅的清雅之地。万历元年（1573）正月，憨山大师

---

① 遍融大师，四川营山人，俗姓钱，号真圆，临济宗佛岩不二真际禅师法嗣，明中叶以后闻名北京佛教的大长老，为各地入京参禅学佛者所争相访求的佛门耆宿，是隆、万年间振兴佛教的重要先驱。

② 笑岩大师（1512—1581 年），北京人，俗姓吴，原名月心，法名德宝，号笑岩，明代禅宗之临济宗第二十八代祖，被称为明中叶高僧之一，清朝后尊称为笑祖或宝祖。有《月心语录》存世。

游历了京师西山之后，就来到了五台山。到冬天时，他因忍耐不了冰雪苦寒而返回了京师。万历三年（1575）正月，憨山大师跟妙峰禅师第二次上五台山，居北台之龙门参禅，得大光明藏。从此内外湛然，再不为声音、色相所障碍，过去的疑念当下顿消。大师开悟后，因无师请益，便展读《楞严经》以求印证。这样读了八个月，对全经意旨完全悟解。万历五年（1577）春，憨山大师为报父母恩，发愿刺血泥金写《大方广佛华严经》一部，由皇太后赐写书经纸，至次年始完成。万历七年（1579），慈圣皇太后①与神宗遣宦官带领工匠在五台山重修塔院寺舍利宝塔，憨山以朝廷刚刚开始做佛事、太监也是第一次派遣到皇宫外，担心他们没法完成这件事，对佛门有损，所以尽力帮助此事顺利完成。

万历九年（1581），为庆祝慈圣太后修复舍利宝塔，也为万历皇帝祈嗣，憨山和妙峰共同举办了规模盛大的无遮大会。憨山全力投入，指挥妥当，上千人的饮食起居毫无差错，如有神助。万历十年（1582）春，憨山大师开讲《华严玄谈》，每日听众不下万人，食宿安排不杂不乱，皆由大师一人指挥，可谓耗费了生平精力。法会结束后，大师将库内钱粮封存好交付寺主，便和妙峰禅师飘然离去了。妙峰去了芦芽山，憨山因病往真定障石岩（今石家庄正定县嶂石岩）调养。这年八月，皇子诞生了。大师回信给京城西边的中峰寺，作《重刻中峰广录序》。冬天，大师在石屋里结冬安居，修行水斋。

纵观憨山的早年经历，从嘉靖四十三年披剃，到万历三年春到达五台山，是他出家修行的初期阶段。他初入佛门，接触禅宗、华严宗、天台宗、净土宗等，具备了一定的佛学基础，是一位佛法学习者、南方行脚僧。万历三年春至万历十年三月，憨山在五台山居住修行八年。他多次证悟，深入地把握和领会了佛法，尤其是禅宗与华严宗。他开始与皇室、官员、士庶交往，关注佛教发展，以出世人作入世事，声誉日隆。可以说，在五台山期间，憨山"从一名佛法的学习者转变成一个佛法的施教者，从一个默默无闻的南方行脚僧成长为一名佛法造诣高深的高僧"②。

---

① 慈圣皇太后（？—1614年），李氏，漷县人，明神宗朱翊钧生母。十五岁进入裕王府，后生长子朱翊钧，进而由都人升为太子妃，朱翊钧册立为太子后又升为皇贵妃。万历六年（1578）加尊号曰慈圣宣文皇太后，万历十年（1582）加尊号曰慈圣宣文明肃皇太后。万历二十九年（1601）加尊号曰慈圣宣文明肃贞寿端献皇太后。万历三十四年（1606）加尊号曰慈圣宣文明肃贞寿端献恭熹皇太后。万历四十二年（1614）二月崩，上尊谥曰孝定贞纯钦仁端肃弼天祚圣皇太后，合葬昭陵，别祀崇先殿。

② 夏清瑕：《憨山大师佛学思想研究》，学林出版社2007年版，第57—58页。

二、憨山大师崂山年谱

作为名闻教内外的高僧，憨山何以离开佛教圣地五台山，来到偏僻的崂山隐居？据憨山自己说：第一，五台山祈储成功，其名声大振，但也得罪了前来祈储的宦官。所谓"以当日无遮道场太盛，为宫闱祈嗣得嗣之名太著，忤内使之言有闻于内，其事更大，其名更不可居。是以台山难返，他山难就"①。第二，憨山志在修复大报恩寺，崂山较五台山离京城更近便，利于抓住时机："始予为本寺回禄，志在兴复，故修行以约缘。……恐远失时，故隐居东海。此本心也。"② 第三，崂山是《华严经》所载那罗延窟诸菩萨住处，憨山修学华严，"因慕之"③。万历十一年（1583）四月，憨山来到东海崂山，在崂山度过了他人生中非常重要的十二年，实可谓崂山佛教之大幸，青岛佛教之大幸。

憨山大师曾自述年谱，东海那罗延窟侍者福善记录，由其弟子福征④疏证，这是最原始、最真实的记录，是憨山大师研究的珍贵的第一手资料。

（一）万历十一年——蹈海入崂，初稳根基

[原文]

十一年癸未

予三十八岁。春正月，水斋⑤毕。然以台山虚声，谓大名之下，难以久居，遂蹈东海之上。始易号憨山，时则不复知有澄印矣。

始予为本寺回禄⑥，志在兴复，故修行以待缘。然居台山八年，颇有机会，恐远失时，故隐居东海，此本心也。

夏四月八日至牢山⑦。初，妙师别时，以予不能独行，乃命法属德宗⑧

---

① 福征：《憨山老人年谱自叙实录疏》"十一年癸未"条。

② 《憨山老人梦游集》卷五三《憨山老人自序年谱实录上》。

③ 《憨山老人梦游集》卷五三《憨山老人自序年谱实录上》。

④ 福征，即谭贞默，字扫庵，万历四十四年（1616）皈依为憨山弟子，著有《憨山老人年谱自叙实录疏》二卷。

⑤ 水斋，又称为水陆斋，或水陆道场，乃供养或布施斋食于水陆有情，以救拔诸六道众生的法会，是佛教中最大、最殊胜的法会。

⑥ 回禄，相传为火神之名，引伸指火灾。

⑦ 牢山，在莱州府即墨县，东海滨，亦名劳山，即今天青岛崂山。

⑧ 德宗，别号大义，山西蒲州人，妙峰的徒弟。《明神宗实录》卷285"万历二十三年五月丁酉条"载"有僧德清，与其徒大林、大义游行至即墨劳山"，"大义"当指德宗，但不知"大林"为何人。

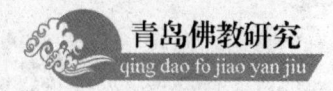
为侍者，从之。予初因阅《华严疏·菩萨住处品》云："东海有处，名那罗
延窟，从昔以来，诸菩萨众，于中止住。"清凉①《疏》云："梵语'那罗
延'，此云坚牢，即东海之牢山也。《禹贡》②'青州登莱③'之境，今有窟存
焉。"予因慕之，遂特访，至牢山，果得其处，盖不可居。乃探山南之最深
处，背负众山，面吞大海，极为奇绝，信非人间世也。地名观音庵，盖古刹
也，惟废基存焉。考之，乃元初七真出于东方，假世祖威福，多占佛寺，改
为道院。及世祖西征回，僧奏闻，命多恢复。唯牢山僻居海上，故未及之
耳，然皆废矣。予喜其地幽僻，真逃人绝世之所，志愿居之。初掩片席于树
下，七阅月④后，得土人张大心居士为诛茅结庐以居。入山期年，人无往
来，心甚乐也。时即墨灵山寺有桂峰法师，一方眼目也，喜得相与。

[白话文]

十一年癸未（1583 年）

我三十八岁。春天正月，水陆斋会结束了。然而，由于我在五台山得了
不少虚名，所谓盛名之下，难以久居。于是，我只好前往东海之滨寻求安
静。我把自己的名号改为憨山，从此世人就不再知道澄印这个人了。

当初报恩寺遭受大火后，我立志兴复，所以我努力修行以等待机缘。在
五台山居住的八年时间中，曾有不少机会，现在唯恐因为距离太远而失去时
机，所以我隐居在不远的东海之滨，希望将来有机会重回台山，为施建报恩
寺再结善缘，这才是我的本意。

夏季四月八日，我到了东海的牢山。当初，妙峰师与我辞别的时候，因
为我生病不能独自行动，于是他就让法属德宗作我的侍者，跟随我一起走。
《华严疏·菩萨住处品》中提到东海有一个叫那罗延窟的地方，从古至今有
很多菩萨住在里面。清凉大师所著的《华严疏》中提到梵语的"那罗延"，
意为坚牢，即指东海之滨的牢山。《禹贡》一书也记载青州登莱境内有那罗
延窟。因为向往那罗延窟，我特地去探访。到了牢山之后，寻到那罗延窟，

---

① 清凉大师（738－839 年），讳澄观，字大休，唐朝人，华严宗四祖，世称清凉国师、华严
疏主。一生广泛参学律、禅、三论、天台、华严等各宗教义，曾宣讲《华严经》达五十遍之多，著
有《华严经疏》等四百余卷。

② 《禹贡》是《尚书》（一作《书经》，简称《书》）中的一篇。战国时魏人托名大禹而作，是
撰著者设想的诸侯称雄局面统一之后的治国方案。《禹贡》以地理为径，分当时天下为九州，此外
兼载山脉、河流、土壤、田地、物产、道路以及各地的部落，无不详加论列。

③ 今山东登州、莱州等地。

④ 阅月：经一月。

可惜无法住人。我在山的南面，找寻到一处背负群山、面吞大海的幽静胜地，这里的景色十分壮观奇绝，感觉就像仙境。此地名观音庵，是一座古刹，现在只有废弃的地基还保存着。据我考证，元初，东方出现了七位道家真人，他们假借元世祖忽必烈的威名，占据了很多佛教寺院，改为道观。等到世祖西征回朝后，僧人把这件事上奏朝廷，世祖才下令恢复了很多佛寺。但因为牢山处于偏僻的东海之滨，所以观音寺没有及时恢复为佛寺，但也已经荒废了。

我喜欢这里的偏僻幽静，真是一个逃离世人、断绝尘缘的地方啊，就立志安居在这里。开始的时候，我只是在树下铺了一张草席住下。就这样过了七个月之后，我得到了当地居士张大心的帮助，他砍伐茅草，搭了一个茅棚供我安居。我在山里住了一整年，不与任何人来往，心中非常快乐。当时，即墨县灵山寺有一位桂峰法师，是当地的大善知识，我很高兴能与他交往。

（二）万历十二年——访求赐金，矫诏济饥

[原文]

十二年甲申

予三十九岁。秋九月，圣母以五台祈嗣之劳，访求主事三人，乃大方、妙峰与予也。二师已至受赐，独予不得，因力求之。乃命旧主人龙华寺住持瑞庵公亲访之，公知予在海上，乃杖策而至，具宣慈旨。某恩谢曰："倘蒙圣恩容老山海，受赐多矣，又何求其他？"公覆报，圣意不已，寻卜地建寺于西山，随遣内使至，期以必往，予竟谢不就。中使回，报以居山坚卧之志，圣意怜之，问无房舍，即发三千金，仍遣前使送至，以修庵居。及至，予力止之曰："我茅屋数椽，有余乐矣，何用多为？"乃不受。使者强之，不敢覆命。予曰："古人有矫诏济饥之事，今山东岁凶，何不广圣慈于饥民乎？"乃令僧领来使，遍散各府之僧道、孤老、狱囚，各取所司印册缴报。圣情大悦，感叹不已。及后，予被难，下镇抚，鞫予数用内帑金。予对以请查内库支籍。上查，止此济饥一事，余无一毫，上意竟解。

[白话文]

十二年甲申（1584年）

我三十九岁。秋九月，皇太后为犒赏五台山祈嗣的功劳，寻访主持此事的三位僧人，即大方师、妙峰师和我。大方师和妙峰师都已前去接受了赏赐，唯独寻访不到我的下落，因此太后竭力想要找到我，于是命我的故人

——龙华寺主持瑞庵①公亲自探访我的下落。瑞庵公打听到我在东海牢山，就亲自远道而来，详细地宣说了太后的旨意。我诚恳地谢绝道："如果圣母能够恩准我归老在东海牢山，那么这个恩赐已经很多了，我还有什么可求的呢？"瑞庵公回去复命，圣母心中不忍，立即在京城西山择地建了一座寺院，随后派遣内使来邀请我去居住，我始终谢绝前往。使臣回到京城，把我住山清修的坚定志向禀报给太后。太后怜惜我，问起我还没有房屋居住，就立即拨了三千金，仍派遣先前的那位使臣送来，用以修建寺院以安居，我尽力阻止他说："我有几间茅屋就已经十分快乐了，又何必再另造房屋呢？"还是坚辞不受。使者强行留金给我，否则他不敢回京复命。我说："古人有假托诏书救济饥荒的事迹，今年山东发生饥荒，何不把圣母的慈恩广施给饥民呢？"于是我让僧人领着使臣，把钱财分发给各地的僧道、孤老和狱囚，各地官府将散发的钱登记造册、上报朝廷。太后为此非常高兴，感叹不已。后来，我遭人陷害，被朝廷下放到镇抚司严刑拷问，审查我数次使用宫内钱财的情况。我请他们去查阅国库支出的籍册，皇帝审查发现只有这次救济饥民一件事情，此外我没有用过国库的一分钱，皇上对我的猜疑也就完全消除了。

（三）万历十三年——结交黄氏，弘佛摄化

[原文]

十三年乙酉

予四十岁。东人从来不知僧，予居山中，则黄氏族最大，诸子渐渐亲近。方今所云外道罗清②者，乃山下之城阳人，外道生长地，故其道遍行东方，绝不知有三宝。予居此摄化，久之，凡为彼师长者，率徒众来归，自此始知有佛法，乃予开创之始也。

[白话文]

十三年乙酉（1585年）

我四十岁。牢山附近的百姓从来不知有僧宝以及佛教正法。我住到山里后，这里影响最大的黄姓家族的子弟渐渐开始亲近我。当时流行的罗教的创

---

① 瑞庵和尚（1528—1589年），法名广祯，俗姓孙，北京人，北京龙华寺住持。

② 罗清（1442—1527年），明代山东即墨人，为军人兼宗教创始者，后世门徒称之为罗祖，又称"无为老祖"。明朝末年，罗清创建了罗清教，也称无极教、无为教、罗教、罗道教、罗祖教。罗教一出，几乎所有民间宗教皆为其所影响，包含著名的斋教、白莲教与一贯道，后期民间结党会社如清帮等，亦奉之为祖师。

始人罗清是牢山下的城阳人，这里正是外道发展之地，所以罗教在东部十分盛行，人们丝毫不知道有佛、法、僧三宝。我住在这里引摄教化民众，久而久之，凡是外道的师长都率领其徒众来皈依我。从此他们才知道有佛法，这是我传教的开端啊。

（四）万历十四年——颁藏牢山，《楞严悬镜》

［原文］

十四年丙戌

予四十一岁。是年颁藏经。先，国初刻藏，有此方述撰诸经未入藏者，今上、圣母命人刻之。完，皇上敕颁十五藏，散施天下名山。首以四部置四边境：东海牢山，南海普陀，西蜀峨眉，北属芦芽。时圣母以台山因缘，且数诏予不至，赐亦不受，乃以藏经一部首送东海，初未知也。及至，空山无可安顿，蒙抚台行所在有司供奉之。予见有敕命，乃诣京谢恩。比蒙圣慈命合宫眷各出布施，修寺安供，请命名，曰"海印寺"。

予在京，适闻达观禅师访予于海上，即走归，兼程追之。及至山下，值师出山，寻即同回，盘桓两旬。赠予诗，有"闲来居海上，名误落山东"之句。

是冬十一月，以予自辛巳以来，率多劳动，未得宁止，故多疲倦。至今禅室初就，始得安居，身心放下，其乐无喻。一夕，静坐，夜起，见海湛空澄，洞然一大光明藏，了无一物。即说偈曰："海湛空澄雪月光，此中凡圣绝行藏。金刚眼突空花落，大地都归寂灭场。"归室中，案头见"楞严经"，忽展开，即见"汝心汝身，外及山河虚空大地，咸是妙明真心中物。"则全经观境，了然心目。随命笔述《楞严悬镜》一卷，烛才半枝已就。时禅堂方开静，即唤维那①入室，为予读之，自亦如闻梦语也。

［白话文］

十四年丙戌（1586 年）

我四十一岁。这年国家颁布大藏经。起初，国家刻印《大藏经》时，有很多本土的论述没有收入其中。现在皇帝和太后下令收录这些本土论述，并刻印出来。完成后，皇帝下令颁赐十五部《大藏经》给天下的名山。首先以四部《大藏经》分别放置在四方边境，即：东海牢山、南海普陀山、西蜀峨眉山、北方芦芽山。当时，圣母因为我在五台山为皇室求子的因缘，而且几次下诏让我进京都没去，赏赐也不肯接受，所以就把第一部大藏经送到东海

---

① 维那，又作都维那，旧称悦众、寺护，为寺中统理僧众杂事之职僧。

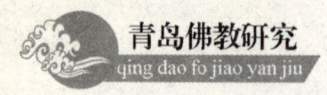
来。起初，我不知道这件事情，等到大藏经到了，却只有空山一座，无处安放经书，因此承蒙抚台下令我所在地区的官员，把《大藏经》供奉起来。我见到有敕命，只得到京谢恩。等到了京城，又蒙太后命皇宫的眷属都各自出银两布施，让我在牢山修建安置藏经的寺院，并预先取名为海印寺。

我在京城时，正好听说达观禅师去东海牢山看我，于是立即返回，日夜兼程地追赶他。追到牢山脚下，正好遇到达观师从山里出来，我们两人又返回山中，一起住了二十天。他赠送我一首诗，其中有"闲来居海上，名误落山东"的句子。

这一年冬天十一月，由于我自从辛巳年（1581）以来多方操劳，未得休息，所以身心非常疲惫。如今禅室刚刚建成，这才开始安居。我身心全部放下，其中的快乐无法言喻。一天黄昏，我在室中静坐，夜里起来见到海湛空澄，洞然像一大光明藏，了无一物，随即说了个偈子："海湛空澄雪月光，此中凡圣绝行藏。金刚眼突空花落，大地都归寂灭场。"我返回禅室，见桌上放着《楞严经》，我展开经卷，即看到"汝心汝身，外及山河虚空大地，咸是妙明真心中物"这句经文，于是对《楞严经》全经的境界完全了然于心了。我随即落笔写下《楞严悬镜》一卷，蜡烛才烧了一半就完成了。这时正好禅堂开静，我把维那叫进禅室，为我朗读《悬镜》，自己听着恍如梦语一般。

（五）万历十五年——修造殿宇，为众说戒

[原文]

十五年丁亥

予四十二岁。是年修造殿宇，始开堂为众说戒。自是，四方衲子日益至，为居士说《心经直说》。秋八月，胡中丞①请告归田，乃携其亲之子，送出家为侍者，命名福善②。

[白话文]

十五年丁亥（1587年）

我四十二岁。这一年修建佛殿，我开讲堂为大众讲说戒律。从此以后，四

---

① 汉代御史大夫下设两丞，一称御史丞，一称中丞。明清时用作对巡抚的称呼。

② 福善，字知微，万历十五年由其父胡来贡（顺庵）送至海印寺，依憨山为侍者。福善后来成为憨山大师著名的弟子，患难相从，生死与共。他是憨山诗文著作的主要收集者和保存者，也是《憨山老人自叙年谱实录》的主要记录者。后付居五乳方丈，主匡山法云寺，七旬坐脱。

方的佛弟子日益云集过来，我为居士们讲说《心经直说》。八月秋天，老友胡顺庵告老还乡东莱，送他儿子到海印寺出家做我的侍者，我为他取名为福善。

（六）万历十六年——《楞严通议》，犹未属稿

[原文]

十六年戊子

予四十三岁。时学人读予《悬镜》，请曰："此经观心具明，第未全消文字，恐后学不易入。愿字字消归观心，则莫大之法施也。"予始创意述《通议》，已立大旨，然犹未属稿。

[白话文]

十六年戊子（1588年）

我四十三岁。当时修学的人读我的《楞严悬镜》，向我请教说：此经已经把"观心"要旨讲得十分透彻，但却未能一字一句地解释经文，恐怕后来的修学人不容易领会经文的含义。愿大师逐字消文解字，会归"观心"之法要，这样真是莫大的法施啊！我因此有了写作《通议》的想法，文章主题已经明确了，但还没有落实于文字。

（七）万历十七年——阅藏说经，返寺探母

[原文]

十七年己丑

予四十四岁。是年阅藏，为众说《法华经》、《起信论》。

予自别五台，有省亲之心，但恐落世谛也，姑自验之。一夕，静坐中偶有偈曰："烟波日日浸寒空，鱼鸟同游一镜中。昨夜忽沉天外月，孤明应自混骊龙。"乃疾呼侍者曰："吾今得归故乡见二老矣！"先是，为报恩寺乞请大藏经一部。冬十月，至京请藏，上即命送之，赍行。十一月至龙江，本寺宝塔，连日放光。及迎经之日，塔光如桥，北向，迎经僧自光中行。及安经，建道场，光相日日不绝。瞻视者日万余人，以为希有之瑞。

时老母闻予至，先遣人候问何日到家。予曰："我为朝廷事来，非为家也。若老母能相见欢然如未别时，止可信宿，否则我不归矣。"老母闻之曰："再生相见，欢喜不了，那更有悲？一面即可，况两宿耶？"及予归，老母相见，欣然绝倒，予大以为异。及夜坐，族中长者，问予从船来陆来。老母应声曰："何问从船来陆来？"问者曰："从何处来？"老母曰："从空中来。"予惊曰："怪得当时老婆子能舍我也！"因问母曰："别后想我否？"曰："安得

不想!"予曰:"母何以自遣?"母曰:"始而不知,既知尔在五台。因问师家:'五台在何处?'曰:'在北斗之下,即令郎住处也。'我自此夜拜北斗,称菩萨名,则不复想矣。如谓尔死,则不拜,亦绝想矣;今见尔,乃化身来也。"予明日祭祖茔,为二亲卜葬穴。及得之,时老父已八十,予戏曰:"今日活埋老子,省得他日又来也!"予把锸斫地,老母夺之:曰:"老婆婆自埋,又何烦人?"连斫数十下。三日告别,老母欢然如故,未尝蹙眉,予始知老母非寻常也。

即墨有黄生纳善字子光者,乃今大司马黄公之弟也。初,予至海上,时年十九岁,即归依请益。授以《楞严》,二月成诵。从此斋素,虽父母责之,不异其心。切志参究,胁不至席。时予南归,光私念曰:"吾生边地,长劫①不闻三宝名,今幸遇大善知识,为不请友②,倘不回,吾辈失依怙矣。"乃对观音大士,破臂皮燃灯供养,求大士保予早归。自是火疮发痛,日夜危坐,持观音大士名号,三月乃愈。愈时,见疮痕结一大士像,眉目身衣,宛然如画,即其母妻亦未知也。恒求出家,予绝不听。乃曰:"弟子打个筋斗来,师又何止我乎?"是知篾戾车③地,未尝断佛种也。

初予以重修本寺志,居台山,事已有机,但以动费数十万计,未易言,故待时于海上。至是,机将熟,乃借送大藏因缘回南都,具将本寺始末,回,复命,具奏圣母。且云:"工大费巨,难轻举,愿乞圣母日减膳馐百两积之,三年事可举,十年工可成。"圣情大悦,即命于是年十二月储积始。

[白话文]

十七年己丑(1589年)

我四十四岁。这一年我开始阅藏,为大众讲说《法华经》和《大乘起信论》。

自从离开五台山之后,我心里就有了回家探亲的想法,但又唯恐落入世俗之中,就姑且自己先检验一下。一天晚上,我在静坐中偶然得一个偈子:"烟波日日浸寒空,鱼鸟同游一镜中。昨夜忽沉天外月,孤明应自混骊龙。"

---

① 劫,是梵文音译"劫波"、"劫簸"之略称,源于婆罗门教,是一个时间单位,婆罗门教认为一劫为44亿年,相当于大梵天王一个白天,佛教沿用之,也作为时间单位,分为三个等级,即大劫,中劫和小劫。

② 谓众生不请求,而菩萨以大悲为我之友,与我利益。《无量寿经》上曰:"为诸庶类作不请之友荷负群生。"《胜鬘经》曰:"普为众生作不请之友,大悲安慰,哀愍众生。"

③ 篾戾车,梵文 Mleccha,又作篾隶车、毕篥车、弥离车,意译为边境之地,或下贱之种。

说罢，连忙呼唤侍者："我今天能回故乡看望二位老人了。"以前，我为报恩寺向太后乞请过一部《大藏经》。十月冬，我到京城恭请《大藏经》。皇帝立即下令送给我经书，我一路护送南下。十一月我到了龙江，报恩寺的宝塔连日来一直放光。迎接《大藏经》到达的这一天，宝塔放出的光芒如同一座桥，蜿蜒向北，迎接经书的僧人好像是从光中走出来一般。等到安置好佛经，建立起道场的时候，放光的景象日日不断。每天都有上万人前来瞻仰佛光，大众都认为这是稀有难得的瑞相。

这时母亲听说我到了报恩寺，就先派人来问我哪天能够到家。我说："我是为朝廷的事情而来的，不是为了回家。如果母亲看到我，能够像我们未曾别离一样欢喜的话，那我就可以在家中住两晚。否则的话，我是不会回家的。"母亲听了之后说道："再次相见，我已经是欢喜得不得了，怎么还会悲伤呢？见上一面我就知足了，更何况可以连住两晚呢？"等我回家的时候，母亲见到我后，高兴地昏倒了，我真是分外诧异啊。晚上，家人坐在一起谈话，族里的长者问我是乘船而来还是从陆路而来？母亲应声说："为什么要问走水路来，还是走陆路来呢？"问话的人说："那是从什么地方来的呀？"母亲说："从空中来的。"我惊讶地说："怪不得当时老婆子能舍得下我呀。"于是问母亲："分别以后想我吗？"母亲："怎么会不想呢！"我问："那母亲如何排解这种思念的情绪呢？"母亲说："开始时不知道怎么办，后来得知你在五台山，我就问出家师父：'五台山在什么地方？'他说：'在北斗星下面，就是你儿子住的地方。'从此以后，我就夜夜礼拜北斗星，称念观世音菩萨圣号，就不想你了。后来就当你已经死了，我就不拜了，也不再想了。今日见到你，是你的化身来了。"我第二天祭祀祖坟，为双亲挑选墓地。选好墓地后，那时我的老父亲已经八十岁了，我开玩笑地说："今天我活埋了老子，省得我以后还得再回来。"我拿起锄头刨地，老母亲却夺过去说："老婆婆亲自来埋他，又何必麻烦别人？"然后连刨了几十下。三天后，我告别了母亲，她依然欢喜如故，连眉头都没有皱一下。我这才知道老母亲也不是寻常人啊。

即墨黄氏家族里有一位子弟名叫纳善，字子光，他是大司马黄嘉善公的弟弟。之前我刚到东海牢山的时候，他只有十九岁，当时就皈依佛门，并请求我开示佛法。我把《楞严经》传授给他，他两个月就能背诵下来。从那以后，他就开始吃素，虽然遭到父母责备，但他始终不改此心。而且他参究佛法的意愿非常恳切，以至于到了不倒单的程度。这次我南归探亲，子光暗

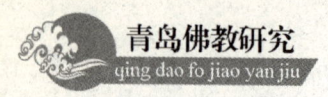

想："我出生在边陲之地，长劫以来都听不到三宝的名字。今日我幸运地遇到了一位大善知识，作我的不请之友。如果大师从此不回来了，我们就失去依靠了呀。"于是他在观世音菩萨像前刺破手臂，燃灯供养，求观世音菩萨保佑我早日归来。从此火疮疼痛开始发作，他只好日夜端坐，持念观世音菩萨的名号，三个月之后终于痊愈了。火疮好了以后，见到伤疤结成了一尊观世音菩萨像的样子，面目和衣服都非常清晰，如同画上去的一样，连他的母亲和妻子也不知道这件事情。他一直求我要剃度出家，我始终没有答应，他就对我说："弟子打个筋斗来（即死后转生），师父又为何要阻止我呢？"我从此知道，即便是这个边鄙之地，也没有断绝佛种啊。

当初，因为要重修报恩寺这个心愿，我住在五台山修行，那时机缘已经出现，但是要花费数十万的钱财，所以没有轻易提出要求，后来住在东海牢山继续等待时机。到了现在，机缘已经成熟，我借着护送《大藏经》的因缘回到南京，回京复命的时候，把报恩寺的来龙去脉详细地奏明太后，并向太后进言说道："这项工程非常庞大，耗费巨资，难以轻易完成。恩请圣母每日减少一百两饮食花费，这样，三年之后就可以动工兴建，十年后就可以完工。"太后听了非常高兴，立即下令从这一年十二月开始积蓄银两。

（八）万历十八年——书经作论，道场纷争

[原文]

十八年庚寅

予四十五岁。是年春，书《法华经》，为报圣母。时有欲谋道场者，乃构方外黄冠，假称占彼道院，聚集多人，讼于抚院①。时开府李公，先具悉其事，痛恨之，乃送莱州府，穷治其状。予亲听理，力救之。彼无赖数百人，作哄于府城，有匡人之围②。时有随侍二人，予斥之他往，乃独徐行。其中为首一人，持刀鼓舞予前，欲见杀。予笑视之，曰："尔杀人，何以自处？"其人气索，即收刀。围行城外二里许。将分路，狂众疑彼为首者有利于予，即欲殴之。予默计，彼众一鼓，其人危矣，奈何！乃踌蹰。将别，即拉狂者同至寓处，闭门，解衣磅礴③，谈笑自若，取瓜果共啖之。时满市喧

---

① 巡抚，别称"抚院"、"抚台"、"抚军"，是总揽全省军务、政务的最高地方长官，其办事衙门称巡抚部院。

② 匡人之围，孔子的形貌与鲁国大臣阳虎很相似，匡人恨阳虎。孔子过匡地，当地人误认他为阳虎，围困了他们好几天，直到听孔子弹琴吟诵才知道认错了人，匡人了解真相后，放了他们。

③ 解衣磅礴，指神闲意定，不拘形迹。后亦指行为随便，不受拘束。

云："方士杀僧矣！"太守闻之，即遣多役并捕之。彼众惶惧，皆叩首求解免。予曰："尔勿惧，第听予言何如耳。"及至，太守问曰："狂徒杀僧耶？"予曰："未也。来捕时，僧方与彼为首者同食瓜果耳。"守曰："何以作哄？"予曰："市喧耳。"太守欲枷彼，予曰："将欲散之，枷则固拘之也。"太守悟，乃令地方尽驱之，狂众不三日尽行解散，由是此事遂以宁。

是年，作《观老庄影响论》。

[白话文]

十八年庚寅（1590 年）

我四十五岁。这年春天，我为报答皇太后的恩典而抄写《法华经》。当时，有一伙人想要谋取这个道场，有人假扮成头戴黄冠的道士，诬陷我侵占了他的道观，并聚集了很多人，把我告到了巡抚衙门。那时，开府的李公①早前已经完全知道了这件事，非常痛恨他们，就把他们押送到莱州府，打算依罪处置他们。我亲自前去听审，尽力解救他们。这群无赖有几百人，在莱州府起哄作乱，并且围住我，不让我走。当时有两名侍者陪着我，我让他们先去别处，自己一个人慢慢行走。闹事者中带头的那个拿着利刃在我面前挥舞，想杀我。我笑笑看着他说："你杀了人，自己该怎么办呀？"那个人的气焰立刻就没了，立即把刀收了起来。他们围着我，跟着我到城外走了大约两里路。到了岔路口，这群无赖怀疑那个首领从我这里拿了什么好处，想要殴打他。我心想，如果这些人一起鼓动起来，那个人就有生命危险啊，我该怎么办呢？一时犹豫不决。即将和他们分开的时候，我拉着那个首领一起到了我的住所，关上门，我们两人不拘形迹，谈笑自在，还拿出瓜果和他一起吃。当时，满城都在喧闹，说："道士杀和尚了。"太守听了，立即派遣众多衙役去捉拿他们。那些无赖之徒都非常惶恐不安，纷纷跪在地上磕头求饶。我对他们说："你们不要害怕，等会听听我怎么说吧。"等到太守来了，他问我："无赖杀害僧人了吗？"我回答说："没有啊。衙役来捉人的时候，我正在和他们的首领一起吃瓜果呢。"太守又问："那满城为何起哄作乱呢？"我说："只是市井喧闹罢了。"太守想给那个首领带上枷锁，我说："很快就能把他们遣散了，如果带上这个枷锁，则又会把他们聚在一起了。"太守领悟了我的意思，于是下令地方上的差役把他们全部驱散。不到三天，这群狂徒

---

①　开府李公，即时任巡抚李戴，万历十四年二月至十七年六月在任，其后宋应昌继任至二十年四月。

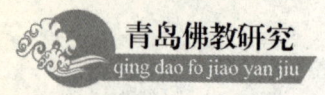

就全都解散了，此后这件事就平息了下来。

这一年，我作了《观老庄影响论》。

（九）万历十九年——大殿建成，子光坐脱

[原文]

十九年辛卯

予四十六岁。是年，圣母造檀香毗卢佛像，建大殿成。秋，门人黄子光坐脱。

[白话文]

十九年辛卯（1591年）

我四十六岁。这一年，圣母建造了檀香木的毗卢遮那佛像，大殿也建成了。秋天，我的弟子黄子光（1571－1591年）端坐往生了。

（十）万历二十年——访达观师，成《海印稿》

[原文]

二十年壬辰

予四十七岁。秋七月，至京访达观师于上方。晋时有琬公，虑三灾坏劫①无佛法，乃刻石经，藏石室。其塔院为僧所卖，师赎之，思予来作记。予适至，师大喜，及见，即同过石经山，乃为作《琬公塔院记》及《重藏舍利记》，并前所作，有《海印稿》。时与达师相对，盘桓四十昼夜，为生平之奇。

[白话文]

二十年壬辰（1592年）

我四十七岁。七月秋天，我到京城的上方山去拜访达观师。晋朝有一位琬公，他担忧坏劫三种灾害会毁灭佛法，于是他把佛经刻在石头上，藏到石洞里面。这个保存石经的塔寺后来被僧人卖掉了，达观师又赎了回来，想让我来作一篇记文。正好遇到我来京城，达观师非常高兴，我们见面之后，一起去石经山，我便作了《琬公塔院记》和《重藏舍利记》两篇文章，加上我之前所作的文章，合成为《海印稿》。我与达观师相处了四十个昼夜，这是我生平罕见的美事。

---

① 坏劫，佛教专有名词成、住、坏、空等四劫之一，即介于住劫与空劫之间，此劫期间的世界，由火、水、风等三大灾所次第破坏。

（十一）万历二十一年——乘舟籴豆，赈济山民

［原文］

二十一年癸巳

予四十八岁。是年，山东大饥，饿死者载道。山中所储斋供，尽分赈近山之民，不足；又乘便舟至辽东，籴豆数百石以济之。由是边山四社之民，无一饿死者。

［白话文］

二十一年癸巳（1593年）

我四十八岁。这年山东饥荒非常严重，饿死的人到处都是。寺中储存的斋供粮食全部赈济了附近的居民，还是不够。我又乘船到了辽东，买了几百石的豆子来救济灾民。这样，牢山周边的四社百姓没有一人被饿死。

（十二）万历二十二年——京城说戒，修寺搁置

［原文］

二十二年甲午

予四十九岁。春三月，山东开府昆崖郑公，入山见访问法，为说《方便语》。冬十月，入贺圣节，至京，留过岁，请说戒于慈寿寺。时予以修本寺因缘，知圣母储已厚，乃请举事。时上以倭犯朝鲜，方议往讨，姑徐之，乃寝。

［白话文］

二十二年甲午（1594年）

我四十九岁。三月春，山东开府昆崖郑公进山拜访，向我问法，我为他讲说了《方便语》。十月冬，到了贺圣节的时间，我来到京城，并留下来过年。大众请我在慈寿寺讲说戒律。那时，我因为兴修报恩寺的因缘，知道太后的储蓄已经足够了，于是就请求太后准许动工。但当时皇帝因为倭寇侵犯朝鲜，正在商议派兵讨伐，修复报恩寺的事情就只能从长计议了，这件事就此搁置。

（十三）万历二十三年——罹难别崂，遣戍雷州

［原文］

二十三年乙未

予五十岁，春二月，予从京师回海上，即罹难。初为钦颁藏经，遣内使回送之，其人先至东海。先是上惜财，素恶内使以佛事请用太烦。时内庭偶以他故触圣怒，将及圣母左右，大臣危之。适内权贵有忌送经使者，欲死

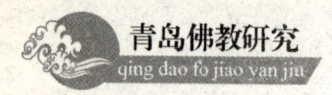

之，因乘之发难。遂假前方士流言，令东厂①役扮道士，击登闻鼓②以进，上览之大怒，下逮。以有送经因缘，故并及之。

予闻报，乃会众曰："佛为一众生，不舍三途。此东海乃蔑戾车③地，素不闻有三宝名，今予教化十二年，三岁赤子皆知念佛，至若舍邪归正者，连乡比户也。予愿足矣，死复何憾？第以重修本寺志未酬，可痛心耳！"及离即墨。城中士民老少，涕泣而送，足见人心之感化也。

及至京师，奉旨下镇抚司④打问。时执事者先受风旨，欲尽招追向圣母所出诸名山施资，则不下数十万计，苦刑考讯之下。予曰："某愧为僧，无以报国恩，今安惜一死，以伤皇上之大孝乎？即曲意妄招网利，奉上意以损纲常，殊非臣子所以爱君之心也，其如青史何！"以死力抵之，止招前众布施七百余金。愿请上查内支籍，及查前代赈之外，果无稽。上意遂解，由是母子如初。及拟，蒙圣恩矜察，坐以私创寺院，遣戍雷州⑤。

于是年三月下狱，时京城诸刹，皆为诵经礼忏保护。其衲子中有燃香、炼臂，持咒以加护之者。安肃郑大司马范溪⑥公子，在金吾⑦，素未相识，特设燕，会在朝缙绅请救，以至涕泣，诉其无妄，无不为法门惜者，乃见一时人心为法之如此。在狱八阅月，供馈者，唯侍者福善一人。

冬十月，发遣南行，朝士大夫，多衰服策骞相送以津济者。出都日，侍者福善同衲子二三人随行。十一月，至南京，江上别老母，作《母子铭》，携孤侄可久往。

初，与达观师过石经山，因思禅门寥落，谓曹溪⑧，源也，必源头壅阏，乃志同往以浚之，以予事未果。达师先往候予匡山⑨，予被难时，师正居天池，闻报大惊曰："憨师已矣，则曹溪之愿未了也！"师遂先至曹溪，然

---

① 东厂，官署名，即东缉事厂，明代的特权监察机构、特务机关和秘密警察机关。
② 登闻鼓，悬挂在朝堂外的鼓，官民有冤屈或重要情报，可叩击登闻鼓上朝直奏。
③ 蔑戾车，梵文 Mleccha，又作篾隶车、毕篥车、弥离车，意译为边境之地或下贱之种。
④ 镇抚司，锦衣卫下属负责侦缉的机构，分为南北两司。其中北镇抚司专门负责皇帝交办的案件，可以自行逮捕、侦查、拷问甚至处决，不必经过司法机关批准。
⑤ 雷州，在广东西南部，因偏僻荒芜，历代受贬谪的重要罪犯常流放于此。
⑥ 安肃郑大司马范溪即郑洛（1530—1600年），字禹秀，号范溪，河北安肃（今属徐水）人，时任兵部尚书，故称"大司马"。
⑦ 金吾，金吾禁卫军，皇帝的侍卫部队。
⑧ 曹溪，广东省曲江县东南双峰山下，禅宗六祖慧能曾在此修行四十余年。故曹溪被视为佛教禅宗南宗的起源地。
⑨ 匡山，即庐山。

后至京相报，竟奔走往，回至聊城。闻予将出，递回金陵以待。予至，则相别于江上旅泊庵中。师意欲力为白其枉。予曰："君父之命臣子之事无异也，况定业乎？师幸勿言！"临歧把臂，曰："在天池闻师难，即对佛许诵《法华经》百部，以保无虞，我之心，师之舌也。"予唯唯谢别，师为作《逐客说》以送之。

[白话文]

二十三年乙未（1595 年）

我五十岁。春二月，我从京师回到山东即墨，随即遭遇灾难。起初，太后恩赐《大藏经》，派遣送经使四处送经，送经使先送经来到东海。此前，皇上向来厌恶太后的内臣过于频繁地为佛事请拨经费。这时，内廷因为某些别的缘故偶然触怒了皇上，而且牵连到太后，左右大臣们都深感危机。正好有宫内的宦官权贵对送经使心存忌恨，想置他于死地，便趁机发难。于是假借从前那些道士们的流言，指使东厂的士兵假扮成道士，敲击登闻鼓向朝廷递送状纸。皇上览阅后大发雷霆，颁布了拘捕令。因为我曾经受赐过《大藏经》，所以拘捕令也牵涉到我。

我听到消息后，便召集僧众对他们说："佛陀哪怕为了一位众生，都不舍弃三途之苦。东海本是穷荒落后之地，这里的人从来没听说过三宝之名。如今经过我十二年的教化，连三岁童子都懂得念佛；至于那些改邪归正的人，家家户户、村村落落都有啊。我的心愿已经满足了，死又有什么遗憾呢？只是重修报恩寺的计划没有实现，实在非常痛心啊。"就这样，我离开了即墨。城里的官民、男女老少都含泪相送，足以证明人心都已经受到了感化。

到了京师，奉圣旨将我送到镇抚司拷问。负责办案的人预先收到密旨，要将过去太后向各名山佛寺施舍的钱财全部追回来，数额高达数十万。在酷刑拷打审讯之下，我说："我愧为和尚，未报国恩，今天岂能因怕死而伤了皇上的大孝之心？即使我假意招认牟取财富，顺从皇上的意思而损坏国家的纲纪伦常，这也不是臣子爱戴君主应有的态度，这样做如何载入青史？"我以死相抗，只承认收受了以前信众布施的七百余金。我请求皇上清查内廷的支出帐簿和以前山东地区赈灾的记录，果然没有发现什么错误。于是皇上怒气消除，与太后和好如初。在讨论处置我的方案时，蒙皇上施恩明察，以私创寺院的罪名，将我流放到雷州。

我于当年三月被捕下狱时，京城各佛寺都为我诵经礼忏，以祈求保佑。

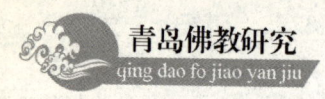

弟子中有人燃香烧臂，持咒保护我。大司马安肃郑范溪的公子在禁卫军供职，与我素不相识，却专门设宴召集朝廷官员，请他们救我。郑公子声泪俱下，陈述我的冤屈，在座的人无不为佛门叹惜，可见一时间人心竟是如此地尊重佛法。我在狱中八个月，只有侍者福善独自照料我的日常饮食。

冬十月，我启程前往南方。很多朝廷官员都穿着便装、赶着驴子来送我。离开京师那天，侍者福善和两三个弟子随行。十一月，到达南京，在长江中的船上与老母亲辞别，我作了一首《母子铭》。别后，带着父母双亡的侄子可久一起南行。

此前，我与达观师经过石经山时，想到曹溪是禅宗之源，禅门之所以如此衰落，一定是源头堵塞了，因此有意共同复兴曹溪，后来因为各种事情而没有成行。达观师先是去了庐山等候我，我被关押的时候，大师正住在天池寺，听到消息后大为震惊，说："憨公完了，同往曹溪的愿望实现不了！"于是，大师先去了曹溪，然后到京城向友人通报，奔走相救，随后又回到聊城。他听说我即将出狱，又回到金陵等候我。我到了金陵，在江边旅住的庵寺中与他作别。大师准备尽力为我辩白冤情，我说："这事与世俗中君王驱使臣子、父亲驱使儿子是相同的，何况也是我注定的业报，大师最好不要说了。"握手告别的时候，大师说："在天池寺听到法师受难，我当即在佛前许愿诵《法华经》百部，以保佑你脱离危险。我以心许愿，你用舌头还愿吧。"我连声与达观师谢别。达观师于是作《逐客说》一篇为我送行。

万历十一年（1583），三十八岁的憨山大师从五台山来到崂山，在此度过了十二年的修行和弘法生涯。

三、憨山大师崂山春秋

关于憨山德清的生活与事业分期，徐颂鹏在他的博士论文 A Buddhist Leader in Ming China（一位明代佛教的领袖——憨山德清的生活与思想）中，将憨山德清的一生分为九个时期：[①]

（一）憨山的家庭和童年（1546—1556 年）

（二）报恩时期（1557—1570 年）

（三）旅游与在五台的停留（1571—1582 年）

---

① Sumg—Pen Hsu：*A Buddhist Leader in Ming China*，The Pennsylvania State Uniwerat Pness，1979.

（四）牢山时期（1583—1595 年）

（五）流放和曹溪时期（1595—1613 年）

（六）憨山时期（1613—1615 年）

（七）东游时期（1616—1617 年）

（八）庐山时期（1617—1621 年）

（九）重返曹溪和圆寂（1622—1623 年）

这样的分期，其实是按照憨山老人自叙年谱疏注上所述的行谊而划分的。由于憨山早已细心地将自己的行踪所及、重要案件与思想变化都详加记录，所以我们理解憨山生平往往按谱寻迹，十分方便。

荒木见悟在其《阳明学的发展与佛教》一书的第六章《憨山德清的生平及其思想》中，则将憨山在金陵大报恩寺的时期不列入分期，而是自北游开始分为四期[①]：

第一期：从三十岁在冰雪苦寒的五台山中发悟；不久他的名声传到慈圣圣母的耳边，与宫庭的因缘自此而生，终于卷入世俗的麻烦；以致于远走牢山。

第二期：在牢山创立海印寺；与道教之一派的无为教之教战，逐渐取得有利的情势；救助山东的饥民等等，奋力于菩萨行。

第三期：五十岁时，因方士的谗言，流谪岭南雷州，时与瘴烟烈日接战；尽瘁于饥馑疫病死亡者的掩埋与超渡，又就便成就其曹溪道场的复兴。

第四期：六十五岁时，逢恩赦而中止流谪，于是北行转往江南地区；又徇曹溪僧俗的恳请，而再南下，至七十八岁入寂。

无论哪种分期，崂山时期在憨山一生中都处于一个极其重要的位置。在崂山的十二年间，憨山大师牢记兴复报恩寺的宏愿，颁藏建寺、讲经传教、开悟著述、广泛交游，使崂山佛教声名鹊起，成为"东海洋之佛国"[②]。

（一）入崂本心，兴复报恩寺

金陵报恩寺是南京历史最为悠久的佛教寺庙，千余年间，屡废屡建，寺名亦屡屡更易。东吴赤乌年间（238—250 年），孙权建造建初寺及阿育王塔，为江南塔寺之始。晋太康年间（280—289 年）复建，名长干寺。南朝陈为报恩寺。宋改天禧寺，建圣感塔。元改慈恩旌忠教寺，明永乐六年

---

① 荒木见悟：《阳明学的发展与佛教》，东京研文出版社 1984 年，第 151 页。

② 《憨山老人梦游集》卷二《促小师大义归家山侍养》。

（1408）毁于火。永乐十年（1412），明成祖以纪念明太祖和马皇后为名，命工部于此重建大报恩寺及九层琉璃宝塔，按照宫阙规制，历时十九年始完工。建成后的大报恩寺为江南三大寺之一，是全国最大的、包容各派的佛教义学讲堂，并一度成为管理全国佛教事务的僧录司所在地。大报恩寺建成后，几经劫难。嘉靖四十五年（1566），报恩寺遭雷火袭击，天王殿、大殿、观音殿、画廊一百四十余间焚为灰烬。寺毁之后，憨山大师与师兄雪浪洪恩决志共谋日后复兴。《年谱实录》嘉靖四十五年条中记载憨山曰："此大事因缘，非具大福德智慧者未易也。尔我当拼命修行，养以待时可也。"说出了他刻苦修行、寻找时机以修复报恩寺的宏愿。从那时起到五十岁遣戍雷州的三十年间，憨山一直致力于寻找机会兴复大报恩寺。可以说，无论是游历、修行，还是祈嗣、隐居，都是他为了修复报恩寺所做的准备。憨山隐居崂山时的本心依然是"兴复报恩寺"，在崂山期间，这一初衷始终未改，他在《年谱实录》里多次表达了这种心迹及为此所做的努力：

万历十一年："始予为本寺回禄，志在兴复，故修行以约缘。然居台山八年，颇有机会，恐远失时，故隐居东海，此本心也。"

万历十七年："先是为报恩寺乞请大藏经一部，冬十月至京请藏，上即命送贵行。……初予以重修本寺志居台山，事已有机，但以动至数十万计未易言，故待时于海上。至是机将熟，乃借送大藏因缘回南都，具得本寺始末回。复命具奏圣母，且云：工大费巨难轻举，愿乞圣母日减膳羞百两，积之三年事可举，十年工可成。圣情大悦，即命于是年十二月储积始。"

万历二十二年："时予以修本寺因缘，知圣母储已厚，乃请举事。时上以接犯朝鲜，方议往讨，姑徐徐，乃寝。"

万历二十三年："第以重修本寺志未酬，可痛心耳！"

无论五台山作为还是选择隐居东海，牢山憨山都是为了"修行以约缘"，他的"本心"就是要兴复报恩寺。他深知这件事的难度，"动至数十万计未易言"，所以他积极接近财力雄厚的皇室，希望借助皇家来完成如此浩大的工程。恰巧，万历皇帝的生母慈圣皇太后笃信佛教，憨山先是通过诵经、祈嗣等得到了她的赏识与信任，然后为报恩寺乞请了一部大藏经，继而恳请太后减膳储积修复报恩寺，并得到了太后的支持。从这一系列的活动中，我们可以看出憨山一直都在为兴复报恩寺积极准备着，可谓用心良苦。虽然憨山一度很有机会完成这个宏愿，但终因各种原因而功败垂成，并最终因此罹难。正如福征所云："非为修寺，不入贺留京。非三年往来留京，不涉议犯患也。"① 可见，兴复报恩寺是憨山隐居崂山的根本原因，当他最终被遣戍雷州时，他唯一痛心的就是重修报恩寺的志愿未能实现。

(二) 首获藏经，建成海印寺

佛教自传入我国以来，就十分重视经典的翻译和流传，汉文《大藏经》的刊刻与传播是汉传佛教发展的命脉。唐代以前，汉文大藏经皆是手写本，宋朝初年开始雕版印刷大藏经。明代帝王多崇信佛教，不仅热衷于创建寺院、举办法会，对于佛教经典的流传也十分重视。洪武年间，开国皇帝朱元璋在南京筹划刊刻大藏经，拉开了明代刻藏的序幕。明代刻藏前后共有五次，官板有建文年间南京所刻《南藏》、永乐年间再刻于南京的《南藏》（又名《永乐南藏》）和刻于北京的《北藏》。

明北本《大藏经》，世简称《北藏》，明成祖永乐十九年（1421）所刻，英宗正统五年（1440）完成。《大明三藏圣教目录》中有明英宗正统御制藏经序云："大藏诸经六百三十六函，通六千三百六十一卷，缄毕刊印，式遂流布。"至万历年间，神宗母慈圣皇太后又续刻入藏诸集，自"钜"字至"史"字凡四十一函四百一十卷。万历十二年神宗钦赐《御制续入藏经序》，总计本续凡六百七十七函及目录一函，此即《明史·艺文志》所称"释藏目录四卷，佛经六百七十八函"。万历十四年（1586），朝廷诏颁藏经施天下名山。最初四部藏经安置四边境，其中一部首送东海崂山。当时，普陀与峨眉是当之无愧的佛教名山，芦芽山是妙峰大师驻锡的地方，刚刚由太后捐资修建了一座华严寺，并不是太著名。而当时崂山算不上名山，更算不上佛教名山，崂山能得首颁藏经之荣，皆因憨山大师"祈嗣"有功而获得太后的恩宠，正如憨山所言："时圣母以台山因缘，且数数诏予不至，赐亦不受，乃以藏经一部首送东海。"福征亦言："征观天下名山多矣，仅颁十五藏，首颁四边境四部，边境中，又首颁东海牢山，因憨祖创居之故。……牢山芦芽，非大名山，而得首颁新藏者，虽皇上之敕，实圣母之意，惓惓在台山祈嗣之功也。"②

但颁给崂山的藏经只有一百九十八函，并非整套大藏经，据《海印寺颁经谕文石碣》记载："敕谕东海海印寺住持及僧众人等：……兹者圣君慈圣，宣文明肃，命工刻印，续入藏经四十一函，并旧刻藏经一百五十七函，通行

---

① 福征：《憨山老人年谱自叙实录疏》"二十二年甲午"条。
② 福征：《憨山老人年谱自叙实录疏》"十四年丙戌"条。

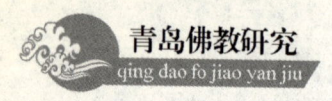

颁布本寺。尔等务必庄严持诵，尊奉珍藏，不许诸色人等故行亵玩，致有遗失损坏。……大明万历十四年三月十四日。"① 即牢山所获藏经包括万历年间续刻的四十一函与《北藏》中的一百五十七函。

面对此次赐经殊荣，憨山当初心情十分复杂，似乎有某种不详的预感，竟喟然叹曰："因缘障道，往哲痛心，福始祸先，前修明诫。"遂"意欲避之"。对此，憨山与他的侍者之间进行了如下对话：②

德宗与同伴安、桂③二侍者进曰："师即无意人世，岂不上念圣心，所以隆重法门，为斯民之福利乎？"弟子们劝道："师父虽然无意于经营人间事务，难道不顾念皇太后的心意吗？这难道不是弘扬佛法、造福于民的善事吗？"

憨山乃翻然念曰："惟我圣天子仁孝，圣母慈恩，以法为社稷苍生福，某敢不竭躬尽瘁，以敷扬法化，上报圣恩。法王忠臣，慈父孝子，实予所图。第此海峤遐陬，故称蔑戾，苟不等心死誓，何以转魔界而成佛土？尔辈试揣其衷，果能以法为心，毕命从事，则止之；否则去之，无使异日，作世谛流布，昧人天眼目也。"憨山说："现在天子仁孝，圣母慈恩，以弘扬佛法来为社稷苍生谋福。我们出家人自应为此鞠躬尽瘁，弘扬佛法，以报答皇上的恩德。我平生的志愿就是做佛祖的忠实弟子，也做朝廷的忠实臣子。崂山僻处海隅边地，一向没有佛法，若不苦心弘扬，如何能将外道之地变成佛土？你们几个若能够发誓弘法，不顾自己的生死性命，坚持到底，那我们就动工，否则就算了，不能给世间留下笑柄，为佛门抹黑。"

安侍人等连连称是，进而曰："愿师安意，以道自任，为法忘情，我辈敢不视师为行止?!"师父放心，我们会全心全意弘道、护法，绝对听从师父的命令。

《大藏经》卷帙众多，汗牛充栋，一般寺院都要修建专门的藏经阁来安奉。《大藏经》运到后，憨山毫无准备，崂山也没有能盛放的殿堂，只好暂时存放在官府。之后，德清亲自前往京城谢恩。太后知道憨山没有寺庙来安奉藏经，便带头捐赠，又让皇宫的眷属都出钱布施，修建寺院供其安居奉

---

① 《海印寺颁经谕文石碣》，见周至元：《崂山志》，齐鲁书社 1993 年版，第 207 页。
② 《憨山老人梦游集》卷二《促小师大义归家山侍养》。
③ "桂侍者"当为明桂无隐，本是四川人，十七岁出家，先后参法光、遍融、古梅、大方等禅师。后来崂山海印寺，从憨山受金刚宝戒，憨山为他起了"无隐"的字号。参见《憨山老人梦游集》卷二《示无隐桂禅人》。

经，德清请太后给寺院命名为"海印寺"。憨山于是拜受慈命，决心营建寺院，经营事务，无论巨细，一切委任于德宗，而以安、桂二人为知事，憨山"但总其纲要耳"①。明代海阳人高出②，少时入即墨城中求学，时憨山正在启建海印禅林，只听得"凿石布金，声于其内"，当地人却十分欢迎建此佛寺。憨山"颇能诗，善书法，又谈说足人俯仰，余所闻者，亦可其人也"③。憨山的诗书才华与行为做派得到了当地人们的认可与敬重，海印寺的建造也得到了当地桂峰法师、江黄二隐君、泰岩、荫谭诸先生、崔公子大哥等僧俗人士的支持与帮助。此外，海印寺的建造还得到了毛文源侍御的帮助，憨山在书信中表达了深深的谢意：

……不意圣泽无私，法云广布，光被海宇，滥及草茅，降斯盛典，置此名山，以垂万世。然而虽为正治之余，实所谓治天下者，将以为真治之事。爰自受命以来，夙夜惶悚，人微事重，不能敷扬教化，诚恐有负圣心，湮没圣典，惧彻心骨。比者天幸明公，现宰官身而作佛事，一弹指顷，顿令海印发光，须弥涌动，天人忻悦，磨幻倾摧，使我法王正令全彰，群生向化，非夫妙契契灵山，亦乃乘宿愿力，以缘会象形，鼓簧斯道者耶。诚可谓世出世法，真俗交归，人非人等，欢喜无量，恭惟盛世功德，实并山海同其高深。明公法身，当与社稷相为常住矣。营建之业，奉承法旨，独檄鄙人一力任之，此实省烦费，所司尤为便益。但寺居深山，道路隔绝，凡百运用，不无艰难，幸马即墨④，力任持之。边鄙书刻无人，多不如法，止完三碑，尚有一后序，即续图之。其木植南方，求之未至，天气逼寒，碑亭俟于春融兴造，姑此先报，以了现前公案。惟此胜缘不易，愿乞明公，会同大中丞，各垂一机，以当法施。不独山灵增重，万世之下，犹窥妙音色相，于孤峰片石间也。草渎威严，不胜惶悚。⑤

在信中，憨山大师对毛侍御，马知县在兴建海印寺的过程中所给予的支持与帮助表达了感激之情，并言及寺建碑亭，乞请毛侍御与大中丞（即时任巡抚李戴）各为撰写碑文。

①《憨山老人梦游集》卷二《促小师大义归家山侍养》。
② 高出，字骏之，山东海阳人。明万历二十六年（1598）戊戌科进士，授曲周知县，历任辽东监军参政、河南参政。
③ 高出：《劳山记》，见黄宗昌：《崂山志》卷五《仙释》，香港新世纪出版社2003年版，第80页。
④ 马即墨，即时任即墨知县马登高。
⑤《憨山老人梦游集》卷十四《谢毛文源侍御》。

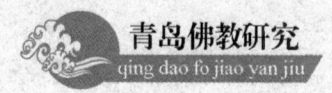
万历十四年（1586）冬十一月，禅室初就；

万历十五年（1587），修造殿宇；

万历十八年（1590），殿宇成；

万历十九年（1591），建大殿。

海印寺建成后，立时成为东海佛国，憨山对此大加赞扬："法道聿兴，四方衲子日益至。时则东海，洋洋佛国之风焉，天人冥会，转化之机盖亦神且速矣。山门供众法物毕备，秋毫皆出宗心，建立规模居然不减在昔，观者以为天降地涌，将为东鄙法幢盛世永永福田也。"①海印寺香火大盛，"食僧日繁千指"②。佛教盛行，皈依者众多，"佛宇僧寮之盛，几埒于五台、普陀"③。万历十六年（1588），莱州知府薛承范撰写了《明万历十六年新建海印寺碑》，内述慈圣皇后施建之由及憨山经营始末，惜文已漫漶，多不可读。

（三）讲经传教，民向三宝

憨山对崂山及其周围的弘法历史和现状并未看好，他说："齐俗尚功利，喜夸诈，自古盖称之矣。然其民性敦朴可教，故曰'一而致鲁，再变而至道'也。吾佛氏远自西竺，来自东夏，以及九州之外，教法流布寰区，千有余年。历观方册所载，于齐之东，则蔑无一人，其俗之功利夸诈，岂天然性哉？盖未善导之耳。"④其所谓旧齐国东部几乎无一人载入《大藏经》、《高僧传》或许是事实，齐地也未出现饮誉中华大地的佛教精英大德，但是齐东在历史上从未断过佛缘。仅就崂山来说，早在东晋时期，高僧法显由印度取经归来即在崂山登岸，宋齐居士明僧绍曾隐居崂山宣讲佛法，北魏时就在崂山创建了规模宏大的法海寺。

憨山在山东期间，正值罗教势力如日中天，他遂与罗教势力展开了一场争夺信众的斗争。罗教的创始人罗清是崂山脚下的城阳人。罗清本名罗梦鸿（1442－1527年），后人称其为罗祖，时为成化朝密云卫戍兵。他创立的罗教又名罗祖教、悟空教、罗道教、老官斋教（斋教）等。罗祖力传其道，被囚入狱，徒众记其言为《苦功悟道卷》等五部宝卷，称"五部六册"。万历年间，教势日炽，佛教徒也颇有通习"五部六册"者。罗教是明代三教合一

①《憨山老人梦游集》卷二《促小师大义归家山侍养》。
② 曹臣：《劳山周游记》，见黄肇颚：《崂山续志》，山东地图出版社2008年版，第11页。
③ 黄宗昌：《崂山志》卷五《仙释》，香港新世纪出版社2003年版，第48页。
④《憨山老人梦游集》卷二二《重修灵山大觉禅寺记》。

运动在民间蔓延的结果之一，它接受禅宗心性论的成分，将它与民间秘密宗教形式结合起来，倡导自心求解脱论，以下层百姓为传授对象。罗教以浅白通俗的语言宣扬无修无证回归"真空家乡，无生父母"的救世理念，对于物质贫困、精神无所寄托的下层民众具有很大的吸引力。正德、嘉靖年间，罗教迅速发展起来，至万历朝盛行一时，成为与白莲教齐名的大教派。在罗教的影响下，青岛一带的居民根本不懂真正的佛教，佛教徒很少。在憨山的方便诱导下，当地即墨大族黄氏的许多子弟开始信奉佛法，在黄家的影响下，当地皈依佛教者渐渐多了起来。罗教内部的一些重要成员也被憨山吸引，带领信徒成批的改信佛教，"凡为彼师长者，率众来归，自此始知有佛法"①。德清在当地与罗教争夺信众的斗争中取得了很大的胜利。憨山在青岛的弘法事业得以顺利开展，佛教的势力也渐渐居于道教、罗教等宗教之上。

海印寺吸引了远近许多僧侣和居士，成为山东省著名的佛教道场。万历十五年（1587），德清开堂为众说戒。由于许多居士刚刚皈依佛法，对佛教经典还不熟悉，憨山便挑选了一部篇幅精短、简明扼要的《心经》，深入浅出地给居士们讲说，并完成了一篇《心经直说》。《心经》全称为《般若波罗蜜多心经》，又称《佛说摩诃般若波罗蜜多心经》、《摩诃般若波罗密多心经》，简称《般若心经》、《心经》。经名概略意思是"透过心量广大的通达智慧，而超脱世俗困苦的根本途径"。《心经》是佛教大乘教典中一部文字最短少、诠理最深奥微妙的经典。仅以260个字，浓缩了六百卷大般若经的要义，经文言简义丰、博大精深、提纲挈领，直明"第一义谛"如来藏与其展转出生的七识妄心，集中展现了般若学的精髓，是大乘佛教出家及在家佛教徒日常背诵的佛经之一。中国历代高僧大德对心经的疏注甚多，德清所撰《心经直说》即为其中之一。

万历十七年（1589），太后钦赐的《大藏经》安奉妥当。憨山开始阅读藏经。他给弟子们讲授了《法华经》和《大乘起信论》。《法华经》是《妙法莲华经》的简称，后秦鸠摩罗什译，七卷二十八品，六万九千余字。《法华经》是佛陀释迦牟尼晚年所说教法，属于开权显实的圆融教法，大小无异，显密圆融，显示人人皆可成佛之一乘了义。在五时教判中，属于法华、涅槃之最后一时。因经中宣讲内容至高无上，明示不分贫富贵贱、人人皆可成佛，所以《法华经》也誉为"经中之王"。《大乘起信论》是大乘佛教的重要

---

① "凡为彼师长者，率众来归，自此始知有佛法"

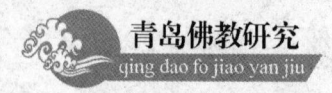

论书，相传为古印度马鸣著，南朝梁真谛译，一卷；唐代实叉难陀重译，作二卷；以真谛译本较流行。全书分因缘分、立义分、解释分、修行信心分和劝修利益分五部分，把大乘如来藏思想和唯识说结合为一，阐明了"一心"、"二门"、"三大"的佛教理论和"四信"、"五行"的修持方法。"一心"，即如来藏心。万法源出于此，包摄一切世间法和出世间法。"二门"，指心真如门（清净）和心生灭门（污染）。心真如门有离言、依言两种；心生灭门分流转、还灭二门。"三大"，谓体大、相大、用大。"体"即本体，又名真如，于中一切法平等，不增不减；"相"即形相，又名如来藏，具有无量善性功德；"用"即功用，谓由此产生一切善因善果，为修证菩提妙觉之所由。"四信"，指相信根本真如和佛、法、僧三宝。"五行"，即修持布施、持戒、忍辱、精进、止观五种德行。

在憨山大师的著述中，关于讲经场景的记载很多。如，"山居今日大众结制，海印据座，说《法华经》"①；"学人真照……谒余于那罗延窟。余政悲末法务本者希，乃为诸弟子诵《梵网戒》，照闻而有感，遂哀请授戒"②；"此《八大人觉经》，予昔居海上，时时书示弟子辈持诵"③。离崂南下后，憨山大师在信中还常忆起海印寺讲经的生动画面："鄙人自谓世尊现身东方，安坐海印道场，日每讽诵《华严》，六时不断。且又善巧说法，而以种种譬喻因缘，演说诸法。"④"时来安坐海印光中，与诸幻众挥麈默谈"⑤。憨山大师善巧说法，"而以种种譬喻因缘，演说诸法，顿使天龙欣悦，顽石点头，十方云集，菩萨推拥不开"⑥。经过憨山大师十二年的弘化，佛教在崂山周围大兴，"三岁赤子，皆知念佛，至若舍邪归正者，比乡比户也"，东海边境之地"咸向三宝"⑦。憨山大师被罪离开即墨时，城中士民老小倾城而出，涕泪追送，足见人心受到了佛法的感化。憨山大师说法水平很高，"又善巧说法，而以种种譬喻因缘，演说诸法，顿使天龙欣悦，顽石点头，十方云集，菩萨推拥不开"⑧。经过憨山大师十二年的弘化，佛教在崂山周围大兴，

---

① 《憨山老人梦游集》卷十二《示周子寅》。
② 《憨山老人梦游集》卷三一《血书梵网经跋》。
③ 《憨山老人梦游集》卷三一《八大人觉经跋》。
④ 《憨山老人梦游集》卷十四《与张守庵》。
⑤ 《憨山老人梦游集》卷十五《与黄子光》。
⑥ 《憨山老人梦游集》卷十四《与张守庵》。
⑦ 《憨山老人梦游集》卷五五钱谦益：《大明海印憨山大师庐山五乳峰塔铭》。
⑧ 《憨山老人梦游集》卷十《与张守庵》。

"三岁赤子，皆知念佛，至若改邪归正者，比乡比户也"①。憨山大师被罪离开即墨时，城中士民老小倾城而出，涕泪追送，足见人心受到了佛法的感化。东海边境之地，"咸向三宝"②。

（四）开悟两次，著述三部

憨山大师一生有过四次悟道经历，即所谓宗通之相。吴应宾在《大明庐山五乳峰法云禅寺前中兴曹溪嗣法憨山大师塔铭》中记载：

> 而七岁时生来死去之疑。涣然冰释。其偈曰。生死昼夜。水流花谢。今日乃知。鼻孔向下。得宗通之相一。

> 卓锡台山。略构岸头。闻机数反。久乃不闻吹万之謈。雪窟头陀。酬对以目。菜羹米汁。旬啖一升。念息尘忘。立而丧我者。不知几旦暮也。其偈曰。瞥然一念狂心歇。内外根尘俱洞彻。翻身触破太虚空。万象森罗从起灭。得宗通之相二。

> 牢山之会心也。海天雪月。互影交光。三昧现前。无入无出。其偈曰。海湛空澄雪月光。此中凡圣绝行藏。金刚眼突空华落。大地都归寂灭场。得宗通之相三。

> 又后三年。静中机发。不因心念。意在舌端。其偈曰。烟波日日浸寒空。鱼鸟同游一镜中。夜半忽沉天外月。孤明应自混骊龙。所谓月落后相见。是耶非耶。得宗通之相四。③

崂山海天一色、澄静空明的瑰丽景象，有利于启迪大师的心智与情怀，故憨山大师最后两次悟道都是在崂山的山海圣境中获得的。

憨山大师不仅在修持上为众生树立了榜样，而且著述宏富，为历史上所罕见。大师是散文家、注释家、诗人，一生的著作有三十多种，共二百卷，计二百五十多万字。他能熟练地运用各种文体，堪称运用文字的巨匠，而且格调高雅，禅意深邃。继三十一岁时完成第一部《憨山绪言》之后，憨山大师在崂山期间先后完成了三部著作。

第一部是《楞严悬镜》。万历十四年（1586）的一个冬夜，大师展读《楞严经》，看到"汝心汝身，外及山河虚空大地，咸是妙明真心中物"这句

---

① 《憨山老人梦游集》卷五《憨山老人自序年谱实录下》。
② 《憨山老人梦游集》卷五五，钱谦益：《大明海印憨山大师庐山五乳峰塔铭》。
③ 《憨山老人梦游集》卷五五，吴应宾：《大明庐山五乳峰法云禅寺前中兴曹溪嗣法憨山大师塔铭（有序）》。

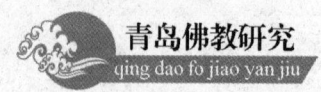

经文，一下子领悟了《楞严经》全经的宗旨，胸中的感受喷薄而出，强烈的创作欲望不可遏制。他"急点烛书之，手腕不及停。尽五鼓漏，而《楞严悬镜》已竟矣。"① 八千余言的经书半支蜡烛的时间就完成了。文辞华美，意义精确，见地深刻，是读之可悟道的上上之作。

憨山大师作《首楞严经悬镜序》云②：

原夫《首楞严经》者，乃诸佛之秘藏，修行之妙门，迷悟之根源，真妄之大本。而其所谈，直指一味清净如来藏真心为体。盖此心体，本自灵明廓彻，广大虚寂，平等如如，绝诸名相，圣凡一际，生佛等同。迷之则生死无端，悟之则轮回顿息。是以吾佛证此，愍物迷之。故假大权，发启斯教，大开修证之门，曲示归家之路。是以一部所诠，从始洎终，不出迷悟真妄二法。然迷途万状，悟有多门，若克体穷源，不无其要。至若从迷至悟之方，返妄归真之指，端在楞严大定，三观妙门。若欲洞观法界，彻见自心，觌体还源，莫斯为要。

慨夫文词简奥，义理幽深，虽诸家注疏，精畅发明，而学者贪程，罔知捷径，致使理观昧于陈言，修习失于正受。清不揆固陋，志尝刻意斯文，杜绝见闻，穷历冰雪，顾智识暗昧，非敢妄拟圣心，每于一线通途，粗述鄙意，庶潜修之士，若揽镜以照形，愿即事安心，顿融藏性者矣。

万历丙戌（1586）冬憨山头陀德清书于东海那罗延窟

《楞严悬镜》被誉为读之可以成道的作品。大师在序中指出了楞严经是"诸佛之秘藏，修行之妙门，迷悟之根源，真妄之大本"。是我佛慈悲，"大开修证之门，曲示归家之路"。指出关键的方法是楞严大定和三观妙门。但是，由于经文"文词简奥，义理幽深"，修学者不知捷径，致使"理观昧于陈言，修习失于正受"。大师便以自身的悟解和体会，写成此书。他从"大开修证之门"和"迷悟差别"两个方面，扼要论述了全经的要旨。以达到揽镜照形，即事安心，顿融藏性的目的。由于大师顿悟之后，找不到印证之人，便以楞严经来印证，在楞严经上下了数年功夫；由于是印证，领悟之深就非常人可及。后来，大师又著《楞严通议补遗》，以问答的形式，进一步阐述了此经的精义。

万历十五年（1587），大师四十二岁，开始为众人说戒律，吸引了许多出家人。又为居士讲《心经》，弟子记录成文，即《心经直说》。

万历十八年（1590）夏天，就在佛道两家争夺地皮的官司打得正热闹之

---

① 《憨山老人梦游集》卷四六《径山杂言》。
② 《憨山老人梦游集》卷四一《首楞严经悬镜序》。

时，憨山完成了他的重要著作《观老庄影响论》，又名《三教源流异同论》。憨山在青少年时期，曾经学习阅读过儒家、道家的重要经典，很有心得。到了中年以后，他的佛学理论水平已经达到了一定的高度。于是，他打破儒释道门户界限，以佛教"三界唯心、万法唯识"为理论基础，重新审视儒家和道家的价值。其著名的言论是："不读《春秋》，不能涉世；不读《老庄》，不能忘世；不参禅，不能出世。"他认为"孔子，人乘之圣；老子，天乘之圣；佛，能圣能凡、能人能天之圣。"憨山还称赞孔孟、老庄之学的长期流传给佛教进入中国打下了良好的文化基础，并且提供了丰富的词汇。憨山此文中的各种论点，基础是熟读儒、释、道三家之书，知己知彼。然后借助禅者的"妙悟"，称性发挥。全书态度开明，文辞华美，议论精密，气韵浑成，是一部融汇儒、释、道三学的难得的佳作。憨山认为，儒家和道家的学说属于释迦牟尼佛教法中的某个层次，与佛学并不冲突。由此来提醒广大佛教徒，不要笼统地把儒家、道家称为异端和外道，而应该采取开明的态度，研习儒家和道家经典，与儒教、道教平等相待，和平共处。

憨山这部《观老庄影响论》的创作和刻印流通也有一段不平凡的经历。隐居崂山后，憨山就有了此文的创意。万历十六年（1588），他在北京曾与一位洞观居士联床夜谈自己的想法，洞观居士非常赞赏。万历十八年（1590）夏天打官司期间，憨山开始创作，文稿完成后就放在海印寺，一直没有刻印。万历二十二年（1594），憨山带着文稿到北京，想请焦弱侯太史①指正，但没有见到。万历二十三年春天，憨山被捕，押送到北京，文稿遗落在海印寺。在狱中，憨山对此稿念念不忘，遂命徒弟赶回崂山搜寻，最终在一片狼藉中找回了文稿。万历二十三年秋天，憨山被发配雷州，南行时在南京会见了紫柏大师，请求紫柏阅读文稿，予以指正。紫柏非常欣赏此文，想让自己的徒弟如奇去办理刻印发行事宜，但憨山因为刚刚获罪，担心再起风波，就拒绝了紫柏的好意，将此稿带到了岭南。万历二十六年（1598），憨山在广州谪所为弟子们讲经，徒弟宝贵见到了《观老庄影响论》的文稿，发愿筹资刻印，这才得以流通。

可见，创作《观老庄影响论》固然是憨山多年来的志愿，但佛、道相争

---

① 焦竑（1540－1620年），字弱侯，号漪园，又号澹园，又号龙洞山农。祖籍日照，祖上寓居南京。万历十七年（1589）得中状元，授翰林院修撰，皇长子侍读等职。他博览群书、严谨治学，尤精于文史、哲学，为晚明杰出的思想家、藏书家、古音学家、文献考据学家。

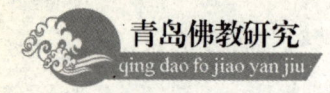

的风波无疑也是一个重要的外缘。这部著作同时也证明了，憨山大师虽然立志弘扬佛教，但对儒、道两家实无恶意。在主观上，他并没有侵占道观、打压道教、让佛教独领风骚的意图。

万历十六年（1588），时学人读《楞严悬镜》，觉得太简练，没有逐字逐句地对原经进行解释，这样，初学者就不容易领悟。希望师父重新撰写一部，每字每句地进行解释，以利初机之士修学。憨山于是开始创意《楞严通议》，确定了全书的宗旨、结构，但因事务烦杂，没有立即动笔。"说者又以文字为障，不能融入观心，犹以为缺，故予久有《通议》酝籍胸中。及投炎荒，虽波流瘴海，而一念不忘者，二十余年。"① 直到万历四十二年（1614）五月，六十九岁的憨山开始撰写《楞严通议》，在崂山时就定下的题目方才有机会下笔。憨山曾经灵感勃发，用半枝蜡烛的时间写出《楞严悬镜》，对这部经典的奥义可以说是了然于胸，只是为了方便教授门下弟子，才创意写作更详尽的《楞严通议》。多年来，虽然未曾动笔，但见解日趋成熟，条理日趋清晰。这次只用了五十天的时间，就完成了长达十卷的《楞严通议》。

除经论外，《憨山老人梦游集》卷二十二记载其在崂山期间创作的散文有：万历十二年（1584）《重修巨峰顶白云庵玉皇殿记（并铭）》、万历十四年（1586）《重修灵山大觉禅寺记》、万历十五年（1587）《重修之罘山神庙记（并铭）》、《重修悟山观音庵记（并铭）》。另外，他在崂山期间还创作了诗歌、法语、书问若干。其中，描写崂山景致的主要有：

张仙塔

屹立千寻险，山尧一径通。
坐观丹峤外，遥映白云中。
泽隐鱼龙稳，波涵世外空。
到来堪寄足，促必问崆峒。

巨峰慈光洞

鸟道悬崖入翠微，一龛高敞白云隈。
坐观沧海空尘世，回首人间万事非。

---

① 《憨山老人梦游集》卷十九《首楞严经通议序》。

乘槎浮海[1]

吾道穷何适？乘槎旧所论。众流归大海，一叶渡迷津。

心月悬空镜，人烟隔市尘。坐忘机自息，鸥鹭越相亲。

一叶浮虚碧，孤槎落镜中。此身真是寄，万物竟如空。

日月随漂絮，乾坤信转蓬。笑看车马客，于此绝行踪。

市隐菴[2]

东郭先生处，还同大隐居。市声从早晚，君耳自清虚。

不是扬雄宅，原非诸葛庐。此中真意趣，不载古人书。

憨山大师多才多艺，晓通史书，熟谙佛经，工于书法，擅长诗词，一生中佛学和其他著作颇丰。憨山大师的著作有鲜明的时代特色，针对他所处的明代的芸芸众生，避前人之所短，尽量用浅显的言词来阐述佛理，务使学佛之人能读懂、能明白。其次，憨山大师对佛经的注疏解释极富创见，又深契佛意，是从真心流出，绝非世间意义上的学术研究。第三，憨山大师是运用文字的巨匠，他的为文，自然流畅，通俗易懂。总之，憨山大师留给我们的二百多万字的著作，是十分宝贵的文化遗产。对于现代学佛的人或研究佛教文化的人，具有十分重要的意义。

（五）广结善缘，弘扬佛法

憨山是一位有着独特佛学思想和鲜明个性特征的僧人。他一生与皇室、儒者、释者、道者、居士多有交往，从皇室显要到地方官吏，从学士名流到道俗各界，人数之多、范围之广，堪称僧人交往的一个范例。在崂山期间，他仍然与皇室、佛界保持着较为密切的联系，与当地各界人士的交谊也迅速建立起来。即使贬戍雷州后，他与即墨当地人士仍有不少书信往来。

1. 与皇室结缘，福祸参半

万历时期，慈圣太后笃信佛教，力加护持，经历了长期低落沉寂的佛教呈现出以诸宗融通为特征的"复兴"局面。在此背景下，一方面皇室礼重、荣待名僧大德，提高了他们的名望和地位，为其弘法提供了有利的社会政治环境；另一方面，佛教僧徒也主动迎合或结缘于皇室，或依托皇室扩大影响，或为皇室祝禧祈福，以尽"方外臣子"之忠。明末四大高僧中，除智旭

---

① 黄肇颚：《崂山续志》，山东地图出版社 2008 年版，第 113 页。

② 同治版《即墨县志》卷十《艺文志》。

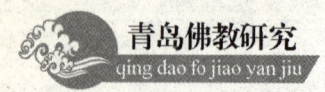

之外，其他三人都深得皇家崇重，而德清更视结交皇室为其兴复报国寺之途，与皇室的关系最为密切。

万历四年（1576），孝定太后"以保国选僧诵经"，憨山被选入其中，诵经时，获得了面见太后和皇帝的机会。万历五年（1577），德清在五台山发愿刺血泥金书《大方广佛华严经》，李太后听闻后，赐金纸以助。万历七年（1579），太后与神宗遣宦官带领工匠在五台山重修塔院寺舍利宝塔，德清尽力帮助此事顺利完成。万历九年（1581），憨山血书佛经将毕，与友妙峰共同发愿在五台山建无遮佛会为圆满道场。时值慈圣太后遣内宦在五台山塔院寺为神宗祈嗣，德清便与妙峰商议以无遮佛会为神宗祈储，从而声名大起。由于此次祈嗣事件涉及宫廷权利斗争，德清为躲避纷争，遂在万历十一年蹈东海崂山。在崂山期间，憨山与皇室尤其是李太后仍然保持着比较密切的关系。

万历十二年（1584），慈圣太后顾念祈储之劳，命京师龙华寺住持瑞庵公寻访德清于牢山，传达了太后奖赏的旨意。又在京师西山建寺，延憨山往驻，憨山皆辞谢不就。后慈圣太后因赐金三千遣使至牢山修其所居，德清辞未允，受以济饥。

万历十四年（1586），神宗敕颁十五部《大藏经》于名山大刹，因慈圣太后和颁经太监张本的关系，崂山获首颁藏经之荣。之后，慈圣太后又命宫中合眷各出布施修寺安供，并赐额"海印禅寺"。

万历十七年（1589），德清为南京大报恩寺请得《大藏经》一部，并乞请慈圣太后日减膳百两，积以重修报恩寺，太后应允。

万历十八年（1590）春，书《法华经》，为报圣母。

万历十九年（1590），大殿建成，太后捐刻一尊檀香田比卢佛像给海印寺，以充供养。

万历二十二年（1594），入贺圣节，太后留他在京过冬，憨山大师在大慈寿寺为众僧说戒，获得极高尊崇。福征按：

闻之当日宗镜堂侍者云：圣母请说戒时，礼赐綦隆，慈寿寺亦称上方兜率院，方丈布施地，无非毡锦。供佛果馔，悉四方珍物。方丈所需服食器具，遣大司礼官，晨夕绎络于途，观者每如堵墙。勋戚内监，贡献不可胜算。儿童随喜，无不沾溉。所赐内库钱粮，分毫不受，仅以五十三参禅人行钵。一日钵皆空还，而金钱布粟，已填筒溢廪。日绕数千众，无不屡饮香积。是年腊八日，圣母特命近侍陈儒，赐毗卢帽①，织锦紫伽黎②，志公鞋，及内衣，上下悉大绒，憨祖悉谢不受，三赐乃受。受仍不服。……赐衣之日，圣母命内侍传旨，欲延入宫，面请法名。师知非上意，力谢，以祖宗制，僧不入宫，乃遣内侍绘像命名以进。圣母悬像内殿，令上侍立，拜受法名。上事圣母至孝，此日未免色动。圣母法讳在谱后，法派，德大福深广，四十字中，用第二大字。其讳字，当命名进宫时，侍者绝不得闻。但从此避忌大字一辈，法属悉从福字辈始。是时圣母修寺储厚，胜因一闲耳。使查内支籍时，所储入手，无以自解，安得免难。幸而事寝，不涉施资。谢恩言旋，雁难无恙。因思当日钵铭轻万钟之具，衲铭轻天下之具，于兹大验，岂虚语哉。③

万历二十二年（1594），憨山大师与慈圣太后成为名义上的师徒，其荣辱成败进一步与李太后紧紧联系在一起。当时，慈圣太后不仅在政治上具有左右局面的影响力，而且是宫中奉佛的核心人物。得益于太后的垂青与偏爱，憨山隐居的崂山得首颁藏经、施建海印寺，最初出家的南京报恩寺也得赐藏经，并得太后同意减膳储积以重修报恩寺，可谓顺风顺水、心想事成。谁知，祸福所依，大难也在悄悄接近憨山。太后此举造成万历皇帝对皇太后等人崇佛无度的厌烦，也加深了他对憨山的憎恶。第二年春正月，憨山刚从京师回到崂山，就遭到了逮捕。

2. 与全国佛教界结缘，提高崂山佛教声誉

僻处崂山，憨山仍然与佛教界保持着密切关系，或鸿雁传书或来往参访，大大提高了崂山的佛教声誉。

首先，憨山大师与同属"四大高僧"的紫柏真可、莲池袾宏之间保持着联系。

紫柏大师（1543－1603年），讳真可，号达观，吴江人，姓沈氏，少负侠气，遇虎丘慧轮出家，后往清凉燕京，大竖法幢，一生兴建十余处大丛林，不作方丈。憨山德清比紫柏小四岁，两人几乎活动在同一时期。二人曾同参曹溪并相善，后紫柏隐居天台山，又去五台山修行。紫柏真可与憨山德清情谊的建立，始于万历十四年的崂山之会。在此之前，他们两人虽神交已

---

① 毗卢帽，亦称"毗罗帽"或"毘卢帽"。放焰口时主座和尚所戴的一种绣有毗卢佛像的帽子，泛指僧帽。
② 紫伽黎，紫色的僧服，也称"大衣"、"重衣"，高僧出入王宫或城镇时穿用。
③ 福征：《憨山大师年谱疏》"二十二年甲午"条。

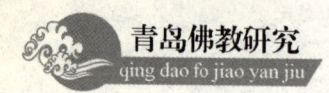

久，但却一直没有见面的机缘。万历十四年（1586）七月，紫柏携弟子道开等人由海路前往崂山会晤憨山，憨山大师在《径山达观可禅师塔铭》中对这件事记载甚详：①

至胶西，值秋水泛涨，众度必不能渡。师解衣先涉，疾呼众，水已及肩，师跃然而前。既渡，顾谓弟子曰："死生关头，须直过为得耳。"众心钦服。予在长安闻之，亟促装归，兼程至即墨。师已出山，在脚院，诘朝将长发。是夜一见，大欢笑。明发，请还山，留旬日，心相印契。师即以予为知言，许生平矣。

憨山当时正因太后赐《大藏经》一事在京城谢恩，所以，紫柏到达崂山后一时未能见到憨山，遂作《牢山访憨山清公不值》② 诗云：

吾道沉冥久，谁唱齐鲁风。

闲来居海上，名误落山东。

水接田横岛，云连慧炬峰。

相寻不相见，踏遍法身中。

通过这首诗，紫柏赞颂憨山是一位在禅风沉冥的年代以大无畏的勇气弘扬大法、名重齐鲁的高僧。为逃虚名，憨山远蹈东海之滨，驻锡崂山，静修佛事。在山海相映、海阔峰奇的自然胜境中，憨山用壮士的豪气勤勉自砺，用智慧的灵光启悟心性。全诗表达了紫柏对憨山的仰慕，强调了憨山献身佛事的伟岸风骨。

此外，紫柏还作有《登那罗延窟》与《牢山海印寺》两首诗：

登那罗延窟③

菩萨僧常住，皈依上翠微。

山高疑日近，海阔觉天低。

岛屿屏中国，波涛限外夷。

重来防失路，拂石一留题。

---

① 《憨山老人梦游集》卷二七《径山达观可禅师塔铭》。

② 《紫柏尊者别集》卷三《牢山访憨山清公》。周肇颚：《崂山续志》（山东地图出版社 2008 年版，第 284 页）与周至元《崂山志》（齐鲁书社 1993 年版，第 116 页）误将此诗作刘月川作品。

③ 《紫柏老人集》卷二五《登那罗延窟》。

牢山海印寺①

珠林完旧物，天子锡灵文。

鸟道悬丹嶂，僧堂起白云。

鱼龙阶下宿，尘世海边分。

佛火谁相续，心香朝暮熏。

　　得知紫柏已动身东往后，憨山便立刻日夜兼程返回崂山，到达即墨时，紫柏已经出山，暂留在山下脚院，明早就将离去。两人在当天夜里终于相见，异常高兴。第二天早上，憨山请紫柏再入山，挽留十余天，二人心相印契，许以生死至交。可谓"牢山一见，谊足千古矣"②。紫柏在离别憨山时作诗一首《留别憨公》③：

大道久荒凉，离歌东海旁。

行踪将万里，津济正微茫。

白日肝肠苦，青山骨肉香。

相逢即相别，挥泪欲沾裳。

　　诗中将两人会晤的短暂以及离别的不舍之情表露无遗。

　　德清亦"感而漫书小偈十首以志欢喜心"：④

泠泠三脉自曹溪，到处随流路不迷。忽自石梁桥上过，为谁沾惹一身泥？

久向天台卧石梁，水晶宫殿是行藏。因知多病为无酒，特往曼殊问治方。

泠然一钵望空行，拄杖横担不计程。才踏清凉台上月，万年冰雪太无情。

拟欲挨身入窟中，窟门紧闭不通风。饮牛池遇牵牛叟，只道文殊不是侬。

蓦鼻相逢是一家，三□前后总无差。痴心欲向其中住，劈面浇来一盏茶。

低头一跌失行踪，只见寒岩百尺松。因恨老曼心甚毒，就中何苦不相容！

拽回拄杖下层峦，破衲蓝毵又度关。遥望海天空界月，夜深烟水正弥漫。

凄凄抱恨福城东，人望烟波意转浓。此去不知千里外，德云可在妙高峰。

入门一笑见来端，醒眼殊非醉眼看。信手擎来香积饭，劝君于此更加餐。

向从无著识天亲，梦里相逢信有因。此处固非兜率院，知君应是白椎人。

---

　　① 《紫柏老人集》卷二五《牢山海印寺》。周肇颚：《崂山续志》（山东省地图出版社2008年版，第284页）与周至元《崂山志》（齐鲁书社1993年版，第116页）将此诗误作刘月川作品。

　　② 福征：《憨山老人年谱自叙实录疏》"十四年丙戌"条。

　　③ 《紫柏老人集》卷二五《留别憨公》。

　　④ 《憨石大士，达观法师弟也，源出曹溪，隐天台。既去五台，还过东海，访予于那罗延窟，感而漫书小偈十首以志欢喜心云》，见黄肇颚：《崂山续志》，山东省地图出版社2008年版，第259页。

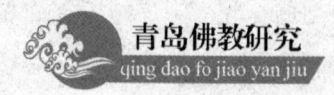

万历十八年（1590）秋，真可弟子幻余法本"来入海印"寺①，介绍了刻印《方册藏》的进展，憨山欣然为之作序。

万历二十年（1592），紫柏兴复了石经山琬公塔院。当年憨山至京参访紫柏时，紫柏力邀憨山观赏石经，并请他为之作记。憨山于是有《复涿州石经山琬公塔记》与《涿州西石经山雷音堀舍利记》之作。石经山之事成后，紫柏与憨山两人共住于慈寿寺，"同居西郊园中，对谈四十昼夜，目不交睫，信为生平至快事"②。这一次，两人交谈的重点在共议修明朝传灯录，同时有感于当时禅门的寂落，相约共赴曹溪，以重开法脉。续灯之事谈定后，紫柏先至匡山等候。

万历二十三年（1595），憨山大师被以私创寺院罪羁系牢狱时，紫柏因远在天池（今江西九江），不能救援憨山而心急如焚，他为憨山"许诵《法华经》百部，冀佑不死。既往探曹溪回，将赴都救予"③。当紫柏得知憨山将遣戍广东雷州时，紫柏即刻前往南京等候德清，为他送行。是年十一月，紫柏与憨山相别于下关旅泊庵中。由紫柏的诵经发愿祈求憨山不死、不远千里候憨山于金陵以及两人临别的情形，都看出他对憨山情谊的深厚。后来，紫柏不顾憨山的极力劝阻，再度入京为营救憨山积极奔走。对于憨山未能因他的营救而减罪，紫柏一直耿耿于怀，将其视为"出世一大负"。

紫柏大师与憨山大师都是晚明佛教复兴运动中具有重要社会影响的佛教高僧。在晚明佛教四大师中，紫柏与憨山具有相近的性情与宗教关怀，是典型的以出世身做入世事业的禅门尊宿。他们之间肝胆相照、荣辱与共的深情厚谊成为晚明佛教界的佳话。更为重要的是，通过与紫柏的交游，憨山的志愿和认识也从区区修复大报恩寺扩展到宏大的复兴晚明佛教，表现出大师情怀。

在崂山期间，憨山大师与莲池大师之间亦有书信往来。莲池大师（1535－1615年），净土宗第八代祖师，俗姓沈，名袾宏，字佛慧，别号莲池，因久居杭州云栖寺，又称云栖大师。万历四年（1576），莲池云游五台山时，憨山特意去拜访两人，晤谈了五天，憨山深受莲池禅净兼修思想的影响。《憨山老人梦游集》卷十三有《寄莲池禅师》云：

---

① 《憨山老人梦游集》卷十九《刻方册藏经序》。
② 《憨山老人梦游集》卷二七《径山达观可禅师塔铭》。
③ 《憨山老人梦游集》卷二七《径山达观可禅师塔铭》。

往者，某居金色界时，吾师因礼曼室来，承以无缘慈力，摄受我于冰雪中，使某得以坐瞻光相，深慰凤心，信宿而别。自尔倾注之怀，盖亦勤矣。某去台山，将南历百城，拟参座下，复为业力牵之东海。良以耽著枯寂，遂置身穷陬篾庚车地，因之矢心建立三宝，上报佛恩，亡躯尽命，郁郁十年于兹。向以道力屦弱，大为魔扰者，日月居半，以致取辱法门，见呵智者。今且犹不自量，乃恋恋窟中，以臂当辙，心心不退，岂宿习然哉。①

在信中，憨山回忆了莲池禅师的教诲，表明了自己在崂山矢志弘法的决心。

其次，一些僧人尤其是原来与憨山熟识的山西僧人，不远万里亲往崂山参访憨山，他们同登共游、谈佛论禅，不亦快哉。

憨山大师与山西方山寺映川法师早年相识，为莫逆之交。听说憨山大师隐居东海崂山，映川法师杖策而来。二人把臂共游，阅尽山海胜景，乐而忘归，相约终老那罗延窟：

幻人（憨山自称，著者按）方避影东海，据长空大谷，与烟霞麋鹿争雄，方山子闻而喜之，即杖策而来，搜我于穷发。幻人相与把臂而游，登金刚之峰，入那罗之窟，乘坚固之筏，泛海印之光。扣摸虚无，指挥万象，倦则铺瑶草而卧长林，饥则饮醍醐而餐栗棘。时或鼓腹揸颐，摒髀雀跃，吸鲸波而吞沧海，叱大块而噫长风，直使万窍齐鸣，殊流竞骤，曾不知尔我之在乾坤，朝昏之为日月也。又何浮光幻影，野马尘埃，而点太清之量哉？方山子喜而忘归，不觉两更四序一瞬矣。时则方山子蹶起而谓幻人曰："闻之不死之乡，非蜉蝣之所拟；广漠之野，非蟪蛄之所知。信乎？愿当与子死此耳。幻缘未尽，姑舍子去，终当携手同归焉。"幻人于徐而进之曰："嘻，有是哉！子作去来之想耶？尝试观夫片云起，而太虚弥布；纤尘举，而大地全收。不分而遍，则霈泽霶施；不散而周，则山岳竞秀。由是观之，则诸法未尝离于起立处耳，子当勉矣！无作去来之想也！虽然空花结实，翳目之所愚；水泡穿珠，痴儿之所惑。子其行矣！试为弹而刮之，若珠破翳除，其无忘我交臂之盟，誓当与子死于那罗延窟。②

山西万固寺老衲，姓名不详，为寻访憨山来到东海崂山，入憨山大师窟中，大师询问他大檀所证法门，万固老衲云："日深如幻三昧，诸有并空，

---

① 《憨山老人梦游集》卷十三《寄莲池禅师》。
② 《憨山老人梦游集》卷二一《送方山映川法师幻游序》。

寸心无住。"[1] 憨山听后十分高兴。

如乾禅人，原为五台山僧人，憨山居于崂山那罗延窟时，"禅人自五台来谒"[2]。后如乾禅人去庐山东林寺修行。憨山入粤后，如乾又往广州参访并陪伴憨山。憨山恢复自由后，如乾重回东林寺。

无隐桂禅人，为明桂西蜀李氏子，十七岁出家，参伏牛法光和尚。后到京城，谒遍融禅师，从古梅座主听讲，复从大方宗师请益机缘。桂禅人来海印道场参访憨山，受金刚宝戒。憨山"观其骨气孤硬，可为法门标帜，第以名言厚习，不能洞发性真，初闻余言，犹河汉而无极也"[3]，对其评价颇高，并为其取"无隐"为字。桂禅人跟随憨山修习了一年，一日闻听唯心宗旨，恍然自信，遂誓皈依，三阅寒暑，他与德宗、安侍者共同承担了海印寺的修建任务。丙申（1596）年十月，桂禅人来到广州，陪伴憨山数月。

再次，憨山大师与一些著名佛教居士也有交往，如明代著名居士曾凤仪与憨山大师即为莫逆之交。曾凤仪，字舜征，号金简，明湖广耒阳县（今湖南耒阳市）人。万历十一年（1583）中进士，官礼部郎中。万历二十一年（1593）疏请建储，有功。不久即致仕乡居，潜心研究宋儒朱（熹）陆（九渊）理学，晚年潜修佛学，注释《楞严》、《法华》、《楞迦》诸经。曾凤仪曾往崂山海印寺拜访憨山，《憨山老人梦游集》卷十七有《与曾金简仪部》书二通。

3. 与当地佛、道界结缘，促进释道融合

憨山大师初入崂山，不久即与当地即墨灵山寺的桂峰法师交好。桂峰禅师讳性香，祖辈为平度巨族，他住持灵山大觉禅寺，宣讲佛法、重修寺院，并邀请德清作《重修灵山大觉禅寺》。二人结伴交游，感情融洽，憨山有诗为证：

登上苑狮峰晓望同桂峰禅师赋[4]

绝峤危岩傍海隅，登临一眺望中孤。

扶桑晓日开鱼目，沙浦寒星落蚌珠。

---

① 《憨山老人梦游集》卷十四《与蒲州山阴王》。
② 《憨山老人梦游集》卷三《示佛岭乾首座刺血书华严经》。
③ 《憨山老人梦游集》卷二《示无隐桂禅人》。
④ 黄肇颚：《崂山续志》，山东省地图出版社 2008 年版，第 239 页。

飘渺霓裳来泽国，依稀仙乐动蓬壶。

吾生已结洪崖伴，愿并飞肩上玉都。

寄灵山桂峰师①

灵山一会俨然存，松柏云栖满鹿园。

自是法身常说法，分明钟鼓报黄昏。

对于桂峰法师的传教功德，憨山赞扬道："东海佛法不行之地，自灵山桂峰师开化，令舍邪归正者不少。……叹师法利之盛，其诸弟子，能说法者居多。"② 闻知憨山在崂山兴建海印寺后，桂峰"意颇不然"，对人说："吾将投足于无畏之途，浴身于不波之沼。"③ 既而憨山获罪谪配雷州，桂峰大师竭力为受牵连之众僧辩解、奔走，使他们得以无罪释放。

明天启元年（1621），憨山离开崂山已经二十八年，桂峰法师的嫡孙慧玄兴后禅人来匡山参访憨山，第二年辞归故山，临行前请益修心法要。于是，憨山老人为其开示④了"烦恼"、"所知"二障：

佛最所诃者，烦恼、所知二种障，为生死根本。然烦恼障，乃贪嗔痴爱，为凡夫生死根本；所知障，乃佛法知见，为三乘圣人生死根本。苟二障不除，则众苦无由得出也。嗟今世人，不知佛法者，固无足怪。即学佛法人，不断除烦恼，又以所学佛法，为所知障，生长我慢，重增烦恼，心地染污，种子触发，现行放逸，身心毫无捡束，循情造业，岂非大谬耶?! 学人今闻老人开示，知为生死大事，发心参求，本地工夫，此乃最胜愿力。但今参究工夫，不用别求，只要将胸中旧有习气种子，一一打点干干净净，不许触发现行，就于日用对境逢缘，起心动念处，当下看破，不许相续。其用心下手，只如《楞严经》所说，观音耳根圆通，旋倒闻机，返闻自性，一则观门，最好用心。若于日用见闻处，果能返观自性，则不随外境流转，如此念念返流，则念念是归真之路。如此用心，若习气不除，触发现行，定不得力，此全在违现业一着，为最上行也。然又必要为生死心切，乃肯下死工夫耳。学人实为生死，真切用心，乃有受用，不是说了便休，作一种佛法知见也。

---

① 《憨山老人梦游集》卷三七《寄灵山桂峰师》。
② 《憨山老人梦游集》卷九《示慧玄兴后禅人》。
③ 同治版《即墨县志》卷十二《杂稽志·释道》。
④ 《憨山老人梦游集》卷九《示慧玄兴后禅人》。

另外，憨山大师与灵山东海劫外法师亦有往来，憨山《寄东海劫外法师》云：[①]

亲受灵山付嘱来，法筵今向海滨开。

楞伽山顶魔罗众，几度闻经到讲台。

明嘉靖中，有僧名近悟，在崂山西南滨海的悟山重修观音大士殿三楹，建成后，乞憨山为记，憨山为之作《重修悟山观音庵记（并铭）》。[②]

崂山向为道教圣地，崂山道教发端于唐宋时期，兴盛于金元之际，到明朝万历年间，崂山创立了若干全真支派，道观比较兴盛。驻此十余年中，憨山和道教界一直保持着友好的交往。万历十一年，憨山初到崂山不久，曾经游览过崂山巨峰顶白云庵，结识了全真派道士高来德。高来德请憨山撰写了《重修巨峰顶白云庵玉皇殿记并铭》，憨山由衷地赞美了崂山的风景和道观的神奇境界。万历十二年（1584），憨山矫诏济饥时，所救助者中也有道士。万历十五年秋天，憨山正在修建海印寺的时候，之罘山神庙里的全真派道士高常清亲自来到海印寺，请求憨山为神庙撰写一篇碑记。憨山欣然命笔，撰写了《重修之罘山神庙记并铭》。高常清在海印寺已经开工之后，还上门礼请憨山撰写碑文，这表明修建海印寺之初并没有引起所有道士的反感。憨山修建海印寺时，憨山"仍葺三官殿，以妥诸羽流"[③]，对待道士的态度也非常友好。

4. 与当地士人结缘，奠定弘法基础

明末，出现了所谓的佛教"复兴"气象，高僧涌现，义学兴盛，士大夫也多崇信佛教。憨山精通文墨，兼阐儒释，与当地文人士大夫结缘深厚。即墨素有"周黄蓝郭杨"五大望族，人才辈出，仕宦不绝。憨山与这几大家族都有密切交往，如此便为憨山在当地站稳脚跟弘教打下了坚实的基础。

憨山最早结交的是当地影响最大的黄氏家族。黄氏兴起于嘉靖年间的黄作孚。黄作孚（约 1516－1586 年），字汝从，号讱斋，嘉靖三十二年（1553）进士，时正值严嵩擅权，他洁身自好，拒绝笼络，后终因严嵩罢官。归隐后居浮山潮海观（又名朝阳观、浮山寺）与荒草庵，据传该庵因黄作孚居此又名黄草庵。黄作孚晚年居家，与乡人讲求古礼，振兴墨邑文物，乐善

---

① 《憨山老人梦游集》卷三七《寄东海劫外法师》。

② 《憨山老人梦游集》卷二二《重修悟山观音庵记（并铭）》。

③ 黄肇颚：《崂山续志》，山东省地图出版社 2008 年版，第 409 页。

好施，誉满乡里。万历十一至十二年（1583—1584），即墨大灾，颗粒不收，百姓饿殍遍野，黄作孚拿出存粮，广设粥棚，使千人免被饿死。而憨山当时也曾"矫诏济饥"，二人或因此结识。万历十四年（1586），憨山作《重修灵山大觉禅寺记》，而该碑的书丹者正是黄作孚①，这大约可以看作憨山与黄氏家族最早的结缘。黄作孚之侄黄嘉善（1549—1624年），字惟尚，号梓山，端庄伟然，过目能诵，万历五年（1577）进士，历陕西三边总督，官至兵部尚书，以文官司武职，守西部边防二十年，居功至伟，在即墨当地声誉甚高。黄嘉善与憨山大师及紫柏大师都相契合，他曾作《和憨山韵送达观禅士西游》诗，应作于万历十四年（1586）秋天紫柏来访憨山期间。

《和憨山韵送达观禅士西游》②：

其一

数语怜君为我宽，乍逢首蓿共盘飧。

云山飞锡飘蓬后，风雨连床会面难。

袖里烟霞随处满，眼中湖海向谁看。

悬知杖履经行地，会使关门紫气寒。

其二

西去秦关路百重，飘然绽衲一萍踪。

诗成明月应千首，屐躏白云第几峰。

草色咸阳空复绿，泥丸函谷为谁封。

知君不问前朝事，到处常随听法龙。

其三

岁月逍遥一杖黎，翩翩独鹤任东西。

乾坤何地非苍狗，踪迹从人试木鸡。

剑阁云寒流紫翠，峨眉春晓逗清凄。

怀中抱得尼珠在，蜀道虽难自不迷。

其四

长夜思君梦欲浮，大江西去正悠悠。

---

① 《村民盖房挖出"万历古碑"印证即墨曾有大觉寺》，http://news.bandao.cn/news_html/201207/20120702/news_20120702_1934080.shtml。

② 《即墨黄氏与崂山佛缘》，http://blog.sina.com.cn/s/blog_46098ef90102drsn.html。周至元《崂山志》只载其一与其三两首诗，其三最后两句为"怀中抱得片珠在，蜀道虽难不自迷"，两处记载略有不同。见周至元：《崂山志》，齐鲁书社1993年版，第314页。

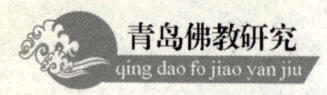
三年不共谭天麈，万里谁同载月舟。

赤杖几经白马寺，紫云故傍黑貂裘。

法门不二元无住，早向蓬莱第一州。

憨山大师还曾到黄府拜访，与黄嘉善谈佛品茶，其乐融融。黄嘉善作《谢憨山上人过访》①：

羡尔长干隐，来过五柳家。

谈空时拂尘，烧竹旋烹茶。

片语成玄赏，千秋感岁华。

不逢休惠早，那得见天花？

憨山大师曾为黄氏撰写了《和顺堂记》，并作《贺讱翁黄老先生乡邦推重序》等文章。

憨山被捕入狱后，黄嘉善等全力营救，并派人到狱中探视。探者见憨山在狱中从容赋诗，毫无忧惧之色。探者归，语于嘉善，嘉善叹服良久，不禁为憨山大师的无畏精神所折服。

黄嘉善之弟纳善，十九岁即皈依憨山。憨山授以《楞严经》，两月成诵。及憨山南归，纳善乃对观音大士破臂，燃灯供养，祝憨山早回。《憨山大师梦游全集》卷十五有《与黄子光》云：

时来安坐海印光中，与诸幻众，挥尘默谈顷间，贤伯仲氏炳然现我三昧也，惟幽居远市，闭户究心，山色在目，溪声满耳，未必不对法身而聆长舌耳。春来动定胜常，知坐进此道，欢喜无量，且云'爝然于中，有难对俗人言者'。诚哉此事，惟在自知自信，正如哑人食甘饮苦耳，其实何可吐露耶？寄去《大慧语录》②，幸时披剥，冀足下时与此老把臂共行，直使佛祖避舍三十。日来所作水月道场，空华佛事，随见影响。候庄严有绪，当迎杖舄，共升法殿也。右臂不仁久矣，不能公布作书，一语普告。

此信大约是万历十七年（1589）憨山大师回乡探母期间写给黄子光的，信中回忆了他在海印寺中与信众谈经说法的情景，谆谆教诲黄子光修行佛法。

《憨山大师梦游全集》卷十五《与黄梧山》："惟足下，凤植灵根，但今成熟未深，所赖信力坚固，不被诸烦恼魔之所倾动。时方息肩苦趣，正当顿

---

① 黄肇颚：《崂山续志》，山东省地图出版社 2008 年版，第 284 页。

② 宋代临济宗禅僧大慧宗杲（1089—1163 年）的语录，弟子雪峰蕴闻辑录，又称《大慧语录》、《大慧录》，凡三十卷。南宋孝宗乾道八年（1172）奉旨刊行并入藏，现收入《大正藏》第四十七册、《嘉兴藏》（新文丰版）第一册。

缵先登，以策万里高步，驾此津梁。不意天摧法幢，一旦分崩离析，遂至于此。朽夫法眼而观，了无尘迹，所苦正在诸同志者道力孱弱，失此依怙为悲恋耳。朽夫虽朽，惟以利生为事业，若忘足下辈，则忘自愿力耳。此语非妄。此行万里，其别诸君语，递相发明，幸同观之。"

《憨山大师梦游全集》卷十五《与黄柏山》："吾佛出世，全在机感因缘浅深，以彰法之久近。感深则久住，缘浅则易坏，此理固然。今海印道场之在东方，如日月光于幽谷耳。长松巨石，稠林阴翳，终天莫睹。今观其不能久住者，殆非佛日照临不深，实在机感者，烦恼稠林障翳不浅耳，又何以常情论成坏去就乎？所愿障翳顿除，何患慧光不朗？朽夫此行，万里长空，一般风月，有何去来之相？惟尊人无恙，子光得所，足可安心，异日感应道交，依然海印三昧也。"

黄梧山与黄柏山身份不详，由黄嘉善，号梓山，其二弟兼善、三弟纳善，号不详，四弟锡善，号竹山。据此推测，二人当为黄嘉善的兄弟行辈。

即墨周氏的代表人物是周如砥。周如砥（1550－1615年），字季平，号砺斋，万历十七年（1589）进士，授庶吉士检讨，后改任国子监祭酒，严于律己，礼贤下士，有"时天下士多出其门"之誉。年老回归故里，深居简出，谢绝官场交往，关心人民疾苦，常评议地方利弊，曾呈请皇帝减免百姓的额外赋税。《憨山大师梦游全集》卷十六有《与周砺斋太史》：

向虽心窃向公雅量，未得深语。昨持钵王城，幸接公于龙华树下，睹其道念精真，喜彻心腑。然古人轻千金而重一诺者，士诚贵在知己耳。自尔山僧当尽命山海，无复他慕，赖公法眼圆明，何当复咨瞆瞆者？私念东方文运，启自我公；而法运，或当属之鄙人耶？世出世间，交相为用，是亦两间奇事。此非狂言，实所望公以道自重者如此。

在信中，憨山表达了对周如砥人品与才学的仰慕，欣喜于其佛学修持的精进。

同卷还有憨山大师写给周如砥诸子的《答周子寅伯仲》[①]：

---

①　周如砥生三子，长子周耀（？－1610年），又名士皋，字子寅，号溟崖，一号明崖，万历三十八年（1610）进士，选都察院观政，寻卒，著有《雅音会编》、《明崖诗稿》、《制芝》等。次子周燨（1578－1650年），字子微，号方崖，又名丹崖，恩荫生，娶兵部尚书黄嘉善女，以父荫刑部郎，曾恤刑淮扬，雪沉狱，昭积冤，卓有颂声，后擢广东南雄知府，晚岁家居，尤多义行，著有《玉晖堂随笔》八卷、《玉晖堂诗草》四卷、《夜奏存草》四卷、《守城日记》两卷。三子周熠（1586－1657年），号月崖，贡生。

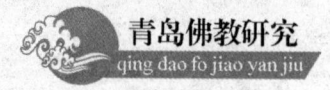

世间聚散起止，成住坏空，有为法中，理合如此，何足为悲？可悲者，长夜冥冥中，失此慧炬，使诸佛子，无所依归，将智种灵苗，日为五欲烈焰之所焦枯，不能圆成胜果耳。惟六尘蔽乎性天，爱草荒乎心地，烦恼翳功德之林，贪嗔攻涅槃之宅，伐之以酒色之斧，纵之以猿马之蹂，将日见荒芜，竟为卤莽。愿足下心心念念，以此自悲，而滋培耘耨，戒勒提防，将鲜敷觉华，庄严宝地，冀普使天人，各怀智种，蠢蠕翘蛸，齐登觉岸。以足下不独振家声于永世，适足以洗法门今日之羞，非此何以望足下伯仲间也。行役万里，足下体此，犹比邻耳。

周如砥次子周燧在《玉晖堂随笔》中记载，万历二十一年（1593），他十七岁时，"遂冒险入山，谒大师，因受大师戒。大师深许予为道器。"不久，大师被逮入狱，时周燧在京都，"入狱省视"，大师走笔赠其诗四章，结句有云："君归借问天，为报竟何如？"[1]

《憨山大师梦游全集》卷十二有《示周子寅》四篇：

山居今日大众结制，海印据座，说《法华经》。尔时足下手书至，且有佳果。足占足下，亦法会中人，乃先得道果者，此非瓦卜也。前书云云，日业正此不爽，亦可渐入不二法门。但其中日用，头头念念，皆生灭心行，安能寂灭为乐？若求心地一段受用，更须向读书作文已了时，种种应缘处，当下著实猛地返观内照，观此种种作为，生灭之心，毕竟向何处起？即今灭向甚么处去？如此深观久久，渐入细密。若更此中，一切习气潜流处，烦恼无故生起处，著实一觑觑定，看他毕竟是何物？向何处起灭？追到扫踪绝迹处，如沸汤锅里点片雪相似。如此日用，念念不得放舍。才有丝毫一念懒堕懈怠，偷安图快活受用之心生时，此正是病根发作，便向这里，猛然剔起眉毛，不可被他缠缚住。才见缠缚，切不可和身放倒，与之打交滚也。切忌切忌！大段一声菩萨，或一声佛，死急靠定，与之厮挨。若遇种种恶习起时，即将此话头奋力提起，望空一挥，不管是魔是佛，是烦恼习气，是善恶思量，一切情尘，一齐顿断，如斩乱丝。如此做工夫，不妨读书，不妨作文。读书处，看此书读向何处寄著；作文，就看此文从何处流出。也不妨迎宾待客，吃茶吃饭，屙矢放尿，一切处，无用纤毫缝罅。如此安心，再与永嘉所说"恰恰用心时，恰恰无心用；无心恰恰用，常用恰恰无"，是一般？不是一般？足下不知能信海印老人，不虚诳否？请自试看，足下傥见信不谬，始

---

① 黄肇颚：《崂山续志》，山东省地图出版社 2008 年版，第 390 页。

知颜子心斋三月，大为可笑。《圆觉经》一部足下读熟，每日早晚，以当功课，俟来春面时，相与决择。寻常与足下书，不免稍带情识，自愧为足下未彻。非不彻，恐足下信心未彻耳！今见足下，信心渐增，日近清净，此时若不将此赤心，剖与足下，何时得彻？若足下因循不彻，则海印自彻去也，何如何如？人世可悲，斯道可悲，望足下心，更可悲耳！

又：

来书请益，甚是真切，但足下于"空"、"幻"二字，未得谛当，故于心境，不无其碍，所以工夫难做。今为足下说破，则了然无复疑虑矣。所谓"空"，非绝无之空，正若俗语谓"傍若无人"，岂傍真无人耶？第高举著眼中，不有其人耳。所谓"幻"者，非变怪之幻，乃"有而不实"之谓也。譬若市如弄筒子，撮出许多人物一般，然此筒中，本无所有，而忽然有之，虽有而非真实也。既非真实，即是本无，由本无故说"空"耳。故曰："譬如幻化人，非无幻化人。"幻化人，非真人也。人既非真，岂不是空耶？佛说"空"字，乃破世人执著以为实有之谓，非绝无断灭之谓也；诚恐世人沦于断灭，复说"幻"字，以遣其断灭之见。是则一切身心诸法，因幻故空，由空故说如幻耳。此二字相须而观，则顿见其妙。所言"空"，即幻有以观空，名曰"真空"。所谓"有"，乃本无之幻有，名曰"妙有"。由真空故，心非断灭；由妙有，故境是无生。境既无生，则心何取著？心既非断，则妄念何存？妄念不存，将何心而取境？境本是幻，将何境而牵心？斯但心不取境，而心非断灭；境不牵心，而境自如如。心境如如，于何不乐？此所谓"心本无生因境有，前境若无心亦无"者。但只看破如幻不实，名曰"若无"；而灵心独照；妄心顿歇；名曰"亦无"耳。是所无者妄心耳，岂绝无真心哉！何以为妄心耶？境执著不化者是；何以为真心？不取身心境界之相，了了常知，灵然寂照者是。如此用心，有何挂碍？故曰："自心取自心，非幻成幻法，不取无非幻，非幻尚不生。"幻法云何立？正所谓"境缘无好丑，好丑起于心。心若不强名，爱憎何由起"。斯则但情不附物，物岂能碍人？物既不能碍人，人又何碍于物耶？世人所以不得自在者，唯其不达心境无生，如幻不实耳。若了达一念无生如幻，则一切苦乐忧患，得失爱憎，取舍情状，当下瓦解冰消矣。故曰："知幻即离，不作方便；离幻即觉；亦无渐次。"此所谓"一念顿到佛家"，非虚语也。足下但观一切妄念起灭处，一切境界起灭处，无非是幻化不实，则心自然不奔境，境自然不牵心矣。往来应缘，则一念虚明，灵然独照，照见现前身心，如幻如化，如水中月，如镜中像，如空

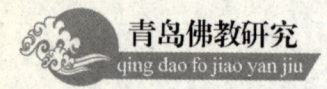
中云，如野马阳焰。如此把定，金刚眼睛，再莫动转，任他一切境界，触之即消；凭他甚么妄心，一觑便灭。如此用心，又有何妄？心可以自扰。又有何妄境而可撄心者哉？此番说话，乃海印极力，为足下通身吐露，彻底掀翻，足下更莫怀疑，切不得思前算后，种种思量，皆恶觉恶习，俱是障道因缘也。必若老人此语，目前即是极乐人矣。信手呵笔，不觉郎当，如许婆心，漏逗如此，珍重。

又：

一别恍忽数月，流光迅速，日月欺人。每闻足下，精进倍常，欢喜沃灌心田也。初意拟尊人行后，必得入山一晤。相与印证既往工夫，而决择之。此想实真，不觉形诸梦事。可笑道人，亦堕情见乃尔。来书所云"因坐以求静，因静以求心"，此乃入道初门，最为切当；但坐中未明肯綮，所以坐久而疲，由不达心体之妙，故静久而欲有闻，且又疑泛然，若无所归。良以能求之心，未得秘诀，所以求之一念，返觉为劳，是以心觅心，正如渴鹿逐阳焰耳。传曰："知止而后有定。"以足下心未知止，故不得定。承索所以治心条目，如"四勿"、"三省"者，引此心而入，持此心而定，此足下精心苦切处，乃鄙人所大有望于足下者。今既肯心自许，返乃秘吝乎？第恐足下，始于吾佛法中，未得多闻，至于名言之中，多分转为昔日见闻之陈习，致使甘露之药，不能近取还颜之效耳。从上佛祖，教人之法，门路虽多，不出戒、定、慧三学，所谓"因戒生定，因定发慧"。其节目之详，经不过《棱严》；至若祖语，无如《永嘉集》一书。足下熟读玩味，至于其中，入定用心之诀。如云："恰恰用心时。恰恰无心用。无心恰恰用，常用恰恰无。"又云："忘缘之后寂寂，灵知之性历历。无记昏昧昭昭，契本真空的的。"此用心之神符也。如"四勿"、"三省"者，正乃戒耳，此中具悉。其实修心工夫条目，不出止、观、等持，三门而已。此《集》中"奢摩他"。止也："毗婆舍那"，观也："优毕叉"。止观双运定慧等持也。姑以此塞请《集》中红圈者，留神消息，如不解者，不嫌数数寄问。至于止观捷径之法，容再书一纸，以偿今日之欠耳。

又：

此段因缘，乃至易至难之事。以无量劫来，生生世世，杂染流转，习之深且厚矣。即今一念信心，始发斩于旦夕，而欲遏永劫之长流，其势诚不易易。即此一念回头之心，亦深难发，此是积劫善根灵苗，遇时而萌，芽始抽而开华敷实，全在时时栽培而保护之，否则顿见枯焦矣。遇境遇缘，以事处事，久久纯熟，更加止观之功，则可渐臻解脱。然以吾人本自解脱。所以烦恼不解脱者，非法之咎，乃自心缚著不解脱耳。良以向来，世情浓厚，习染纯熟，熟处难忘，故触之便发，故曰："吾未见好德如好色者也。"若以彼易此，则生处自熟，熟处自生。生则疏，疏则远，远则澹，澹则忘，忘则不暇求脱，而自不缚矣。久之而此心泰定，则目前千态万状，视之若空华水月，阳焰冰河，本无可缚著，又何求脱耶？云肇公"物不迁"语得力，此非足下大根器，不能入此老门闾；独于"日月丽天"句不彻，若此不彻，则知肇公不彻；不彻，则非真得力也。此语老人疑之数年，毕竟于吾心中，独然自省，自尔以来，应缘得力处，多借此老之语。足下出门即见信，诚非小缘，老人不惜为说破，第恐足下，后日骂老僧也。足下但将此句，横之在心，于一切动作云为处，一切声色货利处，一切逆顺境缘处，一切喜怒哀乐处，一切爱憎取舍处，凡系流动之境，即便以此印，一印印定，看他如何是"不迁"处，如何是"常静"处，如何是"不流"处，如何是"不动"处，如何是"不周"处。如此看来看去，忽然爆地看破此语，则知老人不欺足下，而始信本真不自欺也。

这四封信，是憨山大师与周子寅之间佛教修学的生动记录，是即墨周氏家族文化的重要内容，也是憨山大师佛学思想研究的珍贵资料。

即墨杨氏的代表人物为杨盐（1523－1621年），字尔贡，号炼庵，嘉靖四十年（1561）举人，授吉州学正，擢沛县知县，著有《味道楼集》。杨盐与憨山交好，对其佛学造诣钦佩有加。其作《游海印不遇憨山上人》云：

> 海外论真君独到，到来踪迹委蓬蒿。
>
> 此时相忆不相见，依旧山门对海涛。

杨盐长子杨懋林（1543－1584年），字元启，号荫潭，曾帮助憨山创建海印寺。

江氏家族在即墨的地位也算得上是举足轻重。六世江一定，字懿卿，嘉靖间岁贡，出任湖南东安知县，廉介耿直，不畏强权，后因不媚上落职而归。七世江之澄，字蓄德，万历间选贡，出任陕西中部（今黄陵县）知县，后升四川威州（今汶川县境）知州，中部县祀为名宦。憨山在即墨还有一位叫江吾与的江氏门人，二人多有书信往来。

《得东海门人江吾与书二首》：

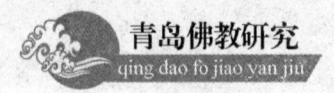
从空一纸故人书，万里遥来问起居。为报亲知零落尽，满头霜雪更愁予。

十五年来坐瘴乡，海芒相对未能忘。时看万里中宵月，一似同游海印英。①

《憨山大师梦游全集》卷十二《示江吾与》：

与足下苦语十年，如教酒人斋庄，非不俨然肃恭，要之肃恭，亦酒态也。今读足下手书，始恍然从醉梦中觉，令人怆然心悲，复欣然大喜。以举世皆醉，假而人人如足下，则不贵我独醒耳。尝谓苏子一口舌之夫耳，其所志富贵，则奋发无当，每治纵怠，则悬梁刺股，竟酬其志。况出世圣贤，岂值一夫？无上妙道，岂多金比？越王遭会稽之耻，志报吴仇，乃卧薪尝胆，二十余年，其竟以霸。然历劫贪爱，岂值吴仇？幽囚生死，困辱形骸，岂值会稽之耻？苟足下不怀切齿之恨，而忘卧薪尝胆之心，不能以悬梁刺股自创，又将何以酬初志，雪大耻乎？闻之太上立德，其次立功，其次立名。足下诚能以太上自励，则贫而可乐，其他又何以婴心？孔子曰："士志于道，而耻恶衣恶食者，未足与议也。"古人亦云："苟有道义之乐，则形骸可外。"形骸可外，此外则无事矣，又何可婴心，处之而不泰然耶？愿足下勉旃。

《憨山大师梦游全集》卷十五《与江吾与》：

善知识出现世间，游行自在，如大狮子，所作皆奉如来所使，教化成熟一切众生，以此为事，乃至为一众生，不避三途剧苦，刀山火聚，不以为患。以朽夫今日之事观之，但愿得一人，能不退菩提心，成就最上因缘者，则朽夫实所甘心；否则，七宝庄严，皆属有漏业因耳，又何取焉？今朽夫掷身魔界，仅仅一纪，而其开发信心，知有此道者多，但缘未熟耳。以今视昔之东鄙，犹古今异代矣，且一时从游者，惟足下习染最重。今见足下书，翻然改图，是不负此心，虽万里如面，岂不欣然就道耶？

另外，憨山大师还与胶东李生感情甚笃，在憨山贬戍雷州后，他们之间仍有书信往来，怀念交游之谊，抒发惦念之情。其《寄胶东李生》云：

> 万里路不远，寸心空更闲。
>
> 不知思我者，如隔几重关。②

初到崂山，最早接触并帮助憨山的当地人是张大心居士，他曾为憨山建茅屋以居。后来，张大心或拜憨山为师。憨山贬戍雷州后，与张大心分别年余，憨山致信张大心云：

---

① 《憨山老人梦游集》卷四九《得东海门人江吾与书二首》。

② 《憨山老人梦游集》卷四八《寄胶东李生》。

老人自历难以来，直至于今，返求本心中，一念动心、悔心了不可得，何况是非得失恩怨成坏见耶？老人出世以来，7 岁即知有生死大事。三十年来，历尽冰霜，吃尽辛苦，单单博得此一念，奈何向沉幻化网中，若非圣恩一椎打破，不知又向驴年去也。年来坐瘴烟中，住清凉地，日以《楞伽》印心，此实圣恩所赐也。想居士闻之，必大生欢喜矣。君甫年来德业何如？凡百诚以清净寡欲，勿生分外贪求驰逐之想，将来受用自有广大处。闲中收摄身心，当以学问为事，异日成就，立于人前，可省惭愧耳。老人回观往事，真同梦中，无复一一，谅在大心中，凡所真实功德，必不退初心也。①

在信中，憨山诉说了自己罹难后的心情及感悟，关切地询问张大心的德业修行，并谆谆教诲他清净寡欲，立志学问，方可人生无悔。

憨山大师与当地官僚亦结下了佛缘。万历二十二年（1594）春天，山东巡抚郑昆崖②听说了憨山赈济灾民的事迹，慕名上山来拜访，皈依受戒。憨山给他讲授了参禅的方法，这段法语后来收在《憨山老人梦游集》的第一篇。憨山到雷州后，与郑昆崖仍有书信往来，《憨山老人梦游集》卷十六有《答郑昆崖开府》。还有徐明宇待御，推测或为当地官员。《憨山老人梦游集》卷十五有《与徐明宇待御》书信两封，言辞恳切悠长："连得手书，知信道之笃，其于安隐快乐之地，自得受用无量矣。岁除前二日，行脚僧自东海持尊翰到，知己还乡，兼得中丞讣音，悲痛五内。既读札中语，知中丞末后一段光明，全在公柱杖头，放出百千万劫大事因缘，何幸于宰官身中，仅得再见，不觉化悲为喜。然此事虽是生平道力，亦重赖善友提携。公念道情真，……来纸索书，谨录净土诗二首，愿公留心净土一门，倘肯于念佛公案得力，久久自有受用地。"在雷州，憨山大师接连收到徐明宇待御的书信，知道他信佛甚笃，认为是他之大幸。除夕前两天，又收到行脚僧人自东海捎来的徐待御的信札，知道他已告老还乡，同时还得到了老朋友胡中丞去世的噩耗，心内十分悲痛。得知中丞身后圆满，稍感欣慰。徐明宇此次来函索诗，憨山大师便为其抄录了净土诗两首。

① 《憨山大师梦游全集》卷十五《与张大心》。
② 郑昆崖，即郑汝璧（1546—1607 年），字邦章，号昆岩、愚公，缙云（浙江丽水）人。明隆庆二年进士。始授刑部江西司主事，累迁云南司郎中。后升为河南左参政，又转任榆林中路按察使。万历二十一年任山东右布政，巡抚山东。万历三十三年任兵部右侍郎兼金都御史等职，万历三十五年病殁于山东荆门驿途中。

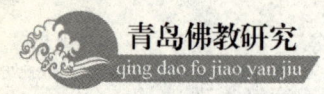

在崂山期间，憨山参禅悟道，刻苦修行，取得了不少成就。他积极从事佛学研究，并贯通儒、道二教，创作了数量可观的学术著作和文学作品。他弘法护教方面，也取得了可观的成就。他积极入世，关心时事，做了许多卓有成效的实事。他积极传道，吸引了许多阶层的门人弟子，培养了非常广泛的佛缘。他以自己的德行作为，给佛法一个真正的诠释，在他的感召下，百姓翕然知归。

万历二十三年（1595）冬十月，憨山离开北京，在解差的押送下，乘船沿运河南下，到广东雷州从军服刑。船行到山东境内，离崂山和即墨都已经很近了，为了与朋友、弟子、信徒及父老们告别，憨山饱含深情地修书一封，托人捎过去：

离合之情，悲喜自昔。去来之想，梦寐为劳。盖心苦于知己，念切于有缘。在古圣贤犹然，况恒品乎？闻之一饮一啄，皆属前缘；一贵一贱，交情乃见。若山野之于诸君子。一纪之欢，不减骨肉之爱；万里之遣，重遗手足之忧。其不称"千载之知己，多生之有缘乎？"谚语云："得一世之荣，不若得一世之名。"即山野之于山海，固不能流芳，适足以贻笑。不知儿童称说，父子相传于几百年也。况复布慈云于边地，明佛日于重昏。开性海之原，转文机之轴。下成佛之种子，孕作圣之胚胎。山野心知此段公案，深信上天之载，自有无声无臭者存焉，又何以论空华凋谢，翳眼较得失乎？苟知去彼取此，则诸君子可称出世知己矣！[1]

憨山引用谚语："得一世之荣，不若得一世之名。"也正是他内心世界的真实反映，他能够看破荣辱，但是还没有看破"水月道场，空花佛事"，他一直保留了这几种执著，不肯放下。也许这就是所谓的"菩萨有情菩萨累"吧。

四、崂山僧道之争始末

万历十三年至二十三年（1585—1595 年），围绕着海印寺地皮产权的归属问题，憨山与崂山道士之间产生了重大分歧，遂引发了一场惊动朝野的僧道之争，最终以憨山被贬戍而告终。僻处一隅的崂山上僧人与道士之间发生地皮纠纷，似乎也不是什么大事，何以惊动朝野、竟得皇帝亲自批示呢？其实，崂山僧道之争绝非简单的地皮之争，而是涉及万历年间帝后之争、储嗣

---

① 《憨山老人梦游集》卷十五《与即墨父老》。

之争、内侍之争、僧道之争的一段错综复杂的公案。

（一）祈嗣之争，埋下祸根

自万历六年神宗大婚之后，慈圣皇太后总为王皇后的不孕而担心挂虑，常以祈嗣为由兴建佛寺。万历九年（1581）十月，慈圣皇太后遣宦官前往五台山建祈嗣无遮会，而万历皇帝则早太后一步派宦官前去武当山设祈嗣道场。

皇上遣内官于武当，阴为郑贵妃祈嗣，祈之道士也。圣母遣内官于五台，阴为王才人祈嗣，祈之和尚也。各有崇信，各有祷求。内使窥伺帝意，惧有不测，故以阿附为心，遂二心于圣母之命，……厥后牢山难作，皇言有云，举朝为和尚，我偏为道士，遥结武当五台一案也。[1]

可见，万历皇帝与皇太后所钟爱、所求与所信各异，万历为郑贵妃[2]祈嗣于道士，太后为王才人[3]祈嗣于和尚。帝、后之间的对立，不仅导致宦官内部的猜疑和分裂，无形中也加深了佛、道二教之间的矛盾。因此，憨山对于万历皇帝与道士一方的微妙处境也就不言而喻了。

慈圣皇太后与万历皇帝在祈嗣问题上衍生出的敌对势力如下：

帝后	妃嫔	宦官	祈嗣道场	僧道
慈圣皇太后	王才人	宦官张本、尤用	佛教五台山	妙峰、德清
万历皇帝	郑贵妃	多数宦官	道教武当山	道士

万历年间，围绕皇位继承展开的"争国本"事件备受瞩目，而憨山日后罹难，就在于他涉足了求嗣及定储这些朝野争议的敏感话题，而求储无遮会的设立更是祸患之源。万历九年（1581）十月，德清与妙峰原本筹划于五台山建立无遮大会时，恰逢圣母派遣宦官尤用、张本等前来欲建祈嗣道场，德清便将筹备血书无遮会的一切事宜，归并为求储无遮会之用。这不仅令妙峰不解，也遭到太后派遣的亲信内使的诋毁，谤其阿谀奉承。而德清却不以为然，他认为：

---

① 福征：《憨山老人年谱自叙实录疏》"九年辛巳"条。

② 孝宁皇后郑氏（1565—1630年），明神宗朱翊钧之皇贵妃。大兴（今北京大兴）人。明万历初入宫，是万历皇帝最宠爱的妃子。生皇三子朱常洵后，进封皇贵妃。崇祯三年七月薨，谥曰恭恪惠荣和靖皇贵妃，葬银泉山。

③ 孝靖皇后王氏（1565—1611年），宣府都司左卫人（今河北张家口怀安县）。明神宗之皇贵妃，明光宗之生母。初为慈宁宫宫女，万历十年以身孕封恭妃，三十四年晋封贵妃、皇贵妃，三十九年九月去世。孙子明熹宗登极后，追封她为皇（太）后。王氏生前遭到百般摧残，长期被幽禁。最后哭瞎双眼，悲愤而死。

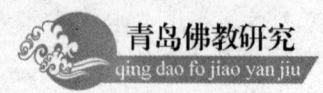

予以为沙门所作一切佛事，无非为国祝釐，阴翊皇度。今祈皇嗣，乃为国之本也，莫大于此者。愿将所营道场事宜，一切尽归并于求储一事，不可为区区一己之名也。妙师意不解，上所遣内使亦不解事，但以阿附为心，予大不然，乃力争，忤之，竟行予议。然忤内使之名，亦有闻。顷之，江南妖人作难，忌者即欲借此中伤，以破道场。然以为国求储之题目，竟保全始终无虞。①

德清一心举行求储无遮大会，讨好了太后却构怨于万历帝及其亲近宦官，无形中卷入了宫廷斗争，使其日后的处境益趋险恶。

万历十年（1582）八月十一日，王才人生子朱常洛，恰巧距离万历九年十月五台山祈嗣无遮会整整十个月，正合十月怀胎之理。于是便将其归功于五台山祈嗣无遮会的灵验，并大肆渲染太子乃佛祖应化而生，而主其事的大方、妙峰、德清等三位大师亦随之名声大噪。结果，引起道教武当山祈嗣派的敌视，加深了双方的紧张。妙峰与德清迫于形势，为免盛名之累，乃分别避居于山西芦芽山和山东崂山。

万历朝册立太子事件也是一桩著名的公案，由此也可看出憨山的微妙处境。王恭妃于万历十年（1582）八月生皇长子常洛，郑妃于十四年正月生子常洵。神宗因宠爱郑妃，进其为皇贵妃，对王恭妃则不加封，且迁延不立常洛为太子。于是，朝廷内外纷传神宗将废长而立爱，这便违背了立嫡不立庶、立长不立幼的祖制，因而遭到李太后和朝臣的强烈反对。万历皇帝无奈，便拖延着久久不立太子。直到万历二十九年（1601）十月，在慈圣李太后的直接干预下，皇帝才怏怏地封常洛为太子，而把皇三子常洵封为福王，封地是其他皇子的数倍，聚天下之富，意犹未已。所以，皇帝和朝臣的关系也比较紧张。

憨山本人对册立皇太子的态度未见于记载。但皇长子常洛的出生，一向号称是憨山等僧人在五台办法会祈求来的，这也是他和皇太后密切关系的基础。所以，憨山不可避免地成为"太后派"与"常洛派"。他平时广交朝臣，也不可避免地成为"朝臣派"。他熟读儒家经典，与士大夫们气息相投，即使没有明确表态，其心里应该也是支持皇长子常洛为太子的。所以，憨山应该属于所皇帝讨厌的人之一。

（二）海印地皮，引发争端

崂山僧道之争直接的、表面的原因是海印寺地皮的产权纠纷。

---

① 《憨山老人梦游集》卷五三《憨山老人自序年谱实录上》"九年辛巳"条。

德清初到崂山，发现经典中所载的那罗延窟并不宜居住，于是在山南最深处、背负众山、面吞大海的地方，找到了一处"观音庵"的废址，在树下席地栖身。七个月后，当地人张大心为其诛茅结庐而居。在晚年口述的年谱中，德清认为此处是佛寺之地，元初被道士强占而改为道院，只是一直没有恢复佛寺：

> 至牢山，果得其处，盖不可居。乃探山南之最深处，背负众山，面吞大海，极为奇绝，信非人间世也。地名观音庵，盖古刹也，惟废基存焉。考之，乃元初七真出于东方，假世祖威福，多占佛寺，改为道院。及世祖西征回，僧奏闻，命多恢复。唯牢山僻居海上，故未及之耳，然皆废矣。予喜其地幽僻，真逃人绝世之所，志愿居之。

而在当年所作的《建海印寺上顺翁胡太宰书》中，憨山提到了观音庵废址与道教太清宫之间的方位关系：

> 今择山之东南极尽处，有一美地，名下宫。观其形势，背负鳌山，面吞沧海。中藏一庵，屋庐虽毁，基址犹存，且前平地数亩，足瞻数人。……车马不能通，人迹不能至，诚为幽栖之地也。[①]

此处憨山所言"下宫"即太清宫，宋初太祖敕建，是宋元以来崂山最重要的道院。那么，这块地方在历史上属于道教的势力范围是无疑的。同时也可以确定，观音庵应是距离太清宫很近的一处佛教小庵。憨山初到崂山时，观音庵只残存一块基址，可能还有残存的碑文，所以憨山可以考证到此地古代是观音庵，该地本属佛教所有。观音庵与太清宫这种特殊的地理位置，预示着僧道之间的纠纷似难避免。

憨山到达崂山时，太清宫已经衰落不堪了，"倾圮甚，羽流窜亡，一二香火守废基"。这时，憨山正愁没有栖身之地，认为这是在此建立大法幢的机会，"苦无籍，念可建大法幢者，此其机"。过了一段时间，太清宫"羽流益窘，愿资我多金，举地属之"[②]。最终，太清宫道士将地皮卖给了憨山。

万历十四年（1586），太后首颁《大藏经》给崂山，而此时的崂山尚无正式的寺院名称，送经宦官张本"遽填海印字与清"[③]。藏经送到崂山后，由于没有足够的寺庙安放，慈圣皇太后又命合眷各出布施修寺安供，并命名

---

① 憨山：《建海印寺上顺翁胡太宰书》，见《青岛市志·崂山志》，新华出版社 1997 年版，第684 页。

② 黄宗昌：《崂山志》卷五《仙释》，香港新世纪出版社 2003 年版，第 48 页。

③ 《明神宗实录》卷二八五"万历二十三年五月丁酉"条。

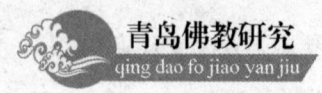

曰"海印寺"。海印寺建在太清宫附近，终于引发了崂山僧道之间的地皮之争。明人沈德符①《万历野获编》卷二七《憨山之谴》条记载了崂山僧道之争的经过，可以看作时人比较中肯的观点：

> （憨山）乃北游至山东莱州即墨县之大劳山，有一废兰若，因葺而居之。道俗皈依，名其地曰海印，渐成大丛林。大珰辈慕之，争往顶礼。时，慈圣太后宫近幸张本者尤尊信，言之太后，内出全藏经赐之。时分赐者不止劳山一处，张本遂填海印寺给与，一时缁素俱艳妒之。适即墨有无赖羽人耿义兰者，诡云其地曾为道院故址，今宜复归黄冠，其意不过需索金帛耳。憨既不酬，且诟辱之，义兰忿甚，遂入奏于朝，又捏造道宫故名，自称道童。上大怒，命缇骑逮德清至京治之。拷掠无算，尽夷其居室。憨系狱良久，后始谪发粤中充戌，而张本者至以诈传懿旨论死。

万历十七年（1589），太清宫道士耿义兰等发起了对憨山的讼控。耿义兰首告憨山于山东巡抚衙门，巡抚将此案交莱州府审理，耿义兰之状告非但不准，反而受到笞刑。后来，贾性全、连演书、张复仁、谭虚一、刘真湖等道人又数次上告。由于憨山为太后所宠信，地方官吏不敢冒然处理，所以多次上告均无结果。无奈之下，耿义兰破釜沉舟，于万历二十三年（1595）进京告"御状"，其《控憨山疏》云：

> 山东处承宣布政使司，莱州府胶州即墨县劳山道童耿义兰谨奏：为漏网妖僧隐匿入室，聚财党白莲教等，假称敕旨，占山杀道，惑众殃民，造海船运粮草，违法大逆，恳祈圣明，急赐究剿，以救民生涂炭，以安国家事。……祸出妖僧蔡澄申，先年探拜冯保为义父，递运银两上五台山，构称无遮大会，后保犯事抄设，妖僧将银隐匿。万历十一年间，逃入山东，冒称皇帝出家，改名德清，一号憨山，一号明朝，一号玄高，一号洪润，结党白莲教等教头张鸣桂举、僧人自然、大义、大伦等，钻贿汉经厂内相张本，于万历十三年二月内假称敕旨赍奉，前来占山，势逐住宫道士刘真湖等，拆毁太清宫圣像三百余尊，打死道士张德容，碑像、人尸投入海内，改宫为敕建海印禅寺，改山为那罗延山。控开红缨土棍，乘四人轿，势占民产三千余亩……痛思臣等皆系无后道人，原非为产，乃为千万年之香火废于一旦，数百座神

---

① 沈德符（1578—1642年），字景倩，又字虎臣、景伯，浙江秀水（今嘉兴）人，万历四十六年（1618）举人。家世仕宦，随父寓于京邸，同当时士大夫及故家遗老、中官勋戚多有交往。近搜博览，博治多闻，尤明于时事和朝章典故。万历三十四至三十五年间撰成该书，记述起于明初，迄于万历末年，内容翔实，在明代笔记中堪称上乘之作，为研究明代历史的重要史料。

像灭于妖僧。恶等又于万历十九年二月内，诈称皇上钱粮赍奉佛像经典，假持兵部明文牌行，骚摇马日递，百计害民，马维凡等证。窃思妖僧占山毁宫，敕建僧宇，系何年月日，某衙门题请奉皇上敕旨，察某衙门官员所费某项钱粮，某衙门稽察恶等违法诈冒多端，罪衍重重。且恶现今造海船，革营房，骆驼运粮草，况劳山居东海之内，与外国倭夷相邻，以逆党隐冯保家财，积草屯粮，出没异常，祸机将来莫测。……万历二十三年二月劳山道童耿义兰等谨奏。

在控疏中，耿义兰状告憨山有交通内侍、私冒皇亲、诈称敕旨、结党谋逆、霸占道产、殴毙人命、涂炭百姓、结交官府、私囤粮草等数罪，极尽夸张诬陷之能事，"辞亦无关要害"①。如果说能真正触动神宗软肋的，恐怕是"察某衙门官员所费某项钱粮，某衙门稽察恶等违法诈冒多端，罪衍重重"这段话。于是万历皇帝在耿义兰的《控憨山疏》上御批："既屡控，巡抚理宜亲审具奏，何叠批有司，党援妖僧害道殃民，是何情弊？仰刑部将经书官员并一干人犯提审。"

（三）帝后之争，憨山牺牲

憨山在《憨山老人自序年谱实录下》中对自己的罹难有这样的认识：

（万历二十年）春二月，予从京师回海上，即罹难。初，为钦颁藏经，遣内使回送之，其人先至东海。先是上惜财，素恶内使以佛事请用太烦。时内庭偶以他故触圣怒，将及圣母，左右大臣危之。适内权贵有忌送经使者，欲死之，因乘之发难。遂假前方士流言，令东厂役扮道士，击登闻鼓②以进，上览之大怒，下逮。以有送经因缘，故并及之。③

憨山认为自己罹难的原因有四：一是内使颁藏经先至崂山，遭到僧俗嫉妒；二是万历皇帝一向厌恶内使因佛事花费过大；三是皇帝因故迁怒到太后；四是内权贵有人忌恨送经使，设计陷害，皇帝大怒，自己受到牵连。憨山认为此事涉及帝后之争、内侍之争，自己只是受到牵连而已。当然，憨山并没有讲到海印地皮的纠纷。

"送经使"即慈圣太后宫中的太监张本，张本是李太后最宠信的太监，外出经营佛事，大都由他经办，如五台山的祈嗣法会、崂山送经、建海印寺等都是由他经手。李太后做佛事的捐资众多，张本从中贪污了多少，不得而

---

① 黄肇颚：《崂山续志》，山东省地图出版社2008年版，第409页。
② 登闻鼓，悬挂在朝堂外的鼓，官民有冤屈或重要情报，可叩击登闻鼓上朝直奏。
③ 《憨山老人梦游集》卷五四《憨山老人自序年谱实录下》"二十三年乙未"条。

知，但他不免会遭到其他太监的嫉妒。张本内廷敌手之发难，正是利用了佛、道间的斗争，即"假前方士流言，令东厂番役扮道士，击登闻鼓以进。上览之大怒"。憨山认为，因为他与张本有护送藏经的因缘，所以他受到了牵连。张本与憨山关系十分密切，前述万历十四年崂山非名山而得赐一藏，其中固有太后旨意，但张本也在其中发挥了作用。在太监张本的策划下，朝廷新印的《大藏经》未送其他佛教著名山寺，首先送到崂山，"时分赐者不止劳山一处，张本遽填海印寺给与，一时缁素俱艳妒之"，引起了僧俗各界的羡慕与嫉妒。其实，早在万历九年建无遮大会时，憨山就与内使结下了梁子，"忤内使之名，亦有闻"①，得罪了宫廷内反佛崇道的势力，这也是憨山罹难的祸源之一。

万历二十三年（1595），下谕逮憨山进京问罪。而崂山佛道地皮之争的官司，在北京实际上变成了牵涉帝后之争的宫廷贪腐案：

及至京，奉旨下镇抚司打问。执事者先受风旨，欲尽招追。向圣母所出诸名山施资，不下数十万计，苦刑拷讯。予曰："某愧为僧，无以报国恩，今安惜一死，以伤皇上之大孝乎！即曲意妄招网利，奉上意以损纲常，殊非臣子所以爱君之心也，其如青史何！以死力抵之。止招前众布施七百余金，上查内支簿，及前山东代赈之册籍，上意遂解，由是母子如初。②

审案的官员得到暗示，酷刑拷问，想查出憨山这几年来从皇宫的捐助中捞到多少好处。追问太后与此事的关系，想把太后牵扯进来，打击太后势力。虽然遭受了严刑拷打，憨山反而专门提出帝后母子关系恶化所带来的恶劣影响，巧妙而尖锐地指出了万历皇帝有"损纲常"的用心，又说自己有臣子爱君之心，宁可一死，也不能破坏皇上的孝顺之名。憨山承认自己曾经"矫诏"用过宫里七百多两银子，以朝廷的名义赈济了崂山当地灾民。赈济之事有明细账目，万历皇帝调来一查，憨山矫诏赈济的账本做得很详细，并有相关官员的签名和官印，憨山根本没有中饱私囊。皇帝的疑虑消除了，母子关系也得以缓和。

钱谦益在《大明海印憨山大师庐山五乳峰塔铭》中也记载了这件事：

先是，慈圣崇信佛乘，敕使四出，中人谗构，动以烦费为言，上弗问也。而其语颇闻于外庭，所司遂以师为奇货，欲因以株连慈圣左右。并按前

① 《憨山老人梦游集》卷五三《憨山老人自序年谱实录上》"九年辛巳"条。
② 《憨山老人梦游集》卷五四《憨山老人自序年谱实录下》"二十三年乙未"条。

后檀施，帑金以数十万计。拷掠备至，师一无所言。已乃从容仰对曰："公欲某诬服易耳，狱成，将置圣母何地乎？公所按数十万在县官锱铢耳，主上纯孝，度不以锱铢故。伤圣母心，狱成之后，惧无以谢圣母。公穷竟此狱，将安归乎？主者舌吐不能收。乃具狱上。所列惟赈饥三千金，有内库籍可考。慈圣及上皆大喜。①

憨山自述与钱谦益在墓志铭中的记载基本相同，唯赈饥布施的数额，一为七百余金，一为三千金。当年张本是带着三千两银子到崂山给憨山修庵以居的，憨山矫诏赈济灾民。现在憨山只招认赈济了七百多两，那么，其余的两千多两一定是让张本给贪污了。憨山自己虽然没有贪污，但应该是知情人，他不敢得罪张本，知情不报，此时应该算做同犯。所以，憨山被发配，也不算完全冤枉。

太后一向爱做佛事，为佛教捐了不少钱，经手的太监们雁过拔毛，中饱私囊，万历皇帝早就不满。其实，慈圣太后崇佛，花费的并不是皇上的支费库，而是自己的供膳库和宫内妃子诸王公主等的捐助，而慈圣的内帑支库完全由自己支配，而此时竟然要检查她的内帑，"岂非以建储，宫隙生端波及乎"②。福征认为这与帝后在祈储、立嗣问题上的纷争有直接关系，是宫廷内部斗争的一种曲折反映。

德清的俗家弟子福征在《年谱疏》"万历二十三年"条中，对于官司的性质，有五点精辟评述：③

（1）万历二十三年时皇储争议最激烈的时候，"圣母意在泰昌，议主立长。皇上意在福王，议主立贵。内廷近侍，在祖郑贵妃者十九，外廷权贵，因之附和，几摇国本。于是调停其间者，主三王并封之说。而挺持者……不过数人。时泰昌复多疾恙，东宫储贰，未眷皇心，正在屼嵲觭角之际。识者谓，台山祈嗣，慈寿保嗣，以出世人，干系国祚大事，甚为憨祖危之"。

（2）自祈嗣以来，李太后倾靠五台山和尚；神宗则倚重武当山的道士。内外亲神宗者，窥视神宗一时喜怒，"初缘一在武当，一在五台，故圣母终为台山，皇上终为武当。内外奸人，窥伺皇上一时喜怒，遂令东厂役，假扮道士，影响借爨，以倾和尚。披枝去本之势，此日真成燎原，却与牢山道士全

① 《憨山老人梦游集》卷五五，钱谦益：《大明海印憨山大师庐山五乳峰塔铭》。
② 福征：《憨山老人年谱自叙实录疏》"十二年甲申"条。
③ 江灿腾：《晚明佛教改革史》，广西师范大学出版社 2006 年 9 月，第 122－123 页。

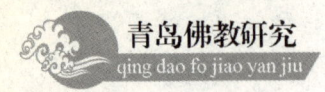

没交涉。惟道士没影响，知宫庭大水火矣"。即宫廷内部的倾轧导致的结果。

（3）德清曾请李太后"日减膳馐百两，三年储积之说，大不便于内官，隙既易生"。储积三年（1589－1592）以供重建报恩寺之用，等于减了太监们的油水，太监们自然不快。

（4）明制母后不得干预朝政，太后争储，让内外朝臣有了攻击的借口。

（5）"海印寺"命名，请太后令旨，未请神宗圣旨，故致坐以私创之罪。

无论是憨山自己的看法，还是福征的意见，全自宫廷纠纷着眼，而将崂山道士的问题排除在外。可见，产权的问题，虽然有着直接的关联性，但和宫廷争储的因素比较起来几乎可以忽略了。

憨山当初因五台山祈嗣得嗣之事，名噪天下。后来，改号隐居崂山近半年，危机本可缓解甚至解除，但因为筹储大报恩寺的修缮费，徘徊于北京、崂山之间又三年。适逢建储争议大肆纷扰，终于难免被波及牵连。况且恩请圣母日减膳百两之请，也遭到内官不满。中外朝野以"母后不得干政"为由危及慈圣皇太后。最后，则以海印寺命名虽请自太后，但未经皇上认可，而以私创寺院罪贬戍。憨山遇难，却因此化解了慈圣皇太后的危机。即为化解太后的危机，不得不牺牲憨山和宦官张本。①

明政府严禁私创寺院，"违者杖一百，还俗，僧道发边远充军，尼僧女冠入官为奴"②。海印寺的匾额是李太后所题，非神宗御笔。最后，神宗以"私创寺院"的罪名，剥夺憨山的僧人身份，发配到雷州充军。憨山于万历二十三年三月入狱，当年十月出狱，到南方服刑。但神宗发配憨山至边地，绝非简单的"私创寺院"罪。就这一点论，朝廷和德清双方都各占一半责任。因朝廷根本不该将"钦赐"之《大藏经》，颁给一违禁的"私创寺院"。憨山与慈圣立场一致，支持立长，神宗对此深为不满。内廷近侍也因与憨山不和，早欲除之而不得机会。恰遇海印寺一案，借此把他流放岭南，其实是宫廷斗争的曲折反映。

憨山被遣，对青岛佛教来说，是一个不可弥补的巨大损失。万历二十八年（1600），朝廷降旨毁寺复宫，使前后费时四年、耗资巨万的海印寺毁于一旦。憨山打算以海印寺为基地在山东弘扬佛法的计划草草收场，崂山佛教遭到一次重大打击。但是，崂山佛教经由憨山提倡和传播，"法道聿兴"，从

---

① 陈玉女：《明代的佛教与社会》，北京大学出版社 2011 年，第 136 页。
② （明）申时行：《明会典》卷一六三《律例四·私创庵院及私度僧道》。

几乎的佛教荒漠变为"东海洋洋佛国"①。虽然最终憨山遭到贬谪，海印寺被毁，但薪火未绝，即墨民众已多信奉佛教，并尊崇憨山。当他被逮捕时，"城中士民老小倾城而出，涕泣追送，足见人心之感化也"②。在当地，憨山作为传播佛教的高僧记入史册，深入民心。清初，莱阳诗人宋琬游览崂山，"观海印寺遗址"，"山中人"仍盛称"此憨大师之所荒也"，而认为是"道士忌而谮之于朝"③。海印寺被毁之后，憨山的弟子洞闻与汉月携带藏经、法器等西迁至慧炬院，把憨山写的《华严玄谈》、《楞严通议》等七部阐发佛教教义的著作保存下来了。④ 后代佛教信徒为纪念憨山，在海印寺废墟旁立了一块刻有"海印寺遗址"字样的石碑，碑上刻有小字说明："明万历十三年憨山大师建海印寺于宫前，二十八年降旨毁寺复宫。"作为对此次历史事件的纪念。海印寺敕毁后，周如砥力请将字料运回即墨，重修了文庙。而崂山道教则因祸得福，朝廷拨巨资将太清宫复建告成，敕颁《道藏》四百八十函，又赏赐一宗供奉《道藏》的土地，敕封耿义兰为"扶教真人"。这样，大大促进了崂山道观的发展与经籍的完善，崂山道教声望日隆，道众日渐增多。

憨山被遣，对憨山本人来说，首先是兴复报恩寺的悲愿落空。"……本寺……兴复之愿，其实中心，二十余年，未尝一日忘……不幸而竟以贾害，信乎大事因缘，固未可以妄想求也"⑤。二十余年为兴复报恩寺所作的一切努力，居然因一个小小的寺院官司而毁于一旦，真有命运弄人的讽刺之感。但是，意义更为重要的是，隐居崂山十二年间，憨山完成了从高僧到大师的转变。其一，憨山完成了个人的佛学证悟。作为禅门宗匠，憨山极力倡导禅净一致，尤致意于华严。从出家开始，他实修实悟，通过不断参访、学习，多次证悟，佛学造诣不断提高。其"得宗通之相四"，后两层次即完成于崂山。其二，憨山的佛学思想基本形成。他主张禅教一致，既指导参禅，又讲授华严、法华、律宗等各宗经典注疏，强调净土念佛。他对佛法有了自己的理解和领悟，开始撰写数部佛学著作。他主张三教合一，以佛释儒、道，以儒释佛。其中，《观老庄影响论》"以唯心识观而印决之"，表现出三教合一的思想倾向。尽管憨山这一时期的佛学思想还稍显薄弱，但毕竟基本成型，

---

① 《憨山老人梦游集》卷二《 促小师大义归家山侍养》。
② 《憨山老人梦游集》卷五四《憨山老人自序年谱实录下》。
③ （清）宋琬：《安雅堂文集》卷一《 送绍玄上人南归序》。
④ 戴继诚：《憨山大师与海印寺》，《五台山研究》2004 年第 4 期。
⑤ 《憨山老人梦游集》卷三十《雪浪法师恩公中兴法道传》。

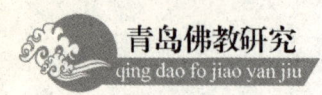

代表了当时佛学进步倾向，引领着中国佛教的前行方向。其三，憨山复兴了崂山、北京等地的佛教。憨山在崂山讲经说法，四方衲子日至，建立起兴盛的海印寺僧团。他还走出寺院，向民众传播佛教，反对罗教，使崂山地区民众普遍奉佛。崂山佛教的兴起，可称是晚明佛教复兴的一个典范。他还出入北京、南京等地，推动了各地佛教的复兴。尤其是与紫柏在崂山、北京的交游，对其个人影响也很大，憨山开始自觉地以复兴晚明佛教为己任。其四，憨山交游世俗，为王臣士庶所崇信，在当时社会有很大影响。尤其是李太后成为其俗家弟子，反映了皇室对其佛学修为和佛教领袖地位的高度肯定，也为他赢得更大声誉。综之，崂山期间，憨山德清把振兴晚明佛教视为己任，从一名高僧成长为佛教大师。因此，憨山的崂山生涯，"无论是对其个人，还是中国佛教史，都具有重要意义"①。崂山之难锻炼了憨山的涉世能力，为他复兴曹溪祖庭奠定了基础，创造了思想与行为的条件。憨山弟子福征在《憨山老人年谱自叙实录疏》云："究之大难从此作，大难亦从此解，时节因缘，佛祖躲闪不得也。"此后的憨山犹如一只涅槃的凤凰，他从崂山的灾难中展翅高飞，为重振祖庭蓄积能量。"假如说，崂山海印寺的官司，让德清遭到了牢狱之灾和长期的流戍，但它在整个德清的改革事业上依然具有关键性的作用，因其后，他在曹溪祖庭的中兴，若没有这一转折，亦无法实现了"②。憨山振兴了禅宗祖庭，被尊为曹溪中兴祖师。

憨山到雷州后，正值当地疾病流行，死者无数，他带头掩埋死者，并作法会超度亡灵。不久，憨山受命到广州，当地的信徒仰慕他，许多人闻风而来，憨山就以罪犯的身份宣讲佛法。万历二十八年（1600），憨山到曹溪，有感于祖庭的败落，遂着手进行整治，历经一年，使大鉴之道，有勃然中兴之势。万历三十一年（1603），紫柏在京师因妖书事件下狱，憨山受创牵连，重新发回雷州。万历三十四年（1606），憨山遇赦，又回到曹溪，继续营建祖庭，但有僧人诬告他私用净财，虽然两年后真相大白，憨山还是辞去了曹溪主持一职，到广州讲经。万历四十一年（1613），憨山离开广州到湖南衡阳。次年，慈圣皇太后死亡，憨山又重新披剃，穿上僧服。万历四十五年（1617），憨山赴杭州，先后为紫柏真可和莲池袾宏制塔铭，同年到达庐山修净土，攻《华严》，讲《楞严》、《起信》等经论。天启二年（1622），憨山又

① 何孝荣：《从高僧到大师：憨山德清的崂山生涯》，《江西社会科学》2014年第10期。
② 江灿腾：《晚明佛教改革史》，广西师范大学出版社2006年9月，第126页。

受请回曹溪，次年在南华寺圆寂，肉身供奉在该寺。

对于这场僧道之争，明清两代人士各有评说，见仁见智，但大都持扬憨山惋惜海印寺的态度。明崇祯七年（1634），安徽著名文人曹臣《劳山周游记》云：海印寺"食僧日繁千指，惟不能善居其盛，妖孽害之，遂为虚址，断碑遗础，为之怃然"①。康熙年间，即墨文人纪润在《劳山记》中评论道："设憨山坐化劳山，名扬天下，至今游者络绎不绝，劳山之亨名更当何如？"清代即墨文人蓝恒矩在《吊海印寺故址赋》中也表达了对憨山佛学成就的推崇，斥责耿义兰等人"狼心反噬，鼠齿速狱。鬼蜮暗伤，蜂虿有毒。骚客兴叹，名士顿足。恨潜口之铄金，等此身于碎玉"。同治年间，即墨县令林溥认识到佛道相争的无奈，在《劳山纪游》中发出了这样的感慨："华藏元宗无二义，可怜缁羽枉相侵。"综之，太清宫与海印寺的这段历史公案曾令无数文人扼腕叹息，他们大都持扬憨山而抑耿义兰的态度，为崂山佛教遭受重创深感惋惜。我们不应脱离万历年间宫廷内"帝后之争"的社会背景，崂山僧、道两家的纠葛实为他们相互倾轧的工具，最终，憨山及其海印寺不幸沦为牺牲品。

五、平度大泽山智藏寺

创建于唐代的大泽山智藏寺，发展到宋元时期，已经名闻遐迩，颇具规模。明代，智藏寺的佛教发展到高峰。

（一）一庵禅师重建智藏寺

康熙《山东通志》卷四七《仙释》载："僧一菴，怀来人。元末卓锡大泽山中，从者益众，禅行甚高，能前知。预作偈曰：生本无生，灭本无灭。太空浮云，红炉点雪。"元末，一庵纯禅师来到大泽山。洪武初年，设僧官，僧一庵得以选授。可见，一庵纯禅师是当时一位颇有影响的高僧。据孙善继《明重建大泽山智藏寺碑记》可知，僧一庵来到大泽山时，智藏寺已经衰败不堪，他"踟蹰四望，闵其圮于兵燹，慨然愿修。已又鄙其规制狭促，堑山堙谷者五年，而基始拓。又五年，而寺始成"。一庵纯禅师历时十年而重建了智藏寺，连寺的地基也进行了彻底的改造，是一次大型重建，故碑言："迄今称开山祖者，必曰一庵云。"

---

① 曹臣：《游崂山记》，黄肇颚：《崂山续志》，山东省地图出版社 2008 年版，第 11 页。

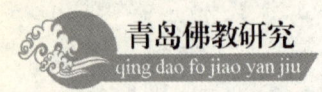
（二）大泽山的佛教兰亭盛会

洪武初年，来自全国各地名山大刹的禅师、方丈聚集大泽山智藏寺，谈经说法，研讲禅理，被誉为"佛教兰亭盛会"。高僧们每人都作有诗偈，统一刻写在智藏寺后面两块高约六米的巨石上。两巨石东西夹峙，形成一条长约 10 米、宽约 1.5 米的天然石廊，因两壁遍镌僧人偈语而得名"书法走廊"。走廊东壁偈语刻面高 310 厘米，宽 510 厘米，21 行，满行 12 字，计 205 字。分别镌泰山灵岩寺晋溪惠才、越州崇报寺行中仁、天目东及延、温州灵岩山天之性禅师偈语。走廊西壁偈语刻面高 310 厘米，宽 590 厘米，24 行，满行 12 字，计 248 字。分别镌杭州灵隐寺用贞良、婺州圣寿山古松茂、泰山灵岩寺秋江洁、长安一山胜、古杭迳（径）山寺月（悦）堂颜禅师偈语。另在西壁偈语右上侧刻一高约半米的僧人立像。两壁偈语均为楷体，凝重古朴，浑厚大方，字径 25 厘米，极为醒目，具有较高的书法价值。走廊外侧石壁原有大片刻字，今尚存"一庵禅师"及落款处的"洪武十三年（1380）□月十三日"等残篇余字。就其内容与书体分析，它与书法走廊内的偈语应为一体，系同一人所书，但书丹人已无从知晓了，落款处的"洪武十三年"当为镌刻上石的时间。

关于这次佛教盛会召开的时间，未见确切史料记载，通过对杭州灵隐寺用贞良法师考证可知，用贞良法师于至正二十三年（1363）始到杭州灵隐寺，且在洪武四年（1371）正月就已圆寂，所以，智藏寺高僧聚会的时间当在元末至洪武三年之间，当时，智藏寺刚刚开始奠基重建。

九位佛教高僧的诗偈如下：

师前住泰安州南龙居寺泰山灵岩寺住持晋溪惠才偈

鸢抱峰前宜住锡　　　　龙居深处好安禅

海洒天覆心常在　　　　随富随贫自有缘

越州崇报寺禅师行中仁禅师曰

当时仗锡来河朔　　　　此日瞻风到水西

坚亚摩醯三只眼　　　　百千诸佛也难齐

一庵纯禅师所证奥理　　中竺和尚具述本末

天目东及延禅师重注曰

天都钟秀行纯纯　　　　分座三韩度水云

　　勘破南方善知识　　　　天香桂子落纷纷
　　百十余城已遍参　　　　复随德峤调龙潭
　　两家只好俱抛却　　　　且守从前这一庵

温州灵岩山天之性禅师曰

　　纯清绝点更何论　　　　南北东西道自尊
　　挂起眉间三尺剑　　　　寒光凛凛烛乾坤

古杭灵隐寺用贞良禅师曰

　　早从京国入朝鲜　　　　为道身心铁石坚
　　话到纯清绝点处　　　　豁开正眼照人天

婺州圣寿山古松茂禅师曰

　　义虎声华重两川　　　　出门参得老南禅
　　不消一唾除邪见　　　　那假三祇得正传
　　剔起便行真洒洒　　　　从教到处极玄玄
　　京都好在重归去　　　　笑看黄河浪拍天

泰山灵岩寺秋江洁禅师曰

　　独镇东洋大泽峰　　　　于中隐个住山翁
　　能知假有原非有　　　　善解真空本未空
　　寂寂性天无障翳　　　　明明心底尽融通
　　自从少室传芳后　　　　又得一庵继祖风

长安一山胜禅师曰

　　见解孤高道德淳　　　　了无些子境相亲
　　蒲团坐断千差外　　　　似得吾兄有几人

古杭迳山寺月堂颜禅师曰

　　燕山出窟真师子　　　　咬杀诸方活大虫
　　号令人天无向背　　　　尘尘刹刹证圆通

　　这些偈语真实记录了高僧们参加这次盛会的心得感受和对一庵禅师的敬慕赞美之情。事后由一人将诗偈书刻上石，遂为后世留下了这笔宝贵的书法艺术财富和研究大泽山佛教史的珍贵资料。就像东晋王羲之约集众多

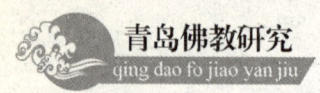
文人雅士于兰亭分韵赋诗然后编成《兰亭集》一样，这次智藏寺高僧聚会可谓是一次佛界的"兰亭盛会"。南北朝以来，大泽山地区逐渐成为一个重要的佛教中心，这次佛教盛会标志着以智藏寺为代表的大泽山佛教达到鼎盛。

而一庵纯本人在智藏寺之西的乳泉石上也留有一幅题刻曰：

狮子峰前

一庵守拙

前后休提

中间莫说

参加盛会的僧人目前可以考证出的有四人，都是当时各名刹、各流派的高僧。

越州崇报寺行中仁禅师（1309－1382年），为临济宗径山端禅师法嗣。据《五灯全书》卷五五可知，禅师为江西鄱阳吴氏子，名至仁，字行中，自号澹居子，又号熙怡叟。师五岁，俾从江州报恩寺真牧纯公受业，七岁得度，自幼识见超颖。后受具足戒。参余杭径山元叟行端禅师①，令掌记室。拈香酬元叟行端禅师法乳之恩，嗣法为临济十七世。后相继住持蕲州德章禅寺、浙江云顶寺和崇报寺、江苏虎丘灵岩寺等名刹。洪武六年（1373），又应郡守之坚请，主持兴复苏州万寿山光孝禅寺。师通内外典，尤遂于易学，名重一时，风誉四溢。明洪武初年，上以鬼神之事召师至京，师以佛旨，撰书而对，上大悦。晚岁，养闲于松林兰若。洪武十五年（1382）圆寂，世寿七十四，僧腊六十七。有《澹居诗稿》行世。

杭州灵隐寺用贞良禅师（1317－1371年），为临济宗居简系法嗣。据明吴门华山寺沙门明河撰《续高僧传》卷五（《补续高僧传》卷十四）《介庵良大师传》记载，辅良法师，字用贞，号介庵，俗姓范，原籍吴地（今江苏），北宋著名政治家、文学家范仲淹十世嫡孙。十五岁在迎福寺剃度出家，后到龙翔住持集庆寺拜见笑隐欣禅师，问答之际，深入玄奥，妙契心髓。石室祖瑛禅师主四明（今浙江宁波）阿育王山法席后，延辅良掌藏钥，纵横叩

---

① 元叟行端（1255－1341年），径山四十八代住持。初参径山四十一代住持藏叟善珍禅师；至治二年（1322），径山虚席，元宣政行院请元叟行端补席，至治三年诏命为径山住持，至正元年（1341）终于径山方丈室。自元大德以来，成宗、仁宗曾两赐金襕袈裟，分别赐号"慧文正辩禅师"和"佛日普照禅师"。泰定元年（1324），元泰定帝下旨召径山元叟行端禅师进京作"降玺书"，并赐金襕袈裟。

击，极受石室祖瑛禅师之推誉。元顺帝至正二年（1342），介庵辅良出世嘉兴资圣寺弘法，增崇殿宇，鼎新伽蓝，极其弘丽。居十三年，迁越州天章寺。元顺帝至正二年（1342），又移住杭州中天竺寺，法道宣振，倾向日众。元顺帝至正十九年（1359），灵隐寺毁于兵火，损失惨重。至正二十三年（1363），介庵辅良应江浙行省丞相康里公之请，慨然以起废兴复灵隐寺为己任。洪武四年（1371）正月十六日，辅良法师圆寂，世寿五五，僧腊四十。大学士宋濂为其撰写了《杭州灵隐寺故辅良大师石塔碑铭》。

径山寺悦堂颜禅师，为临济宗东屿海禅师法嗣，径山寺第五十四代住持。《继灯录》卷五《灵隐海禅师法嗣·径山悦堂颜禅师》记载：禅师"明州人。受度于婺之宝林寺。遍参诸宿。卒为东屿海之正嫡。初住昆山之东禅。转吴门之万寿。升虎林之南屏。遂陟双径竖大法幢。名闻京国。缁素云臻如流赴壑。朝廷再降玺书护教并赐金襕法衣。师历主四大刹。有四会语录。金华宋公濂为之序。称其随机接引霑被为多。所谓施善巧释结习。假言辞穷实际者乎"。另外，《五灯全书》卷五二有《杭州径山悦堂颜禅师》、《增集续传灯录》卷六有《净慈东屿海禅师法嗣·杭州径山悦堂希颜禅师》。

泰山灵岩寺的秋江洁禅师，为曹洞宗福裕少林系一脉。元代，曹洞宗多在北方弘扬，其中又以曹洞宗第十五世报恩行秀禅师的法嗣雪庭福裕（1203－1275年）在嵩山少林寺传承的一系为突出。在福裕禅师法嗣中，继其后执掌法席于豫、京一带的有少室文泰等数十人。文泰禅师（1229－1289年），字灵隐，阳城（今山西省太原市汾州境）魏氏子，少时即以聪慧出众。后至燕京万寿寺，参学于福裕，随侍十年，饱承钳锤，道业深邃。至元十九年（1282）入主少林法席达八年，整肃风规，再振祖庭雄风。秋江洁禅师即为文泰门下法嗣，弘法于济南灵岩寺。

洪武十五年（1382），太祖制定了新的僧官制度，在京都设置僧录司，统理天下僧尼，地方府设"僧纲司"，不置署，僧司直接设在寺院之内。时莱州府"僧纲司"即设在大泽山智藏寺，该寺住持无我晏禅师任都纲，智藏寺成的莱州府的佛教僧尼寺院管理中心。无我晏禅师八十二岁圆寂，其塔刻偈云："八十二年梦境休，随缘化导愿行周。今朝撒手归真寂，一轮明月正中秋。"其塔刻偈原嵌于大泽山如意岭无我晏禅师墓塔塔身，惜已损毁。

（三）孙善继重建智藏寺

继一庵纯禅师重建智藏寺后，智藏寺又有两次小型修缮，一次是宗昉负

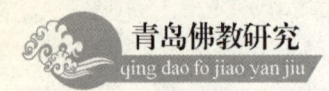
责的修缮，一次是嘉靖四十五年（1566），僧人正弼在当地人徐璋的帮助下对智藏寺进行了再次修葺。万历三十年（1602）春，莱州知府、江西永新人龙文明进大泽山祈雨，游山后作《大泽山记》，文中记载："山之中方，为寺，寺有廊，有门，有夹室。越门三重，为大雄殿，中奉如来阿罗汉像，殿材巨丽雄壮。余方疑深岩绝壑，安得琳宫绀宇如此？主僧称此殿材不外假，因山治山，只伐石为础，斩木为梁，焚枯为甓。"可见，当时的智藏寺是一座就地取材、建筑雄壮的大型庙宇。

万历末年，孙善继重建智藏寺，此事记载于《明重建大泽山智藏寺碑记》。此碑原位于智藏寺大雄殿前，高 270 厘米，宽 82 厘米，厚 14 厘米，系汉白玉经磨制书刻而成。其中碑额前后两面分题篆书"重建大泽山智藏寺记"与"碑阴题名"，四周饰以盘龙浮雕。此碑刊于明崇祯元年（1628）孟夏，撰文、篆额及书丹人分别为孙善继、张孔教及张新诏。查乾隆《掖县志》可知，此三人均为明代山东掖县人。撰文人孙善继，万历十七年（1589）进士，历官工科都给事中、尚宝司司丞，是该工程的首事者和承办人。篆额人张孔教，字卓吾，万历二十九年（1601）进士，历官吏科都给事中、太常寺少卿。书丹人张新诏，字积水，万历三十五年（1607）进士，任知县，擢御史。碑文约千字，楷书，书写端庄严谨。因字迹较小，风化较重，有二百余字不能识读。幸有清人孙殿芳于乾隆五十九年所抄录原文传世，智藏寺的一些历史概况得以详知。此碑是现存最早的智藏寺重建碑，详细记载了智藏寺的修建情况及寺之始建年代，故弥足珍贵。

据碑文可知，孙善继为诸生时，曾"修业于山之兰若"，故对曾读书于此的智藏寺颇有感情。后来，他"叨侍清班"，步入仕途。万历四十三年（1615），他见智藏寺倾圮衰败，"如来、大光明相、阿罗汉、天龙、人鬼种种法相半为覆压，所批撼而荡啮焉"，十分心痛。由于"卒无肯首事者"，所以孙氏勇敢地承担起了重建智藏寺的重任。碑文中，孙氏将这次重建的过程与艰辛描写得生动感人：

则以灾□之余，物力诎于捐施，人工难于攀跻，功程惕于需久，遂至以精卫之填海、愚公之移山、销任事之心而馁必为之气。余不揣量，听方正募诸檀越而许佐具不逮，于是倾囊而出一百五十缗，不远二千里而遥征材于潘关，逾年而航海抵岸，再逾年而梯山及巅。……材集矣，乃鸠工而经营之。其材既巨，不忍小斫，众谋佥同，卜协其吉，乃四拓其址，而大雄氏殿岿然鼎建。亏计经费，已千缗而赢。而所募才获其半。而配殿、而天王殿、而斋厨、钟楼、碑亭、山门，俱缺焉未备。方正忽化去，诸檀施久且厌。余因而始之终之。盖数年来以山为外舍，岁所入，半灌输于空门，轮蹄僮仆无敢告劳。凡法界中所宜有者，次第告成。……是役也，庄严宝相，则明德不辞跋涉所募。方宽说法助缘，则青衿于波倡首。摩画规模，则儒士武宣威饶有匠心，门殿诸额，悉其手书。董事拮据，则寿官孙架、南台周朝卿、盘石高桐、旋口徐绍，绍即璋之曾孙也。

在人力、物力亏缺、工程巨大、方正突然化去的严峻形势下，孙善继坚持不懈，经过十三年的努力，到崇祯元年（1628），重建任务最终完成。许多人为这次重建做出了贡献：佛像庄严，是明德辛苦募得；贤士于波首倡，方宽说法助缘；儒士武宣人威饶负责设计规划，书写殿额；负责管理筹资者为寿官孙架、南台周朝卿、盘石高桐、旋口徐绍，徐绍即嘉靖四十五年（1566）帮助僧人正弼修葺智藏寺的徐璋之曾孙。

这次重建，孙善继特邀同邑名人刘重庆①分别为寺之前后两殿楹柱书联。1999年大泽山智藏寺重建时，在旧址出土刘重庆书大雄宝殿楹柱残石一块，残联高72厘米，宽25厘米，上面仅存"上乘不空内"五字。又二殿楹柱石一根，高135厘米，宽22厘米，镌"浮世何曾一念无"七字。现存孙殿芳乾隆五十九年有关大泽山石刻抄本，有掖邑刘重庆书大雄宝殿联曰："上乘不空，内证真空，尽亿万众生，□□蠕蠕齐沾法雨；如来无相，中涵实相，历百千浩劫，圆圆裸裸普现昙花"。智藏寺二殿联为："泽山不改九青在；浮世何曾一念无"。作者巧妙地将"泽山"之名及"九青"别称嵌入联中，佛语梵音，旨清意达。两联均为草书，结字沉着，豪放苍劲，字径字距大小不一，挥笔从容，笔断意连，一气呵成，显示了作者深厚的书法功力。

明代，大泽山佛教十分兴盛，有不少学养深厚的高僧驻锡于此，并吸引了一些官僚士绅慕名前来参访谈禅。如明人官一夔②《与僧福兰夜话故园有感》诗云："辛苦随征骑，幽栖想故园。青山城北路，黄叶水边村。松覆看书屋，云封送客门。偶然萧寺宿，惭悟老僧言。僧言：吾观相公晏眠早起，

---

① 刘重庆（1579－1632年），字幼孙，号耳枝，山东掖县（今莱州）人。明万历三十八年（1610）进士，官至户部右侍郎。青年时曾在大泽山读书，他读书时的红庙至今犹存。刘重庆以擅书知名，尤擅行草。

② 官一夔（1482－1553年），平度人，字舜鸣。正德五年（1510）以"书经"中举，后居乡主持太泉书院，教授后学。嘉靖十一年（1532），以乙榜出身入仕，领檄授直隶深州（属真定府）州同，为政清明。三年后升河南卫辉府（今汲县）同知，为政宽惠。不久，因触怒王御史而称病归家。后负责总纂《平度州志》。

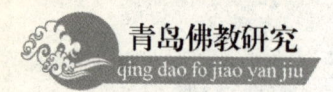

蒙犯风霜，亦大苦恼也。"① 明人官箴②有《访大泽山僧》："薄暮轻烟淡落晖，故人相见款禅扉。峰高鹤梦连云度，殿古松香带雨围。乱后十年僧尚在，别来几日事全非。何时再定青山约，常听钟声卧翠微。"

（四）智藏寺塔林

在智藏寺东南约二三百米处，有七座石塔掩映在苍松翠柏中，多为宋元明清建筑，被誉为全国八大塔林之一。七座塔全为单层，花岗岩叠砌。塔身呈八角形，层数三级、五级、七级不等，高度多十米以下。形制大体分两类：一类两座，由台基、塔身、华盖、塔刹组成。一类五座，形制结构基本相同。其中一座保存完好，塔身平面呈八角形，五层密檐式，逐层收分，一层有覆莲状底座，顶雕瓦垄、椽、角脊，檐下八角雕一斗三升斗拱，一层塔身凿二拱龛，二层塔身凿一拱龛，通高七米。③

六、其他佛教成就

（一）僧人圆昶重修崂山慧炬院

慧炬院位于崂山凤凰峰，不知建于何时。院中有两块残碑，一为隋开皇中所立，额曰"重修"，可见院之始创很久远。明人曹臣言其建于"隋开皇中"④，不知何据。另一块残碑为元大德中所立。两块碑"皆文字浅灭，不可以句读。盖历年岁既深，废而复，复而废者屡矣"。到明朝成化年间，慧炬院早已院宇颓败，荆棘丛生。后僧人圆昶到来，决心重修慧炬院。他率领弟子满杲，"力作山间，缩衣食费，复具疏于乡之长者，皆以钱粟来助。乃重构大雄殿，工者奏其技，壮者献其力，不督而集不以成。为楹者五，崇若干尺，深若干尺，中为华严海会之像"。工程始于成化壬寅年（1482）仲春，丁未年（1487）春告成。在圆昶的再三请求下，即墨进士蓝章为其撰写了碑文。⑤ 万历末年，海印寺被毁后，原海印寺旃檀佛、大部藏经皆移来慧炬院供奉。明末，莱阳文人张允抡至慧炬院，见古碑，上面"隋开皇年"略可

① 民国二十五年《续平度县志》卷十一《艺文志》，第 914 页。

② 官箴，字石父，平度人。万历二十六年（1598）进士，官至广西梧州府知府。著有《大瀛集》。

③ 吕承佳：《山东地区的古塔》，《文物建筑》2012 年 4 月。

④ 曹臣：《游崂山记》，见黄肇颚：《崂山续志》，山东省地图出版社 2008 年版，第 9 页。

⑤ 蓝章：《慧炬院重修佛殿记》，见黄肇颚：《崂山续志》，山东省地图出版社 2008 年版，第 131—132 页。

识。大约康熙年间，慧炬院大殿内有憨山大士所请藏经并檀香佛，有一老僧月心，“写作颇通”，除此外别无观矣。[①] 到咸丰庚申年（1860），慧炬院已经“栋宇倾颓，残僧散尽”[②] 了。

（二）近悟禅师重修悟山观音庵

崂山西南海滨，群峰众岫，奔腾齐峙。一峰杰出，曰“悟山”（今午山）。父老相传，昔有高僧藏修在此悟道，因以名之。明嘉靖年间，有僧名近悟，就址结茅以居，后“重修观音大士殿三楹，左右夹以耳室，窗吞云雾，门引长波，俨然坐莲花而观水月也。”观音庵建成后，请憨山大师为之作记，并铭之曰：

圆通大士，随处现身。一微尘里，转大法轮。苦海无涯，奔吞识浪。大士观之，如镜中像。我依大士，如幻三昧。亦来于此，证三摩地。一草一木，尽属法身。是名常住，传无尽灯。照破暗冥，水中火发。火里莲生，是真实法。永劫归依，如是赞叹。见闻之者，齐登彼岸。[③]

（三）桂峰禅师重修灵山大觉禅寺

即墨城北三十里有灵山，山顶有大觉寺，为唐宋古刹，其历史湮没不可考。至明成化间，大觉寺始迁到灵山北麓。后因岁久倾颓，“殿堂日就倾圮，法身颓然荒草中”。乡人张某聚族谋划曰：“大觉，吾之望刹也。忆昔盛时，晨钟夕梵，惺吾之昏，督吾之勤，吾生是赖。今阒然矣，谁为吾津梁之？非大善知识，又无以自树立。”众人商议，礼请桂峰禅师来兴复大觉寺。禅师讳性香，先世为平度巨族，他“少负奇气，为人魁梧倜傥，始从学周孔家言，自视生如浮切，有志方外。少焉弃所习，扣黄老逃形之术，……遂矢心释氏，礼邑之某寺某师。已而，蹑屩担簦西游上国，初从曙堂晓法师，受天台贤首宗旨，再参少室小山书禅师，传达摩心印，学究华梵，宗通性相，一时义学之士，莫不虚左敛衽。遂东归旧业，隐约数年”。禅师学儒究道，尤擅佛学。听到礼请他主持修复大觉寺的消息，禅师愉快地答应了，他说：“昔吾大觉氏降迹灵山，法幢竖而邪风坠，吾志在是矣！”于是，桂峰禅师“杖锡至院，披草莱，翦荆棘，日与诸弟子讲明所业。”不到一年，“道风大

① （清）纪润：《劳山记》，见青岛市史志办公室编：《青岛市志·崂山志》，新华出版社 1997 年版，第 637 页。

② 王大来：《三游崂山记》，见黄肇颚：《崂山续志》，山东省地图出版社 2008 年版，第 24 页。

③ 《憨山老人梦游集》卷二二《重修悟山观音庵记（并铭）》。

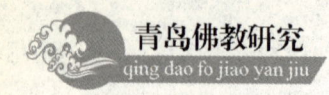
振，邪宗异端，及门挥斥而规正者，不可胜计"。禅师来寺以后，"孜孜建立，捐衣钵，节饮食，焦唇沥胃，储积数年，计资若干，乃出与张子辈构材鸠役，开林拓土"，终于完成了禅寺的重修，结构完备，建筑壮丽，"殿堂廊庑，方丈厨库，山门钟鼓，百凡具备，飞晕夺目，焕然一新，为墨之巨丽焉"。此时，憨山大师正避名海上，他访桂峰禅师于灵山之下，并应邀为此次重修灵山大觉禅寺作记，对桂峰禅师给予高度赞扬，"禅师承百世之弊，起偏僻之隅，苦心励志，以吾道任，孑然而立，不数年间，顿令改观，东海洋洋，是称佛国之风"。并谆谆教诲禅寺的后继者，要"安禅宴寂，朝参莫礼，将以祝吾君，福吾民，衍慈风于亿世，辉佛日于重昏，使后之睹是刹者，即事明心，望风易虑，阐玄音于绝响，辟枳棘于康衢。则是师之法身，常住于溪声山色中也"①。

（四）学兼道释的慧觉禅师

慧觉禅师，名刘贞洁（？—1655年），字恒清，世住即墨马鞍山东麓。禅师生来异于常人，生九龄后才开口说话，言语深慧，不似普通孩子。万历癸巳年（1593）六月廿八日，十五岁时，禅师突然"踟跌面壁，入定断息"。家人以为其死，环而号泣。过了很长时间，禅师才苏醒过来，打了个哈欠，好像刚刚睡醒的样子。继而对家人说，生死无常，不必惊慌悲伤。从此以后，禅师"吟咏偈颂，矢口铿锵，深中道要，皆曩籍所无，而顷刻连篇，俨若夙构。仙姑虽敏慧，然于笔牍帖哗，绝无见闻。一旦搦管摛词，具有章范，三教名宿，皆叹稀有"。时慈圣太后、神宗皇帝遣敕使何公访海上异人，何公"闻仙姑神异，骋其所著论颂"，遂殷勤拜谒仙姑，并归而上奏朝廷。于是，朝廷命仙姑乘船诣京师。到京师后，仙姑"初授坛席于定府园亭，一时勋胄戚畹，翟莆鱼轩，参礼供养，杳无虚日。……旋为之酿金，镂其书为八帙，布诸四方"。时明光宗皇帝朱常洛（1582—1620年）方在储禁，教旨宣仙姑入觐。"悦其风藻明悟，题号慧觉禅师。赐蟠龙法衣一袭，赤杖一双，恩数骈蕃，不能悉记。"熹宗生母孝和王太后位东朝选侍之日，供仙姑为"替行人"。仙姑在京师阐教既久，神庙、光庙相继奉为上宾。

仙姑学兼玄释，巾袍道饰，虽赐号禅师，仍有称其为仙姑者。仙姑初尊奉瞿昙（即释迦牟尼），又以万物本天，并奉帝释（佛教神）。仙姑"身虽女

---

① 《憨山老人梦游集》卷二二《重修灵山大觉禅寺记》。

冠①，度弟子则剃披若尼，严律仪，别嫌疑也"。所著兼二门②胜义，所述八部经为《体原部》、《豁悟部》、《高明天道部》、《三教评义部》、《无欲修证部》、《宏范部》、《叹世部》、《三事大典部》，然文多不具载。

后来，仙姑从京师归故里，"讲道授弟子，众几千指。……其族姓皆化其教。……仙姑年愈高，声闻愈广。鞶帨③善人，为轻千里而问道者。已而学士大夫，轮裳遥集，仙姑应酬恭敏，各得欢心"。其所度高足弟子，出家则尼如金、尼如喜、尼宏建等。优婆姨④则梅孺人、钱孺人、毛孺人等。皆能为师传法者"⑤。在即墨，仙姑广传教义，不仅其族姓全部得到教化，许多善男信女、学士大夫、也不远方里，纷至沓来。

顺治十二年，年七十一，仙姑无疾而终。

（五）僧人自华创建崂山洪门寺

自华，俗姓谭，名海近，四川夔州府奉节（今四川省奉节县）人。自华七岁出家妙莲寺，师事青山上人。年十二岁时，以闻见少，时思远游，后随客船去金陵，寄居古林庵，夜闻人诵《华严》、《弥陀》等经，虽未尝学，闻人读即能诵。居十五年，乃遍历名山，参证宗旨，益有获。后又南至普陀山。晚年至即墨，欲将崂山作为其归宿地。因为慈沾和尚与其有旧交，故请其坐腊⑥于御史黄宗昌家后亭，与黄家人相处融洽。遂修静于崂山磨岭庵。后得即墨周氏施地，在崂山华岩山西北麓建寺庙，名洪门寺，又名西莲台。殿宇恢宏，庭院修洁，内有木佛像高一丈八尺。自华和尚在崂山西莲台传戒六年。武定寺僧请受律，去而阐法示戒。一日忽端坐说偈曰："叵耐这个皮袋，终身惟作患害。撒手抛向尘沙，一轮明月西迈。"说罢遂化去，

---

① 女冠，亦称"女黄冠"、女道士、道姑。

② 二门，佛家谓止门与观门。

③ 鞶帨，古代妇女用的小囊和毛巾，此处指代妇女。

④ 优婆夷：梵文 Upasika，在家信佛的女子叫优婆夷，又译优婆私柯。意译近善女、善宿女、清信女等，凡受了三归五戒的女子，都叫做优婆夷，现都称为女居士。

⑤ 《慧觉禅师刘仙姑塔碣》，见黄肇颚：《崂山续志》（点校本），山东省地图出版社2008年，第356—357页。文中刘贞洁的生年有分歧，若按顺治十二年（1655）71岁，则生于1585年；若按万历癸巳年（1593）15岁，则生于1579年。另外，碣文落款为"顺治十三年"，则文中的"去岁"当为顺治十二年，干支为"乙未"，而碣文误记为"丁亥"。

⑥ 根据佛家的戒律，众僧应于每月望晦日（即农历十五和三十）齐集一处共诵《戒本》，自我对照反省有无违戒犯律之事。如有违犯，应按情节轻重依法忏悔。而全年之中，应自农历四月十五日到七月十五日的三个月中定居一月，专心修行不得随意他往，此曰"安居"或"结夏"，也称"坐腊"。

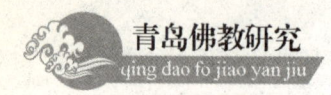

弟子扶灵枢东归，葬于西莲台，建塔于墓。清初的莲台禅寺，"清旷修洁，新松如栉，土木方兴，佛殿茅茨，而绘塑工丽。别院杂植花竹，红翠烂然，自华禅师普同塔①在焉。自华能以其教行于东方，缙绅先生多奉之"②。清代乾隆末年，该寺塌毁，道光年间拆除，只余自华和尚石塔一座。清代即墨文人蓝中珪有《西莲台》五言律诗云："晚照空山里，万松护寺基。磬声依石静，幡影动云迟。花落春归日，鸟啼雨歇时。高峰僧对语，何处着尘思？"

在明人的游记中，不乏对崂山佛教踪迹的记载。嘉靖十二年（1533）九月，山东提学陈沂与即墨文人蓝田同游崂山遇真庵、太平宫、明霞洞、聚仙宫、巨峰、华楼山等处，陈沂遂作《鳌山记》，文中有"僧垂木阶下"和"（明霞洞）左有佛宇僧庐"之句。他还记载巨峰附近的佛宇，"嵌崖隙，甚幽。……庵前牡丹诸奇花，偃松异木。其建筑木石，所植花卉，皆僧负戴梯而至之，但苦行无智慧心，余留二偈於石壁间，乃悟供具麦饭野蔌，谓不图得遇善知识。是夜宿庵中，僧立牖下竟夜"③。另外，陈沂的《巨峰》诗中还有"峰头更有僧庵在"之句。

明代所建青岛佛寺

寺院名称	建寺时间	今天所属地域	备注
行香寺	明代	黄岛	
清凉寺	明代	黄岛	
三教堂	明代	黄岛	
白云寺	明朝末年	黄岛	
石佛庙	洪熙年间（1425）	莱西	
老母殿	明末清初	莱西	
承兴寺	明代	莱西	又名观音庙
海庙	天顺六年（1462）	胶州	
杨家庙	明代	胶州	

---

① 普同塔，禅林之语，藏亡僧之骨于一处，故云普同塔，又曰普通塔、海会塔。

② 张允抡：《游崂山西境记》，见黄肇颚：《崂山续志》，山东省地图出版社 2008 年版，第 15 页。

③ 陈沂：《鳌山记》，见黄宗昌：《崂山志》卷八《游观》，香港新世纪出版社 2003 年版，第 75 页。

寺院名称	建寺时间	今天所属地域	备注
大明寺	天顺年间 （1457－1464 年）	城阳	
毗卢庵	明代	城阳	
歇佛寺	明代	城阳	
洪门寺	明代	城阳	
超然庵	明代	城阳	又名姑子庙、草庵
华西庵	明代中期	城阳	华西庵（又名黄埠庙）
千佛阁	天启年间 （1621－1627 年）	平度	
莲花庵	明代	即墨	
菩萨庙	明代	李沧	又名文殊普贤庙、 清华庵
清凉院	万历年间 （1571－1620 年）	李沧	又名李村院

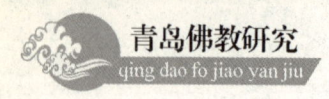
第四章　清代的青岛佛教

　　清代的青岛佛教仍以崂山为中心，当时的崂山尚有庙宇"数十处，道居其七，僧占其三。师徒多者二十余人，少者五六人，或一二人"①。在清代中期之前，崂山的佛寺有白佛寺、法海寺、荆沟院（即崇佛寺）、狮莲院、慧炬院、华严庵、西莲台、大石寺、峡口庙、灵圣寺、清凉院、于姑庵、菩萨庙、普庆庵、林花庵、毗卢庵、白云庵、清风洞和普济寺。据清同治版《即墨县志》卷十二《寺观》记载，包括崂山在内的即墨县佛寺有近三十处。到清末民初，华严庵与石佛寺、法海寺被称为崂山佛教的三大寺院。

一、崂山华严庵

（一）华严庵的创建

　　华严庵的创建者是即墨黄宗昌父子。黄宗昌（1587－1646 年），字长倩，号鹤岭，天启二年（1622）进士，曾任雄县、青苑县知县。崇祯初年，官授御史，曾连上二疏，弹劾逆党和枉法官吏，又奉旨巡按湖广。后因被排挤，于崇祯十年（1637）罢归故里。黄宗昌长子坦（1606－1689 年），"生于万历三十五年十二月二十七日辰时，卒于康熙二十八年六月初一日辰时"②，字朗生，号惺庵。崇祯十二年（1639）副榜，后为贡生，任浦江县知县，勤政清廉，洁己爱民，后以家事去任，宦囊如洗，幸赖士民助之而归。

　　黄宗昌的《崂山志》及黄肇颚的《崂山续志》对华严庵的创建时间都语焉不详，其余各资料大都笼统记为"明末"或"明末清初"。今试图在前人研究的基础上理清华严庵的创建脉络。

---

① 周毓真：《山海图记》，见周肇颚：《崂山续志》，山东省地图出版社 2008 年版，第 5 页。
② 黄守平：《黄氏家乘》，见《山东文献集成影印本》卷十四，山东大学出版社 2007 年版。

黄宗昌《崂山志》卷三《名胜》"华严庵"条原文如下：

余以那罗延窟西方哲人演教处，慨古迹无存，卜筑于斯。拓而大之，不使前有盛事，后无征焉。余之不聪敬，而殆于时，亦或潜息其中乎？志未竟而毁于兵，天下之不使有成，即此可睹。上人慈沾真诚人也，可与图终。吾老矣，坦其继之。[①]

那罗延窟，《华严疏·菩萨住处品》是这样描绘的："东海有处，名那罗延窟，从昔以来，诸菩萨众，于中止住。"万历十一年（1583），明代高僧憨山大师就曾慕名而来，在那罗延窟禅定修行。为了纪念这一佛教圣地与盛事，或为自己将来潜息其中计，黄宗昌决意在那罗延窟附近建造佛庵，并以此地见载于《华严经》而命名为华严庵。

华严庵第一次兴建即黄宗昌所指"卜筑于斯"，时间为天启六年（1626），庵址在那罗延窟洞北，坐落于华严洞前一块平地上。[②] 房屋坐北朝南，俯视那罗延洞清晰如在近前。崇祯初年，此华严庵即已倾塌。崇祯七年（1634）秋天，安徽著名文人曹臣在黄坦兄弟的陪同下游览崂山，在游记中记载："俯视那罗延窟者，为华严洞。洞场可居，地余可构，侍御公（指黄宗昌）尝此葺茅居僧。"[③] 此处所指即是华严庵第一次兴建后的遗迹。李恩浦先生经过实地考察发现，华严庵房体虽已荡然无存，但是以大条石砌筑的前墙及东山墙一隅基础尚存。房基前散置着许多加工好的方石及荒料，似乎是为施工所备，而不像是房屋坍塌后的杂乱石块。据此判断，它不是续建增加房屋栋数，而是准备在原来基础上重新修复，或已拓展了基座面积、尚未砌筑墙体，即黄氏"拓而大之"的意愿。由于此处已无平坦场地可供使用，于是只得另选新址。[④]

华严庵第二次兴建大约在崇祯十六年（1643），即黄宗昌所指"拓而大之"，目的在于保持华严庵的佛教盛事，也有备于自己将来"潜息其中"。选择的新庵址在旧庵稍东、鱼鼓石西北两山峰之间的前坡一块开阔的平地上。李恩浦先生考察发现，新址除北端已建起护坡墙之外，未发现房基，场地上同样散置着很多方石，庙堂建造似未正式施工即告停止。[⑤] 此址即在"那罗

---

① 黄宗昌：《崂山志》卷三《名胜·华严庵》，香港新世纪出版社 2003 年版，第 31 页。
② 李恩浦：《于七起义》，青岛出版社 1995 年，第 216 页。
③ 曹臣：《游崂山记》，见黄肇颚：《崂山续志》，山东省地图出版社 2008 年版，第 12 页。
④ 李恩浦：《于七起义》，青岛出版社 1995 年版，第 246 页。
⑤ 李恩浦：《于七起义》，青岛出版社 1995 年版，第 246 页。

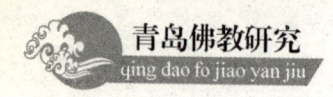

延窟之西北",是为"古华严庵",可惜"志未竟而毁于兵,庵以废"①。此次兵乱发生在崇祯十五年(1642),时即墨遭清兵围困,黄宗昌变卖家产充军饷,率众护城,抗击清兵。交战中,其次子黄基被清兵射死。两年后,郭尔标、黄大夏等率众起义,围困即墨城,知县仓惶逃走,黄宗昌纠合即墨士绅进行抵抗,起义军围城四十余日后撤走。兵乱对黄宗昌的打击可想而知,无论经济上还是精力上恐怕都无力继续进行华严庵的建造了。两年后,黄宗昌便去世了。

黄坦继父遗志,第三次选址建庵,可能由于地势不利,为求安全再次东移②,是为"今华严庵"。关于古、今华严庵的相对位置,康熙年间即墨文人黄宗崇记载到:"自那罗延窟东北下,有二道:其一西北上,为古华严旧址;其一迤折而东,约里许,稍得平势,石列而洞分,为今华严新构云。"③康熙年间即墨文人纪润云:华严庵"西南二、三里,有那罗延佛窟"④。顺治九年(1652),华严庵大殿落成。康熙二十七年(1688),又增建了藏书楼。观音阁以西楼十二间,也于康熙二十七年(1688)建成,乾隆年间重新修葺过。前后历经三十余年,华严庵方全部竣工。黄宗昌、黄坦父子先后建成了准提、华严两庵,"施地各千亩",两庵各供奉父子二人的木主于殿东北隅,"示不忘,亦所以报也"⑤。

(二)华严庵的布局与风貌

建成初期的华严庵,"设经阁、禅室、僧寮之居,次第以举"⑥,设施基本齐全。借助于清代文人的游记,我们得以窥见清代华严庵的布局与风貌。

康熙三十六年(1697),河南文人张道浚游览崂山时抵达华严庵,时华严庵刚刚建成不久:

故讲殿禅堂,虚廊峻阁,佛像法相,缯盖幢影之类,靡不严整,胜于他处。坐倚十间楼头,听清梵琅琅,出山坳树隙间,与海潮相和应。夜半寻大悲阁僧岸先万修话,凭栏瞰海,正当月临峰顶,潮上山腰。觉三千世界,无

---

① 周肇颚:《崂山续志》,山东省地图出版社 2008 年版,第 245 页。

② 李恩浦:《于七起义》,青岛出版社 1995 年版,第 245—246 页。

③ 黄宗崇:《慈沾上人浮屠记》,见黄肇颚:《崂山续志》,山东省地图出版社 2008 年版,第 245 页。

④ (清)纪润:《劳山记》,见青岛市史志办公室编:《青岛市志·崂山志》,新华出版社 1997 年,第 637 页。

⑤ 周肇颚:《崂山续志》,山东省地图出版社 2008 年版,第 245 页。

⑥ 黄宗昌:《崂山志》卷五《仙释补·慈沾上人》,香港新世纪出版社 2003 年版,第 51 页。

非银溶冰结，蔼然一身，直与清淑之气相融洽。鸡鸣，僧拉跻最后高峰。目极沧溟，波平际天，见云霞五色中，拥出丹砂轮影，疑阳乌已离砀谷。孰知少顷煌闪烁，如熔金炉鼎，方由一线而全升，初犹洮漾水光中也。一轮初上，山耶水耶，人耶物耶，由晦复明，光华四散，真目得未曾有。僧言海气氤氲，晨曦恒晦，若此纤悉毕现，人不数见者也。徘徊久之，轩衣而起，僧摘山蔬供麦饭，味淡而甘，亦非人世间所常服。乃尘绊未释，不能踪步华楼巨峰之胜，遂与诸僧别于塔院前。清渠一泓，澄澈见底。金鱼可百许，游泳自若，初不知有人之乐其乐者，并不知十步之外，更有大洋之可乐也。①

此时的华严庵布局严整，法相庄严，同时也是夜观海潮明月、朝看云霞日出的好所在。

乾隆年间，高密文人李宪暠②在《游崂山记》中详细记载了当时华严庵的布局与结构：

道左方池畜金鱼，中架石桥，渡桥为塔院，院中之塔，即慈沾和尚葬所。塔前有堂，堂前耐冬二株，径六七寸。

庵之庐舍凡四进：

第一进小房十二间；

第二进曰观音阁，阁下有大门，阁以西楼十二间，与阁相属；

第三进曰佛殿，殿前黄杨亦径六七寸，东西廊即禅堂，东廊之东曰知客寮，西廊之西曰库房；正殿所供之佛，僧云本山那罗延佛，非如来也。

第四进曰大悲殿，殿之西曰祖师堂，檐下有泉，阶下有木兰、牡丹，殿之东曰客馆。

每进益高，石级处处华整。正殿所向，石桥通焉。直十二楼东偏，其内供韦驮。③

乾隆三十八年（1773），李中简④提督山东学政时，曾来崂山游览华严

---

① 张道浚：《游劳山记》，见《青岛市志·崂山志》，新华出版社1997年版，第640页。

② 李宪暠（1739－1782年），字叔白，号莲塘，高密人，诸生，有《定性斋集》。高密诗派的领袖"三李先生"之一，即清代翰林编修、监察御史、诗人、学者李元直的三子：李怀民、李宪暠、李宪乔。

③ 李宪暠：《游崂山记》，见黄肇颚：《崂山续志》，山东省地图出版社2008年版，第20页。

④ 李中简（约1711－1788年），字廉衣，号文园，清直隶任邱（今河北省任邱县）人。乾隆十三年（1748）进士，授翰林院庶吉士，后提督学政，以罢吏议罢官。李中简博学工诗文，与朱筠兄弟及纪昀齐名，但杜门谢客，不标榜声气，着有《嘉树山房集》17卷。乾隆三十三年（1768）提督山东学政时，曾来崂山，撰有《崂山华严庵游记》，该游记辑入《续天下名山周游记》一书中。又有《雨登华严庵》七律两首，曾镌刻于华严寺，现已不存。

庵，见华严庵"因山为级，数进益高，佛宫客舍，皆峻整明洁。地多松有竹，杂树森蔚，峰外殆不见，庵境最幽。而背枕狮子岩，登未半则大瀛生襟袖，旷奥兼之，故庵之名于崂尤著。……庵之右为塔院，修竹夹门，下为鱼塘，有泉注之。院有耐冬二株，径围尺许，含苞满枝，作一花焉"①。

乾隆年间，观音殿、祖师堂及客房遭火灾焚毁殆尽，和尚洽源乃赴江南各处募化重修，重建后的观音殿和祖师堂皆为无斗拱单檐歇山式建筑，较原建筑更为壮观，故崂山当地有"人工华严寺，神工白云洞"之说。

道光庚子年（1841）三月，胶州文人王大来游览崂山，抵华严庵，宿于南搂。"夜五鼓时，披衣静坐，月上潮生。忽闻梵呗之声，清彻禅林。二十年之尘缘，一霎消尽矣。庵前旧多奇石，俗僧恶其不便，劈之布为甬道，可惜也"②。

光绪戊子（1888）春三月，掖县（今山东省莱州市）举人林钟柱重游崂山，十七日午刻抵达华严庵，但见"佛殿庄严，僧寮洁靓，珠楼碧瓦，峙立山腰。午后访塔院。院前流水一鸿，金鳞满目。方倚塔小坐，忽急雨骤至。岛屿林木，皆入空蒙。仓猝回僧舍，借榻南楼，枕涧声而卧。深山无更漏，闻山鸟啁啾，蘧然而醒。窗外雨声淋漓，急湍自北峰飞下，以涧为尾闾，万道奔注，与海水镗鎝相乱，寒气袭人肌骨，遂不复成寐"③。

光绪十五年（1889）夏四月十二日，高密文人孙凤云游崂到达华严庵，"庵门南向，上有杰阁曰'藏经'。迤西，楼十二间，后殿九楹，中为佛殿，金像庄严。东为客厅，西祖堂。庙外塔院一处，松竹交加。院外一水横流，石桥跨其上，清波荡漾，游鱼出没可指数"④。

民国二十一年（1932）秋八月，清末翰林、北洋政府教育总长傅增湘游崂山到达华严庵，"寺前山径平夷，逶迤斜上，修竹夹之，绿阴萧森。石净如扫，韬光云栖，差堪以仿佛。路旁塔院，方池亘于前，平桥跨其上。清风徐来，引人入胜，策杖行吟，数曲抵寺。临门经阁，构架方新，住持纯如，居此已五十余年。殿宇崇宏，庭阶修洁，可知其经营之力矣。正座为那罗宝殿。山中皆道观，独此为僧寮。憨山大师曾住锡于此。客厅悬手书巨幅，雅

---

① 李中简：《崂山华严庵游记》，见黄肇颚：《崂山续志》，山东省地图出版社 2008 年版，第 247—248 页。

② 王大来：《游劳山记》，见黄肇颚：《崂山续志》，山东省地图出版社 2008 年版，第 23 页。

③ 林钟柱：《重游崂山记》，见黄肇颚：《崂山续志》，山东省地图出版社 2008 年版，第 63 页。

④ 孙凤云：《游崂纪略》，见黄肇颚：《崂山续志》，山东省地图出版社 2008 年版，第 36 页。

健绝伦，不愧名笔，其他字画亦尚可观。院中，丹桂高丈余，山茶、紫薇皆百年外物。牡丹十余丛，间多异品。……经楼庋龙藏全部，闻颇纯善，不及披览"①。

傅氏言"憨山大师曾住锡于此"显然有误，华严庵在憨山大师离开崂山几十年后才建成，憨山只是在华严庵西南二、三里的那罗延窟驻锡过。华严庵藏有大量明清书画，憨山大师的手书最为珍贵，其书法与诗意均称上品，憨山手书七律巨幅《摩沙不释》诗云：

> 独上高台眺大荒，飞来空翠湿衣裳。
>
> 一林寒吹望天籁，无数昏鸦送夕阳。
>
> 压伪久应辞尘世，濯缨今已在沧浪。
>
> 何当长揖风尘外，披服云霞坐石床。

署"登小金山妙高台作"，僧清印二方，一曰"僧印德清"，一曰"憨山道人"。周肇祥②认为是憨山大师"白衣讲道羊城时，写寄山中者"③。

憨山书法不俗，明末书论家朱谋垔在《书史会要》中对憨山书艺评价甚高："风韵超逸，直追东坡、山谷，且为当代松雪、玄宰所不及。"④ 中国现代书法大师启功《论书绝句》有诗云：

> 憨山清后破山明，五百年来见几曾。
>
> 笔法晋唐元莫二，当机文董不如僧。⑤

华严庵藏经阁中原藏有清雍正十三年刊本的《龙藏》一部，此藏经正式开刊始于雍正十三年（1735）二月，至乾隆三年（1738）十二月完成，前后历时四年，内容系据明刻《北藏》本而增入经论义疏及禅宗语录等，凡七百二十四函，一千六百七十部，七千二百四十卷。此外，藏经阁中还有元人手抄本和明代刊本《册府元龟》各一部。元人手抄本《册府元龟》是存世最早的版本，也是海内孤本，为国宝古籍。

---

① 傅增湘：《劳山游记》，见周至元《崂山志》卷七《艺文志》，齐鲁书社1993年版，第288页。

② 周肇祥（1880/1886—1945年），中国近代书画家，北洋政府官员，古物陈列所第四任所长。字嵩灵，号养庵，又号无畏，别号退翁，室名宝瓠楼。浙江绍兴人，清末举人，曾肄业于京师大学堂、法政学校。

③ 黄际遇：《万年山中日记》第十册，http：//blog.sina.com.cn/s/blog_4feaf1570101b0td.html

④ 东坡，苏轼；山谷，黄庭坚；松雪，赵孟頫；玄宰，董其昌。

⑤ 破山，号海明，明末书僧；文董：即文征明、董其昌。

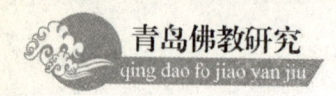
黄氏后人不乏信仰佛教者。黄坦致仕后，常习静于准提庵与华严庵间。一天，礼佛结束，退至小书室，对从者说："尔等姑退，吾欲少憩。"① 久之不出，端坐而逝。黄坦从兄黄培（1604－1669年），因诗稿之祸，被处以绞刑。其女明贞，年方及笄，痛父遭此巨戮，矢志不嫁，带着父亲的画像（今存于山东省博物馆）出家崂山潮海院为尼，法号"喜岩"，后迁巨峰前白云庵，今庵前之白木槿系其亲手所植。黄宗昌第十代孙黄象辕（1864－1921年），字子固，号百花草堂主人，清亡后杜门不出，以研修佛教为主要课业，潜研经籍，参禅礼佛外旁及医卜星相、琴棋书画。其书体以行书为主，内容多佛教教义。

（三）华严庵的僧人

据原华严寺知客、代理监院圣璇（俗名林玉瑞）先生说：寺中本来有历代方丈及僧众名册存于库房，因库房失火被焚，后来补写一简单名册很不完整，也毁于"文革"中。这样，除黄氏《崂山志》中有关于慈沾的简略记载之外，其余早期方丈及僧人的情况史书无任何记载。有学者认为，华严庵第一代慈沾从"海"字辈开始，以下的宗派源流法辈分别为：寂照普通，心源广续，本觉昌隆，能仁圣果，常演宽宏，惟传法印，澄悟会融，坚持戒定，永继祖宗。② 以此为线索，主要依靠清代文人的游记资料，我们大体考证出了清代华严庵的僧人情况。

第一代，住持慈沾，法名海公，为临济宗第三十六世。据《崂山志·仙释补》可知：

慈沾，观阳③里人也，家姓李。少孤，事母孝，性善悟，喜谈空门静理。以母在为优婆④，诚朴无外饰。邑绅宋朝请嘉其笃实，是入道器，尝为说楞严，上人时能解悟。江南讲师一生者，来观阳说法，与之语，颇相投。母卒，遂祝发师事之。生公智辨人也，上人力行，愿恪受教惟谨。初住地藏庵，后徙卢乡之园里寺。不期年，遂登座讲诸大小乘经，听者常数百人。及生公南还，上人德誉日隆，所度弟子踵相接，殆无虚日。

先君子闻其名，迎入墨，与所建准提庵居之，时加礼重。上人潜心考

---

① 黄肇颚：《崂山续志》，山东省地图出版社 2008 年版，第 245 页。
② 李恩浦：《于七起义》，青岛出版社 1995 年版，第 211 页。
③ 观阳，今山东省海阳市。
④ 梵语，佛徒，僧尼。

道，老而愈勤，于诸品经多所论述。每谈说，娓娓足悦听闻。上人初不识字，专力于此，乃至理无不明人，顾不当求省耶！那罗延窟，所称在昔诸菩萨止息处者，传世人。上人惧不修则渐而夷也，曰："思所自始托足于此者谁也，而奉持者不能保有故址乎？吾责也，吾责也！"谋之坦，鸠工集事，营殿宇，设经阁，禅室、僧寮之居，次第以举。诚于劳费，故无下逮之力，此所谓修其本者哉。上人生平不为苟得，不慕缘，不蓄幼童，扬善掩恶，言必信，以非礼来者，若罔闻见。然居墨三十余年，未见有忌色、嗔语，年八十四，端坐化去。[①]

　　慈沾，俗姓李，少孤，事母孝，性善悟，喜谈空门静理。江南临济派僧人一生和尚来观阳说法，二人相谈颇为投契。其母死后，遂削发师之。一生和尚南返后，慈沾德誉日隆，度弟子甚多。黄宗昌闻其名，迎慈沾至即墨，居准提庵，谈经论佛。后与黄坦谋划在佛教圣迹那罗延窟附近建造佛寺，此即后来的华严庵。华严庵建成后，慈沾遂任第一代住持。慈沾的生卒年不详。即墨文人黄宗崇在康熙三年甲辰（1664）四月八日作《慈沾上人浮屠记》，阴历四月八日为浴佛节，推测此文是黄宗崇为纪念慈沾而作。黄宗崇通过追述远近绅民对慈沾去世的无比沉痛之情，来颂扬慈沾的功德。慈沾大师"非有卿相之权，千金之富，足以动人而奔走之。闻其道泊然淡然，非有□□，人亦爱于彼之有。然其死归是山也，其徒之悲思无怪已。自士大夫及归人孺子之无知，莫不裹粮跋涉，不遑宁处。远者多数百里，舍其穑事以来，盖数千人，庐不能栖，率露宿于松石间。及临其穴，皆不知涕之何从也"[②]。据推断，慈沾大师的卒年大约在顺治十五年（1658）至康熙元年（1662）之间。[③]

　　华严庵前面路西有一塔院，塔院内的三座塔一般认为是早期功德较高的三位住持的藏骨处。居中的一座七级砖塔是该庵开山祖慈沾住持的墓塔。墓塔本身没有铭文，乾隆十二年（1747）立一石碑于塔前，上镌铭文"那罗延窟开山第一代慈上沾海公之塔"，后又建一享堂把碑围于室内。该石碑在"文革"中被砸毁。清代文人纪润曾出资由其徒在慈沾塔前栽种柏树

---

　　① 黄宗昌：《崂山志》卷五《仙释补·慈沾上人》，香港新世纪出版社2003年版，第50—51页。

　　② 黄宗崇：《慈沾上人浮屠记》，见黄肇颚：《崂山续志》，山东省地图出版社2008年版，第245—246页。

　　③ 李恩浦：《于七起义》，青岛出版社1995年版，第221页。

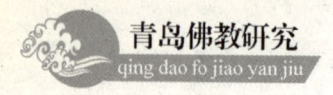

四棵。

现在，华严寺周边各墓地其他塔碑共计十六幢，大多是乾隆朝及其以后建造的。华严寺塔院西邻墓地有普同塔即合葬塔，共七级，藏骨部分为地下八角形窟穴，窟壁筑有安放骨灰的龛洞五十七个，洞门以砖刻遗骨者嘉位牌封闭。此塔在"文革"初期遭到破坏，窟底堆满碎砖乱石。1992 年末，崂山文管所组织清理，发掘出牌位断砖数块及砖刻塔记一方，其中有一块牌位残留字迹为"照恭嘉位"。塔记刻砖高五十四厘米，宽四十二厘米，右边竖着刻字一行，文曰："即墨县尼僧女善人塔记"，文次自右向左并列镌刻尼僧法名及已婚女善人姓氏，上下共六排。左半部约三分之一已浸渍剥蚀，字迹模糊无法辨认，其余部分计尼僧"寂"字辈二名、"照"字辈十名、"普"字辈五名，黄、张等姓女善人十六名。

第三代，法名照瞳，法号善观，即清初胶东农民起义领袖于七，大约康熙四年（1665）至四十一年（1702）在庵①。华严寺塔院内有善观和尚塔，其塔铭曰"庄严示寂弘教大士上善下观瞳公和尚塔"。于七，名乐吾，字孟熹，明栖霞（今山东省栖霞县）唐家泊人。二十三岁考中武举，魁梧矫捷，任侠仗义。清顺治五年（1648），于七起兵反清，后一度受招安，任栖霞把总。顺治十八年（1661），于七复率旧部反清，义军势力遍及胶东半岛，并一度攻破宁海州，杀死知州刘文淇，震动清廷。清政府调动三路军马，围攻义军根据地锯齿山。激战至次年春，义军全军覆没，于七不知所终。据即墨和崂山地区的地方著述介绍，于七突围后，于康熙初年辗转至崂山，遂出家于崂山华严庵。据说于七创立了螳螂拳，2009 年 11 月，"螳螂拳"成为山东省第一批非物质文化遗产，2012 年 6 月，成为第三批国家非物质文化遗产。

第五代，法名通玠。

第五代，法名通澈，法号善和，临济宗四十世，七十岁圆寂，在庵时间约五十余年，大致始于康熙末期，至乾隆中后期。② 华严庵塔院内有善和和尚塔，其塔铭曰："庄严示寂弘戒大师澈公上善下和塔"。

第五代，法名通机，法号契本。华严寺塔院南墙外有一座石塔，"文革"中遭到破坏，塔身散失掩埋在附近。1992 年冬，崂山文管所进行了发掘、

---

① 李恩浦：《于七起义》，青岛出版社 1995 年版，第 254 页。
② 李恩浦：《于七起义》，青岛出版社 1995 年版，第 221 页。

修复，塔身铭文曰："传南山宗第五世契本机公之塔"。

第六代，住持，法名心端，法号正真，执持南山戒。华严庵东墓地有正真和尚的墓塔，塔铭云："传南山宗第六世正真端公之塔"。

第六代，法名心德，法号果成。

第七代，住持，法名源光，法号本明。本明的墓塔在华严庵西山墓地内，至今保存完好，塔铭曰："华严堂上第柒世本明公之塔"。

第八代，知客僧，法名广坦。

第八代，法名广琳，法号云谷。

本明、广坦时期大约为乾隆年间，华严庵有僧二三十人，有地八百亩，松万亿株。[①]

乾隆年间，有大泽上人，即墨人黄立世[②]有《华严庵大泽上人为言海上风雨状长歌赠之》。

乾隆年间，有和尚洽源，曾赴江南各处募化重修观音殿和祖师堂。

乾隆三十八年（1773），住持僧瑞方，莱州人。[③]

嘉庆年间，华严庵有性如上人。他"深明《释典》，亦复戒行清高，为能嗣衣钵云"[④]。嘉庆十四年己巳（1809）春，即墨文人黄守恪游览崂山，晚抵华严庵，与性如上人夜谈三教。上人"论为学"曰："为学须有细腻功夫，精神当敛束，不宜发散，一切寂然，方有归宿。"又曰："为学须于咽喉下刀，方能了性命。欲根种种未断，成何学问？书馆中，正好静坐，百事不问，养得精神完后，百发百中矣。"性如上人又善谈《楞严经》，对于大圆镜智[⑤]、五浊[⑥]、世相

---

① 李宪曧：《游崂山记》，见黄肇颚：《崂山续志》，山东省地图出版社 2008 年版，第 20 页。

② 黄立世，即墨人，字卓峰，号柱山，乾隆十八年（1753）举人。有《四中阁诗钞》、《柱山诗话》等。

③ 李中简：《崂山华严庵游记》，见黄肇颚：《崂山续志》，山东省地图出版社 2008 年版，第 248 页。

④ 黄肇颚：《崂山续志》，山东省地图出版社 2008 年版，第 245 页。

⑤ 又作大圆鉴智。谓可如实映现一切法之佛智。法相宗所说的四智之一，由转第八识（阿赖耶识）而得。亦即在证入佛果之时，阿赖耶识舍断一切烦恼习气，转依而成纯粹的无漏识。此智能明察三世一切诸法，万德圆满，无所欠缺，犹如大圆镜之能显现一切色像，故称为大圆镜智。

⑥ 末法时代之五种恶劣的生存状态。在佛教的宇宙观里，是指减劫时所起的五种滓浊（污浊）。又名五滓。即劫浊、见浊、烦恼浊、众生浊（又名有情浊）、命浊（或名寿浊）。具有这五种恶劣生存状态的时代，谓之为"五浊恶世"。

常住①、常乐我静②、一毫端能含受十方国土，"俱能言之凿凿"。作者由衷感慨上人的点拨之功："平日所蓄疑而无人就正者，一旦豁然如拨云雾睹青天，是真我师也，诚不负其游矣！"③ 性如上人曾纂辑《内典》，"以一教而括二教之全，以一人而兼儒道之要"，黄守恪为其作《华严庵性如上人纂辑佛经序》。④

第九代，法名续灯，法号怡安，临济宗第四十四世，嘉庆、道光间（1796—1850年）在庵，期间曾去北京白林寺请回《藏经》一部，后调北京僧录司任职。

第九代，法名续安，法号乐然。

第十代，法名本容，法号无量。

第十二代，法名昌仁，法号义安，俗姓矫。幼聪慧而性沉静，父母死后遂削发出家于华严庵。年长后到京受戒，因通书翰，一时名流争相延接。四处云游多年，后于光绪年间归华严庵久住。昌仁和尚"面貌清癯，仪态潇洒，恂恂雅静，有儒者风度。闲居除禅定外，以诗自娱，著有《山居诗稿》。当蜕化之夕，犹从容作诗数联"⑤。其《山居》诗曰："窗外数峰秀，门前碧水流。山深人意淡，林静鸟声幽。云影归樵客，烟波下钓舟。明晨天气好，吾亦趁闲游。"清末，掖县举人董锦章⑥曾游崂至华严庵，见寺僧义安颇能诗，并作五言诗相赠，董氏感叹："诗道久微，竟得之于方外，亦良难亦！"⑦ 昌仁和尚与许多文人之间有着密切交往，这由文人诗词中可见一斑，如王大来《华严庵同义安上人夜话》、白永修《题华严禅院赠义安上人》、林

---

① 世间相常住，佛学术语，是示俗谛常住之金言，大乘之极说，台家之眼目也。法华经方便品曰：'是法住法位，世间相常住。于道场知已，导师方便说。'法位者，真如也。住于法位者，谓十界三千之诸法住于真如也。即性具之谓也。故真如常住，世间之相亦常住也。

② 《佛学大辞典》："常乐我净，大乘涅槃与如来法身所具足之四德。又称涅槃四德。达涅槃境界之觉悟为永远不变之觉悟，谓之常；其境界无苦而安乐，谓之乐；自由自在，毫无拘束，谓之我；无烦恼之染污，谓之净……"可见，作为涅槃四德的常乐我净是佛的境界，也应该是去除了习气之后的无余涅槃的境界。

③ 黄守恪：《游崂山记》，见黄肇颚：《崂山续志》，山东省地图出版社2008年版，第22页。

④ 黄守恪：《华严庵性如上人纂辑佛经序》，见黄肇颚：《崂山续志》，山东省地图出版社2008年版，第249页。

⑤ 周至元：《崂山志》，齐鲁书社1993年版，第173页。

⑥ 董锦章（1844—1920年），字蔚堂，又字苇塘，别号襄村，又号寓园，掖县（今山东省莱州市）西登村人，清末地方名儒。自幼无意仕途，每日潜心读书、吟诗属文，尤精于考据、训诂之学，治学严谨，一生著述颇丰。

⑦ 董锦章：《游崂山记》，见黄肇颚：《崂山续志》，山东省地图出版社2008年版，第65页。

钟柱《题义安上人〈唯心集〉》、董锦章《赠义安上人》、毓赞臣《寄昌仁禅师》等。

光绪二年丙子（1876）春，华严庵"堂上僧雏十余人，合作梵音，泠泠可听"①。

光绪十年甲申（1884），华严庵有明善和尚。②

光绪年间，华严庵僧人众多。光绪十五年（1889）夏四月十二日，高密文人孙凤云游崂到达华严庵，鉴于"庙僧势力过重，过往游客，多傲不为礼。墨邑两秀士游此，知客僧出语莽撞，两秀士不留而去"③，孙氏亦过而不入。十八日，又遥见华严庵，"以庙僧慢客之故，不欲往"。道人慧通劝说到，"勿介意，吾所乐者山水也。点缀山水者，寺观也。陪衬寺观者，僧道也。山水为主，寺观次之，僧道又次之。山水不能无清浊，寺观不能无废兴，即僧道不能无雅俗。山水之清，不以浊者掩，寺观之兴，不以废者掩，况僧道之雅，岂以俗者掩乎？华严庵僧众不一，何可一律观也"？孙氏觉得其言颇有理，遂前往。此时华严庵僧人"款客颇恭，有异于前"。孙氏咏七言古诗一首粘壁上，并回忆起同治癸酉年（1873）所写的《宿南楼诗》与《题华严庵》。见孙氏如此好吟，有僧人请求为他们十位僧众各咏诗一首，孙氏乃拟《十僧诗》，分别为《晓出僧》、《晚归僧》、《夜禅僧》、《午睡僧》、《吟诗僧》、《托钵僧》、《不出僧》、《遨游僧》、《补衲僧》、《挂单僧》。咏罢交给众僧，皆大欢喜，"款客有加礼"④。

民国二十一年（1932），华严庵住持纯如，居此已五十余年。⑤

第十四代，法名能义，原为即墨东关帝庙的和尚，接受华严庵能辉、能悟、能凯三僧之邀，民国元年到华严庵任住持。在其住持下，募捐修建了华严庵下二华里长的盘山石道，道旁遍植松、竹，使华严庵变得更加清幽壮美。后无病坐化，葬于庵下塔院。

第十五代，法名仁栋，法号莲桥。自20世纪20年代起任华严庵住持，能说善辩，好结交官府。1927年，沈鸿烈的东北海防舰队一连水兵驻在崂

---

① 王大来：《六游崂山记》，见黄肇颚：《崂山续志》，山东省地图出版社2008年版，第27页。
② 林钟柱：《游崂山记》，见黄肇颚：《崂山续志》，山东省地图出版社2008年版，第60页。
③ 孙凤云：《游崂纪略》，见黄肇颚：《崂山续志》，山东省地图出版社2008年版，第36页。
④ 孙凤云：《游崂纪略》，见黄肇颚：《崂山续志》，山东省地图出版社2008年版，第41页。
⑤ 傅增湘：《劳山游记》，见周至元：《崂山志》卷七《艺文志》，齐鲁书社1993年版，第288页。

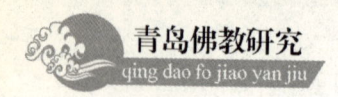
山华严庵，莲桥即与当时任舰队司令的沈鸿烈和连长朱子明过从甚密。1930 年，莲桥凭其社会关系，募捐修筑了一条从华严庵门前直抵海边的石砌盘道，名华严路。1931 年，沈鸿烈任青岛市市长后，将华严庵更名为"华严寺"。1935 年，由青岛市长沈鸿烈倡议，组成"崂山释道联合会"，该会由华严寺、太清宫、明道观、白云洞等 11 个寺观的道长、住持组成，莲桥任会长。

第十五代，法名仁济，东牟（今山东省烟台市牟平）人，自号"九巅和尚"。幼习科举之业，品学卓越。年四十余，偶读《华严经》，如有所悟，叹曰："匆匆浮世，半属空花，若不早修，负却此生矣。"遂弃家至即墨，削发出家于准提庵，苦行十余载。抗日战争期间，仁济和尚避居华严寺，住持法舟和尚对他雅敬重之，特辟一室于祖师堂，以供禅栖。仁济和尚平日掩关简出，深自韬晦，游客罕得识其面。仁济善诗，其咏崂诗有《砥柱石》、《慈沾塔》等。仁济与近代即墨文人周至元文往颇深，周代有十余首诗歌为他而作，如《赠华严寺诗僧仁济》："掉首深山入，人间懒复游。新交订野鹤，清侣结闲鸥。诗思同云淡，禅心逐水流。迩来送客出，不过虎溪头。"另外，周至元还有《敌后华严寺重晤仁济上人诗》。

第十六代，法名圣璇，原华严寺知客、代理监院。俗姓林，名玉瑞，崂山黄山村人。十一岁时，在华严庵出家，法名頵衡，在该寺住持莲桥的教导下，精心学习经典及诗文，成为一时名僧。1931 年后，頵衡南游镇江金山寺、宁波天童寺等名刹，学习南派经韵乐法，回崂山后积极推广江南梵呗韵牌，并结合北派的经韵，创作出独树一帜的崂山梵呗赞偈。1950 年，頵衡将他珍藏多年的于七画像献给了文物管理部门，现由青岛市博物馆存藏。

第十七代，法名果澄。

第二十四代，法名法舟。

清代，准提庵系统有八个寺庙，除准提庵和华严庵外，还有烟台山前的峡口庙，劈石口北、三标山东麓之灵圣寺，鳌山卫王村海边的黄山院，金口的天后宫，即墨东关的关帝庙，西关的观音庙，这些庙宇都受华严庵管辖。当时，华严庵内有和尚八十余人，土地四百余亩，出租给农民耕种，每年可收米粮两千余升。

二、崂山法海寺

乾隆初年，法海寺香火日渐兴旺，原有的临济支宗与曹洞、黄龙共三个宗派的僧徒共居该寺。因殿舍年久失修，三派僧人遂共同发起募捐修缮。据乾隆三十九年（1774）《重修法海寺碑》碑文称，该寺是由喜乃、喜祥等十二个和尚共同募资重修的。并将该寺"戒腥荤、戒贪财、戒色欲、戒离析、戒破坏、戒纵酒"六大戒法铭刻在碑上。凡犯戒者要遭到"责逐"，永不许归寺，可见庙规很严。"六戒"中第四戒特别规定了"戒离析"，这是因为三个佛教宗派同居一寺，需要强调各派的团结。清末，法海寺有僧然超，胶州文人王大来有《法海寺夜晚听僧然超吹笛》。清康熙五十二年（1713），再次重修后，法海寺建有八蜡殿祀三皇玉帝，娘娘殿祀三肖女，后殿祀释迦牟尼。光绪十八年（1892）时，法海寺"寺广十数亩，西有塔，石幢二枚。"[①] 现在的法海寺是1934年重修后的规模，重修时拆除八蜡殿、娘娘殿，并将该寺分为前后两院。前院建大雄宝殿五间，殿前两侧各有高大银杏一株，有碑亭两座，西为元泰定三年（1326）重修碑，东为清康熙五十二年（1713）重修碑。

三、尼姑广住崂山修行

尼姑广住（1767－1836年），字大方，清代胶州王氏女，父名王纪新，母法氏，生于乾隆三十二年（1767）农历二月初七。幼时多病，舍身灵应庵为尼，性喜静。嘉庆四年乙未（1799）诣京，受戒西山。后去普陀山参拜南海观音道场，誓志清修。嘉庆二十三年（1818），入崂山，初居摩日岭前镇武殿，后徙一气石。周围人迹断绝，师独居洞中，了无恐怖。冬夏一衲，日唯正襟危坐而已。时胶西邓太夫人深通佛理，甚敬师，岁给饩粟。山中诸寺观，亦乐为供养。阎道人空虚者，往来为之护法。居十八年，预示寂期。道光乙未三月十五日戌时，合十趺坐而化。白云洞为置龛，葬之石侧。阅十余载，鲜有知者。

咸丰建元年（1851）春三月，曾任军机大臣的胶州人匡源偕张君锡福、邓君和度、高君兰成，游山访其墓。念师苦行坚卓，渐就湮没，欲为表之。其族人王君旦等忻然为之立石。而张君与高君梓业，始终经纪其事者，皆不易得也。张锡福赞曰："海山苍苍，宇宙茫茫。一片真如，无显无藏。倏尔厌世，舍引皮囊。来也何自，去也何乡。广住不住，是名大方。大方大方，

---

① 姚峻德：《游崂纪略》，见黄肇颚：《崂山续志》，山东省地图出版社2008年版，第71页。姚俊德，名梦白，鳌山卫廪生，清朝末年曾参加过即墨县志的编写，著有《雄崖所建置沿革志》。

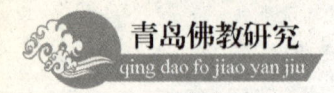
山高水长。"清胶州著名文人王大来为其赋诗一首："巉绝孤高第一峰,住师从此卧云松。休粮犹养听经鹤,持碣常临护法龙。坐破棕团朱藓台,闭藏石塔碧云封。洞天冷落无人径,但听山魈话旧踪。"

四、大泽山智藏寺、日照庵的重修

清代,平度的佛教也比较兴盛,据康熙《平度州志》记载,清初平度境内有著名寺观二十四处,其中十九处是佛教寺院,始建于元代的就有十三处,而尤以大泽山的智藏寺与日照庵最为著名。

(一) 智藏寺的重修

1999 年春,智藏寺重建时,发现了《清重修大泽山智藏寺碑记》。此碑系康熙年间重修智藏寺时所立,出土时碑身已断为五段,除断裂处近二十字损毁不存外,其余碑文基本完好清晰。碑为汉白玉材质,碑文外侧刻饰图案,制碑考究。碑高一八十厘米,宽八十二厘米,厚十二厘米。重修碑碑文由王壮图撰写。王壮图,字尔居,康熙四十五年(1706)进士,莱州人,时在直隶真定府行唐县任知县,擢主事。王壮图常游大泽山林,与智藏寺僧人熟识,尤其与僧人明存相交甚笃。康熙四十八年(1709),明存"动修葺梵宫之念,而来谋于余",王壮图"□嘉其志,鼓其行,亦随疏引言以为偈"。王壮图深感此重修工程的艰巨,"累卵磨鞭何其难矣,厥终所不敢知也",不相信明存会办成这件事。八年后,即康熙五十五年(1716),出乎王壮图意料,明存"忽以落成音闻诸□□,不但梵宫浮屠俱新其旧,而山门、两廊亦扩而大之"。王壮图感慨道:"此山距地颇高,登陟近十里,一砖一木之费十倍于平地,上人殚力数年,焦肤发,裂心肺,不知作何态矣"。感慨之余,王壮图"因寄数语……以志莱人之乐善,亦以见明存之苦行云。"

此次重建的领袖为徐承宁、张永兴等,两人均不可考。

主持僧人:明存、智财、净仪、净念、净持、德胜、亨森、亨修、同立。

(二) 日照庵的重修

日照庵与智藏寺是上下错落的两座寺庙,下名智藏寺,俗称下寺;上名日照庵,又叫碧霞元君行宫,俗称上寺。

日照庵始建于何时已不可考,大约在宋元时期。上寺的一只石狮子在多

年前被山洪冲到下寺附近，现在犹存。据文物专家考证，这石狮子的雕刻具
有明显的元代风格，也证明日照庵在元代就已存在。镌于日照庵附近石壁上
的一首作于洪武十四年（1381）的七绝有"琉璃古殿绿苔生"句，洪武年间
这里已有顶覆琉璃瓦的古殿，由此可以想见其规制面貌之宏丽。明人张书绅
于嘉靖二十九年（1550）游大泽山，写下了《大泽山记》一文，文中有"余
觞二僧于日照庵而别"句①，可见在张书绅游大泽山时就已经有了日照庵，
且此庵已经可供游客设酒饯别，是功能相当齐全的一座寺庙。万历三十年
（1602），莱州知府龙文明游大泽山。智藏寺非常雄伟，相形之下，日照庵不
过是个小庙，"庵宇萧然"②。日照庵情况很奇特：名庵，却不住尼姑住和
尚；是佛教寺庙，却供奉着道教女神。如前所述，明代的张书绅曾"觞二僧
于日照庵"，一般不大可能在尼姑住的地方与和尚饮酒作别，可见庵中无尼。
明代范炼金《游大泽山记》中写道："日照庵在北峰之岬，丹垩焕然，别一
洞府。一比丘少年持摩尼数珠，稳坐蒲团，一小阇黎送茶过此。"比丘、阇
黎皆是对和尚的称呼，这里表明庵里有和尚。上述两则记载证明，最晚在明
中叶后期，日照庵里就住着和尚了。康熙和嘉庆两通碑上，也明确记载着庵
里的住持是和尚而非尼姑。

清代，大泽山日照庵的重修记载有两次。

一次重修于顺治年间。日照庵碑林有康熙二十二年（1683）四月十八日
所立《重修大泽山日照庵碑记》，汉白玉材质，高150厘米，宽65厘米，厚
11.5厘米。碑额"重修碑记"四字为篆书，字之两侧刻祥云图案。碑文为
清顺治九年进士官至四川学政的掖县人张含辉撰书，楷书，书法严谨峭拔，
是一通书刻考究的碑碣。张含辉，山东莱州人，清顺治九年进士，官至四川
学政，游大泽山留有多处摩崖题刻。碑文较有文采，书写也端丽可观。据碑
文可知，大泽山日照庵，相传始建于元代，是泰山老母的东游行宫，"然历
年久远，不无颓坏"，于是，"前州守李公讳芝兰捐俸重修，郡人赵公士冕佐
之都事，其余绅士大夫以及耆老乡民无不各以类从。不逾年而焕然改观，泽
山又一大盛也"。据清道光《重修平度州志·职官》载，李芝兰，铁岭人，
贡士，顺治十年（1653）任平度知州，后调任陕西按察使。赵士冕，莱州
人，仕至镇江知府，善诗，大泽山中留有他的题刻。"时值土寇，未暇勒石，

---

① 张书绅：《大泽山记》，见康熙版《平度州志·艺文》。
② 龙文明：《大泽山记》，见康熙版《平度州志·艺文》。

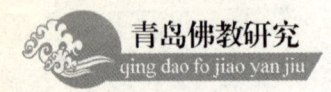
僧人净恩恐其久掩李赵二公之功，立碑以志。"顺治年间，李、赵二人主持重修了日照庵，刚修完境内土匪作乱，未来得及立碑记载这次重修。到康熙二十二年，事情已过去了三十年左右，僧人净恩怕埋没了李、赵二人之功才补立了这通碑。

嘉庆十三年（1808），重修了作为日照庵组成部分的梳洗楼。嘉庆碑立于日照庵梳洗楼正殿门西，为汉白玉石质，高一〇二厘米，宽五十六厘米。碑之上端横排楷书"重修碑记"四字，以下碑文竖排，分别记载了梳洗楼之重修原因、过程及捐资人、领袖人姓名。梳洗楼位于日照庵北约百米，系日照庵的附助建筑，"盖古刹焉。画栋雕梁，固甚壮丽"，但"代远年湮，风雨剥蚀"，以致"圣像饮泣"，令人"不忍坐视"。清嘉庆年间，善士张万有等"鸠工庀材，重修殿宇，金碧辉煌"。竣工后，遂由住持僧人祥玉立碑《清重修日照庵梳洗楼碑记》以志。此碑未署撰书人，由祥玉撰文并书丹的可能性极大。此碑虽文字不多，且碑文书法平平，但却为研究梳洗楼之重修情况提供了珍贵的文字资料。落款为"时大清嘉庆拾叁年岁次戊辰孟夏吉旦 住持僧祥玉"。

光绪二十三年（1897），日照庵住持了然为新买到的庙产立碑：

……远贫苦，各居外庙。有了然徒悟魁，持守自积钱财，买到夏丘铺张宗恩名下南官道路西、平度地东西地，一段二亩六分八厘五京，钱四百三拾吊整。后人不许典卖。四至：东至道南、西至崖根；南至王善祥、北至王得章。说合：杨景春、傅志田。立约：张朴。光绪二十三年十二月初一日立约。了空父墓一块不许祭忘，了然亲笔立石。①

从这通石碑来看，清末的大泽山日照庵并不十分富足，甚至在买这块地之前"贫苦"、"各居外庙"。当然这种说辞有哭穷之嫌，因为庙里还有大量山林草场，实际上控制了大泽山的山林经济。光绪年间，出家人如何处理在家时的财产，究竟是捐献给寺庙，还是转赠给家族，不得而知。但从"了空父墓一块不许祭忘"一句来看，了空出家时很可能是将全部身家捐给寺庙，乃至于亡父的香火祭祀也需要寺庙来做。了空的亡父可能有香火田，也归寺庙所有。

从清代地方志等文献来看，日照庵早在明代即已存在，有浓厚的佛教痕

---

① 光绪二十三年十二月初一日，地契，残碑，"四年仲秋月"，转引自任双霞：《大泽山老母信仰的转变》，山东大学 2010 届博士论文，第 40 页。

迹。从石碑上看，主持修庙立碑的庙里当家人常为僧人。康熙二十二年（1683）时，即是和尚（尼姑）净恩等人主持日照庵的事务，但也不能据此排除后世有道士主持庵堂事务的可能。

进香碑所见日照庵重修情况一览表①

碑铭编号	时间	庙宇、神灵的修造	住持
S022	顺治年间	碧霞元君行宫	静恩
U002	嘉庆十三年（1808）	梳洗楼	祥玉
S010	光绪二年（1876）	日照庵大殿前大坡	海仁、海友
N043	光绪二十九年（1903）	泰山圣母行宫	海友、了然
U008	光绪二十九年（1903）	碧霞宫宫倒陇助钱二十吊	海友、了然
N036	民国五年（1903）	老母行宫助钱三拾千	
U007 碑阴	民国十一年（1922）	梳洗楼	五奎（悟魁）
S007	民国二十一年（1932）	无生老母像	
N053	民国二十二年（1933）	太阳宫、紫霄宫、观音宫	悟信
N028	民国二十七年（1938）	修路	

五、其他青岛佛寺

明末清初，即墨黄氏广修佛寺，在城里建准提庵之后，又在崂山建华严庵（后称华严寺）为其下院，后为境内佛教中心，辖境内诸多寺庙，并在庵内设学，对境内僧众进行读经礼佛教育。即墨县境内的佛教徒均属临济宗，其下又分为正统佛教与民间佛教。正统佛教即华严庵之所属。民间佛教称为"号一派"，分为两支，一支是傅家（在今移风店镇）之尼姑寺，一支是马山之白云庵。白云庵的第一代住持是明万历间到北京讲经、赐号"慧觉禅师"的刘仙姑（名贞洁）。县内于东门外庆成寺设僧会司，监执戒律，并负责处理全县寺庵僧众之间的纠纷。

移风店赵家村尼姑寺观音堂建于明代，到道光二十八年（1902），已经历了十代住持，积累了香火地一宗：

---

① 任双霞：《大泽山老母信仰的转变》，山东大学 2010 届博士论文，第 45 页。

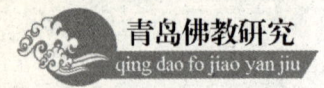

墨邑姜家庙观音堂原有香火地中亩九亩三分五厘，尼僧住持未尝增减。至七世广常，纺绩维勤，颇有余资，自买地中亩七亩八分五厘。今圆寂已久。至十世觉法无徒相继，师祖元兴同师叔心环与庵主议定，将广常遗地俱作祭扫田产。嗣后，无论道尼僧俗，或年或节肯为添土祀墓者，许种许收不许典卖，并建于碑永垂不朽。

香火地：河东堰壹亩八分，茔地贰分

和尚坟八分 大路南六分

姜家茔南贰亩 家北五分

场园头壹亩九分

邪道子壹亩五分五厘

自买地：

北道湾贰亩四分五

湾北堰壹亩四分

小埠子后四亩

谷旦立

住持尼僧□□

道光二十八年五月十五日①

碑文详细记载了观音堂香火地、自买地的来源及具体分布，并对广常遗地的使用办法作了规定。

峡口庙，"旧名大悲阁，祀如来，相传僧普丰创于唐，寂云增修于明，国朝嘉庆年间复新之，而规制颇狭于前矣。前祀关帝，而佛像移于后殿，其左为僧众斋宿之所"②。清代黄守绀《峡口庙道中诗》有："到此红尘洗欲尽，烟云万叠一声钟"之句。近代，峡口庙有妙常禅士，周至元《赠峡口庙妙常禅士诗》曰："虽设柴关更不扃，当门叠嶂入云层。英雄晚节多归佛，雅士情怀半近僧。好客来时谈夜月，禅机悟处对孤灯。憨山去后玄风息，慧业期参最上乘。"

灵圣寺，位于崂山区王哥庄镇解家河村，创建于清代后期。该寺寺境幽静，为华严寺下院，"设佛像，僧众居之，俗所称脚庵也"③。清咸丰二年

---

① 据《即墨移风（店镇）赵家（村）观音庙碑》录文，http://blog.sina.com.cn/s/blog_64b122d30102dtfw.html。

② 姚峻德：《游崂纪略》，见黄肇颚：《崂山续志》，山东省地图出版社2008年版，第66页。

③ 姚峻德：《游崂纪略》，见黄肇颚：《崂山续志》，山东省地图出版社2008年版，第66页。

（1852），贡生黄守缃善曾留诗一首：

> 清游不用有人从，闲访樵渔云外踪。
>
> 路出村前皆盗确，山来深处渐葱茏。
>
> 陂陀秀麦连高下，花竹围篱间淡浓。
>
> 到此红尘欲洗净，烟岚万叠一声钟。

1939 年，该寺尚完好，住持为能高和尚，有僧二人。该寺在 1959 年时已破旧不堪，现已倾圮。

石佛寺，又名潮海院、石佛庵、白佛寺，内祀如来，位于崂山区沙子口镇栲栳岛村东。相传该寺创建于南北朝初期（又有资料记为唐代或宋代修建），明万历年间曾重修，为崂山三大古老寺院之一。清末潮海院主持觉成（1827－1898 年），文武双全，德高望重，光绪廿四年（1898）无病坐化。觉成圆寂后，潮海院主持为海靖（1877－1948 年），原姓曲，沙子口镇石湾村人，光绪十八年（1892）入石湾庵出家为僧，后到潮海院拜主持觉成为师。光绪廿九年（1903），海靖主持重修了潮海院的殿堂，扩修了院墙，并增建了娘娘殿和大金鱼池，还招募了一批新出家的和尚，使潮海院的僧人达二十五人之多。接着，他又派人请时任直隶总督的吴佩孚题写了山门匾额"潮海禅院"。1939 年时，石佛寺房屋尚好，有僧二十人。至 1959 年，该寺仍有僧四人。"文革"中，该寺神像、供器、经卷、文物、庙碑等全被捣毁焚烧，房屋被拆除。现今其遗址仍存四株数人方可合抱的银杏树。

清代所建青岛佛教寺院

寺院名称	建寺时间	今天所属地域	资料来源
旃檀庵	顺治八年（1651）	胶州	
准提庵	顺治年间	胶州	
崇灵寺	康熙年间	平度	民国《续平度县志·金石》，220 页
重修海神庙	嘉庆十三年	胶州	民国《增修胶志·金石》，1535 页
重修刘猛将军庙	道光十六年	胶州	民国《增修胶志·金石》，1546 页
重修报恩寺	光绪十一年	胶州	民国《增修胶志·金石》，1615 页
重修沙滩庙	光绪十六年	胶州	民国《增修胶志·金石》，1563 页
十梅庵	清代	李沧	

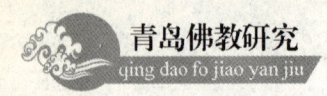

清代即墨佛教寺庙①

名 称	创建年代	地 址
荆沟院	隋开皇年	不其山东麓
长直寺	元延佑年（1314－1321）	县西北三十里
庆成寺	元泰定元年（1324）	县东门外，今圮
淮涉寺	元泰定二年（1325）	县南二里
兴国寺	元朝	县治东南，乾隆十一年改为万寿宫
观音庙	元至正二年（1342）	县西门外，邑人吕硅建
崇福寺		县东南二十里
歇佛寺		一在县南二十里，一在县北七十里
法海寺		县南三十里
元丰寺		县西三十里
文殊寺		县西六十里
崇宁院		县东郭，今圮
狮莲院		县西南三十里，俗名城阳寺
慧炬院		县南四十里，在凤凰山下，有释藏
皋虞院		县东五十里
天宫院		一在县北五十里，一在县西北六十里，一在在县西六十里
大觉禅林		县北四十里灵山之麓
白佛寺		一在县北二十里，一在县南六十里
准提庵		县治西北隅，邑人浦江令黄坦建
华严庵		县东南六十里，邑人浦江令黄坦建，乾隆年间颁释藏
北斗庵		县北郭外，知县康霖生建
大士庙		县治东鸭绿池北
古刹庵		县治西南隅
娘娘庙		县南门外
西渡庵		县城西一里
倒坐庙		西关

---

① 清同治版《即墨县志》卷十二《杂稽志·寺观》。

第五章　近代的青岛佛教

　　明清以来，以寺院为依托、宗法谱系为网络的汉传佛教，戒律废弛，丛林破败，僧人无知，迷信盛行，还受到了外来宗教——基督教的冲击和西方思想文化的挑战。到了二十世纪初，以太虚大师、杨文会居士为代表的佛教徒怀着对佛教的虔信和对宣扬正法的责任感，整理刊刻典籍，推动佛学研究，提倡僧教育，促进中外佛教文化交流。尤其是太虚大师提倡的"人间佛教"，提倡改革，使汉传佛教更贴近现实生活，更好地发挥宗教的社会职能。研究中国近代佛教的学者们大多数认为中国佛教在近代开始了复兴历程，称之为"近代中国佛教复兴运动"。近代青岛曾被德国侵占，基督教盛行，佛教不兴。为扭转这一局面，周叔迦居士1929年在此创办佛学研究社，为佛教在青岛的恢复传播奠定了信众基础，但始终缺乏真正的道场与法师的主持。不久，倓虚大师来到青岛，主持兴建了湛山寺，从而揭开了青岛近代佛教的新篇章。

一、青岛佛学研究社

　　青岛的崂山地区早在魏晋时期就有了佛教的滥觞，明朝末年的憨山大师将崂山佛教发展到高峰，大师离去后崂山佛教即走向衰落。但崂山佛教与青岛市内佛法似属无关。十九世纪末期，青岛由小渔村渐渐发展成商埠，经济发达，人文日盛。追随着西方殖民者的脚步，基督教传到了青岛。但整体来看，二十世纪初期的青岛宗教信仰很少。据民国十五年（1926）的统计，当时僧道、牧师、神甫各项布道教师合计仅六十二人，其中华严宗二十二人，神道派六人，"犹属和样之流，非真以诵经说法为务者也"。当时的各类宗教信徒中，神道派信徒、天主教信徒、基督信徒综计三千四百余人，在当时的三十万人口之中信教者仅居百分之一，而市内又占其百分之九十五。[①] 可

---

① 　袁荣叟：《胶澳志》卷三《民社志四·宗教志》，台北文海出版社1969年版，第70页。

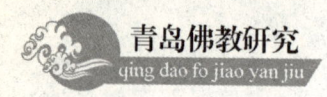
见，当时胶澳区各教派传教者和信徒的数量非常稀少。与之相对应宗教寺院也少得可怜，其中佛教寺院仅有两所。

民国十五年（1926）胶澳区寺院统计表①

宗教区别	佛教	道教	基督教		无所属之公达
寺院区别	寺院	寺院	教堂	说教所	庙宇
第一区警署所管		1	3	5	1
第二区警署所管		1	5	1	
台东区警署所管	1		1	2	18
李村区警署所管	1	24	1	1	48
海西区警署所管			9		34
合计	2	26	19	9	101

（一）周叔迦发起成立青岛佛学研究社

居士（在家佛教徒）是中国近代佛教复兴运动的启动者和奠基者，是推动近代佛教复兴运动的中坚力量，也是近代佛学研究的重要力量。他们创建了以"会、社、居士林、精舍"等命名的各种居士团体，他们创办刻经处、建立佛学研究会、组织讲经法会、举办慈善福利事业，构成了佛教复兴运动的主要力量。1929年，周叔迦居士在青岛开办了佛学研究社（后改称青岛佛学会），并附有佛经流通处。当时引起信佛者多人，有梁少庭、丁莲峰、陈研卿、项幼轩、张焕庭等，男女居士十余人，组成念佛会，开启了青岛佛教的先声！

周叔迦是近代官、商、学兼具的安徽至德（今东至）周氏家族的后裔，该家族与青岛政治、经济、佛教渊源颇深。

周叔迦的祖父周馥（1837－1921年），字玉山。举人，袁世凯幕僚，清末民初实业家、政治家。初为李鸿章文牍，协其兴办洋务三十余载，在北洋海军、武备学堂、天津电报局及开平煤矿创办过程中均有作为，是后期洋务运动实际上的操盘手，而且助开复旦公学（复旦大学前身）与安徽公学，有功于教育。1902年4月，他接替袁世凯出任山东巡抚，多方抵制德国的经济渗透，同时对德治青岛颇感好奇，1902年岁末到访青岛，是第一个出巡胶澳

---

① 袁荣叟：《胶澳志》卷三《民社志四·宗教志》，台北文海出版社1969年版，第70－71页。

的山东巡抚。1912年，周馥举家迁来青岛居住。1914年，离青迁往天津。

周叔迦的父亲周学熙（1866－1947年）为新型实业家，与张謇齐名，素有"南张北周"之说。他在奠定北方民族工业基础方面厥功至伟，是开滦矿务局、中国实业银行、启新洋灰、华新纺织及耀华玻璃等多家民族企业的创办人。他曾两度出任袁世凯北洋政府财政总长。1915年，周学熙卸任北洋政府财政总长，寓居青岛。在青岛沧口创办了华新纺织厂，后来成为青岛国棉九厂。1927年，周学熙以年高引退，晚年以读经、赋诗和念佛自遣。

周学熙长子周明泰（1896－1994年），字志辅，擅长德语、英语，曾任北洋政府秘书、农商部参事、内务部参事等职。后从事实业，先后任青岛华新纱厂董事、天津元安信托（银行）常务董事及董事长、青岛华新纱厂董事长、上海信和纱厂董事长、上海茂华商业银行常务董事等职多年。1949年，由上海移居香港，后定居美国华盛顿，闭门著述，潜心学术，是著名戏曲专家和历史学家。

周学熙次子周志俊（1898－1990年），名明焯，号艮轩主人、市隐。1912年随祖、父一起迁居青岛，1915年到北京学习英语，1918年重返青岛，以翻译身份协助父亲创办华新纱厂。后长期担任华新纱厂总经理。1938年，日本再度侵占青岛，致使华新事业遭遇重大挫折。建国后，华新发展成为青岛国棉九厂，周志俊曾任青岛市政协副主席和山东省政协副主席。

周叔迦（1899－1970年），为周学熙第三子，原名明夔，字志和，现代著名佛教居士、佛教学者、佛教活动家、佛教教育家。周叔迦肄业于上海同济大学工科，后来创办实业失败，遂感世事风云变幻无常，因偶遇佛门大德，发心学佛。1926－1927年，周叔迦旅居青岛，遇到一位密宗传法的大师，从之受持密咒，智慧大开，各宗经典豁然贯通，并且有感佛现象。从此，他潜心研究佛学，阅经礼佛，日有进境。以其家学之渊源，加上以个人秉赋的宿慧，故得博涉藏海，深刻领悟。1929年，周叔迦在青岛创办佛学研究社，召集有志学佛的好友，共同研究。后来，在研究社中还附设佛经流通处，流通佛经，以广弘传，接引很多人学佛，组织念佛会。后来，佛学研究社改组为青岛佛学会。青岛在德国人经营时期，信佛的人极少，也没有佛教社团的组织，有之，即是由周叔迦的研究会为始。

1930年，周叔迦到北平，历任北京、清华等大学教席，讲授佛学。1940年，于北平创办中国佛教学院，任院长，培养了大批佛学人才。翌年成立中国佛学研究会，主编《微妙声》和《佛学月刊》等六种佛教刊物。后

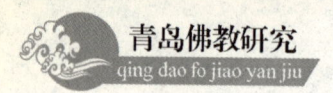
又协助陈援庵先生整理敦煌卷子，确定多种经名，撰写逸经跋文，贡献良多。1953年，参与推动成立中国佛教协会，历任中国佛教协会副会长。1956年，任中国佛学院教务长、副院长，致力于佛教教育，培养了一批僧才。60年代，参与北京房山石经的发掘、整理、拓印，使封锢年久的佛教文物重现于世。又担任全国石窟调查的组织领导工作，参加北京西山灵谷寺佛牙舍利塔修建工程等。著有《中国佛教史》等许多佛学论著，是中国佛教研究三大家之一。

周学熙四子周志厚，京剧演唱家，后侨居美国。周志厚为青岛佛学研究社发起人之一。

（二）青岛佛学研究社的成立宣言与简章

青岛佛学研究社的成立宣言主要阐述了研究社创办的意义与宗旨。

1. 青岛佛学研究社创办的意义

我们佛学研究社成立的时候，颇承各界诸名公赞助，并得市政府当局诸公很热烈的护持，才能成就现在这一种局面，可算开青岛历史上学佛的纪元。要知道同人等创办这佛学研究社不但关乎青岛一个地方上的人心风化，即与全省全国全世界人心风化都有密切的关系。……觉着青岛地方，既很优秀，气候又复温和，交通便利，人情质朴，风俗敦厚，中外杂居，实在是一个宣传佛学的好地方，而且现在各大商埠，通都大邑，均多知注重佛学，设有佛学的机关，惟有我们青岛尚付缺如，似乎相行减色，不先有人提倡，恐无人继起，未免可惜，惟愿他日仗佛力的加被，从此日兴月盛起来，那就不负同人的微意了。

2. 青岛佛学研究社的宗旨

从没有人知道佛法实在是积极救世的，人人都应该明了的，若集合各种阶级共同宣传起来，可以成一种良好的社会化，历来各地宰官与士绅，护持佛法的也未尝没有，但是都存一种客观的眼光，或者为从保护名刹古迹上着想，因而连及佛法，视僧侣为一种点缀品，完全知道宏法为分内事的是很少的，所以本社的宗旨是想从宣传入手，无论学政军警农商工医男女老幼，不分阶级都要使他知道学佛宏法是分内的事，明白佛的戒律不杀不盗不淫不妄语不饮酒，与孔子所说仁义礼智信是有密切关系的。……无非为要研究心性本原，破除迷妄，而证真常的意思，使各宗的奥义愈显扬而光大，并且想集思广益，用科学上方法联成一种有统系的学说作为普通宣传材料，务教从前人视为厌世逃禅消遣意旨与山林点缀品的观念，一变而为社会群众化目为和尚尼姑独有的事乃是送死鬼神设教的见解，一转而成人生救世化庶几乎大乘积极的精神可普□中天，不致再受消极迷信的讥评，此又为本社同人所最希望的。①

3. 青岛佛学研究社简章②

第一条　本社以研究心性之本原，破妄惑而证真常为宗旨。

第二条　本社定名为青岛佛学研究社。

第三条　凡信仰佛学，希求了解真实大法者，经本社社员二人之介绍，得为本社社员。

第四条　本社所应举办之事务如左。

甲　联合社员共同研究佛学义理。

乙　延请大德高僧居士演讲经论。

丙　刊刻流通一切佛学典籍。

丁　征集保存一切佛学图书典籍，供人观览借阅。

第五条　本社设董事九人，由社员公同选任，再由董事中互选常务董事一人，各部董事四人，常川主持社务，董事任期一年，重选后并得继续一年。

第六条　本社办事分设四部，各部主任即由董事分任之。

甲　总务部　办理文书会计庶务登记等事

乙　研究部　办理关于学理上研究讨论等事

丙　编辑部　办理汇集刊印一切研究佛学之文件及书籍等事

丁　图书部　办理图书室流通处等事

第七条　凡中外大德，对于佛法各宗有特殊心得者，或捐募本社经费百元以上者，经本社社员之公决，得聘为本社名誉董事。

第八条　本社每年开全体大会一次，每三个月开董事会一次，遇有特别事项，得召开临时会议，由常务董事召集之。

第九条　本社经费，由社员公同负责，自行担任或募集之，预算决算另定之。

第十条　本社专为研究佛法机构，所有社员，只负公同研究佛法之义务，至于社员个人对外一切言论行为，本社概不负责。

第十一条　本社社员倘有言论行为与本社宗旨不合者，经本社社员之公

---

① 《青岛佛学研究社成立白话宣言》，《海潮音》第 10 年第 12 期《十周纪念特刊》，1930 年 1 月 20 日出版。载《民国佛教期刊文献集成》第 174 卷，第 301—303 页。

② 《青岛佛学研究社简章》，《海潮音》第 10 年第 12 期《十周纪念特刊》，1930 年 1 月 20 日出版。载《民国佛教期刊文献集成》第 174 卷，第 303—304 页。

决，得劝其出社。

第十二条　本社暂设于青岛中山路一百六十八号。

第十三条　本简章呈报主管官厅备案，如有未尽事宜或不适用之处，得由大会修正续请备案。

第十四条　本简章自官厅核准后实行。

发起人：

王雷夏①、曹俊侯、钱轶昆、赵揖山、刘伯明、何焜年、杨芷江②、聂云台③、姚仲拔④、包简斋、徐勉之（国华银行经理徐勉之）、孙抚五、刘璞夫、杨溯吾、许止净⑤、邬志和、汤岘亭、吴植之、陈正有、梁让泉（青岛红十字分会）、陈慎初、王一亭⑥、余幼庚、王绍明、王海铸⑦、郑季刚、郭

---

①　王雷夏（1865－1936年），教育家、佛学家、书法家。名宗炎，字雷夏，号燕樵。泰州人，祖籍河北正定。1884年携家眷返回泰州，受业于陈铁峰、陈廷焯父子。1895年赴任盐城尚志书院主讲及山长。1897年北上应顺天乡试，中举。1901年随公使蔡钧赴日本，任驻日公使馆文案兼管留学生事务。1903年回国，任职于泰州学堂。后应代两江总督端方派，先后任南京高等实业学堂等8所学校监督。1911年任南京金陵刻经处董事会董事。1912年后任上海江海监督公署文书科长，又任上海英工部局华童公学教师。1932年退休，曾受聘为上海效能银行董事长胡笔江家庭中文教师。

②　杨芷江（1890－1947年），名湘，字芷江，别号老叟，祖籍江苏省溧水县。早年曾任塞北关监督、直鲁豫巡阅史吴佩孚的驻北平办事处处长等职。1926年起，先后任绥远托克托县（今属内蒙古自治区）禁烟局局长、青岛盐务运传公署副使、安徽省长训练所秘书。1930年辞职，1933年回归故里，1941年2月任阜宁县第一届参议会参议长，1942年2月任阜东县参议会副参议长，当年10月当选为盐阜区参议会行政委员会委员。

③　聂云台（1880－1953年），名其杰，号云台，湖南衡阳人，曾国藩的外孙。光绪十九年（1893）参加童试，中秀才，随即跟外国人学英语、电气、化学工程等新学科。后赴美国留学。光绪三十四年出任恒丰纺织新局总经理。民国六年与黄炎培等人在上海发起成立中华职业教育社，任临时干事。民国八年兴建恒丰二厂及织布厂、筹建大中华纱厂，任董事长兼总经理。民国九年当选上海总商会会长、全国纱厂联合会副会长。此后，还与人共同创办大通纺织股份有限公司、华丰纺织公司、中国铁工厂（在青岛设有分店专营）、中美贸易公司及上海纱布交易所，分别任董事长、董事和总经理。民国十三年为上海总商会特别会董。民国15年退而成佛教居士。

④　姚仲拔，1932年任中华民国红十字会青岛分会副会长。

⑤　许止净（1879－1938年），近代佛教居士。名业笏，江西彭泽人。光绪甲辰（1904）翰林，住馆8年。1913年归心学佛，专志净土。1922年至普陀山礼觐印光法师，是后书信往来甚密，大师为赐法名止净。1936年在苏州报国寺，由印光大师为其亲授菩萨戒。1938年5月，避难庐山牯岭黄龙寺，是年农历九月初三安详往生。生平佛学著作有《观世音菩萨本迹感应颂》、《历史感应统纪》等，并辅助印光大师编撰《四大名山志》。

⑥　王一亭（1867－1938年），名震，号白龙山人、觉器，浙江吴兴人，画家。早年曾任商务买办，入同盟会，资助辛亥革命和二次革命，为上海商界名人。一生虔信佛教，为近代上海著名居士，曾任中国佛教会执行委员兼常委，连任上海居士林副林长、林长，上海佛学书局董事长、并积极致力于各种慈善事业。

⑦　王海铸（1886－？年），字冶山，王雷夏长子。

百迩、方寅侯、施省之、丁紫芳、杜星曹、胡伯华、丁莲峰、朱樾、陈虞孙、叶伯高、彭东原①、程松山②、戴友荪、邱少钦、叶刚久、周叔弢③、关絅之④、袁道冲、林菊邨、梁凯铭、段雨翔、陈成之、周志厚、黄涵之

赞成人：

吴伯僧、陈甸丞、徐圣俞、周叔迦、叶芷剑、徐蔚如⑤、张泽均、朱德麟、陈寿伯、熊仰山、熊铁庄、娄先觉、戴全保、匡俊鸿、吴应辉、吴庚士、褐葆贞、宋壁如、蒋乃芳、唐楷

青岛在二十世纪初叶崛起，到三十年代已成长为一座以工商贸易、旅游度假闻名的国际化都市，也成为富商巨贾、政要名流荟萃之地。从青岛佛学研究社的发起人和赞助人中，能考证出的就有在青岛任职的政要名流如彭东原、程松山、杨芷江等，富商大贾如聂云台等，著名佛教居士许止净、关絅

---

①　彭东原（1879－1954年），光绪丁酉科秀才，广东黄埔水师学堂毕业，又留学日本海军士官学校。回国后加入广东海军，历任见习参谋官、广东盐务署缉私统带，后升任统领。南北洋海军统一后担任江阴炮台统领，后率部参加了上海起义，参与组建吴淞军政分府并担任光复军参谋长、吴淞要塞司令、长江水师参谋长等要职。后在廖仲恺的动员下参加南下护法，任孙中山大元帅府的少将参议。1930年任铁道部顾问、胶济铁路委员、胶济铁路管理局局长，继而又任国民政府交通部北宁铁路专员等职。后回广州任广东省政府参议。

②　程松山（1880－1944年），号雪门，又名程立，安徽省黟县城中淮渠（横沟弦）人。中国革命同盟会会员。曾在北洋大学、日本法政大学读书。回国后先后任河北省庆云县、湖北省黄安县知县、陕西省警察厅厅长、河南省六河沟矿区警察局局长、山东省胶济铁路管理局警察署长、北京内城警察右一区署长，曾获北洋政府五等金质单鹤章、六等嘉禾章奖励。1922年11月，任胶澳商埠警察厅厅长，从日本人手中收回青岛主权，制服了日本浪人的捣乱，因管理和维持治安有功，授陆军少将衔。

③　周叔弢（1891－1984年），著名政治家、实业家、收藏家，周叔迦堂兄，民国八年起随叔父周学熙在青岛创办华新纱厂，任专务董事。后移居天津。

④　关絅（1879－1942年），字炯之，湖北汉阳人。清朝及中华民国法官、政治人物、佛教居士。光绪二十七年（1901）举人。光绪二十九年（1903年）授同知，任上海道辕洋务翻译。光绪三十年（1904）起任上海公共租界会审公廨谳员。光绪三十三年（1907）任江苏通州知州。宣统三年（1911）九月奉命接管上海公共租界会审公廨。民国十六年（1927）后历任江苏省印花税务局副局长、湖北同乡会会长、红十字会常务董事、新民辅成会副会长等职。1921年皈依佛教，修习净土宗。民国十一年（1922）任上海佛教净业社副社长。民国十五年（1926）和施省之等人在上海组织上海佛教维持会。民国十八年（1929）4月任中国佛教会执行委员兼常务委员，6月任上海佛教会执行委员兼常务委员。1930年任上海佛教居士林监察委员，1933年升任居士林副林长。1935年和释圆瑛等创立上海佛教公墓，并任董事。抗日战争爆发后，任上海慈善团体联合救济会常务理事。

⑤　徐蔚如（1878－1937年），近代佛教居士。名文霨，字蔚如，号藏一，浙江海盐人。受居士之母信佛熏染，早期即研习佛经。皈依三宝后，谛闲法师赐法名显瑞。民国初年曾捐资给金陵刻经处，重刻《西斋净土诗》。1918年集印光大师文稿书信，出版《印光法师文钞》。复又创立北京刻经处、天津刻经处等，以流通佛典为己任。1937年，日军侵占华北，他与天津佛教居士林筹办难民妇孺临时收容所，收救难民。

之、施省之、黄涵之、王一亭、徐蔚如等。

青岛佛学研究社的成立，使得佛教在青岛的发展达到了一个高峰，"算开青岛历史上学佛的纪元"。它的成立，有利于促进青岛市乃至全省、全国的人心风化，使得青岛佛教界，尤其是其中的厌世派（逃禅派）逐渐由出世转为入世，与国家社会接触并逐渐致力于社会事业，这是青岛佛学研究社对青岛佛教做出的最大贡献。此社成立后，通过不断宣传现实信息，使得僧众渐渐摆脱封建迷信的束缚，投身于积极的现实事业，这不仅体现了佛教的大乘积极精神，亦是青岛佛教的善事。

（三）青岛佛学研究社的工作

佛学研究社中附设佛经流通处，流通佛经，以广弘传。1933年2月8日的《青岛时报》刊登了《佛学研究社推广图书流通的启事》："本社为□本市信仰佛教人员需要起见，新由他埠搜集经典佛像杂志多种，内分赠送、流通两种，如有愿来参观者无任欢迎。地点：肥城路六号楼下，办事时间：上午九时至十二时，下午一时至六时，星期照常，星期一休息。"① 后来，青岛佛学研究社迁到甘肃路四十一号，佛经流通处进一步扩充，"为促进各界人士研究佛法方便起见，特采集各地出版佛经、经书、杂志、辞典、图像，及各种贡香、念珠、铜磬、木鱼等项法器，陈列社内，规定价格，以广流通，并另开阅经部份欢迎各界人士参观阅览"②。

1933年，青岛佛学研究社发起讲经会，自五月初请倓虚大师开讲《楞严经》，已月圆四度，现已演讲圆满，"听众咸大得饶益"。又该社以频年灾患频仍，都由众业感召，故于中元节前，延请济南净居寺高僧多众莅青，就该社"敷设道场，讽诵经典，普利冥阳，亦复功德圆满云"③。

1934年7月，佛学研究社组织了秋季祈祷会。

青岛佛学研究社成立后，致力于传播佛经、讲经弘法，这让先前对佛教闻所未闻的青岛市民对佛教的认识不断深入，并使得佛旨在居民当中逐渐流行开来，直接推动了青岛佛教的发展与进步。

---

① 青岛市档案馆，档案号：D000253－00063－0017，《佛学研究社推广图书流通的启事》，《青岛时报》1933年2月8日。

② 《青岛佛经流通处扩充》，《佛学半月刊》第64期，1933年10月1日出版。载《民国佛教期刊文献集成》第48卷，第463页。

③ 《青岛讲经会圆满》，《佛学半月刊》第64期，1933年10月1日出版。载《民国佛教期刊文献集成》第48卷，第463页。

二、倓虚大师对青岛佛教的贡献

倓虚大师的到来以及湛山寺的倡建都得益于近代赫赫有名的书画家、收藏家、政治活动家、交通系成员之一——叶恭绰。叶恭绰（1881－1968年），字裕甫（玉甫、玉虎、玉父、誉虎），号遐庵，广东番禺人，出身书香门第。叶恭绰早年毕业于京师大学堂仕学馆，民国时期历任路政司司长、交通部次长、总长、交通部长，并兼理交通银行、交通大学。叶恭绰热心佛事，他对民国时期佛教人才的培养、佛法的宏扬、佛经的传播、佛寺的创建功不可没。

叶恭绰任国民政府铁道部部长时，于 1931 年夏伙同中东铁路稽查局长陈飞青赴青岛避暑，看到青岛乃水陆交通枢纽，新兴商埠，华洋杂处，城区有许多西洋教会，虽然为中国领土，但少有中国佛教寺庙，这在中国文化上实为缺憾。时有青岛华新纱厂厂主周叔迦等人酝酿要在青岛建一座佛寺，以纪念明万历年间在崂山建海印寺的高僧憨山大师。叶恭绰闻知后，便召集多方善信及青岛的有名望的人士开会，商讨筹建佛寺庙事宜，并即席自认建寺捐款一万元。此后，他主持在青岛与外埠又募化了一笔捐款，共计十二万五千块银元，委托交通银行代收代存，以备建寺之用。1931 年 10 月，时任青岛市长胡若愚批拨太平山麓湛山地区 73 公亩土地，为建寺之用。1933 年时任市长沈鸿烈又批拨土地 76.8 公亩，并聘请卢树森、赵琛二位工程师进行建寺设计。当建寺筹备就绪后，叶恭绰写信邀请在哈尔滨的倓虚大师来青岛主持监修建寺庙事宜。[1]

倓虚（1875－1963 年），法号隆衔，俗名王福庭。河北宁河人。佛教天台宗近世传人，中国现代佛学家。1888 年冬到益隆智记铺学做生意。后到辽宁沈阳、营口等地谋生，闲时看些佛经。1910 年，到北京请回了一部《楞严经》，先后读了七八年，对经文已非常熟悉。1917 年，于河北省涞水县瓦宅村高明寺出家。不久，在浙江宁波观宗寺受具足戒，拜天台宗第四十三代传人谛闲法师[2]为师。1925 年，被正式接纳为天台宗第四十四代法嗣。

---

① 青岛市崂山区史志办公室：《游览崂山闻人志》，方志出版社 2010 年版，第 586－587 页。

② 谛闲法师（1858－1932 年），浙江黄岩人，号卓三。法师毕生勤弘法，诲人不倦，教通三藏，学究一乘，为天台泰斗。对近代佛教有扶衰起弊之功。且梵行高尚，弟子甚众。一生著述宏丰，有《大佛顶首楞严经序指昧疏》等。

他先后创建营口楞严寺、哈尔滨极乐寺、长春般若寺、复兴沈阳般若寺、复兴沈阳永安寺、天津大悲院、西安大兴善寺等，在北京弥勒院开办佛学院并主持北京古刹法源寺。

1931 年 6 月，叶恭绰让陈飞青居士以他的名义写信邀请倓虚大师来青岛。接到信时，倓虚大师正在哈尔滨极乐寺，考虑到修庙事很复杂，且因种种事情不能脱身，不敢再承揽外面的事情，遂写信推辞了。当时往青岛荐僧的人很多，叶恭绰都不满意，事遂搁下。后来，叶恭绰又写信给谛闲法师，希望他举荐一个僧人来青岛。谛老回信举荐了倓虚大师和宝静法师，认为最相宜的是倓虚。那时，谛老并不知道倓虚已经辞掉此事。而宝静法师正在云南讲经，不能前来，此事遂停顿，所募款项暂存交通银行。1932 年 9 月，倓虚大师从西安护送藏经版到上海，在一个欢迎宴席上，叶恭绰当面对倓虚大师提起去年 6 月间请他到青岛修庙的事，说到青岛是一个水陆交通的大商埠，那里的人性很淳朴，外国教会很多，唯独没有中国佛庙，只有一处天后宫道庙，这不但在观瞻上有煞风景，在世道人心上也是一个极大的缺陷。同人等预备在青岛建立一处佛庙，请法师去帮忙，助成其事，将来那里的佛法会有很大的发展。见倓虚大师确实事务繁忙，叶恭绰建议他先来青岛看看，如果法师不能去，推荐一个人去也可。鉴于叶恭绰盛情难却，倓虚大师便推荐了澍培法师①，并同澍培一块坐招商局轮船到了青岛。

倓虚大师在青岛驻锡前后达十五年之久，任湛山寺第一任方丈历时十年。期间，老人践行"看破放下自在，弘法建寺安僧"的信仰，在青岛修建寺庙、讲经著述、培养僧才，为青岛近代佛教事业做出了巨大贡献，堪称近世青岛佛教的开拓者与奠基者。目前，国内外对于倓虚大师的研究成果一是《倓虚大师追思录》，是倓虚大师受法弟子回忆大师讲经、传道、建寺的生平事迹的详细记录。二是《湛山大师法汇》，是倓虚所著及弟子记录的佛法著作，由弟子校编整理，编入《中华续藏经》。三是《影尘回忆录》，系倓虚大师自述一生修学的经过，由门人大光笔录而成，相当于自述年谱，是了解近代天台佛教弘传及湛山寺寺院及制度建设的重要资料。《影尘回忆录》第二

---

① 澍培法师（1897－1986 年），俗姓包，名鸿运，出家后法名澍培，号念根，晚年自号卧云庵生。蒙古族人，落籍于辽宁省朝阳县。曾协助倓虚法师兴建长春般若寺，并出任首任住持，弘法利生，培育僧才。生前为吉林省佛教协会会长，长春般若寺方丈，吉林省政协委员。1932 年，湛山寺第一期工程要开工，就暂由澍培照料。不久，湛山寺工程交给别人管理，澍培又回到长春般若寺。1947－1949 年，澍培到青岛湛山寺佛学院担任主讲。

十章《青岛湛山寺创修经过》、二十一章《十年来的湛山回忆》是我们研究民国时期湛山寺佛教的极其重要的资料。

（一）主持兴建湛山寺

青岛自开埠以来，列强各国所建宗教寺院不下十余处，而日本人所建各所佛教寺院为数更多，却无国人自建佛寺，所以，当时许多居士有修建佛寺的倡议。1931年夏，时南京国民政府交通部长叶恭绰、中东铁路稽查局长陈飞青和佛学家周叔迦等倡议在青岛修建佛寺，得到当时的青岛市长胡若愚[①]、沈鸿烈[②]及胶济铁路委员长葛光庭等的支持和赞助，资金全由社会名流出面捐赠。

湛山寺的选址颇费踌躇，在市内难免尘嚣烦杂，在山里又恐太偏僻，不便往来。后经财政局指定，筹备同人等与叶恭绰详为考量，以为太平山麓地区，负山面海，原奥而平，左右回环，有龙蟠虎踞之象。大公岛屏于前，湛山矗立于后，地势卓越。遂于1931年10月，在湛山附近领租七十三公亩有余，1933年6月又呈请政府批准增租七十六公亩又八十公厘。当时请著名建筑设计师卢树森[③]、赵深[④]设计配置。山门以内建天王殿、大雄宝殿、转轮殿、后殿，共计四进。后因转轮殿是密宗，遂改为后殿，两边各建三间配房，后殿改建为藏经楼。

1. 建筑设施

寺庙是佛教的象征，是内修外弘的场所，凡有寺庙在处，即有佛教流行。没有寺庙，弘化无所，人群亦无处归向，所以修建寺庙成为发扬佛教的要务。倓老在北方弘化中，十分注重修建寺庙，他主持或修葺或创建的寺庙大

---

　　① 胡若愚（1894—1949年），原名学礼，字子嘉，云南罗平县罗雄镇人，陆军上将。1930年6月23日就任青岛市长，9月去往上海。

　　② 沈鸿烈（1882—1970年），字成章，湖北天门人。自幼勤奋好学，18岁时考中秀才。1905年东渡日本海军学校学习。1911年夏毕业回国，加入国民政府海军。由海军"楚观"舰候补员起步，先后担任国民政府参谋部海军科科员，黑吉江防舰队参谋、参谋长，尔后参与创建东北海军，官至东北海军副总司令、代总司令。1932—1937年，沈鸿烈在青岛执政六年，多有惠政。1949年随国民政府赴台湾，1970年逝于台中。

　　③ 卢树森（1890—1954年），著名建筑设计师，字奉璋，浙江桐乡乌镇人。1924—1926年在美国宾夕法尼亚大学建筑系学习。1930年至中央大学任教，1932年任铁道部技正，1937年在重庆中央大学任教授，并于1937—1938年任建筑系主任。1938年回上海开设永宁建筑事务所。1949年后任华东建筑设计公司总工程师并兼任该公司驻南京办事处主任。青岛湛山寺药师塔及山门是其主要建筑设计作品之一。

　　④ 赵深（1898—1978年），著名建筑设计师，1921—1923年在美国宾夕法尼亚大学获得建筑硕士学位。1931年自办赵深建筑师事务所，1932年发展为"赵深陈植建筑师事务所"，1933年发展为华盖建筑师事务所。1938年赴昆明设华盖分所。在上海、南京、昆明等地设计有许多著名建筑作品。

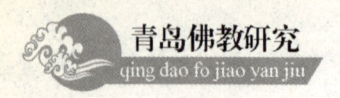
小不下数十处。青岛湛山寺是一座东中西三院五进布局的中国传统风格建筑群，一九三四年动工兴建，一九四五年全部竣工，历时十一年，分五期工程。

第一期工程——后殿、僧寮、围墙等。

第一期工程因限于经费，仅建后殿、僧寮、围墙。后殿建筑图由青岛联益建业公司代绘，北平恒信营造厂得标承建，又公推叶刚久、何午轩两位工程师监工。自1934年4月间动工，至九月间落成，工费包价二万二千五百元。后殿供西方三圣，12月8日开光。

僧寮标价八百元，仍由恒信包营造厂修。

围墙长度六百余公尺，完全用石头建造，由福源栈承建，共费九千元，于1934年冬天完工。

湛山寺前面有一大水池，呈市政府批准，于1934年5月间立为放生池，拨为湛山寺免租保管。放生池东面，沿着药师塔小山，修了一条便道与原有公路衔接，共费七百余元，由湛山寺负担。

1935年，继续修建了讲堂七间、厨房三间、库房两间、茶役房一间、浴室一间、方丈寮三间、执事寮四间、东耳房三间、西耳房三间，东耳房作客堂，西耳房作局房。

关于捐款方面，自1931年秋开始，先后筹募了五万二千余元，委托交通银行代收代存，共收利息二千四百余元，全部用作建筑费用。在筹备期间，所有极少数杂项开支全由利息项下付给，不足部分由佛学研究社供给。其他塑佛像、买法器以及家具设备等，概由各位居士个别捐助。

第二期工程——大殿、旧东院

湛山寺大殿的图样最初由济南工程师胡渐逵居士代绘，样式仿照曲阜孔庙大成殿，具体而微。当时估计工费约二十万元以上，后来因规模大、力量小，又把样式缩减，估计费用约需五六万元。

湛山寺的大殿以及后来的湛山精舍都是由王金钰居士捐助的。王金钰（1884－1951年），字湘亭，又字湘汀，山东省武城县人。光绪末年留学日本陆军士官学校骑兵科，毕业后回国参加军阀混战。民国十九年（1930）元月起，历任安徽省政府委员兼主席、国民革命军第五路总指挥、国民政府军事参议院参议等，后寓居青岛。王湘汀晚年潜心学佛，对《楞严经》、《大乘起信论》致力颇多，后因听经与倓虚大师结缘。倓虚"适于斯时假教育馆讲《金刚经》，王氏随众听讲多次，积疑渐释，此时老人并未识王氏其人。后王氏投刺谒见，老人始知其身份，乃炫赫一世不平常之人。款谈之顷，寥寥数语，王氏大惬心怀，率其全家归皈老人座下，为湛山寺全部局面开展第一流大护法。王氏之好友青岛市长沈鸿烈氏、胶济铁路委员长葛光庭①氏、山东省主席韩复矩氏，一时均被王氏拉拢而来，便服杂坐于经堂，与一般民众平坐听老人讲经"②。1936年，鉴于修大殿筹款困难，王金钰居士便将自己金口三路的住房施舍，把文书、契据、汽车及全部家具等交湛山寺处理，作为修大殿之用。因这些不易出售，后乃发行"湛山寺福田奖券"共两万份，每份售大洋五元，以全幢洋房为头彩，汽车为二彩，古玩家具等为普通彩。若全部奖券卖出，可得十万元，足够修大殿之用。发行之后，幸得本市市长沈鸿烈、胶济铁路局委员长葛光庭赞助分销。又请北京鲍星槎居士、济南韩纯一居士、天津居士林、功德林以及天津警察局程局长、甲戌讲经会、张伯麟、李唐民诸居士，都担任分销。以后奖券销出去一半，再销售不动。倓虚大师和于绍文居士又去上海找朱子桥、王一亭、汤芗铭、黄金荣、杜月笙、叶恭绰、陈飞青诸公发心任销，加上圆瑛法师的帮助，奖券在上海共销得三万余元，加北京、天津、济南、青岛各处共计七万五千元。款项凑齐之后，于1937年动工兴修，由恒信营造厂张杰臣居士得标承建，至1938年竣工，只砌上盖尚未铺瓦，至1939年才筹款把顶瓦铺上。1940年，赵仲令居士提倡油漆大殿。

房子施舍后，王金钰回北京，以后来青岛避暑无处居住。便用修建大殿剩下的木料砖瓦，又凑点钱，修起一所房子，以备王金钰来青岛时落脚，用作报答。但房子修起之后，王氏一次也没来。这所房子称旧东院，作为男居士念佛堂。

第三期工程——藏经楼、药师塔

1937年修建藏经楼和药师塔，这都是周家做的功德。周老太太笃信佛法，当年值周老太太八十寿辰，子女们以作功德为母祝寿，其中周志辅居士在湛山寺修建了药师塔，周志俊居士修建了藏经楼，皆由周家找人绘图包工，共

①　葛光庭（1880－1962年），又名光廷、光亭，字静岑，别字觐宸，安徽蒙城人。先后就读于安徽陆军武备学堂、日本陆军振武学校、日本陆军士官学校。1918年任中华民国军政府军事委员会参谋部参事，后任孙中山派驻湖南军事代表。1923年11月任中华民国军政府陆海军大元帅府大本营高参。1927年4月任南京国民政府军事委员会委员。1928年3月任第三集团军总司令部驻南京办事处主任。1929年7月任东北边防军司令长官公署参议、顾问，代表张学良派驻北平办事处主任。1930年8月任内蒙古土默特旗公署总办。1931年12月任山东第三路军总指挥部高级参谋。后转任铁道部陇海铁路管理局局长、平汉铁路管理局局长、正太铁路管理局局长。1931年任胶济铁路管理委员会委员长。1938年避居香港，后返居上海。

②　火头僧：《追思倓公》，见《倓虚大师追思录》。

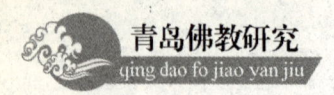
费三万余元。藏经楼为上下两层古式楼阁，钢筋水泥结构，钢铁门窗。

药师塔最初打算建在崂山，因不合适，又在湛山寺建筑。湛山寺东墙外山麓旧有德国炮台遗址，地势较高，东临大海，堪供登眺。此址得到了时任青岛市长沈鸿烈的认可，他主张佛塔的塔址"须择地势高旷之所，俾远近俱得眺见"，认为炮台遗址西侧最为相宜。佛塔周围种植花木，布置石几石鼓，以供游人憩息。这样，"化战垒为道场，增名山之胜迹，既藉佛化以挽回残忍颓丧之人心，又为市容添补些清洁美善之点染"①，可谓两全其美了。自一九三六年初至一九三七年秋季，全塔落成，花费一万八千元。"塔身通体以水泥铁筋凝固筑成，高达九丈，基围五丈。外形七级，内构四层，自第一级以上每外部之两级为内部之一级。各级皆设朱栏及窗洞，宽广轩敞，光线充分，循级上升可登塔之极顶。推窗远眺，东□二崂，西瞻胶澳，北览四沧南海，四外风景悉收眼底，极背山面水之胜，……塔内第一层供有药师佛，故名'药师塔'"②。美中不足的是，青岛的建筑师对这种古建筑不太擅长，建造的塔楞上下不齐。窗上石条没有垫好，砖往下陷，石条已经折断。塔的四周有二十八位石刻护法神像，是掖县（今山东省莱州市）工人包刻的。

药师塔建好后，成为一方胜景，"遐迩善信日来参观礼拜者，络绎不绝"。周志俊每年"必捐资拜药师忏一次"。此塔不但美观，竟亦有灵性，据记载，一九四〇年夏历六月二十九日夜分起"塔顶忽然放光，绵亘凡七日，色红白不一，光有时自窗中出，状如拳大，有时自下涌上，围绕塔身，忽隐忽现，恒在每夜十时许。寺中缁素，莫不见之"③。人们认为这是倓虚大师说法度生、拜忏诵经的虔诚感应所致。

第四期工程——天王殿、新东院。

一九四一年冬天，倓虚大师去北京买妥醇亲王坟地阳宅木料一批，共费三万一千五百元，此款全由崔岱东居士布施。第二年春天，张杰臣居士去北京押运，共装七火车，经靳云鹏总理交涉，免费运回青岛，后作为修建天王殿的木料。一九四二年，时青岛祥记行经理张伯祥居士初信佛，乃出砖瓦和工钱将天王殿修起，共费三万余元。

张伯祥晚年专门潜心佛学，把市内的住房拍卖，在湛山寺东院新修一座

---

① 青岛市档案馆，档案号：D0032-001-00814-0180，《关于湛山寺建筑佛塔准予办理的训令》。
② 青岛市档案馆，档案号：B0023-001-02113-0071，《青岛佛教名迹》。
③ 《青岛湛山寺药师塔放光》，《佛学半月刊》第213期，1940年9月16日出版。载《民国佛教期刊文献集成》第55卷，第418页。

房子，其二太太张能静居士在此清修念佛。这所房子称新东院，作为女居士念佛堂。平素宜清修念佛诵经，遵照念佛堂规矩，不许像私家住宅一样作社交宴会，庙里所有僧俗人等不得随便去念佛堂，如有客人欲来参加念佛时，需经原建房人同意。

推行佛化需要依靠佛教经典的普及，由于近年纸料腾贵，经书价涨，佛经的印刷与普及受到限制，"法化为之一滞"，时人遂有"印刷经书廉价流通之倡"①。于是，张伯祥居士又出资一万八千元购买了一部印刷机，又捐助许多纸张。因此，湛山寺在藏经楼下面成立了印经处，专门印刷佛经，为半营业性质。印出的佛典，有的定价出售，有的结缘赠送。自印经处设立后，先后共印刷佛典二十余种，主要有明蕅益大师的《梵室偶谈》，清见月老人的《一梦漫言》，倓虚大师的《金刚经讲记》、《天台传佛心印记释要》、《始终心要义记》、《普门品讲录》、《普贤行愿品随闻记》、《大乘起信论讲义》、《读经随笔》、《佛学摄要》、《净土传声》等。

第五期工程——山门、台阶。

一九四四年，台湾人林耕宇居士提倡修建前山门和院内台阶。他自己捐助加各处募集共十六万余元，就寺内原有砖瓦木石，修建了山门。

一九四五年，林居士又自捐并外募款共四十万元，装修后殿台阶，共四重，同时荡平了院内地面。又募款油漆后殿与两边耳房。接着，又砌垒大殿前台阶，建栏□三重，并后殿四重，共成七重，应弥陀经七重栏□之说。湛山寺地基位于山麓，院内凸凹不平，从前山门到后殿，路径崎岖。林居士雇工将院内前后垫平，几个大坑填起。后殿和大殿前就其自然陡坡，砌成七层花坞，植七重行树，建以栏杆。从建山门到雇工填平院子、砌台阶、油后殿等，共费八十万元。内中大部分是林居士自捐，余者为其在外所募。

一九四七年，王文彬、李又生等几位居士发起，拟在大殿东侧修建地藏殿。到一九四八年，石头已经买好，建筑基金也筹集得差不多。终因时局不定，人心恐惶，未敢进行建筑，只好将来等机会。

按原来绘图修湛山寺计划，这时已修得差不多，但还缺钟鼓楼、前后走廊、两侧配殿、法堂、塔院等工程。

湛山寺山门前有一对石狮子，雕琢精细，系北魏年间的珍贵艺术雕塑，

---

① 《青岛湛山寺之动态》，《佛学月刊》1941 年第 1 期。载《民国佛教期刊文献集成》第 95 卷，第 21 页。

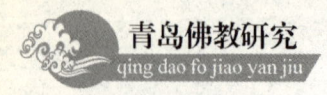
原在益都衡王府门侧，德国人修筑胶济铁路时掠至青岛。一九三四年，由胶济铁路委员长葛光庭赠送给湛山寺。"文革"中，两个石狮子均遭到严重破坏。山门横匾金字"湛山寺"，门旁两侧"常住、三宝"，东西石墙"转大法轮"、"佛日增辉"皆为倓虚大师手迹，笔意古拙，超凡脱俗。

湛山寺修建工程一览表

	工　　程	历时	资金来源
第一期	三圣殿、僧寮、围墙、放生池、讲经堂、方丈寮、执事寮、厨房、库房、茶房、浴室、客堂、司房	1934－1935	捐款、银行利息
第二期	大雄宝殿、旧东院（后改为男居士念佛堂）	1937－1938	王湘汀
第三期	藏经楼、药师塔	1937－1938	周志辅、周志俊
第四期	天王殿、新东院（后改为女居士念佛堂）	1941－1943	张伯祥、崔岱东
第五期	山门、台阶	1944－1945	林耕宇

湛山寺内的树木，除原有山松外，青岛特别市农林事务局往年曾给栽种。1942 年，倓虚大师呈请青岛特别市建设局为湛山寺隙地补植树木，认为"丛林叠翠，枝叶扶疏"，是"游者可悦目畅怀，居者可怡情养性，主宾俱利，道俗咸宜"的盛事。建设局亦认为"湛山寺为寺观胜地，花木点缀极为需要"[1]，遂派技术人员前往查看所需花木并酌量补植。建设局属下的农林事务所派员姜德瑞等将塔前、寺内均进行了详细查看，所有隙地都进行了栽种。从五月十三日至十七日，共栽种桧柏八十株、圆柏八株、万峰桧四株、法国梧桐五十株，合计一四二株。因当时栽树季节已过，恐难以全数成活，如有干枯可待秋末明春进行补植。[2]

1948 年 11 月，湛山寺及佛教学校僧俗二众已达一百五十名，每日需水甚多，汲引不便。中国佛教会青岛市分会理事长倓虚函请青岛市自来水厂，请求趁在湛山寺前修建水道的机会，为本寺装设自来水管。自来水公司要求湛山寺及佛教学校备款三百五十元，自行购买水管等雇工安装。

正所谓"一佛出世，千佛护持"，湛山寺的兴建可以说是倓虚大师福德

---

①　青岛市档案馆，档案号：B0032－001－00985－0148，《关于酌量补植湛山寺花木点缀胜地的训令》。

②　青岛市档案馆，档案号：B0032－001－00985－0162，《关于姜德瑞等查报赴湛山寺隙地种植花木情况的呈文》。

摄化的结果。湛山寺建筑完善，需费孔多。地方军政首长虽曾代募，为数有限。当后殿完成而其他工程未能进行时，有居士请大师向来青避暑的要人化缘，大师说："修庙是大家的事，修起来是大家的功德。我们出家人只负说法度众生的责任，平素好好修行，有感自有应。到了因缘时节成熟，缘法自然来，不必往外攀缘法。"① 修庙诚为需要大宗钱财之事，倓老则以应从修行感化为主，后来大殿、藏经楼、药师塔、天王殿、山门、台阶等工程，果由王湘汀、周志俊、周志辅、张伯祥、林耕宇各居士先后发愿独力修成，即无一不由大师之感应而来。在倓虚大师殚精竭虑的操持下，湛山寺的兴建经过可谓一帆风顺，寺院建筑恢宏壮丽，倓虚大师"自于东北三省创建各寺以来，以湛山规模最巨。兼之地势、风光、民俗各端，皆适公意，故曾自号'湛山老人'，有终焉之意"②。惜因国内时局动荡，一九四九年三月，应香港佛教界之请，倓虚大师偕弟子乐渡、演根、妙智、大光、宝灯等十余人到香港。

2. 佛像与藏经

湛山寺后殿供脱纱③三圣像，皆由居士出资塑造，如阿弥陀佛像由梁性宏居士出资所塑，观世音菩萨为陈飞青居士出资所塑，大势至菩萨为何莲云居士出资所塑。

大殿佛像、菩萨像皆为脱纱，是张伯祥居士作功德，其中有何莲云居士部分善款。

前殿四天王像为泥塑，弥勒、韦驮二菩萨为脱纱。陈飞青居士生前发愿给湛山寺塑一韦驮菩萨像，死后其子陈开生给满愿装塑，由蒋洁珊居士帮助完成。为使佛像庄严，湛山寺塑像乃宁波陆启明先生所塑。

佛像的安排是：天王殿正中是头戴宝冠、身披璎珞的弥勒菩萨，左右两侧为四大天王像——东方持国天王、南方增长天王、西方广目天王、北方多闻天王。后面正对大雄宝殿、金盔金甲、手持降魔宝杵的是护法韦陀尊天菩萨。大雄宝殿正中供奉释迦牟尼，左为他的上座弟子摩柯迦叶，右为随侍的

---

① 沈鸿烈：《敬悼倓虚大师》，见《倓虚大师追思录》。

② 火头僧：《湛山倓虚衔公大师略传》，见《倓虚大师追思录》。

③ 脱纱，又作"托沙"、"脱空"、"脱活儿"、"夹纻"、"干漆夹纻"等，是中国古老的塑像工艺的绝技，其历史可追朔到一千五百年以上。此工艺在元、明两代较为多见，元称之为"转换像"，明称之为"干漆造像"，至清称"脱纱像"。制作程序是先用泥土塑出大致轮廓，干燥后，把纻布或白绸纱剪成半寸见方的方块，以稀薄的胶水，一层层地往泥胎上浸贴。待贴至半寸至一寸厚时，阴干，将泥土从事先在塑像后面或底部留出的圆洞中掏出，使之成为内空的厚绸布造像。并在其上一层层涂漆，待干透后，再饰以金漆彩画，此类造像体轻又结实。

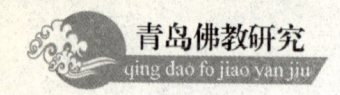

多闻弟子阿难陀。两侧是十六尊者，是常随佛学习的优秀弟子。左后面身坐青狮者为助佛扬化的大智文殊菩萨，右后面坐白象者为大行普贤菩萨。殿后面北向者为大悲观世音菩萨，左为善财童子，右为龙女。西方三圣殿，门正面的匾额上书"海印遗风"四个大字，殿中央三尊立像，中为阿弥陀佛，左为观世音菩萨，右为大势至菩萨。背面是地藏菩萨，左右有道明、闵公两位侍者。

1937年4月，湛山寺大殿落成，林耕宇以家藏十六尊者画像装以玻璃花框，加以装潢，悬在大殿两壁。像为长沙陈琳依后蜀贯休禅师石本精绘，神采生动，须眉欲张，较原本有过之无不及。宇内若无副本，堪称孤宝。林居士特于上元节恭请倓公说法开光，是日四众云集，途为之塞，经声佛号，响彻山谷，诚会也。侍者保贤谨录法语，用飨有缘。《青岛湛山寺十六尊者画像开光法语》：

拄杖曰。法不孤起。仗境方生。理不自显。因事而明。今日良辰有一盛大因缘。乃本寺大护法林耕宇居士。敬献十六尊者绘像。供于本寺大殿两序。随侍如来。成就常住三宝。功德无量。以此功德回向法界众生。一一悉登彼岸。微尘刹海。在在共出迷津。上报四恩。下济三途。故请山僧上堂说法。秉教开光。圆成事理。窃想法本无法。岂有可说。若先说即无说。遂说遂成妙法。夫妙法者。乃以无法为法也。所谓无法为法者。是一切法。法无法相。无无无相。相无相相。离一切相。即一切法。诸上座会得么。拄杖曰。鸡鸣犬吠通真谛。渔唱樵歌会上乘。西序拄杖说法。拄杖曰。以此一枝禅杖。竖穷三际。横遍十方。拨开事理二障。点透七窍玲珑。催感世界和平。天下人民共享幸福。欲享究竟幸福。且道句甚么呢。振仗曰。从来平等无人我。莫向个中问是非。

东序拄杖说法。拄杖曰。东序座上八尊者。万法皆空无人我。禅杖挑开烦丝。五眼六通因果。观察因果果如何。不过受者是作者。随佛扬化奏奇功。婆婆速现安乐国。欲享极端安乐。且道句什么呢。振杖曰。若学尊所求。无所求中是真乐。

《大藏经》，是将一切佛教典籍汇集起来编成的一部全集。起初叫作《一切经》，后来定名为《大藏经》。"藏"有"保藏"的意思，因其内容十分广泛，故称"大藏经"，又称"藏经"。其内容主要由经、律、论三部分组成，又称为"叁藏经"，分别称为经藏、律藏和论藏。"经"是佛教为指导弟子修行所说的理论；"律"是佛教为信徒制定的日常生活所应遵守的规则；"论"是佛教弟子们为阐明经的理论的著述。此外，还包括印度、中国的其他有关佛教史、佛教理论研究的专著。在佛教东传两千年间，其经典经过历代的翻译、流通，数量日益增多，但最后汇集、编纂成"藏"的却屈指可数，国内可考的不过十余次（宋及辽金八次、元二次、明四次、清一次）；国外可考的，高丽三次，日本七次。

湛山寺藏经楼共藏七部藏经，一部丛书集成（缺本），还有其他通典之书甚多。

第一部是影印宋《碛砂藏》，是1934年常住花费500元钱所请。《碛砂藏》又称《宋碛砂延圣寺刻本藏经》，是一部闻名中外的佛教诸藏汇编。初刻于南宋理宗绍定四年（1231），到元英宗至治二年（1322），在平江碛砂（今江苏吴县）学圣禅院雕印，历经宋元两朝，历时长达91年。全书6362卷，1532部，装为591函，采用梵夹装，又称经折装。以《千字文》编册号，始"天"字，终"终"字。全藏经共分为五大部：大唐三藏、大唐龙兴三藏、大周新翻三藏、大唐中兴三藏、大宋新译三藏。《碛砂藏》内容丰富，卷帙浩繁，例目清楚，便于查阅。是佛教研究全面、系统的经典汇编。该书集后汉、晋、隋、唐、宋、元历代翻译、撰写佛著的学者名流约400名，其中，唐玄奘的译著数目最为显著。《碛砂藏》原藏于西安卧龙寺、开元寺，后移至陕西图书馆。1931年，朱庆澜将军与上海佛教界人士叶恭绰、蒋维乔等为保护《碛砂藏》，发起"影印宋版藏经委员会"，影印《碛砂藏》计593册，改为方册本，总共影印了五百部，成为当时佛教界的一大盛事。

第二部是清《龙藏》，折本（亦称梵夹本），因经页边栏饰以龙纹而名，亦称《乾隆版大藏经》、《清藏》，为清代官刻汉文大藏经。它始刻于清雍正十一年（1733），完成于乾隆三年（1738），是我国历代官刻大藏经极为重要的一部。全藏共收录经、律、论、杂著等1669部，7168卷，共用经版79036块。该藏是在明朝《永乐北藏》基础上编较而成的，全藏共分正藏和续藏两类。正藏共485函，以千字文编号，从"天"至"漆"，分为大乘五大部经、五大部外重单译经、小乘《阿含经》及重单译经、宋元入藏诸大小乘经、大小乘律和续入藏诸律、大小乘论、宋元续入藏诸论、西土圣贤撰集八个部门。续藏共239函，是《此土著述》一部门，编号从"书"至"机"。以上正、续两藏总计724函，724卷，实际收录元、明、清三代高僧大德的经、律、论、杂著等167种（外有全藏目录五卷）。乾隆年间撤去6函，现只剩718函。光绪年间，又将《龙藏》中有关僧道斗法的经版悉数销毁。该经初印104部，颁赐各地禅院。此后至民国年间，又陆续刷印了数十部，共印行150余部。自宋至清，木刻汉文大藏各代频出，唯有《龙藏》经版保存至今，其印本完整者亦极鲜见，因此，它在世界佛教史上占有重要地位。

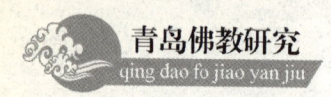

第三部是流通本《百纳藏》（亦称《杂藏》），清同治五年（1866），杨仁山于金陵发起刻经时，集合北京、天津、金陵、江北、扬州、毗陵、苏州、杭州、诸刻经处之刻本而成，故称为百纳藏，较《龙藏》缺经部18种，论部29种，版式大小不一。

第四部是影印日本《卍字续藏》，1942年倓虚大师在北京请来。续藏是日本明治38年（1905）由日本藏经院印行，至大正元年（1912）完成。日本另有一部《卍字正藏》，是明治35年（1902）京都藏经书院，以僧忍澄校订之《黄檗藏》，用四号活字印行，至明治38年完成。忍澄以黄檗本全依《径山藏》，文义逊于《丽藏》，乃集名德，以《黄檗藏》与建仁寺所存《高丽藏》对校，改从《丽藏》。互异处以圈为记（对《丽藏》之题记、音释、皆保存），惜编次仍依黄檗本，故对《丽藏》特有典籍多未收入。《卍字续藏》，就是搜罗《卍字正藏》中未收的，并且把中国的《嘉兴续藏》又续藏的一部分，及其他一切久已散失的单行本，都编在里面，共150套，750册，1756部，7144卷。版式每半页分上下栏，每栏18行，各栏上方，留校记地位，方册本，每行20字。

第五部是《频伽藏》，常住出资，易如法师在济南请来。《频伽藏》是依弘教藏本，参以《径山藏》、《龙藏》及单行刻本、删去校勘记而成的。清宣统元年（1909），上海频伽精舍始用活字版排印，至1913年完成。共40函，414册，1916部，8416卷。每半页，20行，每行45字，方册本。

第六、七两部是《日本大正新修大藏经》，一部全藏是周家为作功德，和《龙藏》、《百纳藏》一块赠送的。另一部大正藏（只有显藏没有密藏）是日本福田居士赠送的。大正藏是日本大正十一年（1922）高楠顺次郎博士等发起，十三年创刊，至昭和七年（1931）编印完成。所收异本最富，丽、宋、元、明四藏之外，并对校圣语藏本、宫本、敦煌本、写本、古佚本、以及各种流通本。后十三函为续编，多收日本著述。共八五函，三〇五三部，一一九七〇卷，八〇六三四页，每页分上中下三栏，每栏二九行，每行约十七字，方册本。在现代藏经中，当以大正藏为最精审、最丰富。

湛山寺汉文大藏经卷帙表

序号	名称	函数	部数	卷数	来源	附注
1	清龙藏	718	1662	7168	周志辅、周志俊、周叔迦赠	梵夹本
2	南宋至元碛砂藏	591	1532	6362	常住五百元购买	591册梵夹本

序号	名称	函数	部数	卷数	来源	附注
3	日本大正新修大藏》（全藏）	85	3053	11970	周志辅、周志俊、周叔迦赠	80634页方册本
4	日本大正新修大藏				日本福田居士遗眷1941年赠送①	只有显藏没有密藏
5	日本卍字续藏	150	1756	7144	1942年倓虚从北京带来	750册方册本
6	清频伽藏	40	1916	8416	易如法师从济南买回	414册方册本
7	清百纳藏					流通本集成

　　湛山寺还有各种玉雕、木雕、铜铸佛像十余尊，有的佛像系隋、唐时代所造，十分珍贵。其中，最大的一尊木质观音为国民党海军司令桂永清②所赠。此外，湛山寺还有名人字画、明版书籍、斯里兰卡巴利文贝叶经十余页等名贵文物。这些藏经及文物在"文革"中绝大部分被毁坏或失散，只有少部分被及时抢救出来，幸免毁坏，后保存在青岛市博物馆内。1945年底，胶州路二号东本愿寺别院的日人中村津盛将该寺经卷、佛像、家具等一二八件运往湛山寺收存。③

湛山寺财产暨法物清册④　（1946.6.25）

类别	名称	数量	类别	名称	数量
土地面积：235公亩23公厘9				藏经楼上下两层	6间
殿堂房间	大雄宝殿	5间		讲堂	7间
	弥勒殿	3间		方丈室	3间
	三圣殿	5间		客堂	3间
	山门	3间		法师室	7间

---

　　①　《青岛寺受赠藏经》，《佛学月刊》第2期，1941年7月1日出版。载《民国佛教期刊文献集成》第95卷，第55页。
　　②　桂永清（1900—1954年），国民党将领，江西省贵溪县鹰潭镇（今鹰潭市）楼底桂家村人。黄埔军校一期毕业，参加过第一、二次东征、北伐战争、抗日战争和国共内战，历任师长、军长、中华民国海军总司令，国民政府国防部参谋总长，国民革命军海军一级上将，病逝于台湾。
　　③　青岛市档案馆，档案号：B0021－003－00234－0020，《关于胶州路二号日本东本愿寺所有经卷物资等物由湛山寺接收的呈文》。
　　④　青岛市档案馆，档案号：A0021－001－00303－0001，《为遵令叙述青岛湛山寺创建经过备案的呈文》。

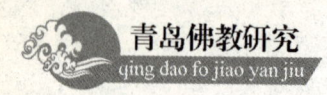
类别	名称	数量	类别	名称	数量
	斋堂	7 间	经典	清刻大藏经	全一部计 7200 卷
	僧众宿舍	9 间			
	饭厅上下两层	10 间		影印宋碛砂版大藏经	全一部共 60 函
	执事寮	5 间			
	库房	4 间		影印宋藏遗珍	全二部共 240 册
	香客寮	3 间			
	男居士念佛堂	17 间		方册藏经	约计 500 册
	药师佛塔	7 级		大钟	1 口
供奉尊像	释迦牟尼佛像	1 尊	法器	大鼓	1 面
	迦叶尊者像	1 尊		大磬	1 个
	阿难尊者像	1 尊		大木鱼	1 个
	文殊菩萨像	1 尊		大小香炉	20 个
	普贤菩萨像	1 尊		烛台香炉	20 对
	观音菩萨像	1 尊		镝铪子	4 对
	善财童子像	1 尊		铃子	4 付
	龙女像	1 尊		小木鱼	5 个
	西方三圣像	各 1 尊		引磬	6 把
	药师佛像	1 尊		铜磬	4 个
	弥勒像	1 尊		钟鼓	2 付
	韦陀像	1 尊		手鼓	4 个
	四天王像	各 1 尊			

　　建成后的湛山寺，成为青岛佛教传播的大本营。倓虚大师带领僧众们讲经说法、传戒度人、组织法会、利益众生，可谓"暮鼓晨钟惊醒世间名利客，经声佛号唤回苦海迷梦人"。时任青岛市长沈鸿烈赞湛山寺"以弘法为家务，利生为事业，净化社会，善导人心，辅政治所不及，助教育之不逮。青市民风敦朴，夙具善根，风行草偃，群情翕然，夜不闭户，路不拾遗，有东方乐园之称"①。沈氏对湛山寺教化民众、净化社会的作用给予较高评价。

---

① 沈鸿烈：《敬悼倓虚大师》，见《倓虚大师追思录》。

建成后的湛山寺，成为培养佛教人才的基地。湛山寺佛教学校兼收并蓄，各家取长补短，还曾邀请慈舟、弘一法师等近代名僧来寺讲学弘律，使得湛山寺成为著名的佛教学府，其门下和信徒遍布国内外。目前在国外弘法的有不少是湛山寺的学僧，如美国纽约佛教青年会乐渡法师、旧金山心梵法师、加拿大湛山寺性空法师、马来西亚湛山寺圆智法师、台湾慧峰法师、新加坡慧僧法师、香港湛山寺宝灯法师以及湛山精舍的大光、圣怀、保贤、醒空、法藏、智梵、明远等法师。几十年来，湛山寺成为海内外四众弟子向往的佛教圣地。

建成后的湛山寺，成为吸引游客的壮丽景观。湛山寺三面依山，南眺大海，风光秀丽。夏季绿阴匝地，海风习习；秋季霜叶如染，是赏秋佳地。该寺梵宇琳宫，依山建筑，古色古香，处处引人入胜，成为国内外显要名流、高人雅士到青岛必去参观的圣地。一九四七年七月初，中委孔祥熙于北平返沪，途经青岛。下机后，即由市政府代表陪同前往湛山寺瞻礼，"尤于此著名建筑表示钦仰"①，并与欢迎代表同在寺内摄影留念。一九四七年十一月，蒋介石莅青视察，特于十七日游览湛山寺，"住持迎接，极为欢至"②，陪游者有青岛警备司令丁治磐及李先良市长等。一九四五年十月二十一日，美国杂志家鲁斯③在市长李先良等人的陪同下，到湛山寺参观。鲁斯曾经来过湛山寺，这次可谓是故地重游，他"兴致极佳，逐一参观各大佛殿，并与倓虚法师问答"④，最后在大殿前摄影留念。

"庙宇是广大民众日常生活的组成部分，是衙署之外地方社会的标志，往往成为微观社会的中心"⑤。今天，湛山寺仍然以其独特的位置在现代都市中闪现着圣洁的光华，不熄的青灯和千古禅心的叹唱，让现代的人们体会着一种神秘的感召和不朽的悟解。

---

① 《孔祥熙至湛山寺瞻礼》，《觉讯月刊》，1947年第8期。载《民国佛教期刊文献集成》第103卷，第50页。

② 《蒋主席游青岛湛山寺》，《觉群报》，1947年11月，第56期。载《民国佛教期刊文献集成》第102卷，第142页。

③ 亨利·鲁斯（1898－1967年），著名的美国出版商，创办了《时代周刊》（1923）、《财富（杂志）》（1930）与《生活》（1936）三大杂志，被称为"时代之父"。英国首相邱吉尔曾经说，鲁斯是美国最有影响力的七个人之一。

④ 青岛市档案馆，档案号：D000158－00048－0007，《美杂志家鲁斯赴湛山寺游览，李市长陪同参观各殿》，《青岛公报》1945年10月22日。

⑤ 吴娟：《寻找民间的记忆——赵世瑜谈历史研究的视角转换》，《文汇报》2002年9月21日。

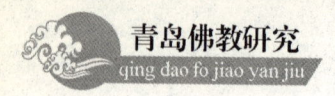

（二）讲经著述，弘扬佛法

青岛开埠前乃一荒凉渔村，市区仅有一座道教的天后宫。开埠后，青岛初为德国统治，基督教于此时传入，根基颇厚。第一次世界大战结束后，青岛沦为日本统治，日本佛教随之传入。青岛附近的崂山道教盛行，至于佛教以及佛教僧侣光头圆领之状，当地居民从未识面，所见有关佛教者，日本和尚而外，几无所知。倓虚大师初至青岛，见者称为"日本老道"。后闻倓老讲经，当地人始知人间除道教而外尚有佛教，并知中国和尚与日本老道有别。道教而外，当地类似道教之外道旁门甚多，民间颇为普遍，其炼功有打坐、吐纳、运气、炼丹。倓虚大师至后详为开示，指明其谬，劝修念佛，求生西方，一时纷纷皈依，舍邪归正。倓虚大师在青岛讲经弘法的情况大致如下。

1932 年，倓虚大师至青岛，与诸护法计划先讲经结缘。从佛成道日（农历十二月初八）开始，每晚七点，先在北平路祥源公号大厅，后改在民众教育馆礼堂①，两周讲《金刚经》一遍。这次讲经在青岛佛教历史上具有里程碑意义，对当地民众启迪很大，"听者云涌，闻所未闻"。市长以下各长官，"皆便服与民众杂坐，洗心静听。大护法王湘汀，闻经而生信，首先率全家皈依"②。有些民众"竟放弃了无益于身心的消遣，互相约定晚饭之后，都到教育馆去听经"③。可见，倓老所讲已深中上至市长、下至民众的心田，后来大家发心捐建湛山寺都是受此感化。

1933 年 5 月至 8 月，倓虚大师在青岛民众教育馆讲《楞严经》。

1934 年，倓虚大师在湛山精舍讲《大乘起信论》，先编讲义，两天讲一次。湛山寺后殿及讲堂僧寮等次第竣工，设立僧校，又重讲《大乘起信论》。

1935 年 3 月底，倓虚大师应即墨县麦坡庙道士隋是温的邀请，讲《弥陀经》，有四十余人皈依三宝。继应平度县念佛堂邀请，讲《弥陀经》。秋初，在青岛讲《四十二章经》。

1936 年春，倓虚大师应即墨小灵山之请，讲《金刚经》、《心经》。

1937 年，倓虚大师每日在湛山寺讲堂讲《大乘妙法莲华经》，至三八年

① 《青岛空前未有之讲经会》，《佛化》第 3 期，1933 年 2 月 1 日出版。载《民国佛教期刊文献集成》第 78 卷，第 64 页。

② 火头僧：《追思倓公》，见《倓虚大师追思录》。

③ 能琪：《念恩师忆往事》，见《倓虚大师追思录》。

圆满。又续作药师道场，开讲《药师经》、《普门品》。与学生上课讲《维摩经》、《教观纲宗》。在湛山精舍亦讲《法华经》，每星期一次，共讲八年，至四五年圆满。

1940 年 8 月，倓虚大师在湛山寺讲《金刚经》。

1940 年 8 月，度四生一切幽魂启建水陆道场，倓虚大师率导僧众奉经，十四日发表普告大众文。[①]

1940 年中秋节，倓虚大师阐述佛法——中秋节同愿会在湛山寺举行扩大念佛会讲词。[②]

1943 年秋，日本派有资格僧人访华，到中国各地寺庙参观，最后经青岛回国。适有一禅宗大僧正带领几个日本僧人到湛山寺访问，由翻译官译语，和倓虚大师接谈：

最初先问是何宗，我答以天台宗。又问修不修止观，我说每天晚上修一次。关于普通话，由翻译官译语还可以，到了谈佛法细相的时候，翻译人员，对这些佛学专有名词不熟悉！就不能翻译得恰到好处了。所以到了后来，谈佛法细相时，他不用翻译官，自己用笔写出来问我说："天台宗修止观，讲一念具三千性相，百界千如，既有如此多解说，当以何为止？"我以笔而答之曰："行起解绝！"他看了这四个字，矍然失色，又写了一句话说："请道得一句！"我说："若有一句道，即非佛法。"彼欣然现于色曰："谢大教！"之后，他请我给他写张字做纪念，我因不善写字，乃找了平时用宣纸写的一张字，盖一小图章交他，他看我那个图章太小，看了直发笑，后过几天派人送来一套寿山石大图章。

1944 年，倓虚大师患肠胃疾病，时愈时发未能出门，勉与学僧上课，讲《金刚经》、《心经》、《维摩经》。

1945 年上半年，倓虚大师因身体不适勉强给湛山寺学僧上课，讲《楞严经》。5 月间，倓虚大师应青岛市各机关首长及各位居士之请讲《金刚经》，一部《金刚经》用三个多小时就讲完了。

1946 年 4 月 21 日下午二时至四时，倓虚大师在福山支路佛学会讲经，

---

　　① 青岛市档案馆，档案号：D000312－00050－0003，《度四生一切幽魂启建水陆道场，倓虚法师率导僧众奉经，十四日发表普告大众文》，《青岛新民报》1940 年 8 月 15 日。

　　② 青岛市档案馆，档案号：D000313－00093－0008，《倓虚法师阐述佛法——中秋节同愿会在湛山寺举行扩大念佛会讲词》，《青岛新民报》1940 年 9 月 28 日。

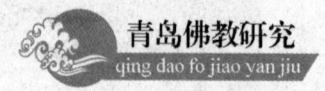
设法讲经，阐述佛学真义。①

1948年上半年，倓虚大师因身体不好，讲经很少。1948年4月，倓虚大师自北平返回青岛后，各界人士欲聆听教益者极众。山东高等法院青岛分院开庭庭长吴镗氏为佛门居士，前曾在福州主讲波若社，近以倓虚大师来青岛，特亲往教请讲佛经。1948年6月27日星期日上午九时，倓老法师在福山支路青岛佛学会讲解《心经》。②

1948年，为普渡众生、启迪顽愚，佛教会敦聘倓虚大师于湛山精舍主讲《般若心经》，已于前日功德圆满。特再请倓虚大师在湛山精舍于8月22日（旧历七月十八日）下午三至四时开始主讲《金刚经》，以后每逢礼拜日继续讲解。③

在《影尘回忆录》中，倓虚大师回忆了自己宏法的大致情形，其中以讲《心经》的时候为最多，例如在常住里，每在过年除夕之前即讲一遍，表示法轮常转，一切吉祥。其次是讲《金刚经》的时候多。

倓老可谓有讲经弘法的天赋："老人道貌慈祥，讲起话来，音声高朗，如雷贯耳。气魄雄伟浩然，有坚忍不拔的毅力。善能应机示教，辩才无碍，说法如狮子吼；有诲人不倦的精神，令人百见不厌。逢人必开示，语精而意长，对于天台教仪，都有独到见地。至于说理之精辟，修辞之整洁，无人能赶得上。随处讲座，济济一堂，不管博学能文，贵人达官，乡党士民，三教九流，凡有见闻，无一不归敬座下为荣。"④ 有一次，青岛市政人员请求师尊一日之内讲圆全部《金刚经》的要义，这一天来听经的人特别多，而寺内学僧无法进入讲堂，只好站在门外静听。倓老"一登法座，精神百倍，声如洪钟，口似悬河，加以辩才无碍，凡经中三心四相，无住生心，妙有真空之理，在短短一日之间，随讲即通"。林耕宇居士及各官员听经之后，"各自表现心开意解，喜上心头"。倓虚大师讲经说法时，"善得语言三昧，固能深入浅出，说理周详，因此能吸引一般听众，精神焕发，如对佛天"⑤。倓虚大

---

① 青岛市档案馆，档案号：D000328－00041－0037，《倓虚讲经，今下午在佛学会》，《民众日报》1946年4月21日。

② 青岛市档案馆，档案号：D000019－00043－0038，《倓虚老法师定期讲心经》，《青报》1948年6月22日。

③ 青岛市档案馆，档案号：D000318－00041－0037，《湛山寺布道倓虚法师续讲金刚经》，《民报》1948年8月21日。

④ 洗尘：《怎样追思倓公老人》，见《倓虚大师追思录》。

⑤ 宝灯：《回忆师尊念念将来》，见《倓虚大师追思录》。

师在青岛湛山精舍讲经时，每日听众不下千余人，王侯屈膝，顽石点头。盖老人妙达佛心，故能洞彻经义，非死于古人句下者所能比"①。倓虚大师能洞彻经义，讲解深入浅出，故能直达人心、吸引众生。

弟子保贤记录下了倓虚大师 1941 年 3 月 15 日在青岛念佛会塔的珍贵开示：

光阴很快，转眼又是三月十五日了。诸位从远路来此参加念佛，不但不辞辛苦，并且还十分欢喜兴奋，这就是因为诸位对于念佛，已经具有坚固不拔的认识。不然，恐怕请也不肯前来的。

一说到认识，这认识二字极关重要。人们很容易忽略过去。现在可以说世界上无有个什么东西叫佛法，只要明白认识二字，就无处不是佛法。所以世界上人类物类千差万别，各个的认识也就随着有种种的不同。于是有认识的深的浅的好的坏的，还有认识错了死不承认是错的。无非随着自己的认识，现各各的境界。这是非得失的标准，是很难画定的。

佛法上有句话叫万法唯识。在佛法上属于唯识一宗。有专书来研究他。现在粗略的说说。识就是认识，法就是样子，万法就是万样。其实世界上的现象太多太多，何止万样呢。不过举一万字来代表无量无边的样样而已。万法唯识，就是说万法都是你的一识。也可以说就是你自己的认识。万法的不同，就是你认识的不同。万法的同，也就是认识的同。因为不同，就有了十界圣凡升沉苦乐，种种不平等的差别。因为同，就不见有佛不见有众生。众生与佛悉皆平等。

……

我们念佛的人，要想真实解决生死的根本，求生西方而奉弥陀，也要从认识的纠正上下手。只要你认识了你的无分别心，一旦相应，行乎自然，这就叫成就不思议的东西。心无分别就无爱恶，无爱恶就无生死。已经无生死就不是和诸佛一样了吗？既到这种程度，极乐世界就可以任你去来。

今天不必多说，大家一齐回向，世界早现和平。②

倓老除在湛山寺佛教学校上课外，有时也应外埠之请去讲经，如天津、济南、黄县、龙口、崂山等地，都去公开讲演过。倓老每周去湛山精舍讲两

---

① 法藏：《追思师尊盛德与宏恩》，见《倓虚大师追思录》。

② 《倓虚老法师开示录》，《佛学月刊》第一卷第一期，1941 年 6 月 1 日出版。载《民国佛教期刊文献集成》第 95 卷，第 4 页。

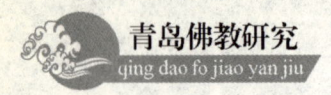
次经。每月去李村监狱说两次法，每次带两个人去，分三班讲说。他还按时去青岛感化所讲演，让他们明白因果报应，发心忏悔。倓虚大师还曾在青岛青年会宣讲佛教约义，认为一切宗教的宗旨，都不外乎以下这两点："一、是辅助人民的思想，一、是辅助人民的事业。"① 对青年人进行了生动的佛学教化。

倓虚大师启迪僧俗十分注重因才施教："其在佛教为研究科讲解者专精在湛山精舍，为居士讲解者通俗者青岛市感化所及李村监狱讲解者为如何戒除身口意十种恶习。而对青市乡翁妪大抵说明因果报应，历历不爽，闻者悚然。其答居士问难怛提'看破、放下、自在'六字，言浅意深，发人深省。"② 倓虚大师个人德行所感，加之其讲说很富吸引力，由此，倓虚大师在青岛吸纳了大批的僧俗弟子，有上层社会的达官显贵、巨商富贾，也有城镇乡村的平民百姓、劳苦大众，使素为佛教"边地"的青岛佛教盛行、蔚然大观。

倓虚大师一生抱定述而不作的宗旨，但为了补前人之所缺，述古人之余意，并作为讲解时的备忘录，自然有一些讲经笔记，皆是称性发挥，独抒己见，不拾古人的唾余。这些资料一般由听经的居士自行付梓出版，这种著作有不下十余种，其中在青岛完成的有五种：

1.《大乘起信论讲义》，1934 年，倓虚大师应王金钰居士之请在湛山精舍开讲此论所编写的讲义，以后王居士设法把它出版。

2.《天台传佛心印记释要》，1938 年在湛山寺写成。

3.《心经讲义》，1945 年在湛山寺写成。

4.《金刚般若波罗密经讲义》，1945 年应青岛诸居士之请所写。那时有些居士因公务忙，无法长时间听经，倓虚大师乃以三小时半讲完此经。虽然当时已有三种《金刚经》讲义由别人记录出版，但都不合倓虚大师之意，大师遂亲自编写了此讲义。

5.《净土传声》，包括几篇谈净土的散文，还有一封答复显定居士论净土的信，乘湛山印经之便，附印结缘。是几页的小册子，并不算什么正式出版物。都是居士们发心搜集的，印行后倓虚大师才看到。

除去倓虚大师自己随手写的东西外，还有他讲经时听者记录的，也都先后出版，共十三种，其中在青岛完成的主要有四种：

---

① 《倓虚法师在青岛青年会所讲佛教约义》，《佛学半月刊》第 100 期，1935 年 4 月 1 日出版。载《民国佛教期刊文献集成》第 50 卷，第 472—473 页。

② 沈鸿烈：《敬悼倓虚大师》，见《倓虚大师追思录》。

1.《楞严经讲义录》，1933 年在青岛民众教育馆开讲时，于之昌居士记录，他的文笔很好，可惜只记了三卷文，以后就作古了。后来在湛山讲《楞严经》，会文法师又续记，这份稿子倓虚大师并没看到。

2.《四十二章经随闻记》，1935 年在青岛讲，于绍文记，惜只有两章。

3.《金刚经亲闻记》，1940 年在湛山讲，广觉记。

4.《普门品随闻记》，1941 年在青岛，保贤记。

另外，《读经随笔》是倓虚大师平常看经时写的几篇札记，应当有在青岛时完成的内容。《演讲录初集》是倓虚大师平素讲开示时学生们记录的，或有在青岛的讲经记录。还有一部《般若波罗密多心经讲记》，据说是 1932 年初倓虚大师在青岛讲《金刚经》时，时任青岛市公安局局长的余晋和①和他的手下人听经时的笔记，最后写上他的名字整理出版。书中颇多外道乩坛语，诬为倓虚大师所讲，大师发现后予以否认。

上列诸书，除《楞严经》外，均曾由居士们醵资出版。这些居士们记录的东西，倓虚大师无暇详细看，里面文字的好坏姑置勿论，教理方面有些错误的地方尚待修正。虽然号称著作等身，倓虚却力主少说多做，认为"说一丈不如行一寸"，并常以此言勉励其门人。

此外，倓虚大师在湛山寺期间还有许多法语、开示录寺，由弟子保贤记录下来并公开发表。具体如下：

1939 年 5 月 1 日，保贤笔录倓虚大师《倓虚老法师法语（上元节十六尊者画像开光）》在《佛学半月刊》②在第 180 期第八卷第九号发表。1941 年 6 月 1 日，保贤笔录倓虚大师《倓虚老法师开示录》、《佛为一大事因缘出现于世》、《倓虚老法师开示录》、《倓虚老法师开示录》、《天台传佛心印记序讲录一》分别在《佛学月刊》③第一卷第一、二、四、六、七期发表。1942 年 1 月 1 日，保贤笔录倓虚大师《天台传佛心印记序讲录二》、《倓虚老法师为现明老和尚荼毗法语》、《倓虚老法师在现明老和尚追悼会法语》在《佛学月刊》第一卷第八期发表。2 月 1 日至 4 月 1 日，保贤笔录倓虚大师《天台

---

① 余晋和（1887 年—?），字幼耕、幼庚，浙江绍兴人。早年留学日本，归国后历任陆军部参事、宪兵学校教官。1922 年任青岛港政局局长。1931 年 2 月任青岛市政府参事、公安局局长。1933 年 12 月任北平特别市公安局局长、参议、外交室主任。后历任厦门市市长、国民政府外交部特派员、北京特别市市长、华北政务委员会委员等职。日本投降后，在狱中去世。

② 《佛学半月刊》，1930 年 10 月 16 日在上海创刊，上海佛学书局出版。1944 年 12 月 16 日停刊，共出 313 期。由太虚领衔，范古农、余了翁等先后任主编。

③ 《佛学月刊》，1937 年于北京创刊，周叔迦任主编，为中国佛教学院的院刊。

传佛心印记序讲录三》、《天台传佛心印记序讲录四》、《天台传佛心印记序讲录五》在《佛学月刊》第一卷第九至十一期发表。7 月 25 日，保贤笔录倓虚大师《妙法莲华经观世音菩萨普门品随听记一》、《妙法莲华经观世音菩萨普门品随听记二》在《同愿月刊》[①] 第三卷第七、八期发表。1943 年 1 月 1 日，保贤笔录倓虚大师《药师琉璃光如来本愿功德经题义》在《佛学月刊》第二卷第八期发表。3 月 1 日，保贤笔录倓虚大师《念佛与往生》在《佛学月刊》第二卷第九、十合期发表。

（三）制定湛山寺管理制度

为使湛山寺真正成为一个有章可循的模范丛林，倓虚大师改革了传统的嗣法制度而代之以住持选贤制，并为此设立了三条住持行则。倓虚大师根据戒律和丛林清规，制定了《湛山寺共住规约》。倓虚对住持管理寺院及领众修行的规定，体现了他重视寺院道风建设的新思路。

1. 湛山寺住持十方选贤制

1947 年，倓虚大师在长春传戒时，曾草拟《天台总山章程》。这份章程本计划备案于青岛主管当局，以后统一以湛山寺为首，综理本山各寺庙事宜。但因时局动荡，未能实现其宏愿。他主张各寺庙住持或特派、或公选，不许私人授受，亦不定法嗣，任何法卷与寺庙无关，不与庙务及住持逊座相干。无论任何一个地方，都应当公开地实行十方选贤制，不许以十方地方送人情，私相授受。为了避免以后出现争执，1948 年，倓虚大师从长春回到湛山寺之后，为了避免法子们争法夺位，又专门立一碑文，以示警告。

倓虚大师认为，私自"传法传座"是造成南北丛林衰败的最大缘因，其流弊很多：

第一，易于形成帮派。本来佛教是讲"法亲眷属"的，是以"法"为亲的。但是，老和尚往往是"感情过于理智"，不是以"法"为亲，而是以"情"为亲。这种感情用事的结果，便使老和尚在"传法"之时，常常是受同宗观念或庙谊观念驱使，很容易形成帮派。

第二，易致争讼斗狠。由于老和尚无知人之明，常常传四五个法子，每个法子手中都有一纸"法卷"，都认为自己是合法的"方丈储"和未来的当然住持。一旦到了升座方丈的时候，就会出现你争我夺的局面，甚至出现争讼斗狠、悄悄升座、踉跄下座等荒唐事，有玷宗门。

---

① 《同愿月刊》创刊于 1939 年，为佛教同愿会会刊。

第三，导致宗风不振。老和尚的"传法"标准一般是：一是专挑年轻人，岁数不会比自己大；二是道德、声望、资格都不如自己；三是凡事须听自己指挥。照此标准传下去，则是一代不如一代，其结果是各宗门庭不数传而宗风不振。南北方有很多原先挂钟板开十方的大丛林，传来传去，最后都成了子孙庙了。一些真正年高腊长有修持的大德们却被冷落一边，他们或主座一方，或栖迹自修，碍于各宗的法派关系，眼看着好些门庭衰败下去，也不便去问。多少年来，各地名山大刹兴衰递遭，大多是受这种"传法传座"的影响所致。

针对"传法传座"的这些流弊，倓虚大师在总结自己多年僧伽管理经验的基础上，提出了"传法不传座"的僧伽管理思想。倓虚认为，"传法"与"传座"从根本上讲是两件事，"传法"是老法师将"法卷"（有关各宗历代相承的弘法系统）传给那些对法理有解悟、有研究之人；"传座"则是老法师将寺院"住持"传给那些道德行持能孚众望、能领众修持、能刻苦耐劳办事之人，由他来住持寺务，维持道场。"接座"之人可以"接法"；"接法"之人除非具备"接座"条件，经大众推选外，不能固定要"接座"。倓虚认为，"传法"属于自利，"传座"属于利他，虽然"接法"与"接座"兼而备之者亦多有，但是"传法"可以不"传座"，"传座"也可以不"传法"，这就要看"接法"与"接座"之人是否同时具备两者条件。

那么，如何实施"传法不传座"呢？为此，倓虚提出四条原则：

第一，"传法不传座"。例如某寺，历代传持某宗法派，住持可以在众僧之中拣选那些对教义有相当研究而又严持戒律、品学兼优者，或一人或多人，传予其"法卷"，以期法脉绵延。这些"接法"者，或久住寺院，或行脚他方，各随因缘，分灯扬化，这就是所谓"传法不传座"。"传法必须传座"会导致以下弊端：一是所有受法人，必个个认为自己是固定法嗣，而对寺务加以干涉；二是升座时必有争执；三是受法人或先精进而后退堕，对传座事不能担当，必将误事。

第二，"传座不传法"。例如甲寺为禅宗，乙寺为律宗。甲寺前几任住持均为大德高僧，对寺务管理有序，法缘殊盛。可是，传到后几任，由于人才缺乏，已无适当"接座"人才可选，如果固守成规，拣一有烟火习气、无甚行持之人勉强升座，则此寺将从此就零落不堪了。是时，乙寺方兴未艾，有大德年高腊长，福德具足，在乙寺或已由住持退座，或未当住持清修。这时，甲寺大众可将乙寺大德请到甲寺升座当住持，一本甲寺例有规矩，不受

"法卷"限制，便可重振法门。反之亦然，或同宗同派，均可照此而行。

第三，"法座俱传"。如有一僧，久住某寺，品学兼优，素为人所器重。寺主对该僧或已"传法"，或未"传法"，而适值该寺住持退座，大众以十方选贤制，请该僧"接座"。该僧如未"接法"，前任住持默识该僧为载道法器，可于"接座"前或"接座"后向其"传法"，是谓"法座俱传"。但此"传法"是前任住持以法系所关，以个人识见传与之。虽为"法座俱传"，但"法"与"座"仍是两件事，不能以"法卷"为住持之左券。又或甲、乙、丙、丁等寺为同宗同派，甲寺现住持为传本宗法卷第十代，乙寺现住持为传本宗法卷第十五代。或值甲寺无适当住持人选，而值乙寺有人时，可就乙寺中已"接法"未升座者，或已"接法"升座而又退座者，公推派其为甲寺继席人。其余乙、丙、丁等寺值此情形时亦然，一切不受法卷代数所限制。如此则既可使该宗之法系不绝，亦使寺务承继有人，寺纲不坠，亦是"法座俱传"之例。

第四："法座俱不传"。十方常住十方僧，一寺之中，南北过往僧伽鱼龙混杂，择其特别持戒精进者，或"传法"或"传座"，若普通一般禅客，则在"法座俱不传"之例了。

倓虚是天台宗第四十四代宗师，其门下弟子成千累万。他依据众多弟子的各自素质与不同情况，对有的人是"传法"不"传座"，如仁智、仁道、真法等人，只是"接法"不"接座"；对有的人已经"接座"而并未"接法"，如德一、慧一、慧闲、寂仁等人。在倓虚"传法不传座"的僧伽管理思想的指导下，由他兴建的天台宗北方丛林基本上是遵循这种僧伽管理思想，进行人才建设和教制建设的，因而使天台宗在短短的二十余年间，便迅速在北方兴盛起来。

最初开始修建湛山寺的时候，倓虚大师已预备在湛山寺做十年住持，替大家经营修庙之事，之后让贤与能。自1934年至1944年，正好十年，倓虚大师自谦"老病颓唐，不能临众，若再敷衍领众，难免有本乱治末之虞"，于是照章改选住持，简订领众规则，以作常行轨道。1944年9月19日，公推善波法师为湛山寺第二任住持。在送座的那天，除湛山寺共住规约外，倓虚大师写了几条关于住持领众的规约，并规定"以后，无论到任何年代，十方大德贤者，在这里任住持时，都按照这样去行"，从而保障了湛山寺在倓虚大师卸任后住持一职能始终在高僧大德中代代相传。

一是专责领众。僧伽为三宝之一，译华言为和合众。其能和合者，唯在一人领导。领众必先调众，调众必先知众，知众必先临众，由临众而后知众，由知众而后调众，调众而后领众，始能统理大众，一切无碍。

二是行持课程。十方常住，云集僧众，皆以三宝熏修为本。今以普通公共行持，要自他两利，每日早晚两遍殿堂为要务，住持必亲自临众，共其甘苦。早殿讽经，祈祷国泰民安，世界和平。晚殿讽经，超度十类孤魂、古今八方阵亡将士及灾死难民等。又晨午二次斋堂，念供观想，十方诸佛应供，法界有情，普同供养。念毕食时，各存五观，食毕结斋，回向施主安乐，领众绕佛，共祝十方，消灾弭厄。

三是遵守规则。两序班首执事，由住持敦请，各负专责，尽职服务。四众弟子，循规就序，今略举规则，亦在大众心目之中，不过耳目勤熏，利于躬行实践。前任者为临时住持，在创建时期，未得般般照章就序，今选正式住持，宜应各按轨道。住持为一刹之主，兴衰在此一人。内外缁素，皆要维持，时常肃静，不可纷扰，障碍清修。为住持者，二六时中，念念在道，每日两次殿堂，为领众修行之专务，倘有疏虞，四众无依。故选静室修养，少应繁务。寺内班首执事，无急要事，不可轻见方丈，若有要事，告毕即出。会客皆在方丈外寮，会毕即归静室，存养精神，领众熏修。自然空中戾气化作祥和，灾劫消于无形。又每日开大静时，住持须至司房阅账，知客亦至司房，同监院报告一日经过，及次日应办之事。大钟响时，回寮休息。其余班首执事及居士寮、念佛堂、四众人等，皆以方丈为模范，一律遵行，免去俗务繁扰；及散心杂话，始得纯粹修行。其余各条，另有细则，以上所订，乃经常轨则，若处难缘，须通权达变！

此规则从住持的专责领众修行共住、公共行持课程的共同参与以及和两序班首执事共同带头熏修等三方面规定了住持的职责。现代丛林一般只立共住规约，较少对住持做另外规定，而倓虚大师对住持管理寺院及领众修行的另外规定，体现了他重视寺院道风建设的新思路。

另外，倓虚大师在《青岛湛山寺共住规约》中也有对住持的要求。其中第二条规定本寺住持定为十方选贤，不收剃度徒弟，亦不专传法子。另外，第六、七、八、十三条，规定了住持的任期、退居后的待遇、住持的选举及职责等。

善波接替倓虚任湛山寺第二任住持。善波（1912—1978年），俗名李宝俊，北京人。幼年出家五台山普济寺，后求学于北京广济寺，1932年来青岛协助倓虚筹建湛山寺，十几年来从学僧起，任监院、首座，夙慧老成，器识卓越，威仪严肃，言行有节，素孚众望。任住持后，善波标率僧众，克尽

163

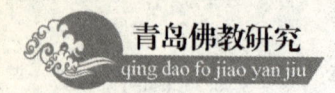

厥职，佛教学校青年僧人达百余人。晨钟暮鼓，朝暮功课，从不间断。全国隐名居士自由捐献，供养僧众，愿心施财者，日有所闻。湛山寺达到鼎盛时期。建国后，善波于1950年10月还俗，改名李波，就业于青岛一家医院，娶妻生子。1978年7月10日在青岛病故，终年66岁。

湛山寺第三任负责人真法（1893－1978年），俗名孙绍安，山东省莱阳人，家境贫困，幼年赴东北谋生，后皈依辽宁省辽阳县（今鞍山市）千山佛爷洞化一老和尚出家。1932年来青岛协助倓虚大师筹建湛山寺，1934年任湛山寺副寺。善波还俗后，倓虚从香港来信委托真法负责湛山寺的工作。青岛解放后，真法曾任青岛市第一届政协委员，"文革"期间被遣返原籍，1978年病逝，终年85岁。

2. 湛山寺的丛林设置

近现代丛林，基本设置有五个部分，即所谓"五大堂口"，其中包括：

禅堂：禅堂是丛林的核心，专指坐禅的道场。

客堂：客堂为寺院日常工作的管理中心，负责对外的联络、宾客、居士、云游僧的接待，本寺院各堂口的协调，僧众的考勤和纪律，各殿堂的管理，以及寺院的消防、治安等。

库房：库房总管僧众生活和佛事的必需品，如粮食、物品、法器、香烛等，还管理山林、田庄，以及殿堂、房舍的修缮等。

大寮：大寮为寺院的生活区，负责供应僧众的斋饭，主要由斋堂和僧厨组成。

衣钵寮：衣钵寮是方丈和尚的事务机构，直接为方丈办事。

一般的寺院，都是由方丈和四大班首、八大执事所组成的。另外还有很多的侍者和其他负责人。八大执事就是指五大堂口的主要负责人及其他寺院重要执事僧，包括：监院（库房负责人）、知客（客堂负责人）、僧值（又名纠察）、维那（寺院监察）、典座（斋堂负责人）、寮元（云水堂负责人）、衣钵（方丈堂负责人）及书记等。各丛林根据自身的特点，所设的八大执事不尽相同。例如，当代有些丛林，接待云水僧人很少，云水寮形同虚设，工作多由客堂负责管理。随着寺院经济的发展，库房工作日显重要，因此，在八大执事中，去掉了寮元，增加了库头，仍是八位。每个堂口都设置相应的职务，委派相应僧人负责，通常情况下，这五大堂口都设有以下执事：

禅堂

维那：禅堂的主要负责人。凡禅堂中有违犯清规者，他都有权予以惩罚。上殿时，维那掌管佛教仪式的起腔领念，以音声为佛事，有如佛教乐团的总指挥。

悦众：维那的副手，若维那不在，禅堂可由其代管。悦众在上殿时具体敲打乐器，配合唱念，并教初学参禅僧人的礼仪。悦众可设置数人。

知藏：熟悉佛教三藏典籍，主管和保护重要的经藏，相当于图书馆的馆长。

藏主：执掌经橱钥匙，定期晾晒经藏，负责佛教书籍的保管和借阅。相当于图书管理员。

参头：也称"禅头"，禅堂中参禅最久或最熟练者，他主要承担的是，为初学参禅的僧人做出示范和起到表率作用。

司水：每天早晨打洗脸水，准备早、中、晚的漱口水，出坡后的洗脚水等。

圊头：每天挑送净桶，冲洗厕所，更换洗手水，洗晒揩手帕等。

客堂

知客：客堂的主要负责人，掌管全寺内外日常事务和接待僧俗客人事宜。

照客：为客堂和知客办事，照料客人，打扫客房等。

寮元：云水堂的负责人，根据客堂安排，接待来寺院的云水僧。

僧值：由于这个职务原来未设专职，而是由僧众轮流值班，故名。主要职责是代方丈管理检查僧众威仪，相当于纠察一职。

殿主：大殿的管理人员，其职责是照管油灯、香烛，摆设供器、供品，清洁佛像、佛殿等。

香灯：殿堂的管理人员，与殿主职责相同。

钟头：负责敲钟的职务。

鼓头：负责击鼓的职务。

夜巡：负责夜间巡逻和打照板报时刻的职务。

门头：守护山门的职务。

书记：负责寺院的文秘工作。

库房

监院：俗称当家师，既是库房的主管，也对各堂口的工作进行督察。权力仅次于方丈。

都监：都监的序职在寺院中是最高的，他在禅堂的位次，坐在监院上

165

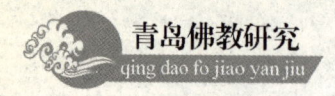

首。他上辅住持，下助监院，一般在日常生活中很少管事。

副寺：监院的副手。指导库头们的工作，负责寺院生活及佛事用品，并对财务进行监督。

库头：负责库房的管理工作。

庄主：俗称"下院当家"，凡寺院所属庄田的一切事务，都由庄主负责。

园头：经管寺院的菜园。

监收：主要负责购进实物的验收等。

大寮

典座：大寮的主要负责人，寺院的生活总管。

饭头：负责煮粥做饭，随时掌握人众之去来、水米之增减。

贴案：负责做僧众的斋菜和佛殿的供菜。

菜头：负责厨房用菜，包括选菜、洗菜等。

水头：保证供应大寮做饭菜和烧茶等生活用水。

茶头：保证供应僧众每天的茶水。

火头：专管饭菜的炉灶，掌握火候。

磨头：负责寺院磨米等使用磨所做的事情。

行堂：在斋堂为进斋僧众铺碗筷、盛饭菜和添加饭菜，斋毕又收拾和清洗碗筷的事务。

衣钵寮

衣钵：是方丈和尚的直接助手，负责收发信件和草拟文书等。还可代替方丈接见来访者。

烧香：侍者寮的负责人。凡方丈说法，主持佛事，出位拈香、礼拜、上堂、上供时，均由烧香高捧香炉，走在方丈前面。

记录：主要为方丈写法语，传戒时写请启，为各种佛事写疏文等。

汤药：负责在方丈生病时煎汤熬药，也是方丈小灶和上客堂的厨师。

请客：有人会见方丈，先由他禀报衣钵或方丈；方丈或衣钵有指示，也由他向外传达。

圣僧：负责照料方丈的穿衣，饭后漱口，为方丈背行囊等。在佛教仪式中，当为方丈传炉、开具等。是方丈的侍者。

行者：在方丈厨房烧饭烹茶及干杂活的僧人。

这些职务都是出于寺院管理的需要而设置的。湛山寺实行执事邀请制，即监院、知客、维那、僧值、典座、寮元、衣钵、书记等执事均由住持邀请，住持先选择德才兼备、能为大众办事之人，通过协商确定后，每年农历正月十六日和七月十六日，由住持当众宣布，即各就各位。

湛山寺的职务构成及"五大堂口"执事表（1946.7）

	职别	姓名	年龄		职别	姓名	年龄
	住持	善波	33		香灯	静禅	57
	首座①	仁智	43		香灯	圆清	64
	首座	达如	51		夜巡	圆修	58
禅堂	维那	纯一	26		夜巡	能性	50
	知客	法生	30		夜巡	证修	57
	纠察	乐渡	23		夜巡	清泉	43
	殿主	本钧	45		监院	永寿	30
	殿主	吉林	31		副寺	致中②	63
	殿主	仁耀	37	库房	副寺	真法	48
客堂	书记	梵光	34		副寺	成空	38
	香灯	志诚	28		库头	无净	39
	香灯	赋真	54	大寮	典座	纯智	32
	香灯	纯魁	66	衣钵寮	衣钵	一忍	20

3. 青岛湛山寺共住规约

倓虚大师认为，戒律是僧人根本，僧人不守戒律，则失去出家之本分，佛法不会久住。常住规约是根据佛的戒律及现时环境，因时制宜而定。十方善人，同来聚会，规约就是人们的管教师，任何人不能出乎规约范围以外。常住的兴旺与否，端视对于规约的遵行与否。寺院全体僧众共同遵守常住规约，不得例外。倓虚大师根据戒律和历来丛林清规，制定了《湛山寺共住规约》三十三条，反映出倓虚对建立新型佛教制度的思路：

---

① 首座，在丛林中负责教育的僧人是以住持为主，另外辅助的僧人是首座、堂主。首座有一位或几位，旧制也称为座元，僧堂内首领的意思。与维那、监寺、统称为三纲司之一。他辅助住持弘宗说法，大多是僧人们公认的善知识高僧，或在住持的得法弟子中选有高深造就的担任，他可以代替住持上法座主持讲法，开示大众。

② 致中，东北吉林人，1925 年跟界虚师出家，是倓虚大师的一个徒侄。出家后，在长春帮倓虚大师修般若寺，出力甚多。1933 年计划修湛山寺时，倓虚大师把他从长春叫来负责看守木料砖瓦。后任湛山寺副寺，湛山寺所用的家具等基本都是经他手置办的。

第一条　本寺宏扬佛法，以教阐天台、行修净土为宗旨。

第二条　本寺住持，定为十方选贤，不收剃度徒弟，亦不专传法子。

第三条　本寺遵依佛制，半月半月诵戒，每星期间讲四分律二次，及菩萨戒一次，以便遵行。

第四条　本寺为造就宏法人材，得附设佛学专校，依第一条宗旨，为授课标准，其规则另定之。

第五条　本寺以僧伽为持法，主理内务；以佛学会居士为护法，佐理外务。

第六条　本寺住持任期三年，连选得连任一次。

第七条　本寺无退居之待遇，其住持卸任后，欲久住者，须任讲席；或作班首执事，分担职务。与寺有功者，任何职务，有养老待遇，另订之。

第八条　本寺住持，任期届满，由本寺班首、佛学会干事会，召集本寺各执事及与本寺有关各山大德，共同组织选举会，择由本寺班首执事中戒乘俱急者，或十方大德中众望素孚者，推举数人，在佛前拈阄，以拈出三次者为中选。

第九条　本寺应有工程及道场募缘事宜，须由佛学会干事会与住持议妥后实行。

第十条　本寺僧伽，概不出寺应赴经忏。其有延生荐亡、念佛拜忏者，得就本寺或下院为之。

第十一条　本寺护法斋主，来山作道场者，概不受经价及衬钱之名，所有资助，均归布施入公，其经师经单，由本寺照例发给。

第十二条　本寺每月收支，须作公开报销，俾会寺当务者周知。

第十三条　本寺住持及班首执事，须清白乃心，靖恭厥职；以绍隆佛法，护持常住为己任。每就职之初，均须宣誓，以表虔诚。

第十四条　本寺僧伽，均须遵守佛戒及本寺各项规约。如有犯根本大戒及夜不归宿者，出寺。

第十五条　本寺僧俗，若有私吃荤酒、看戏、吸烟者，出寺。倘有重病，非酒不疗者，不在此限。

第十六条　本寺僧伽，无公事不准私走檀护家，违者出寺。

第十七条　本寺僧众，除公事外，不得至各寮任意放逸或博弈游戏，犯者重罚，不服者出寺。

第十八条　本寺僧伽，若有三五成群，杂话游戏，造弄是非，侵害常住，搅乱清众者，出寺。

第十九条　本寺僧伽，如有斗争是非，破口骂詈者，出寺。其有对骂或交拳相打者，不论曲直，一律出寺。

第二十条　无论僧俗，若有侵损常住米面财物等及私自将寺物送人者，如数赔偿已，出寺。

第二十一条　本寺僧伽，如有轻视耆德，恶闻规劝，妄生诽谤等事者，出寺。

第二十二条　本寺僧众，不听执事人约束调遣者罚，不服者出寺。

第二十三条　本寺僧众，出入须到客堂告假、销假，违者罚。若在外放逸，执事知而不举者，同罚。

第二十四条　十方僧俗到寺，如有行踪诡异、言辞闪烁者，即须从细查问，以免匪徒托迹，致酿祸端。若颟顸失察者，知客受罚。

第二十五条　早晚二时功课、及应供威仪，不整肃者罚。

第二十六条　斋食时，不得谈笑争座及未结斋先起，亦不得自携碗入厨取食及无公事吃二堂饭，违者罚。

第二十七条　厨房粥饭，属大众共有，须同甘苦，不许别处私食及私留鲜美自食，违者罚。

第二十八条　不论大殿钟鼓等法器及各殿内法器，无故乱打动大众念者罚。

第二十九条　库房执事，凡交执，须一一对众点明，交付新执，违者罚。

第三十条　亡僧遗物，应量轻重，重者归常住，轻者依羯磨现前僧，除赏劳已，余者不得误用，宜公卖之，设斋供众念经，与其忏罪，违者罚。

第三十一条　本寺既无恒产，全赖当地善缘维持，概不许外来诸山长老及居士等住于寺内募缘。本寺僧伽，上自住持，下至清众，亦不许私自募缘，违者重罚，不服者出寺。

第三十二条　本寺僧伽，若有在外偷行嗜好或犯清规者，及外来游僧假借本寺名义招摇募缘、扰害地面者，由佛学会居士，会同住持，设法禁止，或驱逐出境。

第三十三条　本规约，未尽事宜，得参酌百丈清规处理之。

《青岛湛山寺共住规约》首先明确了湛山寺的宗派属性和丛林属性。《共住规约》第一条指出："本寺宏扬佛法，以教阐天台，行修净土为宗旨。""教阐天台，行归净土"一向为许多天台高僧所主张并身体力行，倓虚大师也继承了天台一贯的教学思路。据天台宗系谱，天台宗的初祖为印度龙树，

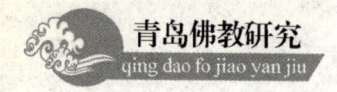

二祖为北齐慧文，三祖为慧思，而实际创始人则是陈隋之际的智顗（531—597年）。因智者常住天台山，故名该宗为天台宗。又因该宗奉《法华经》为主要教义，故也称法华宗。其教义主张一切事物都是法性真如的显现，以中、假、空三谛圆融的观点解释世界。就天台宗的教学特色而言，天台三大部《法华玄义》、《法华文句》，注重玄义及提出"消文四意"的解经方式，以玄义贯穿经义，成为千百年来研究经文、讲说佛法教理的最好范本。观心门的《摩诃止观》，不只是天台家观心法的至宝，也是修习禅定的圣典。此外，天台五小部所说的小止观、六妙门等，也是禅修的必备良书。天台宗以义理组织严密而独步于其他宗派，尤其对佛陀一代时教，判摄为五时八教，为所有教判中最完整的；但义理的繁复也影响到发展的情况，因此不易普及。天台宗是中国佛教最早创立的一个宗派，它集合南北各家义学和禅观之说，加以整理和发展而成一家之言，当时得到朝野的支持和信奉，对隋唐以后成立的各宗派多有影响。元明以后，该宗学者往往兼倡净土，形成"教在天台，行归净土"之风。该宗在汉族地区虽几经兴衰，但仍延续至今不绝。到了清朝，除了喇嘛教一枝独秀外，其他宗派皆处于衰颓时期。民国以来，有谛闲大师再度复兴天台宗，他创立观宗研究社，培育天台宗人才，仁山、常惺、宝静、静修、禅定、可端等人都是门下高足。其中，倓虚大师于1925年曾受谛闲大师付法为天台宗第四十四代传法者。

《共住规约》规范了寺庙住持的选贤制。《共住规约》第二条指出："本寺住持，定为十方选贤，不收剃度徒弟，亦不专传法子。"现今一般丛林，以其住持传承方式不同，可分为子孙丛林（法门丛林）、十方丛林两种。子孙丛林系由自身所度之弟子依序传承，此等寺庙性质多为一僧或一系僧众所私有，寺产可由住持者随意处置，与十方丛林之为僧团所共有者不同。十方丛林是大型寺院，住众较多，日常生活有严格的规约限制，寺产公有，住持之推选较合乎住众公推的原则。十方丛林依住持继承制度不同，又可分为选贤丛林与传法丛林：传法丛林是依法系相传，选贤丛林则系请诸方名宿住持。湛山寺将本寺规定为选贤丛林，是要避免此寺日后成为少数利益集团的私产及无谓之争端。不专传法子，主张"传法不传座"。《共住规约》的第六、七、八、十三条，规定了住持的任期、退居后的待遇、住持的选举及职责等。1944年，善波法师继倓虚大师任湛山寺第二任住持，在送座那天，倓虚大师还特意写了《湛山寺住持简单领众课程规则》，这是有关住持带头提升寺院道风的相关制度。

《共住规约》的第三个主要内容是对寺院僧众行持的规定，如第十、十四至二十八、三一、三二条，本寺僧众均须遵守佛戒及本寺各项规约，对违反者如夜不归宿、私吃烟酒、搬弄是非、争斗打骂、轻视耆德等行为要受到处罚。另外，对寺院僧众的告销假、功课、斋食、法器等都有规矩，违反者要受到处罚。此外，对执事职责、亡僧遗物的处理等也都有明确的规定。

在《共住规约》中还有一个创新的地方是第五条规定："本寺以僧伽为持法，主理内务；以佛学会居士为护法，佐理外务。"自古以来，居士护法都是一个普遍的事实，但以条文的形式将之表达并列入寺规，是其他寺院共住规约之所未见。这说明倓虚大师对佛教僧俗众关系的把握有更新的视角，对居士在佛教事业发展中的作用有非常清楚的认识。佛陀在世时，就指出僧众的根本是修行并住持佛法，而在家居士的职责是保护、维持佛教正法，两者主内、主外的分工为佛法的弘扬示现了一种完美的结合。由于居士们的护法，每月定期给予资助办学，因此湛山寺规定不许外来诸山长老及居士等住于寺内募缘，也不许本寺僧伽私自募缘，这一规定保持了寺院清修之所的纯洁性。

《共住规约》的最后一条规定："本规约，未尽事宜，得参酌《百丈清规》处理之。"《百丈清规》是中国禅宗六祖惠能三世徒百丈怀海制定的丛林清规，世称古清规。禅宗形成初期，禅林尚无制度与仪式，故该清规设有法堂、僧堂、方丈等制度，又规定众僧分别担任东序、寮元、堂主、化主等各种职务，为8、9世纪间中国禅宗脱离律寺、维持独自教团生活之必要规范。《百丈清规》对中国佛教僧团运作的影响十分巨大，后代佛教各宗寺院基本参照《百丈清规》来制定共住规约，在共住规约中有不够详尽的地方，均要参酌《百丈清规》来处理。

在倓虚大师的精心谋划和严格管理下，无论是湛山寺的僧人，还是湛山寺佛教学校的学僧，都能按照寺规、校规要求自己，为净化当时青岛的社会风气发挥了很好的作用。故倓虚大师坦言："以青岛佛教在中国而言，可谓最纯洁，最整齐！（因为新创始故）平素于戏院、饭馆、澡堂、理发厅等，诸繁华场合，从不见有僧人踪迹。即有不良嗜好的出家人，在青岛亦绝难见到。报纸、刊物亦从不见有说僧人龃龉犯戒等事。街上有时看见师傅们往来，居士们都知是湛山寺的，必问讯敬礼。因此师傅们在街上一点不敢放

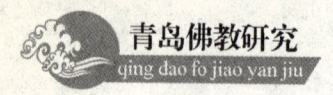
逸，深恐有玷湛山名誉。"① 出家人能如此洁身自好、行谊高洁，并因此得到老百姓的如此尊敬，这是在国内任何地方都是罕见的。

4. 湛山寺的法会

湛山寺农历每年有十次固定法会。

序号	时间	名称	序号	时间	名称
1	正月初三	居士们来寺团拜	6	七月十五日	盂兰盆会
2	二月十九日	观音圣诞法会	7	九月十九日	观音出家法会
3	四月初八	释迦世尊圣诞法会	8	九月三十日	药师如来圣诞法会
4	六月初一	倓虚大师诞辰	9	十一月十七日	弥陀法会
5	六月十九日	观音成道法会	10	十二月初八	释迦世尊成道法会

浴佛节为每年的农历四月初八，是佛教徒纪念教主释迦牟尼佛诞辰的一个重要节日，又称佛诞节、灌佛会、龙华会、华严会等。中国历史记载佛诞为周昭王二十四年（公元前 1027 年），释迦牟尼从摩耶夫人的肋下降生时，一手指天，一手指地，说"天上天下，惟我独尊"。于是大地为之震动，九龙吐水为之沐浴。因此各国各民族的佛教徒通常都以浴佛等方式纪念佛的诞辰。此日，僧尼皆置香、花、灯、烛，置铜佛于水中，进行浴佛，一般民众则争舍财钱、放生、求子，祈求佛祖保佑，出现各种庙会。

浴佛节是湛山寺最大的一次庙会，仪式十分热闹隆重。每年浴佛节时，为了便利佛教徒与游人，交通公司会增添由大窑沟至湛山寺及台东镇至湛山寺两条临时路线，并设立临时售票处。关于庙会的盛况，时人记载道：

昨日天气晴和，艳阳高照，适为湛山寺庙会之期。善男信女，络绎于途，车水马龙，来往频繁。湛山道上，杨柳轻拂，槐花成□，为妻财子禄而赶上早香者，不乏其人。寺前出卖纸烛香箔之摊贩不下百数处，加以卖汽水凉粉叫卖嘈杂，震耳欲聋。摩登女郎与西装少年，亦手执长香，挤入人群。老态龙钟的老太太，步步生莲的乡下大姑娘，亦不后人。在万头攒动中，足可□出两个世纪不同的人物。大殿之上，人如潮涌，足使上香时□者，无下跪礼拜之地。数名香火僧人，犹以一种安详姿态，呆立于青灯古佛之侧，□□敲鱼，大做其法事。殿侧灰蝶飞舞，香烟缭绕，□蒸得足可使人头晕眼

---

① 倓虚讲述、大光记录：《影尘回忆录》第二十章《湛山寺创修经过》，宗教文化出版社 2003 年版，第 311 页。

花。收纳香资的木柜，将花花绿绿的钞票，一张张的吞进去。……据记者估计，香客昨日至少约在三万人之上，每人以千元消耗计算，昨日庙会破□，以三千万以上云。①

1948年，湛山寺"浴佛节"盛典仪式上午九时开始，"由该寺善波法师领佛教徒七百余众等赴方丈堂捧迎释迦佛像至大殿，焚香化纸，并在钟鼓齐鸣声中，唱菩萨赞、浴佛经，□□举供献鲜花灯果"②。仪式极为肃穆隆重，至十一时许才结束。

盂兰盆会为每年的农历七月十五日。盂兰盆，乃梵文 Ullambana 的音译，意为"救倒悬"，盂兰盆会又称"盂兰盆节"、"盂兰盆斋"、"盂兰盆供"，是汉语系佛教地区根据《佛说盂兰盆经》而举行的一种超度历代祖先的佛事。盂兰盆会源于大目犍连救母的佛教传说，自南朝梁大同四年（538）梁武帝于同泰寺设盂兰盆斋，中国各地逐渐形成了放焰火施饿鬼食、在河中放莲花灯为主的民间习俗，主旨是拜祭先祖，超度亡灵，送走灾祸疾病，祈求吉祥平安。

湛山寺每年到七月十五照例办盂兰会，按照水陆仪规，启建水陆道场，在兵荒马乱的岁月里，坚持启建水陆道场实属不易。1945年寺内做水陆道场时，致中和尚梦见弘一律师来庙对他说："今天打扰你一件事，因为时局不好，到处有战事，又加各地闹粮荒，兵燹疫疠，水、火、盗、匪、死很多人。中国因受战事影响，粮荒严重，各地已无启建水陆道场的，有的也很马虎。惟湛山寺，在此烽烟满地的时候，还能很安心的年年做一次水陆道场，种种方面都很如法，大家都很虔诚，功德不小，我现在领来很多人，预备在这个法会里超度他们，请你告诉老法师，给设一个位子，免得进坛时，为护法善神所阻。"③ 自此之后，每年湛山寺做水陆法会时，必给弘老特设一个位子。

（四）开办湛山寺佛教学校

民国时期，随着佛教的复兴，兴起了一批培养僧材的佛学院，遍及浙江、江苏、湖北、北平、福建、重庆、安徽各地，而各种面向社会的宏法学

① 青岛市档案馆，档案号：D000366—00055—0026，《一日香火三千万，善男信女湛山寺》，《民报》1947年5月28日。

② 青岛市档案馆，档案号：D000284—00034—0027，《四月八浴佛节，湛山寺香客多》，《平民报 大民报》1948年5月17日。

③ 倓虚讲述、大光记录：《影尘回忆录》第二十一章《十年来的湛山回忆》，宗教文化出版社2003年版，第329页。

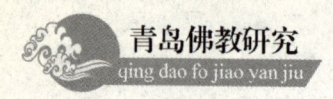
校、佛学社、佛学会、讲习所更是难以详计。倓虚大师对佛学教育十分重视，他认为："凡事以人才为重要，……只要有人才，不怕佛法不往外宏扬，如果是佛教里面没有人，后来的出家人一代不如一代，这样不用外人摧残，佛法本身自己也会慢慢的断灭了。所以我出家后，除了想自己修行外，到处都以培育人才为急务。……也盼望大家出家之后，除自己修行外，将来到各处，随各人的缘法，多办几处学校，多培养人才。如果自己没有力量去办，也可给人家去帮忙协助。出家人如果不受教育，不明佛法，知识水准还赶不上一般人，处处受人诬蔑，这是多么难过的事！"① 倓虚大师的话可谓言中时弊，因为教育事关一切事业盛败兴衰的关键，不论是一个国家或是一种宗教。倓虚大师深知佛法发扬广大，挽救末劫人群倒悬之苦，必需有弘法僧伽，具有远大慧眼，了解高深佛法方是济世良师。他一生致力于"僧伽教育"，在每个道场完成后，皆创办佛学院，培育僧才。主张丛林学院化，学院丛林化。计倓虚大师一生创办教育，有佛学院十三处，在家中学两处、小学两处，在门下受业的学生，僧俗一千余，培养已能在各处担任弘法者三十余人。在他主持与创办的佛教学校中，最有名的是青岛湛山寺佛教学校。1935 年，湛山寺讲堂修起之后，由沈鸿烈市长发起设立佛学专科补习班，选二十名资质优秀的出家人，授以各部经典。1940 年 11 月，把专科补习班改为私立湛山寺佛教学校，也称"湛山佛学院"。

1. "三不限"，分层招生，僧源充足

倓虚大师对于学僧有三不限：不限年龄，不限程度，不限来去，这"三不限"规定是全国任何僧校都没有的。倓虚大师认为，出家人大多失学，青年者固需求学，中年乃至老年从未求学者更多，如一定限制年龄，此辈今生永无求学机会，不唯虚度一生，亦是人生最大憾事。关于程度，更难规定，正因僧人大都失学，无法论其程度，只好进门来，从头学起。至于不限来去，因出家人最爱自由，各有因缘，养成习惯。如果一定限制，弄成要去者不得去，不免哭叫，要来者不得来，反叹向隅。最好是来者不拒，去者不留，鸢飞鱼跃，各适其适。但不来者也不请，犯过被遣者，不许再来。老人的这种措施，在当时佛教情形下也确属客观必要。在这种宽泛政策的吸引下，湛山寺佛教学校一时人数大增，其间最小稚龄者有之，年届半百始学识

---

① 倓虚讲述、大光记录：《影尘回忆录》第十四章《哈尔滨极乐寺创修经过》，宗教文化出版社 2003 年版，第 177 页。

字者有之。虽然自由来去，而学僧经常不下八十余人。虽然来者不拒，也以居住问题满额为限，至无处安单时，也无法"不拒"。一些前来求学者宁愿睡临时搭成的木板房或门房，以等待空额，有的等候数月、半年仍不得入学，只得回去。僧徒来自全国，而籍贯东北者尤多。

为了尽可能让有志求学的人获得学习机会，学校一般根据学僧文化基础与资质分设预、正、专、研究四科，其中预科相当于小学，正科相当于中学、专科相当于大专、研究科相当于本科。为不同文化的学僧开设不同的课程，有效解决了近代学僧层次不齐的佛教教育难题。凡来求学者，照例考试，按其程度，列入某科。一九四五年正月初五，智梵法师来到了湛山寺：

是日午后，随众听倓虚老人讲解大佛顶首楞严经第四卷，深入浅出的讲解法，使闻者容易接受。在校居住数天后，老人为了要知道我们的程度，便出一作文题——求学志愿。让我们发挥，不料，我却考入正科，随诸同学上课听讲，数日后，感觉学历不足，便自行退入预科，继续充实已经荒废的学业，下学年便升入正科，当时同级者共有十五位同学，毕业那年我考列第七名。①

湛山佛校以层次完备、师资优异吸引了大批学僧，慕名前来求学者络绎不绝，以至于学校无力承担，1937 年初，湛山寺佛教学校不得不发出了如下启事：

本校开办以来，业经二载，所有先后插班之学僧，已超过原定学额数倍以上，现因限于经费住所，决定不再续收插班学僧，以资维持。惟近日仍有自各地投函要求插班者，诚恐冒然前来，徒耗资□，兹特郑重声明，免致空劳往返。再者本校第一班，将于二十六年年底卒业，第二班开始招收学僧时，必另有启示宣布。有志来本校求学者，望于第二班招僧时，再行投考可也。②

湛山寺佛教学校这种"一票难求"的情形几年后依然未改变。一九四二年冬天，妙智法师从上海法藏寺坐海船直抵青岛，"那时学院学僧在百人左右，欲入学校是一件非常困难的事，而我又是个经忏丛林出身，不学无术的鲁钝人，要凭考试，起码的预科也不够格，况人地生疏。所以一居两月，院方也无许可入学的表示"③。后幸得湛山寺达如法师到客堂向倓虚大师说情，

---

① 智梵：《略谈吾师倓虚老人二三事》，见《倓虚大师追思录》。

② 《青岛湛山寺佛教学校启事》，《佛学半月刊》第 146 期，1937 年 3 月 1 日出版。载《民国佛教期刊文献集成》第 53 卷，第 359 页。

③ 妙智：《敬念恩师倓虚大师》，见《倓虚大师追思录》。

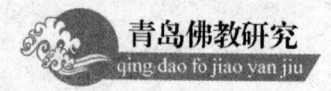
妙智法师才被允许入学。

2. 课程丰富，学法灵活，重视行持

湛山寺佛教学校中，预科以文化为主，正科以佛学、文化兼学，专科以佛学为主，研究科是在精通某一宗派的主要经论的基础上，对佛学一些重大理论问题进行探讨。除由佛教学校主讲法师讲经外，研究科的学员都担任正科、预科的教学任务，每次讲课，全寺僧侣全都参加讲听。

课程设置丰富，博专结合。为了造就僧才，倓虚大师施教圆满涵容，既不单弘天台，也非仅拘于念佛往生，而是包括了佛学各宗的教义，甚至非佛教系统的其他经典著作。学僧法藏回忆说："湛山佛学院规模恢闳，课程精严，除天台基本教典外，楞严、起信、维摩、唯识、四分律等均为必修之课程，傍及儒书。"① 学院曾接受市长沈鸿烈的建议，遍习经典之外，兼授国文、历史、地理、心理、论理各课，"以专家而兼通才，确立佛学根基"②。所以佛学院的"一切上课规程和普通学校差不多，课程有佛经、梵经、教观、教仪、戒律、儒经、公文、国文、古文、史地、书法，还有科学"。时人也颇感奇怪："佛门本修神学，怎么还能以科学方法来作实验吗？真是博彩旁征了。"③

提倡学术自由，兼重各宗。倓虚大师讲解《大佛顶首楞严经》，定西老法师④讲《大乘妙法莲华经》，澍培法师讲《百法明门论》，还有修航律师所讲的《四分戒律》，智光律师的《随机羯磨》等；另有几位老师讲授文学课，如蓬莱居士董子明老师所授之古文，山东大学秘书王杏东⑤老师负责批阅文

① 法藏：《追思师尊盛德与宏恩》，见《倓虚大师追思录》。

② 沈鸿烈：《敬悼倓虚大师》，见《倓虚大师追思录》。

③ 青岛市档案馆，档案号：D000018－00033－0031，《湛山寺游人多，善男信女焚香礼拜，大雄宝殿水泄不通》，《青报》1948 年 5 月 17 日。

④ 定西法师（1895－1962年），名澄志，号如光，辽宁省海城县人，1924 年依宝一老和尚剃度出家，辅佐倓虚修建哈尔滨极乐寺，任监院。1929 年继倓虚任极乐寺住持，在东北大力弘扬佛法。1946 年辞卸极乐寺住持，到沈阳般若寺驻锡，创设念佛堂，领导缁素弟子同修净土法门。1948 年 5 月，与倓虚一起回到青岛湛山寺。1949 年春赴港传法。

⑤ 王杏东（1900－1977年），又名王苍、王澍。其祖籍一说是山东牟平人，一说是山东诸城人，民国时期青岛著名的书法家，尤善石鼓文、篆籀，且善乐理，藏甲骨甚多，曾在山东大学图书馆工作。山大迁至济南时，与黄公渚一道留在青岛，是一个极有道诣的学者、国学大家。王苍早年执教于市立中学（今青岛一中），授国文课，建国后在山东大学执教，主讲"禅"学，曾任古典文学系一级教授。王苍对甲骨文、金文、乐律、国学有及高的造诣，且精鉴赏、富收藏，很多收藏捐献国家。

章，王有琴①老师讲四书，莱阳居士于绍文老师讲国文，桐城居士龙健行任文牍。此外，达如、慧闲、保贤诸上人皆为学院之教授。所有课程均有律学，专聘请律师讲授。湛山寺虽主张"教演天台，行修净土"，但无门户之见。诸宗并立、大师毕至、旁涉儒宗的教学特色反映了倓虚大师培养僧才的宽广胸怀和远见卓识。学校教学与自学相结合，学僧自主性强。学校以天台三大部、五小部重点选修，"自愿学习其他宗派教理者也予以鼓励"②。学员多自愿组成学社，"教学与自学结合，每周集中活动三次，交流心得，互相讨论"③。1943 年左右，佛教学院的同学们组织了楞严研究会，"以抽签式轮流演习，以各讲一段为原则，另加补充一签，某位讲完之后，递传此签，某人接到，即可发挥己见，补其不足，久久相安无事"④。

理论与实践并重，重视行持。学僧每日除听讲研究佛经教仪外，每晚修止观一小时，由倓虚大师亲自开示领导。对于初学修止观的人，他介绍了一个简便方法："如果最初修观不能观现前一念时，可以用眼睛定住了神，观现前的境。……把身心定住之后，然后再观现前一念。……观的时候，也不要怕起妄想，要回过头来观妄想找妄想，看这个怕妄想的，和知道妄想的是谁？到这时，一心不能二用，心里明明白白的，全是观照的力量，这种妄想就没有根了，大家应当在这里要眼地方多用功夫。"⑤ 凡是老人创办的道场、学院，皆解行兼修。每年尊依佛制，结夏安居，半月诵戒，持非时食戒，传授大戒等。学院严格"持午"制度，即过午不食。佛学院的吃饭时间早饭是五点半，午饭是十一点半，每日两餐，一过此时，就是饿晕了也不可吃东西。曾经有两个学员"因受不了饿，偷着在下午吃了东西，后经校长发现，以'非时食'大犯教律，立即开除了"⑥。倓虚大师以身作则，上殿过堂，必亲临率领。

《佛学月刊》于 1941 年第 1 期刊登《青岛湛山寺之动态》，介绍了倓虚大师在湛山寺佛学院的讲学情况。文云：

倓老法师年近古稀，虽时病缠身，精神气力犹过常人。每日在湛山寺为

---

① 王友琴（1899－? 年），曾任民国时期龙口救济院院长。
② 方兴：《现代佛教的杰出教育家——湛山老人》，1986 年 8、9 月，《内明》第 173/174 期。
③ 方兴：《现代佛教的杰出教育家——湛山老人》，1986 年 8、9 月，《内明》第 173/174 期。
④ 圆智：《敬悼恩师》，见《倓虚大师追思录》。
⑤ 梅山居士：《忆天台宗倓虚大师》，见《倓虚大师追思录》。
⑥ 青岛市档案馆，档案号：D000018－00033－0031，《湛山寺游人多，善男信女焚香礼拜，大雄宝殿水泄不通》，《青报》1948 年 5 月 17 日。

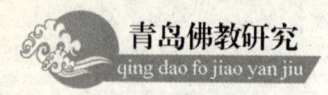
学僧讲经一小时。（现讲起信论）星期日必赴市内佛学会为诸居士公开讲经。（现讲法华）听讲人数，恒逾数百，常有拥挤不下之势。因之各界皈依，争先恐后，每遇佛菩萨诞节纪念道场，求受皈戒者，极为踊跃。倓公为推行佛化极乐为摄受，公历年讲经，多因权利导，言无虚发，惜记录乏人，流传甚少，刻已刊行者，仅有《起信论讲义》、《金刚经亲闻记》、《四十二章经随闻记》诸书。

寺中学僧六十余名，因先后来学、程度分为研究、专、正、预四科，每日除朝暮课诵、晚修止观外，计有性（法性宗）、相（法相宗）、律（律宗）各宗教义，并国文、日语诸门，凡六小时之功课。自二十五六年，一度经慈舟、弘一二律师先后驻锡后，全寺僧众演成持律之风。自二十五年春起，全寺过午不食，凡朔望布萨，结夏自恣等事从无虚废。去夏同愿分会成立，全体会员并未入会者数百人。于每月望日必集寺中，由全体僧众引导举行念佛一次，每次必请倓虚老谆谆开示。人心倾向之诚，仪式之庄严隆重，堪称稀有。此外复有佛会诸居士自办之念佛会，于精舍每周讲经后在会举行，并例定每岁春秋二季在寺中举行佛七。①

3. 坐地参访，名师云集，弘扬戒律

行脚参方、拜师修学是中国佛教继承的印度佛教优良传统，但近代战乱不息，人民生活困苦，游方僧安全无法保障。倓虚大师主张实行"坐地参方"，即把有修行的高僧大德请到湛山寺来，学僧无须出游就可瞻仰大德高风亮节，面请教益，以结法缘。全国名僧来青岛湛山佛学院讲学者有律宗大德慈舟、弘一律师、法相宗松泉法师、禅宗真空法师、密宗能海法师②等，使湛山道风驰誉中外。1937 年，倓虚大师曾预备把印光老法师③请到湛山寺来主持净土道场，后因事变未成，这是倓虚大师最遗憾的地方。

---

① 《青岛湛山寺之动态》，《佛学月刊》1941 年第 1 期。载《民国佛教期刊文献集成》第 95 卷，第 21 页。

② 能海上师（1886－1967 年），近代显密圆通的著名爱国高僧，39 岁于四川新都宝光寺出家为僧，嗣后接法于佛源和尚，为禅门临济宗第四十四世法脉。两度入藏求法，礼西藏大德高僧康萨老喇嘛为师，尽得喇嘛显密法要、衣钵真传，获密宗格鲁宗派宗喀巴大师第 28 代嫡传。一生创建了成都近慈寺、绵竹云雾山、重庆、上海金刚道场、五台山清凉桥等多处密宗道场。讲经弘法、注译密宗经典，尤其在沟通汉藏佛教文化及和平解放西藏等方面作出了杰出贡献。

③ 印光法师（1861－1940 年），法名圣量，字印光，陕西邰阳（今合阳）孟庄乡赤城东村人。大师振兴佛教尤其是净土宗，居功至伟，是对中国近代佛教影响最深远的人物之一。大师在佛教徒中威望极高，与近代高僧虚云、太虚、谛闲等大师均为好友，弘一大师更是拜其为师，在当代净土宗信众中的地位无人能及。

倓虚大师对戒律十分重视，他曾说："戒律在佛家很重要，佛临入涅槃时，教弟子以戒为师，正法之能否久住，就在乎后人对佛的戒律能否持守，一切都建筑在佛的律仪上。有佛的戒律在，就有正法在，如果出家人不守戒律，正法也就快湮灭了。所以出家人，无论到任何时候，任何地方，不能把佛的戒律忽略过去。尤其对于新开创的地方，奠基伊始，一切规矩法则，更应当遵照佛的戒律，纵然不能完全持守，在可能范围内，也应当按照可行持的去行。"因此在湛山寺修起之后，他给大家请来两位专门持律的法师，一位是慈舟老法师，一位是弘一律师。

慈舟法师（1877－1957年），湖北随县人，近代教研贤首（华严）、行在律净的高僧。俗姓梁，法名普海，字慈舟。自幼随父母学佛，33岁时与妻室同时出家，未久，于汉阳归元寺受具足戒。曾随侍华严宗大德月霞法师。生平讲授华严，阐扬戒律，弘化甚广，而自律甚严，持比丘戒，行净土行，修法界观，尝于南北各大寺院宣讲华严、圆觉、起信、四分戒本等。民国9年（1920），开办华严大学、明教学院，致力僧材教育，并应虚云和尚之请于福州法海寺筹办法界学院。1935年秋，慈老介绍他的学生梦参师到湛山寺来求学。后梦参给慈老寄去两本倓虚大师的《大乘起信论》讲义，得到慈老的称赞。自此之后，倓虚大师和慈老常有书信来往，并屡次邀请慈老来讲学。请慈老的原因，一则是因他为当代大德，南北都去过，饱参饱学，对各地家风规矩都经验过，来湛山后，可以帮助建立一下丛林的规矩；二则因慈老讲教代持律，出家人如果不明白戒律，是一个大缺点。

1936年正月，倓虚大师派梦参师到福州将慈舟法师请到湛山寺。慈老本弘华严，海内知名，而严奉律制，求之末世盖不多见。来校后，"学僧本请讲华严，以一闻大经为愿，而慈老宗旨欲弘戒律，不讲华严。佛法本重根机，学僧之请求，即机宜所在，而慈老不此之顾，一定讲戒律，先讲四分戒，再讲随机羯摩"①慈老宣演戒律，"开讲甫一周，全体学僧为之感动。夏历四月十三日，特恳慈师依律为作四羯摩忏悔法，时历三昼夜，投诚发露，人数达过半"②。

---

① 火头僧：《追思倓公》，见《倓虚大师追思录》。
② 《湛山寺学僧之精进》，《佛学半月刊》第130期，1936年7月1日出版。载《民国佛教期刊文献集成》第52卷，第392页。

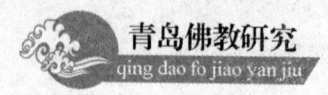

湛山寺佛教学校之前本无持午，慈老来后提倡持午①，"初尚勉强，后乃风从，由老人主张，取销晚饭，奠定全校持午之制"。据说有青岛某名流游日本，日本有一全国道德最高法师为全日人民崇拜，其原因即"持午"，某名流报曰："敝国青岛湛山寺全寺僧人八十余名皆持午"，"日人闻而咋舌"②。湛山寺持戒之严格，由此可见一斑。

慈老除在湛山寺讲经、讲律外，还到佛学会去为僧俗两众讲经：

本年又聘请律宗大德慈舟法师莅青，为佛学校僧众讲授戒律及其他经论。慈舟法师戒律精严，说法恳切。近年被聘在福州鼓山僧学院，主讲大乘经论，业已五年。此次远道来青，一经开示，僧俗无不感动。佛学会同人，遇此盛缘，殊为难得，为此将佛学会星期讲经钟点，改为星期日午后一点半钟起至四点止，仍请倓师讲法华经一小时，并请慈舟法师讲大乘起信论一小时，中间休息半小时，会场仍在福山支路青岛佛学会。无论会员非会员，均可到会听讲云。③

慈老到湛山寺后，或改正或添加了不少规矩，如持午、诵戒、结夏、安居等，都是慈老在时所立。1936年秋天，倓虚大师去长春般若寺传戒，湛山寺的事全归慈老法师分神代理，他不别众食，不单受人供养，一切随众。1936年秋末，慈老迁往北京净莲寺。

1937年旧历三月二十三日，倓虚大师又特派湛山寺书记梦参法师持函南下，恭请弘一大师北上湛山寺讲律。从四月到九月，弘一大师在湛山寺讲经弘法半年之久。

湛山寺有了这两位律师的弘戒，规矩顿时树立，倓虚在《影尘回忆录》中说："慈老和弘老到北方来，在别处，没有能拿整个丛林来接受其律仪的，惟湛山寺能接受。每到初一、十五诵戒羯磨；四月十五，结夏安居；七月十五自恣；平常过午不食……二位老法师走后，这些年来，还是照规矩去行。原因这里是新创的地方，做事单纯，不像其他地方那么复杂，自己也能作得主，也乐意，所以能接受。晚近海内大德，提倡僧教育，谓须建立在僧律仪上，其基础方稳固，可谓确论。"顾国中僧校依律奉行者甚少"，今湛山寺佛

① 持午，佛在世的时候，规定佛弟子一天只能在中午吃一餐，叫做过午不食，或者称为持午、不非时食，即在中午11时至下午1时之间可以进食。
② 火头僧：《追思倓公》，见《倓虚大师追思录》。
③ 《慈舟法师莅青讲经》，《佛学半月刊》第125期，1936年4月16日出版。载《民国佛教期刊文献集成》第52卷，第231页。

教学校"首先实行，洵无愧于学僧而真有振兴佛教之望也"。[1]

倓虚大师这种"坐地参访"的方式使学僧受益很大，所以能培植那么多法将。

4. 爱护学僧，因材施教，管理严格

倓虚大师对于学僧特别爱护，其在东北三省及北京已传"最爱学生"之名。对于湛山寺佛学院的学僧，倓虚大师更是率先垂范、倍加爱护：

至本寺大众起止行持方面，则无尊卑职分，倓老法师与众同甘苦，以身作则，为众表范。除每日授课外，如朝二时功课及三斋，必亲自率同。寺中每月开支收入各款项，亦必详细一一公布之，俾众知悉。晚学足迹所游，开见所及，华北各地丛林一般长老方丈，如是而行者，诚如凤毛麟角，由此可想见倓老法师奉行宏法之心，对于学僧培育爱护之怀矣。[2]

老人对于学僧一视同仁，概无地域之分，对学僧一概称呼某某法师，不单呼名字。学僧对老人则自动呼"老法师"，学僧之间也互称法师。老人对于饮食一概随众过堂，从不别众私置，信士送来的水果、点心，自不吃用。积存足够大众分食之数，则于饭后分散与大众，持回寮房自用。银耳等物则于早课前煨好，大众分饮。职事中监院、维那、知客、僧值、监学、香灯、侍者、夜巡、班长皆由学僧兼任，有事办事，无事听课，概无职事与学僧不同阶级之分，以免上下隔阂。倓虚大师主张"寓佛学于医学"，认为出家人精于医道，可以自医、医人，既能造福社会，又能利益人群，还可以维持自己的生活，也有利于佛法的弘扬。这样，以佛法医心，以医药医身，身心俱无病，即可成佛。老人的这个主张没有在青岛湛山佛学院贯彻实行，但他仍然实现了医疗福利。学僧有患病者，医药由公费供给，有自备药房，储存大批中药，老人本善医术，故不需另外延医，皆他亲手诊断。学僧偶有染疾，无不手到病除，犹对严重伤寒最为拿手，大麻黄汤一剂便汗，重病如失。[3]后来，倓虚大师在香港华南学佛院增添了一门医学——《伤寒论》，终于实践了他"寓佛学于医学"的理想。

倓虚大师对学生因材施教，耐心教诲。法藏法师生于苏北农家，幼失

---

① 《湛山寺学僧之精进》，《佛学半月刊》第130期，1936年7月1日出版。载《民国佛教期刊文献集成》第52卷，第392页。

② 无烦：《青岛湛山寺之现状》，《人海灯》第二卷第二十期，1935年9月15日出版。载《民国佛教期刊文献集成》第70卷，第182页。

③ 火头僧：《追思倓公》，见《倓虚大师追思录》。

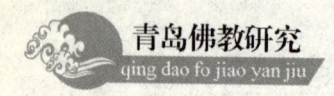

学,十八岁出家全潮庵,受具足戒。1939年秋,法藏法师入湛山佛学院预科,"乍入此最高之学府,惶悚忧惹夜不成寐,两目为赤"。倓虚老人知道后温和地开示他:"汝勿畏难而退惹,凡事莫不起头难,应下决心,人一能之己百之,人十能之己千之,有志者事竟成。"① 法藏心中感悟,遂努力奋发,先事熟读,不求甚解。不到三年,天台三大部已能背诵如流,经中义理亦略窥门径,只是对个中妙义微旨仍有些懵然。1941年秋,宝灯法师出家北京拈花寺受戒,10月间在拈花寺结缘倓虚大师。1944年初,宝灯法师进入湛山佛学院,"师命我先作苦行,凡香灯、殿主、门头、悦众等职,相继任之。工作之余,则随众上课"。在求学期间,倓虚大师常开导指示他:"谓学法之人,不要太急,急则会出毛病。须要净心修学,时间久了,自然能触发你的宿世智慧。或者遇着碰着,可能大彻大悟"②。

为了加强佛教学校的管理,倓虚大师制定了《私立青岛湛山寺佛教学校暂行规则》,包括总纲、组织与编制、课程与时间、考试及成绩、待遇及规制、附则(课堂规则、自修室规则、寝室规则、图书室规则)共六章二十三条。这些规则体现了倓虚大师认真办学、重视僧人综合素质培养的精神。由于他重视僧人素质的培养,湛山寺的僧人在当地获得良好印象,居士们见了僧人也必合掌致敬。1939年,湛山寺学僧体藏在该寺附近拾得配表一支,当即送交警察局,警察局以该僧"拾金不昧",予以嘉奖。③

自古以来,佛教前贤都提倡僧侣一面念佛修持,一面参加生产劳动。近代,佛门僧尼趋向寄生依赖生活,或靠山林田租剥削,或靠檀越乐助布施,或靠赶经忏敛财。清末民初,华北地区寺院僧侣普遍不重视讲经弘法,专务经忏,造成了华北(包括东北)佛教的衰微。倓虚大师在《影尘回忆录》中对以北京为中心的民国初年华北佛教情况有一段记载:"据佛教会登记调查,全北京城,大小有一千一百多处庙,在这么多庙子里,没有一处请法师讲经的,而且听经的时候,他们连听都不听。因为清朝以来,北京的旧风气,都是以经忏和交际为主,如果能经忏佛事拿得起来,再能交上某督抚,或提督或王爷,就成功了。所以,他们的生活都很舒服,然而却没有人发心来弘法。"作为首都的北京尚且如此,其他地区的情况可想而知。对此弊端,不

———————————

① 法藏:《追思师尊盛德与宏恩》,见《倓虚大师追思录》。
② 宝灯:《回忆尊师念将来》,见《倓虚大师追思录》。
③ 青岛市档案馆,档案号:D000303－00207－0004,《湛山寺学僧拾配表一支,送警局招领》,《青岛新民报》1939年9月27日。

少名僧曾大力抨击，反对广建坛场、聚徒讽诵、以做佛事为衣食之资。倓虚大师在根本上也反对以经忏牟利，因而他创立的湛山寺不做经忏。后来因各位护法对庙里有厚德，有时到庙里请几位师傅给超度消灾等，这样盛情难却，不好不应酬，因此有了经忏的开端。倓虚大师从除弊出发，对经忏的制度安排作了重新考虑：

第一，无论任何人，有念经的要到庙里来念，师傅们不出庙去念，不送殡。

第二，不讨价钱，不索衬资，末了由施主随意供养，多少全归常住作香资，没有任何争竞；师傅们的单钱，由常住照例发给。

第三，因为湛山寺是学校性质，上午有三堂课，下午有两堂课，无论给谁念经，不能耽误学校课程；规定念经时间，上午念两次，下午念两次，每次约四十分钟左右，时间夹在课程的空当里。这样于学校课程，于常住应酬，利己利人，两不耽误。平素师傅们求学很拮据的，藉此也能得点零钱，作为衣单贴补。

其实，《湛山寺共住规约》中也有关于径忏的规定，与上面第一、第二条基本相同：

第十条，本寺僧伽，概不出寺应赴经忏。其有延生荐亡、念佛拜忏者，得就本寺；或下院为之。

第十一条，本寺护法斋主，来山作道场者，概不受经价及衬钱之名，所有资助，均归布施入公，其经师经单，由本寺照例发给。

这种对佛事的硬性规定，是以有利于学校及学生学修为标准的，维护了寺庙弘法的主要功能，做到了"利己利人，两不耽误。"这种应付经忏的良好方式，是值得当代经忏日益浮化的寺院所借鉴的。

倓虚大师认为，寺庙产业多，容易让后来继续的人养成贪心，依赖性大，难以安心修行。且在时局转变时易惹麻烦，地方上还起反感！产业固然不能一点没有，但不要过多，过多则易奢侈！无论一个人或一处庙，有修行有道德，自然也有感应，不怕无人供养。所以，他建立的几处丛林皆不主张置许多产业。湛山寺开办后并没置产业，1937年来湛山寺讲学的弘一大师也发现了这个问题，他在给夏丏尊的信中写道："湛山寺居僧近百人，毫无恒产，每月食物至少须三百元。现在住持者不生忧虑，因依佛法自有灵感，

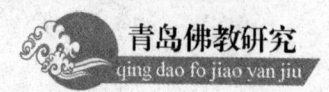

不至绝粮也。"① 起初，湛山寺的经费蒙当时沈鸿烈市长安排市政府教育局按月补给。自 1934 年 4 月起每月补助 140 元，以后因人多不够用，又自 11 月起增为每月 200 元。铁路局葛光延委员长为维护湛山寺学校，也每月补助 200 元。"七七事变"后，不再补助。以后的经费则由各位居士发心捐助。每年四月初八办一次庙会，常住作几次法会，平常也给人应酬佛事，这样维持全寺的生活。湛山寺的香火比较旺盛，在内忧外患的民国时期已是大不易了。1947 年浴佛节时，湛山寺照例举办庙会，小孩子在庙后面的三间厨房的窗子边上"翘望着这里的白米饭和满桌的热菜，他们整日的吃着地瓜干粗粮，于是他们羡慕着这种豪华的生活"②。

近代，社会中挂佛教招牌而行外道和骗取的事情多得如毛，佛教团体和慈善机关简直混成一气，这些现象普遍流行在南北大都市里，因此，要想找到一处清净的都市佛教，"那只有寻访青岛那个地方了"。青岛湛山寺佛教确实有各地所不及的几个特点：

（一）青岛虽然号为大都市，其实开放以来日子并不久，一方面本地人民尚保在农村的朴实思想，另一方面所接受多是外国有秩序的文明，像其他的"说大话，使小钱"的都市处伪习气，这里人大概还不大懂得；所以一般人民不信佛教则已，若信，则纯粹出于内心的真诚，很少受什么面子往还应酬交际等的支配。（二）青岛是一个新进的文明都市，失业的人民很少；所以一些信仰佛教的居士，完全是清净的信仰，绝不会想籍佛教的光得着些什么便宜。（三）青岛的庙只有一个湛山寺，人们见着和尚就知道是湛山寺的，用不着问"大师父，那庙里？"他们只知道和尚是很守纪律的修行人，所以他们也很把和尚看得起；居士们见着和尚差不多都合掌致敬。不过这里的和尚好像有一种自然的约束，到是老实些。（四）湛山寺的经忏是不出堂的，经资也随施主自便，来寺作佛事的施主都是深信佛教的人，施主和和尚两方面谈不上营业的交往，一切争施主兜揽佛事等的市侩习气更没有，至于搭着大红袈裟在马路上跟着棺材跑的和尚，在青岛作梦也看不见。（五）来湛山寺的和尚都是为修行和研究教典，他们每天都耐心的探究佛教教义，并不想在青岛开个佛店和赶经忏赚钱，因之，跑应酬的禅和子们在这里是没有他们

---

① 《致夏丏尊（六六）》，见林子青：《弘一法师书信》，三联书店 2007 年版，第 58 页。
② 青岛市档案馆，档案号：D000144－00056－0019，《湛山寺的浴佛节》，《平民报》1947 年 5 月 28 日。

的路子的。……至于在佛教教义和法规方面，中国本来有各宗各派各处的意见差别，其在青岛，因为相似于佛教输入中国的初期，人心完全受纯正的信仰心支持，整个的信仰由倓老法师的人格感化，绝对出不了什么争执。[①]

时人对湛山寺佛教特点的分析与概括，让我们惊叹于湛山寺佛教优良的氛围与风气。

5. 僧才济济，弘法内外，多有建树

倓虚大师生平致力于讲经弘法、建寺安僧，始于东北，终于青岛，共建十方丛林九处、支院十七处，主办佛学院十余处。其中，寺院以湛山寺为最，佛学院以湛山佛学院为盛。目前，在国外弘法的有不少是湛山寺的学僧，如美国纽约佛教青年会乐渡法师、旧金山心梵法师、加拿大湛山寺性空法师、马来西亚湛山寺圆智法师、台湾慧峰法师、新加坡慧僧法师、香港湛山寺宝灯法师以及湛山精舍的大光、圣怀、保贤、醒空、法藏、智梵、明远等法师，都是先后在倓公座下亲受教益的学僧。

青岛佛教学校学僧一览表（1946）

序号	法名	年龄	籍贯	略　　历
1	仁智	43	湖北麻城	青岛佛学研究科毕业
2	永寿	30	辽宁锦县	青岛佛学专科卒业
3	法生	30	河北大兴	青岛佛学专科卒业
4	纯一	26	江苏萧县	青岛佛学专科毕业
5	大宏	33	辽宁海城	青岛佛学专科毕业
6	梵光	34	辽宁康平	青岛佛学研究科毕业
7	纯智	32	山东掖县	青岛佛学专科毕业
8	一忍	20	热河陵源	青岛佛学正科毕业
9	乐渡	23	江苏萧县	青岛佛学专科卒业
10	钦承	25	松江呼兰	青岛佛学专科卒业
11	圣护	28	山东海阳	青岛佛学正科毕业
12	幻空	23	辽宁义县	青岛佛学专科卒业
13	智光	34	辽宁海城	青岛佛学专科卒业
14	自成	30	江苏宿迁	青岛佛学正科卒业
15	普贵	34	辽宁开原	青岛佛学专科卒业
16	圆智	22	山西五台	青岛佛学正科卒业
17	宝灯	28	绥远丰镇	青岛佛学正科卒业

---

① 佛悦：《青岛佛教的轮廓》，《佛学月刊》第一卷第五期，1941 年 10 月 1 日出版。载《民国佛教期刊文献集成》第 95 卷，第 147—149 页。

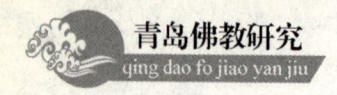
序号	法名	年龄	籍贯	略　　历
18	孝天	21	龙江望奎	青岛佛学正科毕业
19	明远	26	江苏萧县	青岛佛学正科毕业
20	忠信	18	吉林扶余	青岛佛学正科卒业
21	教义	25	察哈尔涿鹿	青岛佛学正科卒业
22	智梵	22	江苏沭阳	青岛佛学正科卒业
23	明智	19	河北宛平	青岛佛学正科卒业
24	果圆	26	山东禹城	青岛佛学预科学僧
25	仁耀	37	山东长青	青岛佛学三年
26	志诚	28	龙江望奎	青岛佛学三年
27	达如	51	龙江望奎	青岛佛学研究科卒业
28	妙智	26	江苏泰县	青岛佛学正科毕业
29	妙音	21		学僧
30	松林	19		学僧
31	福堂	25		学僧
32	妙观	27		学僧
33	乐西	29		学僧

　　保贤法师（1909－1987年），山东东平县官驿镇靳口村（今属梁山县）人。山东省东平县人，俗姓郑，法名隆安，字保贤，笔名火头僧。九岁到汶上县蜀山寺剃度出家，礼佛诵经。1928年到北京广济寺受具足戒，后进入弘慈佛学院攻读，三年毕业后又入广济寺进修三年。1935年，保贤负笈青岛湛山寺佛学院深造，依倓虚大师修学天台教观。因为他已有多年的佛学基础，后期即在佛学院任助教，先后讲过《百法明门论》、《唯识三十颂》、《八识规矩颂》等课程。每当倓虚大师开示时，均由保贤负责记录下来，在北京出版的《同愿》月刊和《佛学》月刊上发表，还编辑讲录《观世音菩萨普门品》、《般若心经》单印本。1936年，慈舟法师到青岛湛山寺讲《四分律戒本》，保贤参加听讲，以此熟知律部。1937年初夏，弘一大师受请至青岛湛山寺，讲《四分律随机羯磨》，保贤进一步熟习律学。1942年，弘一大师在福建省泉州示寂，南方佛教界征文纪念。保贤以"火头僧"为笔名，初用白话文体裁写成《弘一律师在青岛》一文，被选入纪念特刊，成为弘一大师史实的一部分。

　　1944年，保贤法师离开青岛到济南，在净居寺创办"瑜伽佛学院"，招学僧三十余人，为学院主讲。后来到各地参访，曾到苏州灵岩山进念佛堂，翌年又到杭州凤林寺挂褡，听静权老法师讲《无量寿经》。1951年春到达上海，寄居老西门关帝庙，与巨赞法师、林子青居士等交往密切。上海各佛堂也常请他去打佛七，为主法，讲开示，先后皈依者数百人。1957年冬，保贤法师辗转到了香港，依倓虚老法师住在弘法精舍。1958年世尊成道日（腊月初八），倓虚老法师手写天台宗法卷为法师传法授记，为天台宗四十五世法裔。法师移居道慈佛社，组织"香港佛教青年会"，引导青年信仰佛教，会员达七十多人。1961年，"香港佛教青年会"迁址九龙官塘，改名为"香港佛教青年中心"，接引有缘青年千余人。1963年6月23，倓虚老法师圆寂，法师撰写《追思倓公》一文追悼，并撰写《湛山倓虚衔公大师略传》。1974年，法师发表《楞严质疑》一文，引发了佛教界关于《楞严经》真伪的大辩论。1987年7月16日法师于港示寂，世寿79，僧腊70，戒腊59。1991年，香港青年佛教中心编选的《保贤法师选文集》出版流通。

慧峰法师（1909—1973年），河北滦县人，法名仁孝。1938年礼庆一法师出家，次年于哈尔滨极乐寺倓虚大师座下受具足戒，入哈尔滨极乐寺佛学院受学。1939年，在极乐寺受三坛大戒，第二年在佛学院毕业。又入长春般若寺佛学院求学，1943年，从般若寺毕业，离开东北到青岛，又在湛山寺佛学院的专修科就读。倓虚老和尚以他佛学与国学俱佳，且年岁较长，即命慧峰法师在佛学院担任监学，并兼替倓老代湛山精舍佛学会任讲师。以后数年一直在湛山寺倓老身边。1948年赴台，驻锡基隆月眉山灵泉寺暨新竹狮头山元光寺。1952年卓锡台南，常赴各大寺院主持佛经讲座。1954年在台南创建湛然精舍。1959年春于高雄大岗山东麓新建法华精舍，掩关精修三年余。法师毕生弘法化众，授律传戒，德誉甚隆。1973年12月示寂，世寿65。

纯智法师（1912—2009年），山东省莱州市人，俗名徐灿。22岁时在哈尔滨极乐寺出家，法号纯智，次年在辽宁慈恩寺受比丘戒。24岁来到青岛湛山寺向倓虚大师学习，同时积极参加湛山寺的建设，随后又参加了湛山佛学院。1954年，被分配到夏庄法海寺劳动。"文革"初期，被送到华严寺改造。1984年，又返回湛山寺。2009年2月10日，首座和尚纯智于湛山寺安养院寮房中安祥示寂，世寿98，僧腊75。

梦参法师（1915—），1915年7月13日（农历六月初二）出生于黑龙江省开通县。1931年在北京房山县上方山兜率寺出家，法名"梦参"。同年在北京拈花寺受比丘戒，戒期圆满，南下九华山，朝礼地藏菩萨道场。1932年，转赴福建省福州市鼓山涌泉寺参访，依止慈舟老法师学习《华严经》，更旁及虚云老和尚的禅法，有时也奉慈舟老法师之指示，代讲经论《阿弥陀

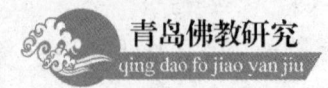

经》等。1936年赴青岛湛山寺，依止倓虚老法师学天台四教，并担任湛山寺书记，负责倓虚老法师的庶务以及对外连络事宜。随后奉倓虚老法师之命，礼请慈舟老法师北上青岛湛山寺讲律，又护送慈舟老法师到北京开讲《华严经》。1936年底，再奉倓虚老法师之命赴福建厦门万石岩礼讲弘一大师北上弘律，历时半年之久。此后担任弘一大师的外护半年，深受弘一大师身教的启发。弘一大师为了答谢他担任半年的外护，亲赠手书的《净行品》偈颂。1937—1940年间，随同倓虚老法师在长春般若寺传戒，讲四分戒律，并往来于东北各省、北京、天津、山东等地，讲经弘法。1941年，转赴西藏拉萨学习密法，在西藏黄教三大寺之一的色拉寺学经论五年。1945—1949年间，又转赴西康等地参学，总计在西藏学习密法达十年之久。1950年由西藏返回内地，蒙受反共反革命之冤，入狱长达33年之久。1982年平反出狱，回北京任教于中国佛学院。1985年到厦门南普陀寺重建闽南佛学院，并担任教务长一职。1987年，应美国万佛城宣化上人之邀，赴美数月。1989年，应美国洛杉矶妙法院旭朗法师之请，再次赴美弘法，此后即旅居美、加地区。同时应台湾之请，数度来台弘法讲经。从2001年始，便应邀常住五台山普寿寺讲经，并指导圣宝山愿成寺的僧众静修。2009年，出席世界佛教论坛台北华梵大学分论坛，并以首席贵宾的身份发表开幕致辞。

洗尘法师（1920—1993年），辽宁复县人。9岁依潮海寺照同和尚出家。19岁毕业于东北沈阳万寿寺附设之佛学院，旋任复县龙凤寺、潮海寺、清泉寺等寺院住持。20岁受戒于长春般若寺。曾亲近倓虚、定西等法师。其后创办龙凤寺佛学院、安僧院、慈幼院等佛教教育、慈善事业。1948年春，负笈青岛，就读湛山佛学院。后驻锡于香港荃湾东普陀寺。1950年发愿复兴中国佛教，乃与金山、恒悦共建道场。先后兴办佛教医院、内明书院、内明小学、内明英文中学、能仁书院等，大力推行佛教及社会教育工作。1983年任香港佛教僧伽联合会会长，及香港能仁书院、佛教书院、内明书院等校之监督职。1993年5月示寂，享寿74岁，僧腊63载，戒腊51年。洗尘法师生平以续佛慧命、弘法育才为己任，座下得度弟子不计其数。尤其于推动僧侣教育及社会教育，更是不遗余力。香港佛教之昌隆，洗师功不可没。

乐渡法师（1923—2011年），安徽萧县人。10岁依龙泉寺雪峰老和尚剃度，三年后到徐州云龙山兴化寺，学唱念、学戒、诵读佛经。19岁到南京宝华山受具足戒，圆戒后远赴山东青岛，考入湛山佛学院深造，后在青岛湛山寺担任执事。1947年应香港了因法师信约到香港游历，年底回到湛山寺。

26 岁时，重入香港华南学佛院就读。毕业后仍留在倓老身边帮助料理事务。1962 年，伍佩琳老居士在美国旧金山的唐人街创办"正信佛道研究会"，礼请乐渡法师到旧金山驻会讲经，他征得倓老同意，欣然应聘。乐渡法师是继妙峰、宣化之后，第三位到美国本土弘法的法师。他于 1963 年初抵旧金山，在"正信佛道研究会"讲经。翌年到达纽约，与姜黄玉靖、沈家桢、居和如居士创办"美国佛教会"，他先后担任美佛会会长、大觉寺住持。1974 年 9 月，乐渡法师辞去美国佛教会会长及大觉寺住持两项职务，在纽约布朗区另行创办"美国佛教青年会"，成立"美加译经会"，埋首于佛典英译的工作。他把中文佛书译为英文者已达 28 种之多，除已出版者外，尚有译出而未出版者多种。乐渡长老于 2011 年 9 月 2 日在美国纽约圆寂，享年 89 岁。

圆智法师（1924 —），山西省五台县人，6 岁在五台山南山寺出家。1941 年离开五台山，到青岛湛山寺。经过长途劳顿，到湛山寺就病倒了，直到 1946 年才入佛学院读正科，后担任副讲师。因国内战事日烈，乃于 1948 年冬辗转到上海、杭州、长沙、广州等地，后闻知倓虚老和尚将到香港办佛学院，乃辗转到香港。未久，入华南学佛院受学。两年余，因病退学在弘法精舍疗养。1960 年，法师在香港建立"北角文殊院"并担任主持，弘扬佛法。1983 年，多伦多湛山精舍落成，圆智法师受性空、诚祥二位法师挽留，协助湛山精舍法务。1986 年，法师在多伦多创建"文殊院"，任住持，在海外弘化数十年，度众无数，影响广泛。法师为当今佛教界泰斗，天台正宗祖师，现任香港僧伽联合会常任法务主任、香港湛山寺永久董事、美国佛教会名誉董事。他海外弘法数十年，为佛教在海外传播作出了突出贡献，誉满海内外。

性空法师（1924 —），俗姓赵，河北省赵州人。1937 年投入武安县粟城寺，依志愿和尚出家。16 岁在北京广济寺受戒，继而入北京法源寺佛学院受学。1943 年，赴青岛湛山寺入湛山佛学院，依倓虚老和尚受学。三年毕业，留在湛山寺任执事。1948 年冬，南下南京探师，事毕到上海，拟候轮返回青岛。适于此时，湛山寺的乐渡法师到了上海，他是奉湛山寺住持善波法师之命，赴香港偈见叶恭绰居士，接洽倓虚老和尚南下办佛学院事宜，于是性师就随着乐渡法师到了香港。1949 年 4 月，倓虚老和尚抵达香港，在弘法精舍创办华南学佛院，性师与乐渡法师乃重入学佛院受学。1967 年 6 月间，性空、诚祥二位法师由香港到纽约探视乐渡法师，后性空、诚祥二位法师留在加拿大，创立了"加拿大佛教会"和"南山寺"，南山寺是加拿大第一佛教

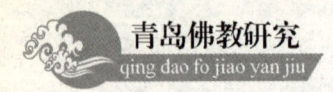

道场。1978 年，建成湛山精舍大雄宝殿落，是纪念倓虚老和尚青岛湛山寺而命名的，这是加拿大佛教会的第二所道场。经过近三十年的努力，佛教会创立了三处寺院、三处禅院，成为加拿大历史最久、规模最大的社团。

永惺法师（1926—），热河喀左旗人，俗姓刘，法名演霖，字永惺。曾先后就学于哈尔滨观音佛学院、青岛湛山佛学院、香港华南学佛院。师热心于佛教事业，先后于香港创办东林念佛堂、西方寺、虚云和尚纪念堂、菩提学会、东林安老院、菩提佛学院、华夏学院及美国德州佛教会等，并经常组团访问美、加、日、韩及东南亚诸国，以促进佛教文化之交流。历任西方寺住持、香港菩提学会会长、香港佛教会常务董事、香港佛教僧伽会董事、美国德州佛教会主席、华夏学院董事长等职。著有《菩提文选》一书行世。

宝灯法师（？—1997 年），1941 年秋出家北京拈花寺受戒，10 月间在拈花寺结缘倓虚大师。1944 年初入湛山佛学院，1949 年去香港入华南学佛院，为首届毕业学僧之一。宝灯法师在倓老往生后，发愿修建道场，纪念恩师。1964 年，发起创建了香港湛山寺，并致力于教育及安老事业及内地佛教发展。

妙境法师（1930—2003 年），黑龙江省龙江县人，18 岁就读吉林市观音古刹佛学院，依止惺如老法师剃发出家，法名妙智，号仁奇。1947 年农历三月，赴长春般若寺戒会，依倓虚老法师受具足戒。1948 年正月，赴青岛湛山寺佛学院依止倓老学习，倓老为其更名"妙境"。1949 年时局再变，与同学数人南下至香港新界荃湾之华南学佛院就读研究班，研习佛典。后在香港、新加坡、台湾、新西兰等地讲经弘法，不辞劳倦。

法藏法师，生于苏北农家，幼失学，18 岁出家全潮庵，受具足戒。1939 年秋入湛山佛学院预科。在湛山修学 10 年，1949 年随倓虚大师赴港。

妙智法师，1942 年冬从上海法藏寺来青岛湛山寺佛学院。在湛山寺八载，从学僧而到监学。1949 年随倓虚大师赴港。

智梵法师，江苏沭阳县人，年幼时多病，后入当地的报恩寺依泉通法师剃度出家。1945 年正月入湛山佛学院，不久考入正科。数日后，感觉学历不足，便自行退入预科，下学年便升入正科。1949 年赴港协助倓虚大师开办华南学佛院。1955 年在香港创建极乐寺。

倓虚大师是中国近代著名的佛教教育家，他十分注重"僧伽教育"，认为"佛法弘扬本在僧"，若无人弘法，不待外人摧残，佛教本身就会消灭，故在每个道场完成后皆创办佛学院，培育僧才。他一生主持与创办佛教学校十多所，其中僧校达九所，培养的佛教人才遍布国内外。尤其是湛山佛学院，成绩卓著，名闻遐迩。他力主出家人以弘法为家务、利生为事业，旨在净化社会、改善人心，以慈悲心辅佐政治之不足、教育之不及，于潜移默化中令人改过迁善。

倓虚大师谦恭礼让，自律极严，出家后"不别众食，不蓄钱财"，在各寺担任住持期间，"食不求精美，住不求舒适"，不搞特殊化，表现出淡泊无求的高僧风范。如倓公在《影尘回忆录》中自述："我出家三十几年，在极乐寺住持六年，在湛山寺住持十年，也经过其他好些地方，没有花过常住公家的钱，不别众食，不单受人供养，一切都随大众。在各地讲经，或作法会有供养钱时，除零用外，悉归常住作斋粮费，或大众医药费，有时给学僧买书，或贴补做衣单；或施舍办慈善、赈济、印经、放生、自己手里一个钱不存，全由司房副司师经手，单夹衣服不过两套，能替换即可。"① 妙境大师回忆说："余自削发为僧以来，所到之僧伽蓝，大殿之内，皆备拜墩，以为礼佛之用；唯湛山寺不然，只有蓝布垫子。方丈之位，亦不例外。可见大师恭敬如来之一斑也！"倓老主持湛山寺十年，南来后，因办水陆法会，将湛山寺的法器庄严借来，但每期必提出一部分善款，汇与湛山寺，直到足偿所值而后止。②

倓虚大师没有门户之见，对于不同宗派甚至不同教派都以慈德之心对待，得到僧俗各众的赞扬。大师主持湛山寺时，青岛市中有一茅屋，一道者居之，甚不整洁。市政府长官偶然经过，见之而不悦，一日来寺与大师言："我欲驱道者出市区之外，可乎？因青岛市乃中国名胜地区，常有外国客人游览，彼难堪之境界有碍观瞻云云。"大师对曰："彼道者，少欲知足，修其道法，亦世间难得之人。如被逐出市区之外，住处则成问题。化缘造房，亦非易事。如此为有碍观瞻，不符名胜之誉，不妨由长官通知道者令改造好房。彼由长官之命令，化缘亦必较为容易之云。"③ 此后该长官特别敬重大师，常赞大师乃一有德之僧。

在宗教对社会的作用特别是宗教与政治的关系等方面，倓虚形成了自己独特的见解，他认为，"治理国家，政治和佛教是一体的，只是方式的不同。

---

① 妙境：《大师去矣愿再来》，见《倓虚大师追思录》。
② 叶若舟：《感恩怀德话倓公》，见《倓虚大师追思录》。
③ 妙境：《大师去矣愿再来》，见《倓虚大师追思录》。

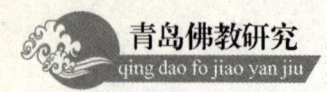

政以齐民，教以化民；政齐其已然，教化其未然。佛教可以辅政治之不足，助教育之不逮，使人有所敬畏。"秉持着这个理念，倓虚一生以"净化社会，改善人心"为己任，致力于发挥佛教辅行社会、导人向善的功用。时青岛市长沈鸿烈在主政期间"感于市民贫富不均、贤愚不等，五方杂处，社会庞杂，'教养'两事悬为首要"。倓虚大师驻锡青岛"以弘法为家务，利生为事业，净化社会，善导人心，辅政治所不及，助教育之不逮。青市民风敦朴，夙具善根，风行草偃，群情翕然，夜不闭户，路不拾遗，有东方乐园之称"。

经过倓虚大师十多年的全力建设和苦心经营，湛山寺殿堂宏丽、寺规严格、道风优良、僧才济济，堪为佛界典范。

倓虚大师在北方弘法三十多年，奔走于东北、华北、西北之间，讲经建寺、培养僧才，不辞辛苦。正如他自己回忆道："一九二〇年，回北方后，即随了各种不同的因缘，从事办学、修庙、弘法等工作，三十年来未曾稍憩。计自一九二一年起，共创建十方弘法大丛林九处、弘法支院十七处、佛学院十三处，在家中学两处、小学两处，印经处两处，谈经二百余会，著述十余种。曾在门下受业学生一千余人，培养已能在各地担任弘法事业者三十余人、传法者十四人。计三十年来所有徒弟、徒侄、徒孙、戒弟子、皈依弟子、学生及各地直接信众法眷属等不下十几万人！"[①] 因此，倓虚被佛教界誉为"近代僧伽教育之父"。1948 年，倓虚应邀到香港弘法，对香港、澳门乃至海外佛教的振兴发挥了中流砥柱的作用，又为香港乃至海外佛教界培养了大批僧才。1963 年，倓虚示寂于香港，世寿 89，法腊 46。倓虚大师一生"教演天台，行修净土"，以看破、放下、自在，自勉勉人，以宏法、建寺、安僧，住持圣教。所到之处，梵刹庄严，法幢高树，诱引来学，孜孜不倦。他对近现代天台宗在东北、华北、香港等地的传播做出了重大贡献，对当代天台宗佛学建设与净土法门的弘扬有着重要意义。

附：《私立青岛湛山寺佛教学校暂行规则》

第一章　总纲

第一条　本校为造就宏扬佛法人才起见，招收学僧，讲研经论及宗教仪轨，定名曰私立青岛湛山寺佛教学校。

第二条　本校以湛山寺西院讲堂宿舍为校址。

---

① 倓虚讲述、大光记录：《影尘回忆录》《私记缘起》，宗教文化出版社 2003 年版，第 23 页。

第三条 本校经费，概由青岛佛学会担任，即以佛学会职员会为本校董事会。

第二章 组织与编制

第四条 本校设校长一人，负管理行政之责，由湛山寺住持兼任之或特请大德专任之，设教务、训育、事务等员各一人，秉承校长，办理各部事宜，由校长委任之。

第五条 本校修业期限，定为三年，期满考试成绩及格者，给予毕业证书。

第六条 本校暂设专科、正科、预科各一班，俟经费充裕后，再谋增广。

第七条 各科正额二十名，额外得收附课生，随同听讲。

第八条 本校学僧，以年满十六岁以上四十岁以下，受具足戒者为合格。

第三章 课程与时间

第九条 本校课程，定为左列数种：佛经、戒律、论藏、国文、书牍、历史、地理、心理、论理、习字。

第十条 本校除星期例假，沐浴理发洗濯衣服外，概不放寒暑等假。

第十一条 本校自春季始业，至冬尽为一学年。

第十二条 本校定自国历四月一日起，至九月底止，为夏令；自十月一日起，至翌年三月底止，为冬令。

第十三条 本校所定食息工作时间如左：夏令早三点起床盥洗，三点三十分，至四点三十分，上殿讽经祈祷，六点早斋，八点至十一点，上课三小时，十一点三十分午斋，一点至四点上课三小时，四点至五点，上殿讽经，六点休息。（由二十五年春请慈舟法师制律寺僧不非时食）六点三十分，至八点三十分自习，九点就寝。下殿或斋罢之时间，在寺内任各人经行运动；或休息。冬令早三点三十分起床盥洗，余与上同。

第十四条 星期日，除停止授课外，其讽经斋法一如平日。

第四章 考试及成绩

第十五条 本校考试分左列四种：一、入学试验，于入学时行之。二、临时试验，由教员随时行之。三、学期及学年试验，每届学期及学年终了时行之。四、毕业试验，于修业期满时行之。

第十六条 本校学僧成绩，每届学年终了时，报告董事会审核。

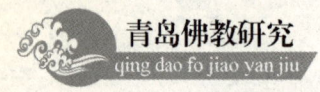

第五章 待遇及规制

第十七条 本校职教员，纯为义务制，但酌量情形，得给予津贴。

第十八条 本校学僧，免收学膳宿各费，以各科正额为限，应讲课本及纸笔墨砚，校内发给。

第十九条 本校学僧，除随导师出外演讲佛法或奉命出外布道，及赴佛学会讽经外，概不得任意外出。

第二十条 本校学僧，除遵守佛戒外，并须遵守本寺本校一切章则。

第二十一条 本校学僧，遇有应赴经忏，限于本寺及佛学会，此外概不前往。上项经忏，得由客堂选派各科学僧及全寺僧众参加。

第二十二条 本校讲堂、自修室、宿舍、图书室规则另定之。

第六章 附则

第二十三条 本规则未尽事宜，随时由董事会修正之。

讲堂规则

一、按照钟点上课，不得无故缺席或迟到。

二、各依编定位次就坐，不得凌乱。

三、上下讲堂，应鱼贯出入，不得拥挤喧哗。

四、讲师教员未到以前，各宜肃静，不得任意谈笑。

五、讲师教员上下讲堂时，应起立合掌致敬。

六、入堂不得在讲师教员之后，出堂不得在讲师教员之先。

七、讲师教员未辍讲时，不得掺问他事，如有质疑者，应俟下堂后，签条送至寮房，听候开示。

八、听讲时，应端身正坐，不得昏沉放逸及交头接耳，或看讲外之书。

九、听讲时，无论何人来堂参观，概不起立，亦不得回首瞻视，致碍观听。

十、除应用书籍文具外，凡与功课无关之书籍物件，概不得携入。

十一、除特备痰盂外，不准任意涕唾。

十二、书籍器具及门窗玻璃、墙壁、图画均应保护爱惜，不得涂抹毁坏。

十三、每日值日，将桌椅黑板地板等揩拭洁净，不得污秽。

自修室规则

一、每日自修时间，均应入室温习功课。

二、在室中不得高声谈笑。

三、休息时，应在本位静坐，不得越席妨碍他人。

四、书籍文具，应随时整理，不得凌乱无序及侵占他人位置。

五、除应用书籍文具外，无关自修之书籍物件，概不得携入。

寝室规则

一、每晨四板起床，每晚二板就寝，不得迟延。

二、就寝后一律息灯，不得私自继烛。

三、衣服被褥，须整理就序，不得任意凌乱。

四、衣服被褥，应洗濯者，星期休假，勤加洗洁，不可堆置。

五、室内轮流洒扫洁净，不得任令污秽。

图书室规则

一、所有书籍，由图书馆员分别门类、编列号码、缮成目录，以备查阅。

二、凡大部丛书及精印旧椠，或纸张已腐蚀者，列为参考书，只许在室内借阅，当日缴回，概不准携出。

三、由馆中置备借书簿二联单，凡借书者，填列书名号数及借书人姓名、年月日，一联置借去书籍之处、一联为存根，俟原书缴回，将存根盖戳，以便稽考。

四、借去书籍，均宜爱护，以重公物，如有损坏者，除酌令赔偿外，并得剥夺其借书权。

五、借出书籍，不得过二星期，缴回时，由图书馆员检查有无伤损，若无伤损，愿继续借阅者，得另填联单，继续借与之。

六、图书室，除星期例假休息外，其办公时间，应以不抵触上课时间为标准。

七、在室内借阅参考书，亦宜护惜，不得污损，如有违者，照第四条办理。

三、弘一大师在湛山

弘一大师（1880－1942 年），民国中兴南山律学之名僧。浙江平湖人，俗姓李，名广侯，号叔同。又名成蹊，字惜霜，其他别署甚多。性情倜傥恬醇，于诗文词赋之外，尤好书画、篆刻。26 岁东渡日本，入上野美术专门学校，并研究音乐，创组春柳剧社，为我国新剧运动之先驱。回国后，任教于天津工业专门学堂。后赴上海主持太平洋报笔政，藉书画文字以宣传革

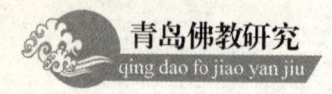
命。旋应浙江第一师范学校之聘，主持图画、音乐等科系七载，介绍西洋戏剧、音乐、绘画，开风气之先。民国7年（1918），出家于杭州大慈寺，礼了悟和尚为师。未久即于杭州灵隐寺受具足戒，法名演音，号弘一。他尝慨叹僧界常以不守戒律而为世所诟病，乃发愿毕生精研戒法。初学有部之律，后则专弘南山律宗。操行至苦，恒跣足芒鞋，孑然一担，云游各处，讲经弘法，以在闽南时为最久。民国25年，闭关于鼓浪屿日光岩，并向海外请藏经万余卷。其后，复闭关于永春普济寺、泉州福林寺。晚年自号晚晴老人，又号二一老人。民国31年10月示寂于晋江温陵养老院，世寿63，僧腊24。师平生最推崇印光大师，效其不收徒众，不主寺刹之风，惟以写字与人结缘。其清纯恬淡、孤高耿介之风范，对民国以来的佛教界影响极大。

（一）弘一大师驾到

弘老是倓虚大师最羡慕的一位大德。1936年秋末，慈舟老法师去北京后，湛山寺无人讲律，倓虚大师乃于1937年旧历3月23日，特派湛山寺书记梦参法师持函南下，恭请弘一北上湛山寺讲律。迎请大师并不是一帆风顺的，梦参长老在《关于弘一大师的两点回忆》中写道：

民国二十五年（1936）冬天，我奉倓虚老法师之命，代表倓老从青岛到厦门，请弘一大师去湛山寺讲律，弘一大师起初没有答应，我在厦门住了三个多月，不断地苦苦要求，弘一大师还是没有答应。我感到请弘一大师去青岛讲律的希望没有了，只得向弘一大师告辞北归。

弘一大师对我说："好吧！你早点回去，免得大家盼望！"我行礼之后，提出一个问题请弘一大师开示，我说："依据《梵网经》说，一个受持出家菩萨戒的人，如果有人请他去说法，他无缘无故推辞不去，这是违背佛制的。我从二十岁那年开始，就有人请我讲经，我不管讲得好还是讲得不好，都去讲。以后如果再有人请我讲经，我是去讲呢？还是不去讲呢？请您老给我开示！"弘一大师听后，面色非常凝重，说："你说这话是什么意思？"我说："我没有什么意思，只是请您老开示而已。"弘一大师默然良久，一语不发，最后，他慈和地对我说："你先回寮房去吧！"过了一会儿，弘一大师派遣侍者请我到他的寮房里去，见面没有说多话，只说："你先打个电报回湛山寺，告诉他们，五天后我们由厦门起程去青岛。"

这如天外传来的佳音，使梦参法师喜不自胜。他苦求三个多月未果之事，想不到辞别时提出的问题竟使事情出现了转机，最终促成弘一大师去青岛讲戒。其实，弘一大师"本拟不往青岛"，因梦参"诚意殷勤"，弘一大师

"未能辞谢"①，只好答应数日后同往，并预定于9、10月间返回厦门。弘老提出了赴青的三个条件：第一不为人师，第二不开欢迎会，第三不登报吹嘘。5月14日，弘一大师偕传贯②、仁开③、圆拙④等学律弟子乘船北上。途经上海时，弘一特意拜会了青岛湛山寺发起人、曾任北洋政府交通总长的叶恭绰。5月20日（旧历四月十一日）晨，弘一一行安全抵达青岛，"诸事顺适"⑤。倓虚大师亲率道俗两众到大港码头迎接。火头僧保贤在纪念文章《弘一大师在湛山》中回忆了当时那激动人心的场景：

　　百花盛开的暮春时节，——也可说是"花枝春满"吧——滨海一隅的青岛，因了气候偏于春长的缘故，还时时有一种寒气袭人，所以在本地居民身上仍然离不开裌衣；……弘一大师坐的船到了；湛山住持倓虚大师，急忙带着道俗二众，预先到码头去迎候。寺中剩下的全体大众，都披衣持具分列在山门里两旁，一齐在肃立恭候着。……不大工夫，飞驰般的几辆汽车，呜都的开到近前；车住了，车门开处，首先走下位精神百倍满面笑容的老和尚，我们都认的，那是倓虚大师；他老很敏捷的随手带住车门，接着第二位下来的，立时大家的目光一齐射在他身上；他年近四十来岁——其实五十八岁了，——细长的身材，穿着身半旧夏布衣裤，外罩夏布海青，脚是光着只穿着草鞋，虽然这时天气还很冷，但他并无一点畏寒的样子；他苍白而瘦长的面部，虽然两颊颗下满生着短须，但掩不住他那清秀神气和慈悲和蔼的幽雅姿态；他，我们虽没见过，但无疑的就是大名鼎鼎誉满中外，我们所最敬仰和要欢迎的弘一大师了。他老很客气很安详不肯先走，满面带着笑和倓虚大师谦让，结果还是他老先走；这时我们大众由倓虚大师的一声招呼，便一齐向他问讯合掌致敬，他老在疾忙带笑还礼的当儿，便步履轻快的同着倓老走

---

　　① 《致性常法师（一七）》，林子青：《弘一法师书信》，三联书店2007年版，第410页。

　　② 传贯法师，福建惠安人。弘一法师三下闽南结识的青年法师，原驻锡厦门南普陀。曾随侍弘一法师先后去闽南各地及青岛弘法，彼此结下道谊。1936年，弘一病重于草庵，曾特付遗嘱，相托后事。1938年，他在净峰筹建净室数间供弘一法师居住。1958年，南渡菲律宾弘法。

　　③ 仁开法师，江苏兴化人，生卒年不详，原为闽南佛学院学僧，后随弘一法师赴青岛湛山寺学律。

　　④ 圆拙法师（1909—1997年），俗名贺道生，福建省连江县人。1926年毕业于福建省立第一中学，后任小学教员。1934年出家于莆田广化寺，翌年在福州怡山西禅寺受具足戒。1936年入闽南佛教养成正院学习，期间侍从弘一大师往青岛湛山寺讲律。1980年后，先后担任福建省佛教协会副会长、名誉会长、中国佛教协会副会长、中国佛教协会咨议委员会主任、福建省石狮市佛教慈善基金会名誉主任。

　　⑤ 《致刘质平（八二）》，林子青：《弘一法师书信》，三联书店2007年版，第130页。

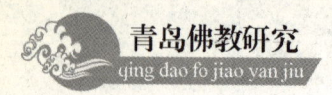

过去；这时我们大众同着众多男女居士，也蜂拥般集中在客堂的阶下，来向他老行欢迎式的最敬礼，他老仍是很客气的疾忙还礼，口里连说着："不敢当，不敢当，哈哈，劳动你们诸位。"①

（二）弘一大师的生活

弘一研究律学，身体力行，认真行持。在湛山寺期间，他在生活、讲律等各方面都严格实践，几乎近于苛刻，因而得到了僧俗两界的由衷敬佩。

1. 衣食住行

随弘一大师一起来到湛山寺的传贯、仁开、圆拙和梦参法师都带着条包、箱子、网篮，在客堂门口摆一大堆。弘老只带一个破麻袋包，上面用麻绳扎着口，里面一件破海青、破裤褂、两双鞋：一双是半旧不堪的软帮黄鞋，一双是补了又补的草鞋。一把破雨伞上面缠很多铁丝，看样子已用很多年了，另外一个小四方竹提盒里有些破报纸，还有几本关于律学的书。听说有少许盘费钱，学生给保存着。

在弘一大师来以前，湛山寺特意在藏经楼东侧为他盖了五间住房，来到之后，以五间房较偏僻，由他跟来的学生住，弘老则住法师宿舍东间，因为这里靠讲堂近，比较敞亮一点。火头僧曾经满怀好奇地参观了弘老的寮房：

有一天，时间是早斋后，阳光布满了大地，空气格外新鲜，鸟儿和蝉都在枝头唱着清脆婉转悦人的歌，大海的水，平得像面大镜子，他老这时出了寮房踱到外头绕弯去了；我趁着机会偷偷溜到他老寮房里瞧了一下：啊！里头东西太简单了，桌子，书橱，床，全是常住预备的，桌上放着个很小的铜方墨盒，一支秃头笔，橱里有几本点过的经，几本稿子，床上有条灰单被，拿衣服折叠成的枕头，对面墙根立放着两双鞋——黄鞋草鞋，——此外再没别物了；在房内只有清洁，沉寂，地板光滑，窗子玻璃明亮，——全是他老亲手收拾——使人感到一种不可言喻的清净和静肃。②

因弘一大师持戒，寺里也没给另备好菜饭，第一次给他做了四个菜送到寮房里，一点没动。第二次又预备次一点的，还是没动。第三次预备两个菜，还是不吃。最后，盛去一碗大众菜，他问端饭的人是不是大众也吃这个，如果是的话他吃，不是他还是不吃，因此庙里也无法厚待他，只好满足他的心愿。到湛山寺月余后，可能因北方"多餐面食"之故，弘老自觉"身

---

① 火头僧：《弘一律师在湛山》，见夏丏尊等：《弘一大师追思文集》。
② 火头僧：《弘一律师在湛山》，见夏丏尊等：《弘一大师追思文集》。

体精神日益强健（传贯师等亦然，甚肥胖）"①。

这是弘一大师第一次到青岛，也是他十九岁后第一次回到北方。他对青岛的建筑与风景多有称赞。他在致弟子刘质平的信中说："此次到青岛后，如入欧美乡村，其建筑风景，为国内所未见也。"② 他还说："此间风光清胜，可以忘忧。"③ 他喜欢湛山寺，虽然当时寺院建设还在进行，他赞叹道："湛山寺住众百余人，殿阁庄严，诚一大丛林焉。"④

2. 讲律著述

弘老到达湛山寺后，马上安排了讲律事宜。上半月，于湛山寺下院即湛山精舍为居士讲《三皈五戒》。下半月，于湛山寺讲《律学大意》与《随机羯磨》。讲稿用他数年前在泉州草庵所编的《随机羯磨讲录》，并附记居湛山寺的岁月。传贯的《随侍一师日记》记载⑤：

四月（旧历）十四日，诸居士请至湛山寺下院，为众讲《三皈五戒》。

廿二、廿四、廿六三日，在湛山讲《律学大意》。廿九日讲《随机羯磨》。

弘老驾到几天后，经倓老同意，大众便开始要求弘老讲开示，几天后又请求弘老讲戒律，他都首肯了。第一次讲的开示标题是"律己"，他老说，学戒律的须要"律己"，不要"律人"。天天只见人家不对，不见自己不对，这是绝对错误的。并以自己为例详细阐说：

记得我年小时住在天津，整天在指东画西净说人家不对；那时我还有位老表哥，一天他用手指指我说："你先说说你自个。"这是句北方土话，意思就是"律己"啊！直到现在我还记得，真使我万分感激；大概喜欢"律人"的，总看着人家不对，看不见自己不对。北方还有句土话是："老鸦飞到猪身上，只看见人家黑，不见自己黑，其实他俩是一样黑。"

弘老又说平常"息谤"之法，在于"无辩"。越辩谤越深，倒不如不辩为好。他以白纸为喻，譬如一张白纸，忽然误染了一滴墨水，这时就不要再动它了，它不会再向四周溅污。假使你立时想要它干净，一个劲的去揩拭，那么这墨水一定会展拓面积，接连沾污一大片。最后，他对于"律己"、"不

---

① 《致广洽法师（三九）》，林子青：《弘一法师书信》，三联书店 2007 年版，第 393 页。

② 《致刘质平（八三）》，林子青：《弘一法师书信》，三联书店 2007 年版，第 131 页。

③ 《致李芳远（四）》，林子青：《弘一法师书信》，三联书店 2007 年版，第 283 页。

④ 《致李芳远（四）》，林子青：《弘一法师书信》，三联书店 2007 年版，第 283 页。

⑤ 《弘一大师全集》第十册，福建人民出版社 1993 年版，第 52 页。

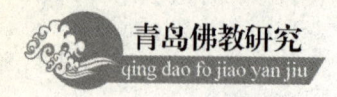

要律人"两句话上一连说了十几个"慎重"。

第二次讲律，课本是《随机羯磨》。这书是唐代南山道宣律师删订的，《四分律删补随机羯磨》为南山五大部之一，系采自《四分律》中有关戒律之羯磨（即行仪作法），再依诸部律删补而成。内容共分十篇，主要是有关佛教僧团如受戒、忏罪、界之结解、羯磨等作法的一些制度。该书文笔古朴，言简而赅，原是把极广繁的文字节略而成，专为便于开导后学的，所以在讲时须极费解说。但他老有手编的"别录"作辅助，提纲挈领，一目了然，讲时反觉并不费难了。只要肯注意的去看和听，一定会很容易领会的。这书在唐宋以后因为律宗绝续，已久无人来阐扬讲说。在湛山寺，弘老平生第二次开讲此律。虽然已经研究了二十多年的戒律，这次开讲头一课，他却整整预备了七个小时，可见他对戒律是何等慎重！因弘老气力不好，讲课时只讲半个小时，像唱戏道白一样，言辞十分简洁。其余弘老的时间，都是写笔记，只要把笔记抄下来，扼要的地方说一说，这一堂课就全接受了。《随机羯磨》前面十几堂课，是他自己讲的，以后因气力不佳，由他的学生仁开代座讲完，但凡关于书中难题，仍由仁师向他老寮房执卷请决，他老都很欢喜、很敏捷地答复。接着，仍由仁师又讲了部《四分戒》，即《四分律含注戒本》，是出家比丘应持的二百五十戒。弘老上课不坐讲堂正位，都是谦虚地在讲堂旁另设一张桌子。后来，湛山寺对于《随机羯磨》、《四分戒本》两部律能够常年循环演讲，从而使学者把律条律制熟悉的如数家珍，都是弘老的一片遗泽。

弘一大师来青近一月，课作非常紧凑，身体与精神都不错。他在给广洽法师的信中坦称"终日忙碌"，但"亦不觉疲劳，稍前大不同也"。每周课作时间，约七八小时："星期日，预备功课。星期一，上午讲律，以后写字或编讲义。星期二，预备功课。星期三，同星期一。星期四，预备功课。星期五，同星期一。星期六，写字或编讲义。"[1] 即每周一、三、五上午讲律三次，其余时间预备功课或者写字、编讲义。讲务之余，他感觉"颇闲适"[2]。闲暇之余，他老常独自溜到海边，最喜欢看海水撞击礁石，激起雪白的浪花。

学僧空照庵所写的《弘一大师青岛讲律残记》，将弘一大师于湛山寺佛

---

① 《致广洽法师（三九）》，林子青：《弘一法师书信》，三联书店 2007 年版，第 393－394 页。
② 《致李芳远（四）》，林子青：《弘一法师书信》，三联书店 2007 年版，第 283 页。

学院讲律的演讲内容整理了部分出来，这是记载弘一大师与湛山寺佛学院的珍贵材料，得以还原当日弘法的盛况：

这一篇讲词是讲于民国二十六年，正当卢沟桥炮火喧天的时候，迄今瞬隔已经十一年了，地点是在青岛的湛山寺。芳远附志

五月三十一日

今天说的是我出家以来，学律的次第及思想的变迁：

我初出家时看到灵峰宗论里面赞叹律学，我受了感动，所以，就发愿学律，到了受戒之后，常常阅读蕅益大师的重治昆尼事业集要，及明末清初诸师述作和广律南山律祖及灵芝律师等的著述，亦略有涉阅过。三年以后看大藏经，无意中看到根本说一切有部律，这部律是唐义净三藏所翻译的。还有南海寄归传，也是无意中看到的。当时，我非常喜悦，以为这部新译有部律，比起以前所译的旧律较好，我就放弃了从前所学的旧律，发心专学新律。因此，起了贪高我慢的心，看义净三藏所有批评旧律不是的话，我也跟着说旧律不是。后来，我觉得这样不对。……但是，……还是一位新律是对的，嗣后，天津徐蔚如居士发心组织天津刻经处，刊刻南山律部流通。他听说专学根本说一切有部律，特地来信劝我转学南山律，……从此以后，舍弃从前所学的根本说一切有部律，长此以往乃至盖未来际，专学南山灵芝一派的旧律。

……

以上略为说过关于我学律的次第，现在，要说我思想的变迁。

从前，我学新律的时候，以为将来依律行持，要完全依照新律的见解，循印度的制度而行，不依诸方丛林的制度。……后来，学了南山律，思想也渐渐的改变了，渐渐的知道若要完全依照说一切有部律的制度行持，在中国是办不到的，要依照唐宋那个时代的老习惯来行才对，但是，对现在诸方丛林里所奉行的老祖清规，仍不满意，打算要一概变更，都依照唐宋时代的制度来行。

……

那么，诸方丛林一切制度应依照老习惯，虽然合于律制的事。可是，多数人不欢喜，也别忙行。诸事要长老们不大反对的，我们可以慢慢的试行，不必立即改变，取渐进主义，不但没有阻碍，而且无甚危险，所以，我近来主张做事要慎重又慎重，不敢轻举妄动，我当对人说，我不敢做佛教的功臣，也不愿意做佛教的罪人。比方说，弘扬佛法，广作佛事，住持佛教，利

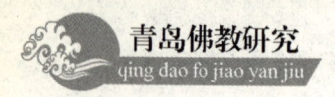

益众生，我不能做，因为我相信因果的。

今后，我陪伴大家研究律学，是依我近来的主张，完全根据南山灵芝派，毫无增减的介绍给诸位。……总而言之，我是陪伴诸位老老实实的研究南山灵芝派的律。

六月二日

今天，我要对诸位讲的是戒律大意。关于戒律大意的范围说来广阔的很。现在，只略举几件说说，请大家先看看黑板。

律分五部，有种种不同的说法。现在要讲的，是依照南山灵芝两位律祖所说的，南山律里面说律分五部，有两种：

一、依大集经所分的五部：

A. 昙无德部四分律。

B. 薩婆多部十分律。

C. 迦集遗部。

D. 弥沙塞部五分律。……①

在湛山寺期间，弘老写成《随机羯磨别录》、《四分律含注戒本别录》，另外还有些散文。早在1933年，弘老在温陵（泉州）尊胜院已经编定《四分含注戒本随讲别录》，并于当年农历八月二十四日据此别录开讲《四分律》，这次在青岛讲律使用的讲义就是这本《随讲别录》。这次讲律至当年九月结束，结束前，弘一大师誊抄了一部《四分含注戒本随讲别录》，并在手稿末页特别题写了"丁丑（1937）八月抄录于青岛湛山寺"的署记。弘老在《四分律含注戒本别录》上写有题记云："丁丑八月十日居齐州湛山记。弘一。"这两部著作，花费了弘一大师多年的心血，最后都在湛山寺完成，亦堪称与湛山寺的缘分不浅。

《弘一大师全集》记载大师在青岛湛山寺的作品有五部：

《四分律删减随机羯磨诸文目录》，"丁丑二月居晋水南岨初稿，四月居青岛湛山寺第一次修正"②。

《受戒法略例》，"丁丑二月居晋水南岨初稿，四月居青岛湛山寺第一次修正"③。

① 空照庵：《弘一大师青岛讲律残记》，《佛教公论》1947年19、20期合刊，第82册，第324—326页。

② 《弘一大师全集》第六册，福建人民出版社1992年版，第744页。

③ 《弘一大师全集》第六册，福建人民出版社1992年版，第746页。

《说戒法略例》，"丁丑四月二十日第二次草稿，时居青岛湛山寺"①。

《随机羯磨随讲别录》，"丁丑六月二十六日第二次草稿录览，时居齐州湛山寺"②。

《扶桑国藏古袈裟图跋》，"丁丑八月十日居齐州湛山并记"③。

秦启明《李叔同着述系年（二）》④记载了弘一大师作于青岛湛山寺的作品有四部：

《说戒安居法略例记》，一九三七年五月二十九日作于青岛湛山寺，收一九五七年上海大藏经会印行《普慧藏》。

《结戒场及欠界法略例记》，一九三七年五月作于青岛湛山寺，收一九五七年上海大藏经会印行《普慧藏》。

《受戒法略例撰录记》，一九三七年五月作于青岛湛山寺，收一九五七年上海大藏经会印行《普慧藏》。

《扶桑国藏古袈裟图稿本尾跋》，一九三七年九月十四日作于青岛湛山寺，收一九三七年李芳远编上海北风书屋出版《弘一大师文钞》。

秦启明《李叔同着述系年（四）》⑤记载了弘一大师作于青岛湛山寺的作品有四部：

《扶桑国藏古袈裟图记》，一九三七年九月十四日作于青岛湛山寺，收一九五七年上海大藏经会印行《普慧藏》。

《扶桑国藏白毡郁多罗僧记》，一九三七年九月中旬作于青岛湛山寺，收一九五七年上海大藏经会印行《普慧藏》。

《扶桑国藏鉴真九条衣记》，一九三七年九月作于青岛湛山寺，收一九五七年上海大藏经会印行《普慧藏》。

《扶桑国藏鉴真七条衣记》，一九三七年九月作于青岛湛山寺，收一九五七年上海大藏经会印行《普慧藏》。

3. 待人交游

弘老为人平易谦和，对学生以礼相待。每逢大众上课或朝暮课诵的时

---

① 《弘一大师全集》第六册，福建人民出版社 1992 年版，第 748 页。

② 《弘一大师全集》第六册，福建人民出版社 1992 年版，第 742 页。

③ 《弘一大师全集》第七册，福建人民出版社 1991 年版，第 425 页。

④ 秦启明《李叔同着述系年（二）》，《菩提树》1992 年 12 月号，http：//www.foyuan.net/article－168337－1.html。

⑤ 秦启明《李叔同着述系年（四）》，《菩提树》1993 年 2 月号，http：//www.foyuan.net/article－168336－1.html。

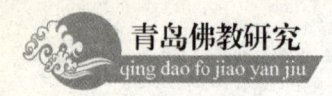

候，院里寂静无人时，他老常出来在院里各处游走观看，态度沉静，步履轻捷，偶然遇见对面有人走来，他老必先迅速回避，表面似很怕人，其实是怕人向他恭敬麻烦。愈是权贵人物他愈不见。弘一在寺中虔诚拜佛，对俗界达官贵人则唯恐避之不及。一日，朱庆澜（子桥）①因事造访湛山寺。这位释权在野的将军多年来致力于社会慈善事业，且热心佛学。此前朱庆澜曾协助弘一兴办浙江南山律学院，只是一直无缘晤面。时朱庆澜仰慕弘一大师的德望，恳请倓虚大师引见，弘一大师欣然同意。青岛市市长沈鸿烈要在湛山寺宴请朱庆澜，朱庆澜提议请弘一坐首席，沈鸿烈应诺。倓虚大师通知弘一大师时，弘一没有言语，一笑置之。第二天临席却未见弘一大师光临。一和尚带回一张纸条，写有四句诗偈，是宋代惟正禅师辞却金陵知州叶清臣宴请的一首《谢筵诗》："昨日曾将今日期，短榻危坐静思维。为僧只合居山谷，国士筵中甚不宜。"当时的沈鸿烈市长慕名访见，被弘一拒绝，此后沈鸿烈又设斋宴请，又遭拒绝。弘一大师一心向佛，不趋炎附势、攀高结贵，由此可见一斑。

在青岛期间，弘一大师和外界尤其是他的学生们书信往来频繁，事务较为繁忙。五月间，苏州灵岩山请题"印光、真达二老像"手卷，师为题二偈："灵岩中兴，厥惟二老。缵述有人，绍隆永保。披图寻览，若觌高贤。愿兹缵卷，奕叶绵传。丁丑夏五月沙门一音，时居齐州。"六月五日，致书蔡丏因，并以讲稿《青年佛教徒应注意的四项》及《南闽十年之梦影》奉寄，请蔡氏帮助整理为一部书。"又谓二稿笔记未甚完美，拟请其暇时为之润色，并改正其讹字文法及标点，题目亦乞再为斟酌，为立一总名"②。七月十三日为弘一大师出家 20 年纪念日，时倭寇大举侵华，师手书《殉教》横幅以明志："曩居南闽净峰，不避乡匪之难；今居东齐湛山，复值倭寇之警。为护佛门而舍身命，大义所在，何可辞耶？"表现了弘一大师为护佛门大义而置生死于度外的高尚情操。

<hr>

① 朱庆澜（1874—1941 年），字子桥，浙江绍兴人，生于山东历城县。清末投东三省总督赵尔巽部下，1907 年任陆军步队第二标标统，1909 年随川督赵尔巽入川，官至陆军第十七镇统制。辛亥革命后被推为四川大汉军政府副都督。1912 年任黑龙江督署参谋长，1913 任黑龙江省将军，1916 年被段祺瑞任为广东省长。1923 年应张作霖之请任东北特区行政长官兼中东铁路护军总司令，1925 年辞职，致力于慈善救济和抗日救亡事业，1938 年任全国赈济委员会常务委员兼主持第五救灾区工作，抗战以后收容难民在陕西创立黄龙山垦区。

② 《致蔡丏因（三二）》，林子青：《弘一法师书信》，三联书店 2007 年版，第 164—165 页。

湛山寺期间弘一大师书信一览表

收件人	时间	主题	收件人	时间	主题
夏丏尊①	七月十五	离青安排	蔡丏因④	六月五日	出版书稿
	八月初三	离青安排		不详	离青安排
	八月初八	离青安排		七月廿一日	离青安排
	中秋	离青安排	性愿法师⑤	八月廿五日	答复南游事
刘质平②	四月十一日	乞寄宣纸。寄上《佛学丛刊》	广洽法师⑥	夏至日	湛山寺生活
				六月廿四日	代寄书刊等
	不详	编辑儿童歌曲事宜		不详	离青安排
	六月廿五日	教材已收到	性常法师⑦	四月十一日	抵青报平安
	不详	宣纸已收到			
李芳远③	不详	介绍湛山寺生活，约中秋节后返厦门		七月初四	身体不适，节后离青

　　弘一大师在湛山寺讲学期间，慕名来访者络绎不绝，山西、沈阳、营口、西安的学僧都曾前来分访。天津居士林严居士专程到青岛邀请弘一大师

　　① 夏丏尊，文学家，语文学家。名铸，字勉旃，1912年改字丏尊，号闷庵。浙江上虞人。弘一大师生前密友。
　　② 刘质平（1894—1978年），原名刘毅，字季武，浙江海宁人，是李叔同在浙江省立第一师范学校任教时的得意门生，1916年在李叔同鼓励下留学日本，回国后长期从事艺术教育事业，曾任山东师范大学艺术系教授。
　　③ 李芳远，福建永春人，家居厦门鼓浪屿。时弘一法师卓锡鼓浪屿日光岩，偶与李氏邂逅，奇其幼慧，常相往来。法师寂后，李氏集其遗文，编成《弘一大师文钞》一册。
　　④ 蔡丏因，名冠洛，浙江嘉兴人。早年毕业于浙江两级师范，历任绍兴、丽水、嘉兴各地中学教员，后任上海世界书局总编辑。他虽未直接受李叔同之教，然自绍兴相识后，则终身服膺。
　　⑤ 性愿法师，名古志，号栖莲，福建南安人。早岁出家，遍参江浙丛林。回闽后，历任漳泉厦诸寺监院住持等职。1928年弘一法师至厦门，和他一见如故。前后十余年，法师在闽南安居，多受其照拂。性愿于1937年赴菲弘法，首任信愿寺住持，为华僧在菲弘法之先驱。
　　⑥ 广洽法师（1901—1994年），俗名黄智润，字广洽，号照融，别号普润，出生于福建南安县田中乡，幼年失双亲。1921年11月，于厦门南普陀寺礼瑞等上人落发出家。1922年，于莆田广化寺礼心老和尚座下接受三坛大戒。1925年起担任南普陀寺知宾。1928年起，改任南普陀寺副寺，协助太虚在南普陀寺推行佛教改革。
　　⑦ 性常法师（1912—1943年），俗名陈宗凝，福建南安人。1930年初，于南安石井东庵礼德山老和尚出家，法名性常。奉师兄性愿法师之召，移居泉州承天寺，入月台佛学研究社，从性愿求学。1933年春，得性愿推荐，移居厦门万寿岩，入南山律苑，从弘一学律。越年结业，奉弘一之嘱，先后两次移居泉州开元寺闭关治律，历时六载。1938年秋，奉弘一之召，赴漳州、安海，协助弘一弘法。

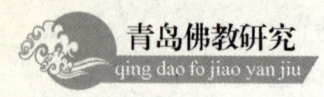

前往天津，被大师辞谢了。1937年农历4月，苏州灵岩山僧人妙莲法师①与道友本德师专程赶赴青岛，学律并随侍在弘一大师左右，后与弘一大师一起离开湛山寺南下。

（三）弘一大师离去

"七七"事变后，全面抗战爆发，青岛的军事形势十分紧急，有钱人纷纷南下，轮船一票难求。虽然来之前就定好了回程计划，但由于时当战乱，回程之事颇多周折。弘一大师在8月20日致挚友夏丏尊的信中说："此次至青岛，预定住至中秋节为止（决不能早动身）。"他料到时局不宁，南归时"轮船未必有。倘火车尚可通者，则乘火车到杭州（转济南换坐京浦车）"②。炮火纷飞中，弘老毫无惊慌之举，一直讲经礼佛，沉静如常。中秋节那天，弘一得知有香港途径厦门的轮船，便答应"因有往香港之大轮船，或停厦门。故不能往上海矣"③。不久，上海"八·一三"事变爆发。8月14日，驻青日军借口一名海军士兵在德县路被杀，日军舰十余艘靠近前海后海，武装海军在码头待机而动，意图强占青岛。僧俗两界的朋友都担心他的安危，驰函敦劝法师及早南归。弘一信守承诺，原定的期限未到，不能擅自改动。弟子蔡丏因写信请他提早南来，说上海有安静的地方，可以卓锡。弘一大师复信说："惠书诵悉，厚情至为感谢。朽人前已决定中秋节乃他往；今若因难离去，将受极大之讥嫌，故虽青岛有大战争，亦不愿退避也。"④ 7月21日，弘一大师再次致书蔡丏因，谓此次居湛山，前已约定至中秋节止，"中秋以前不能食言他往，人将讥为畏葸。节后如有轮船往沪者甚善；否则须乘火车至浦口转沪杭。若有战事，火车不通，惟有仍居青岛耳"⑤。战争危险迫在眉睫，弘一大师以有约在前谢绝提前离去，不畏葸，不食言。

旧历八月初八，弘老在给夏丏尊的信中提到："若往上海，拟暂寓广东

① 妙莲法师（1913－1999年），俗名金增祥，生于上海。18岁起在上海世界佛教居士林学佛。1935年3月依旦观法师披剃于浙江天台山国清寺，旋受具足戒。先后亲近圆瑛法师、印光法师、弘一法师等近代佛门泰斗。1937－1942年，他随侍弘一法师卓锡闽南各寺，备受器重与赞许。弘一法师临终遗嘱身后事由妙莲法师负责，他不仅如法圆满地处理了弘一法师的后事，并且完整地收集、保存了弘一法师的书法、遗著和遗物。之后，他还先后主持修建弘一法师舍利塔、弘一法师纪念馆，参与《弘一法师全集》的结集出版。
② 《致夏丏尊（六五）》，林子青：《弘一法师书信》，三联书店2007年版，第58页。
③ 《致夏丏尊（六八）》，林子青：《弘一法师书信》，三联书店2007年版，第59页。
④ 《致蔡丏因（三三）》，林子青：《弘一法师书信》，三联书店2007年版，第165页。
⑤ 《致蔡丏因（三四）》，林子青：《弘一法师书信》，三联书店2007年版，第165页。

泰安栈。（新北门外，马路旁，面南，其地属法租界之边也。某银楼对门，与新北门旧址斜对门，在其西也。）即以电话通知仁者，当获晤谈也。"① 夏丏尊接到信时，上海正是炮火连天，炸弹如雨，相比之下，青岛还算平静，于是就写信劝他暂住青岛。然而，弘一大师是信守承诺的。当初别人劝他早日离开青岛，他信守诺言要等到中秋节后；如今又有人劝他暂住青岛，但他决心依计划离开。

　　湛山寺本来预备留弘一大师久住的，过冬的衣服也都给预备了，可是他的身体不适于北方的严寒，平素洒脱惯了，不愿穿一身挺沉的棉衣服，像个棉花包似的。因此，到了9月15日以后，弘一大师到倓虚大师寮房去告假，要回南方过冬。一方面，事先约定的行期已延迟了一个多月，南邀的信笺不断。另一方面，在南方居住习惯了的弘一很不适宜青岛的气候。如他在七月初四致性常法师的信中就曾坦言："近年来，身体精神日益衰颓。两臂常常麻木，手足各部常痛，是因为气血不周所致。此间气候阴寒，潮气太重，亦是一原因也。"② 弘老来青岛前提了三个条件，离开青岛时又定了如下五个条件：第一，不许预备盘缠钱；第二，不许备斋饯行；第三，不许派人去送；第四，不许规定或询问何时再来；第五，不许走后彼此再通信。弘老在临走的前几天，给同学每人写了一幅"以戒为师"的小中堂，作为纪念。另外还有好些求他写字的，词句都是《华严经》集句，大概写了也有几百份。最后又给大家讲最后一次开示，反复劝人念佛。弘一大师对倓虚大师也很看重，临走时与倓虚大师告别说："老法师！我这次走后，今生不能再来了，将来我们大家同到西方极乐世界再见吧！"说话声音很小、很真挚、很沉静，让人听到都很感动。临出山门，四众弟子在山门口里边搭衣持具预备给他送驾，他很庄重、很和蔼地在人丛里走过去，回过头来又对大家说："今天打扰诸位很对不起，也没什么好供献，有两句话给大家，作为临别赠言吧！"随手在口袋里掏出来一个小纸条，上写："乘此时机，最好念佛！"当日赴闽迎请他老北来的梦参法师亲身送到船上，弘老送给梦师一部手写的《华严经净行品》，字体大约数分，异常恭整遒劲，是拿上等玉版宣写的，厚累累约有四十多页。末幅有跋云："居湛山半载，梦参法师为护法，特写此品报之。"下署晚晴老人，并盖印章。弘一大师走后，他居住的寮房里安置得很

---

① 《致夏丏尊（六七）》，林子青：《弘一法师书信》，三联书店 2007 年版，第 59 页。

② 《致性常法师（一九）》，林子青：《弘一法师书信》，三联书店 2007 年版，第 411 页。

有次序，里外都打扫得特别干净。桌上一个铜香炉，烧三枝名贵长香，空气很静穆。

弘一大师无疑是中国近代史上最有传奇色彩的人物之一。他在中国近代文化史、教育史和佛教史上都占有非常重要的地位，这不仅因为他在诸多领域都创造出光辉夺目的辉煌业绩，更因为他的高尚品德足以垂范后世。在青岛湛山寺驻锡的短短的五个月中，他生活简朴苛刻、讲律严谨勤奋、待人谦恭得体，品格高洁纯净兼具民族气节，为世间留下了一幅启人心智、荡气回肠的生动画卷。弘一大师常年在福建居住，1937 年的青岛之行是他 19 岁后第一次到北方，因此在大师的生平中占据很重要的位置。

四、青岛佛学会与中国佛教会青岛分会

（一）青岛佛学会

1934 年，湛山寺开始修建后大殿时，王金钰居士便计划在市内修建湛山精舍，用作居士们礼佛诵经之所。精舍地址在鱼山路十一号公地，后改为福山支路，面积十二公亩又十九公厘。在鱼山顶上，四周遍植松柏树，登楼远眺，可以俯瞰全市。这里原是德国侵略者的炮台，德国人走后，炮台拆掉，只剩下废垒，在这里盖庙，可以说是化干戈为玉帛，暮鼓晨钟，发人深省！所建楼房上下两层，各为九间。上层中间五间为佛堂，楼下五间为讲经堂，可容听众二百人左右，右两间为佛经流通处。山下有石坊两座，前书"湛山精舍"，为叶恭绰手书，后书"回头是岸"，是清末民初著名书法家吴郁生[①]所题。湛山精舍于 1934 年 10 月竣工，共费 14000 元，王居士捐 1 万元，余 40000 元由湛山寺建筑项下开支，每月伙食费用等均由湛山寺供给。房子最初是一个平顶洋房，后沈鸿烈市长以精舍乃清修庙宇场所，洋式的与在家住宅相同，没有古朴风度，启发不起人的信心。所以后来又在上面盖了个尖形上盖，成为一种老式建筑。

湛山精舍建好后，作为湛山寺下院，佛学研究社和佛经流通处迁过来。佛学研究社遂改组为青岛佛学会（1934－1946.12），众推王金钰居士为会

---

① 吴郁生（1854－1940 年），字蔚若，又号纯斋，江苏省吴县人，嘉庆戊辰科状元吴廷琛之孙。清代进士，光绪三年（1877）授翰林，曾为内阁学士，兼礼部尚书、四川督学，主考广东，康有为出其门下。后任邮传部尚书、军机大臣。晚年寓居青岛，极爱游览崂山，编列影册《中国名胜第二十二种崂山》。善诗文、工书法。

长，周叔迦、袁道冲、吴伯僧为副会长。佛学会相当于青岛的居士团体，有会员 134 人，其任务是团结佛教广大居士、流通阅览佛经、负责湛山寺和佛教学校的经费筹划以及湛山寺住持的聘请。总之，青岛佛教的一切事宜皆由佛学会出面联系，是青岛佛教的护法团体。流通处也归青岛佛学会办理。每逢星期日下午，倓虚大师或其他法师在此讲授佛教经义。初时听经者不过四五十人，其后逐渐增加至二百人余。青岛解放后，精舍的活动虽有所减少，但每周的讲经集会一直持续到 1956 年。1959 年，因房屋逐渐倒塌被拆掉。1982 年，由园林部门将精舍旧址辟为小鱼山公园。

青岛市内昔无佛化，人民信仰崇拜的只有天主、耶稣并其他相似的宗教而已。在湛山寺和青岛佛学会的影响下，青岛当地民众纷纷加入佛教信仰的队伍中来。1934 年湛山寺兴建后，"因倓虚老法师之讲经，并诸护法居士之协力，始有佛化流行。人民之向者亦日渐增多"[①]。距湛山寺约半里许的湛山村，居民共四百余家，风俗淳朴，村人多从事农、工二业。几年来，因受倓老法师佛化影响，皈依者已有四十余人。1937 年冬，由该村于福瑞居士等组织了念佛会，此次每晚佛声不惙。1939 年夏历十一月十八日为该会两周年纪念日，为此，会员们捐资兴建了一座紫松枝牌楼，其门联云："半里外有梵宇浮屠，听暮鼓晨钟，警省群迷，驱车相往观摩，琴岛俨然成佛化。数百家皆服出力祷，自善男信女，皈依三宝，结社咸来礼诵，湛山从此放祥光。"同时，还印刷了一批劝人念佛茹素、戒杀放生等内容的标语，遍帖于居民家墙壁上。当日午后一时，请倓虚老法师莅临开示，"听者如堵"。"余时皆会员念佛。颇极一时之胜，观者皆言该村将成佛化"[②]。并有张金堂居士夫妇，发心将于村中成立妇女念佛会，提倡妇女念佛。据统计，到 1937年，青岛市信仰佛教的人数达到了 1445 人[③]。青岛特别市（1938.1 －1945.9）时期，青岛有佛教寺院 35 所，僧人一百余人，信徒一千多人。

---

① 《青岛湛山寺之动态》，《佛学月刊》1941 年第 1 期。载《民国佛教期刊文献集成》第 95卷，第 20 页。

② 《青岛大湛山村念佛会纪念节》，《佛学半月刊》第 199 期，1940 年 2 月 16 日出版。载《民国佛教期刊文献集成》第 55 卷，第 230 页。

③ 青岛市档案馆，档案号：B0022－001－00224－0102，《青岛信佛教、道教、耶教、回教人数统计表》。而 1940 年 6 月调查的青岛特别市佛教信徒为 593 人，与前者调查数据有较大出入，见《青岛特别市宗教信徒统计表》，《华北宗教年鉴》，1941 年 3 月 20 日出版，载《民国佛教期刊文献集成》第 94 卷，第 204 页。

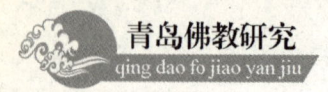

（二）中国佛教会青岛分会

近代，汉地佛教改革的先驱者们已经逐渐认识到成立佛教组织的重要性。1912 年，在上海清凉寺成立了中华佛教总会，除了吸收出家僧人，还吸收在家居士，成为中国佛教有史以来第一个独立自主的佛教组织。1929 年，在此基础上成立的中国佛教会更加显现出了趋向近代化的性质，在章程中提出了将致力于慈善公益、平民教育、农工事业、设立研究所、宣扬佛教、整理教规等事务。全国性的佛教组织的成立，不仅促进了汉传佛教界的团结，更重要的是搭起了汉传佛教界与政府之间、社会之间沟通的桥梁。虽然佛教会中一直存在着以释太虚为首的改革激进派和以释圆瑛为首的改革温和派的冲突，但是在维护佛教权益、保护庙产、慈善救济方面也做出了一定的贡献。中国佛教会成立后，颁发各省县佛教会组织大纲，训令各省县依据本大纲组织或改组，训令各省县原有的佛教团体，迅速依照所颁大纲，更改名称。

中国佛教会青岛市分会筹备会先后接到中国佛教会的指令以及青岛市社会局的批示，促令组织佛教分会。1946 年 9 月，中国佛教会青岛市分会筹备会发出敬告，要求"佛教信徒曾受三皈依以上者均须来会按章登记"[①]，地址在湛山精舍和湛山寺，须携带一寸半身免冠照片三张，时间截止到 10 月 10 日。这次活动中，总计僧众登记者 70 人，信众登记者 456 人，其中男信众 238 人，女僧众 218 人。在 238 位男信众中，40－59 岁的 137 人，占 58%；籍贯山东者 168 人，占 71%；从商者 149 人，占 63%。可见，这时的青岛佛教信仰者性别差别不大，男性中以山东籍的中老年从商者所占比例最大。

1946 年 12 月 1 日下午一时，中国佛教会青岛分会在青岛市党部体堂召开成立大会，出席会员五百余人，社会局李孟芹出席指导监选，湛山寺住持善波任主席。[②] 分会常务理事有：倓虚、善波、大宏、法生、圣护。到 1949 年青岛解放前夕，青岛分会登记领证会员达 700 余人。

中国佛教会青岛市分会成立后，开展了慈善救济、讲经弘法等活动。

---

① 青岛市档案馆，档案号 D000058，《中国佛教会青岛市分会筹备会敬告佛教信徒前来登记》，《民言报》1946 年 9 月 25 日。

② 青岛市档案馆，档案号 D000172，《佛教会本市分会昨开成立大会，选举结果揭晓后在补行宣誓，梁伯训氏讲演我为什么信佛》，《青岛公报》1946 年 12 月 2 日。

掩埋日侨骨灰。1946 年 12 月 17 日，中国佛教会青岛市分会理事长倓虚呈文给市社会局："窃以日侨遣送回国，本市天门路之火葬场，遗有骸骨残灰甚多。不但有碍观瞻，亦且妨害卫生。本会同人，本我佛平等大悲之意，体先圣泽及枯骨之心，拟为设法掩埋。"① 1947 年 1 月 4 日至 8 日，雇佣工人 30 名，由青岛佛教分会候补监事致中领导，在该场东南角挖掘了深 2.5 米、长宽各 3.5 米的坑，计埋入骨灰深约八十余寸，约合十立方米。上面用土掩平。②

救济难民。1947 年冬天，大批难民逃来青岛，无衣无食，寒风凛冽中露宿街头。还有百余难民住进了湛山寺，他们白天出去讨饭，夜晚栖居庙内，生活情景惨不忍睹。有鉴于此，青岛佛教会特发动全体会员自动募捐，自 11 月 28 日至 30 日共募得二千余万元。该会还决定，先在湛山寺附近设立小规模粥厂，以救助该寺附近栖宿的贫民与难民。等募捐款额增加时，再于适当地点次第设立粥厂，广施救济。③ 湛山寺住持善波及佛教徒多人为设法救济，特意发起了为期两周的募捐运动，除捐现款外，并募收粮食和破旧衣物等。④ 1948 年 3 月 9 日上午 11 时半，青岛市商河路 29 号国民党军火库发生爆炸，距爆炸中心 100 米半径范围内房屋倒塌殆尽，死伤四百余人。于是，全市掀起了募集款项救助难民的运动。中国佛教会青岛分会会员为救济罹灾难民，共捐国币 174 万元，送交青岛公报转交救济机关分发。⑤

宣讲佛学。1948 年 5 月中旬，为提倡佛学，劝导世人向善及研究佛学哲理起见，中国佛教会青岛分会在该会鱼山路会址开讲经研究会两星期，邀请本市佛学名宿，讲解佛学源流及哲理道德，欢迎市民自由参加。⑥

近代青岛是中国著名居士的集中地，这些居士信仰虔诚，知识渊博，他们有的原是政界、军界、工商界的显要人物，如王金钰、叶恭绰等，他们或

---

① 青岛市档案馆，档案号 D0021－003－00507－0068，《关于请设法掩埋天门路之火葬场遗骸骨的呈文》。

② 青岛市档案馆，档案号：D0021－003－00507－0065，《关于掩埋火葬场骸骨的呈文》。

③ 青岛市档案馆，档案号：D000402，《施粥施粥！佛教协会在湛山设粥厂》，《青岛晚报》1947 年 12 月 1 日。

④ 青岛市档案馆，档案号：D000114，《佛教徒慈光普照，响应冬救运动》，《大民报》1947 年 12 月 2 日。

⑤ 青岛市档案馆，档案号：D000188，《救济惨案灾民，道德会佛教会分别捐款》，《青岛公报》1948 年 3 月 31 日。

⑥ 青岛市档案馆，档案号：D000017－00045－0023，《佛学研究会下月起开始讲经》，《青报》1948 年 4 月 23 日。

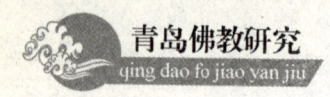

募捐集资兴建寺庙，或创立佛教团体讲经弘法，或举办佛教文化事业和社会慈善事业，对青岛佛教的发展起到了至关重要的作用。

中国佛教会青岛市分会发起人履历表（1946.8）

姓名	年岁	身份	姓名	年岁	身份
倓虚	72	湛山寺佛教学校校长	李桐华	51	胶海关税务司
善波	33	湛山寺住持	张希周	38	青岛市政府社会局秘书
仁智	43	湛山寺首座	徐志武	48	翻译官
达如	51	湛山寺副讲	张子华	54	邮局
永寿	30	湛山寺监院	龙灿	63	青岛第一印染厂秘书
法生	30	湛山寺知客	陈彦清	66	政界
大宏	33	湛山寺知法	梁少廷	52	胶海关
钦承	25	湛山寺监学	朱彦彬	61	商
圣护	28	湛山寺辅讲	徐仲远	29	商
乐渡	23	湛山寺纠察	姜象乾	52	善后救济总署组员
梵光	34	湛山寺书记	郭葆琛	46	青岛市港务局员
真法	48	湛山寺副司	陈庆云	43	烟台市党部
纯一	26	湛山寺维那	马慕泰	43	胶海关
成空	38	湛山寺副司	王杏东	47	教员
一忍	20	湛山寺衣钵	王友琴	46	教员

中国佛教会青岛市分会《青岛市湛山寺所属会员姓名表》（1946.7）

职别	姓名	年龄	职别	姓名	年龄	职别	姓名	年龄
退居	倓虚	72	香灯	静禅	57	学僧	明远	26
住持	善波	33	香灯	圆清	64	学僧	智梵	22
首座	仁智	43	夜巡	圆修	58	学僧	福堂	25
监院	永寿	30	夜巡	能性	50	学僧	果圆	26
知客	法生	30	班长	妙智	26	学僧	妙观	27
副司	致中	63	学僧	幻空	23	殿主	仁耀	37
副司	真法	48	学僧	智光	34	香灯	志诚	28
维那	纯一	26	学僧	普贵	34	殿主	吉林	31

职别	姓名	年龄	职别	姓名	年龄	职别	姓名	年龄
副司	成空	38	学僧	圆智	22	夜巡	清泉	43
纠察	乐渡	23	学僧	孝天	21	香灯	纯魁	66
书记	梵光	34	学僧	自成	30	清众	本宗	22
典座	纯智	32	学僧	乐西	29	清众	寿福	59
知法	大宏	33	学僧	忠信	18	清众	觉林	34
库头	无净	39	学僧	教义	25	夜巡	证修	57
监学	钦承	25	学僧	宝灯	28	殿主	本钧	45
辅讲	圣护	28	学僧	明智	19	香灯	赋真	54
衣钵	一忍	20	学僧	妙音	21			
圈头	祖续	45	学僧	松林	19			

　　民国时期，崂山佛教每况愈下，逐渐衰落。据20世纪30年代的考察，当时崂山有佛寺16处，其创建年代分别为：魏1、东晋2、南北朝3、唐4、宋1、明4、清1。其中，唐与明两代所建占半。除魏建之荆沟院，唐建之白云庵、普济寺，明建之清风洞已经圯废外，其余12处均尚完好，但僧众很少，其中华岩寺最盛，僧众40人，潮海院与法海寺次之各20人，余者5人1处、4人2处、3人1处、2人3处、1人2处。至解放前夕，这些寺院尚完好无损的有法海寺、潮海院、华岩寺、清凉院（李村南庄）、于姑庵（错埠岭）、文殊普贤庙（东李村），仅有和尚30余人、女尼8人。解放后旋即令其返俗，极少数年高者与道人合处而善终。

1939年青岛佛教寺庙一览表[①]

序号	名称	人数	地址	产　业
1	青岛佛学会	六人	福山支路二十四号	楼房九间
2	西本愿寺别院	四人	无棣四路三号	官产一处计十五间
3	妙心寺别院	四人	吉林路四号	私产一处计四十九间
4	善道寺	二人	黄台路四二号	
5	东本愿寺别院	一人	胶州路二号	

　　① 青岛市档案馆，档案号：B0027－006－09193－0410，《青岛市庵观寺院暨教堂一览表》，青岛市教育局1939年。

序号	名称	人数	地址	产　业
6	莲长寺		吉林路六号	
7	曹溪寺		武城路二号	
8	大光寺		夏津路七号	
9	下庵	一人	薛家岛后岔湾村	
10	于姑庵	三人	错埠岭	庙地五十亩，系本村共有地
11	湛山寺	五六人	芝泉路新一号	公有房七十五间
12	清凉院	三人	李村南庄	瓦房十二间，草房三间，庙地十八亩
13	观音庙	一人	李东村	瓦房六间，草房三间，地六亩六分
14	大士寺		午山村	房八间
15	大士寺		石湾村	房九间，地二十余亩
16	石佛寺	二人	栲栳岛	房十二间，地二十亩
17	华严寺	四十人	小黄山	房六十八间，地六百亩
18	夹口庙	四人	东台村	房十九间，地三十五亩
19	角角庙	二人	囤山前	房十二间，地五亩

青岛特别市佛教寺院[①]

序号	寺庙名称	管理人	人数	信徒数	创立年月	地　址
1	下菴	修善	1			薛家岛后岔山□村
2	大士寺	义仁	1			石湾村
3	文昌庙	真善	1		清	胶州永安乡东北苑
4	火神庙	真善	1		清乾隆年间	胶州城南高家场街
5	天后宫	慈玉	1			沙子口镇72号
6	玉皇宫	真善	1			胶州永安乡大觉院街
7	北斗庵	仁城	1	2	清康熙十年	即墨北关24号
8	北佛地		1			胶州阜安乡北佛地街

---

① 青岛市档案馆，档案号：B0023—001—00904—0121，《青岛特别市宗教团体一览表》，青岛特别市教育局1943年1月。《青岛特别市佛教寺院》，《华北宗教年鉴》，1941年3月20日出版，载《民国佛教期刊文献集成》第93卷，第149页。两处资料所载佛教寺院皆为35处，地址详略、管理者姓名稍有差异。

序号	寺庙名称	管理人	人数	信徒数	创立年月	地　址
9	古刹菴	仁陶	2		明初	即墨南□□□□当铺胡同 414 号
10	西度菴	孙希贤	2	2	明万历六年	即墨坊子街 13 号
11	西阁	能清	1		明万历三十五年	即墨西阁里 57 号
12	伏魔庵	方周	2			伏魔庵街
13	洪福寺	真善	1			胶州永安乡南潭街
14	夹口庙	能隆	4		明朝	崂山王哥庄西东台村
15	角角庙	能高	2			团山前
16	法海寺					源头村
17	海庙	真善	1			家高场
18	马王庙	志林	1	2	明崇祯十一年	胶州四门外马王庙街 10 号
19	马王庙	澄钧	?		明万历年	胶州芙蓉乡马王庙街
20	清凉院	戒和	?	3	唐至正年	李村南庄 3 号
21	梅檀菴	真善	1			胶州城外第二区
22	湛山寺	倓虚	14	1000	民国二十三年	芝泉路新一号
23	普渡庵	昌梅	7	7	明嘉靖四年	河南磨市街 84 号
24	黄山院	能伦	2	2	清康熙年间	即墨滨海乡王村岛里
25	华严寺	法舟	40		明朝	劳东区小黄山
26	准提菴	昌□	9	9	明崇祯年	即墨后菴街 20 号
27	镇水菴	村长代理	1	全村	清康熙年	关家山村 60 号
28	双庙	刘子美	1	1	清康熙元年	即墨新民乡郭家巷 30 号
29	关帝庙	澄铎	1		元代	胶州同德乡东城
30	关帝庙	宏恩	2			即墨西关外府富君庙街
31	关帝庙	隆义	1			胶州福寿祠街
32	关帝庙	能仪	1	2	明成化三年	即墨东关 14 号
33	灵应菴	昌增	3		清乾隆三十一年	胶州辛街

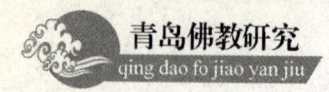
序号	寺庙名称	管理人	人数	信徒数	创立年月	地　　址
34	于姑菴	赵王芳（尼）	3			错埠头
35	观音庙	马毕氏（尼）	1			□东村

据日本兴亚院华北联络部统计，截至 1940 年 6 月，青岛有本土佛教寺院 35 所，布教者 129 人，佛学院 1 所，佛教所属小学校 3 所、幼儿园 1 所、病院 5 所、青年会 1 所、佛学会 1 所。[①]

<hr />

① ［日］兴亚院华北联络部：《北支に於ける文教の現状》，兴亚院华北联络部 1941 年版，第 160 页。

第六章　近代青岛的日本佛教

六世纪，中国佛教经由朝鲜正式传入日本后，历经唐、宋、元、明、清而不衰。久之，日本佛教形成多种宗派，著名者如奈良时代的"古义六宗"（法相宗、俱舍宗、三论宗、成实宗、华严宗、律宗），平安时代的天台、真言两宗，镰仓时代的临济宗、曹洞宗，江户时代的黄檗宗等。明治维新后，日本佛教各宗如净土真宗、真言宗、曹洞宗、净土宗、临济宗、日莲宗等都随日本对华军事侵略而积极在华开教扩教，具有浓重的侵略色彩，其中，尤以净土真宗东、西本愿寺派为典型。东本愿寺派也称大谷派、东派，西本愿寺派又叫本愿寺派、西派。明治九年（1876）七月，日本净土真宗的东本愿寺的谷了然、小栗栖香来上海建立别院，开始传教活动，是近代日本宗教登上中国大陆的开始。日本曾经于1914—1922年、1938—1945年先后两次占据青岛，在此期间，日本佛教团体也成为日本侵略者实施侵略政策与奴化教育的工具。

一、日本佛教侵入青岛

（一）日本佛教沦为战争帮凶

佛教根本上是一种和平的宗教，"不杀生"是佛教的基本戒律和特征之一。它怜悯众生，大慈大悲，主张众生平等，反对战争和杀戮。然而，就是这样一种和平的、慈悲的宗教，却在战争狂热下的日本成了军部推行战争和杀人的重要工具之一。日本佛教各宗派积极追随军国主义政府，绝大多数宗派相继沦为军国主义的帮凶。他们为了蒙骗人们去充当战争的炮灰，积极迎合政府，大力提倡所谓"忠皇爱国"、"镇护国家"、"王法为本"的思想，宣传"护国"精神，号召国民支持"对华圣战"，大肆宣扬军国主义思想，将侵略战争定义为"以大道征服小道"。日本佛教随心所欲地篡改佛教经典，炮制和

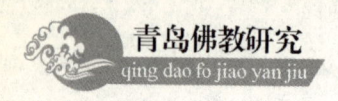
鼓吹侵略有理、杀戮无罪的邪说谬论，日本佛教已经彻头彻尾地成为政府推行军国主义政策、建立法西斯集权统治和对外发动侵略战争的御用工具。

1937年日本全面侵华以后，日本佛教从整体上被纳入军国主义思想体制中。当然，在这个过程中，也有一些佛教人士出于对佛法的虔诚信仰而进行了抵制，如1931年，约有三十人组成的"新兴佛教青年同盟"及其主要组织者尾妹义郎（1889－1961年）就公开发表宣言，拒绝服从军部政府的侵略政策及依附这一政策的佛教既成势力，该同盟自然遭到了军部和警察的弹压，其机关刊物《新兴佛教》屡被查禁，尾妹一郎也被逮捕。总体上说，佛教的抵抗势力十分微弱，既成佛教势力在"佛法"与日本的"王法"之间，义无反顾地选择了"王法"。特别是在日本发动全面侵华战争后，一些著名的僧侣和尚、佛教学者公开发表声明，宣布支持并参与对华战争，日本全国各地的佛教寺院陆续举行了名为"战胜祈愿祭"的祈祷日本军队"战胜"的活动。

日本政府方面，自"七七事变"后，文部省即通告各宗教团体，要求他们支持战争。1938年8月，文部省宗教局召开神道、佛教、基督教三教"对中国布教协会"，讨论各教在占领的中国领土上传教等相关问题。文部省向全国宗教界发布了题为《关于支那布教的基本方针》的通告，对布教的目的、方法与手续都进行了规定。布教的目的是："布教师担负对当地居民的宣抚，并协助对支文化工作"。布教的方法是："（一）在军方的许可下，布教师选择善良的居民作为信徒，并予以特别的保护，利用他们维持地方治安、劳役和宣抚；（二）大规模地开设日语学校或者医疗设施；（三）利用一切机会宣传日本的势力、日本对支那的意图、支那事变的由来、支那今后的出路、西洋各国的自由主义的帝国主义、日本文化东洋文化的本质等等；（四）各宗教团休要尽可能系统制定大规模事业计划；（五）宗教的传教要服从当地的情况。"布教的手续是："（一）布教师希望到支那去时，需向文部省另纸提交申请书，并附宗教局长的推荐状。布教师到达当地后，首先要向当地军队特务部提交上述材料，并听从一切指挥。（二）布教场所的开设、事业的开办均应得到军队特务部的许可；（三）布教师要经常与军队特务部和文部省特派员保持联系。"① 这个"通告"实际上就是将宗教置于日本军

---

① 王向远：《日本对中国的文化侵略（学者、文化人的侵华战争）》，昆仑出版社2005年版，第366－367页。

队特务部门的严格管理之下，使之成为军事占领的辅佐、文化侵略的尖兵。

1939 年 4 月，公布"宗教团体法"，目的在于对各宗教实施保护监督，规定各宗教不仅不能反对皇道精神，且应涵养国体观念。1941 年 3 月，全日本"佛教恳话会"被改组为"日本佛教联合会"，与神道、基督教联合组成"大日本宗教报国会"。同年 7 月，三教诸宗领袖 500 多人在东京小石川传通院召开"第一次大日本宗教报国会"，大会发表了"发扬基于肇国精神的国民信仰，以期为建成高度国防的体制作出贡献"、"发扬皇国宗教的本旨，以期促进大东亚共荣圈的建设，协力树立世界新秩序"等项内容的宣言。[①] 为了加紧对华动作，佛教各宗派相继联合成立了"北支佛教联合会"、"兴亚佛教联合会"及"兴亚宗教同盟"、"对华布教宗教团体协议会"等团体。

1941 年 8 月，文部省宗教局和兴亚院文化部联署颁发了《对支〔中国〕进出宗派体指导要纲》，要求"强化扩充"对华布道，进一步将在中国的"海外开教"纳入政府管辖渠道："一、宗派团体入华，必须符合我国策大政，即在为谋日支提携、为全力协和建设东亚新秩序之国策而努力之方针指导下进行。二、在华各神道、佛教、基督教必须在政府统制下活动。三、对中国民众布道时务以收揽人心为重点，辅之以必要的文化事业。四、对日侨布教时，应努力教化使之同样成为大陆建设指导者。五、赴华教士应具有优秀宗教家资格。"[②] 该指导要纲要求三教（神道、佛教、基督教）在政府统治之下，在"建设东亚新秩序"的方针指导下，收揽中国民众之人心，暴露了日本军国主义侵略的本质。

为了配合日本的军事行动，开辟对华文化侵略的战线，日本佛教诸流派纷纷向中国进军，将一批批的僧侣人员派往中国前线和沦陷区。这些和尚有的直接被编入军队，成为"从军僧"，主要作用是为战死者超度，但实际上他们也参加了杀戮行动。日本佛教各主要流派还派人到中国沦陷区占领中国的寺庙，建立日本的佛寺，在沦陷区各地建立了大量的布教场所。当时，日本的佛教宗派有 54 个，在中国活动的宗派有 13 个，其中活动较多的依次是东西本愿寺、日莲宗、净土宗、临济宗妙心寺派、古义真言宗等。当然，并非所有在中国落脚的日本宗教宗派都有对华宗教侵略的动机，20 世纪 30 年

---

① 杨曾文：《日本佛教史》，人民出版社 2008 年版，第 594 页。

② ［日］小岛胜、木场明志：《アジアの开教と教育》，法藏馆 1992 年版，转引自忻平《日本佛教的战争责任研究》，《华东师范大学学报（哲学社会科学版）》2001 年第 5 期。

代之前日本在华许多宗教团体和设施主要是为在华日本人提供宗教服务的，规模也不算大，有些是经当时中国方面的同意才进行活动的。

（二）日本佛教领袖与青岛

一些日本佛教领袖先后来到青岛，从事佛教、文化甚至政治活动，成为日本佛教侵略的骨干力量。

大谷光瑞（1876－1948 年），日本僧人、探险家，净土真宗西本愿寺第 22 代法主（1903－1914 年在位），法号镜如，伯爵，21 世本愿寺明如的长男。他 10 岁剃度，学习院毕业后留学欧洲。1902 年开始率领探险队在中亚、新疆、印度等地进行探险活动。1903 年因父亲去世回国继位，其后又两次前往新疆探险。作为西本愿寺法主，他积极推进教团的现代化，致力于在日本海外的传教活动。明治维新后，在甲午战争、日俄战争中，西本愿寺追随日本的侵略扩张脚步推进"海外开教"，并派出了大量的随军传教僧人。1913 年，大谷光瑞见到了孙中山，并在其推荐下出任中华民国政府顾问。1914 年，大谷光瑞因为教团的巨额债务问题而被迫辞职，此后隐居，在中国、南洋、土耳其等地经营农业，并长期留住中国，在上海郊区兴建无忧园，设置电台，从事谍报活动。1933 年，大谷光瑞移居大连，建钢盔之家。利用其在佛教界的地位和影响，积极支持军部的活动，历任近卫文麿、小矶国昭内阁参议、内阁顾问等职，力主对华采取强硬措施，号召在中国的僧侣追随日本军国主义政府，慰问在中国的日本士兵，鼓舞其为"大东亚圣战"服务。在中国期间，他还以旅顺、大连为基地，辗转往来于上海、青岛、台湾等地，从事配合日本侵华政策的各种所谓"学术译著、宗教研究、视察"等政治活动，同时他也没有停止继续收集掠夺汉籍的工作。作为日本佛教的领军人物、日本兴亚政策的支持者，大谷光瑞至少四次到过青岛。

大谷光瑞初次到青岛是 1915 年 5 月 28 日。抵青之前，他先从上海到达大连，并先后赴浦盐（海参崴）、哈尔滨、铁岭、辽阳、抚顺、营口等地参观考察。期间，他在接受《满洲日日新报》记者的访谈时明确谈到要定居青岛："究竟把我的居住地放在中国的何处，最终考虑的结果，我把它确定为青岛。"认为"青岛的位置虽然偏于北方，但是将来胶济铁路上的高密和徐州之间通火车，短时间即能与扬子江流域相往返，即使偏北一些也不会有不方便之感"①。此外，他选择青岛的原因还有人脉的因素："我确定了我的隐

---

① 《光瑞师纵谈》，载《满洲日日新闻》1915 年 5 月 14 日。

居地。青岛守备军司令神尾中将①已经调任东京卫戍总督，中将曾经诚挚相邀，新任的大谷中将也是知己，另外参谋长净法寺少将仍然在任，所以不仅没有不方便，甚至可以说青岛是一个绝好的隐居之地，这从许多清朝遗老选择到那里居住也能证明青岛却是一个好地方……所以我决定定居在青岛。"②该报纸另一篇消息称："大谷光瑞师 29 日前往青岛，计划停留一周之后赶赴上海收拾家具等，再搬迁到青岛永久居住。"③ 虽然这次大谷光瑞在青岛的具体活动尚未见诸资料，他最终也没有定居青岛，但是可以明确的是，他对青岛的地理位置、气候、交通等状况已有相当了解，青岛驻军首脑与其熟识并相邀，他也从清朝遗老遗少移居青岛的信息中感觉到那里适宜隐居，这些促使他试图把在中国大陆的居住地选择在青岛。

大谷光瑞第二次到青岛是在"七七事变"之前的 1937 年 6 月，目前尚未看到这期间他在青岛活动的报道。

大谷光瑞第三次到青岛是 1938 年 9 月 23 日至 24 日。23 日当天上午，大谷偕同随员两人乘船从大连抵达青岛，西本愿寺青岛别院住持大内静狂等人前往迎接。大谷等入住青岛大饭店。在接受《青岛新民报》记者采访时，大谷说明此次来青的目的是视察青岛在事变之后的情况，对比观察事变前后的变化。他还说到自己去年来青岛时，当时有京都帝国大学毕业的中国人在农业试验场忙于棉花品种改良，打算前往访问。他认为，山东的棉花生产条件好于河北，希望能有指导和奖励棉农的政策，他还谈到青岛日伪当局的都市计划等问题。当时，青岛已经是中国最大的棉纺织工业生产基地，日本在青岛设有多家纺织企业，垄断了棉纺生产和贸易。另外，这时的青岛已经渐渐开始取代天津的地位，被作为华北地区的主要门户，成为日军侵略中国的重要基地和掠夺青岛腹地经济资源的主要港口。这些谈话显示出大谷光瑞对青岛和山东的经济问题的关注。

1939 年 5 月 31 日至 6 月 2 日，大谷光瑞第四次来到青岛，依旧住在青岛大饭店。5 月 31 日下午 3 点半到达青岛以后，大谷旋即拜会了日本驻青岛总领事加藤，继而又访问了日本驻青各机关。6 月 1 日，大谷访问了日本

---

①　神尾光臣（1855.2.27—1927.2.6），长野县人。历任东京卫戍总督、青岛防备军司令官第 9 师、第 18 师长，级别至陆军大将一等勋章功一级男爵。1914 年率第 18 师团攻占德国殖民地青岛，1914 年 11 月—1915 年 6 月任日本青岛守备军司令部司令官。

②　《大谷光瑞师谈》，载《满洲日日新闻》1915 年 5 月 27 日。

③　《光瑞师永住（青岛）》，载《满州日日新闻》1915 年 5 月 27 日。

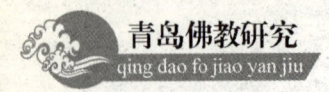

海军驻青岛舰队等。《青岛新民报》对大谷光瑞在青的活动进行了跟踪报道，如 6 月 1 日的报纸的题目是《大谷光瑞法师来青 昨分访各机关》，称大谷氏"在日为宗教界权威者，且为兴亚政策之研究家"，这篇报道盛赞大谷"以实际的经纶与抱负曾留学欧洲，任西本愿寺管长重职，二十余年前即辞管长职，志在从事印度、中国、西藏内地之探检，留有几多业绩，与满洲国亦曾尽力佛教之传导教化，以宗教而教导民众，以开拓邦土卓拔之见识，于东亚兴隆上曾有莫大贡献"。这篇报道还介绍大谷光瑞目前在上海"实行其东亚新秩序下大陆建设之雄志，于结成东亚协同体，在精神的实质的均遂行其广泛有为之抱负"。该文引用大谷的言论称："有大青岛之经营与华北之开发并开拓，以及日华浑然一如之原理，在宗教文化上勿论矣，即于经济政治上亦颇深远而为实际的。"[①]从以上报刊对大谷的报道、介绍以及他本人在青岛的活动和言论来看，他不仅在宗教界具有很大的影响力，与地方政界、军界的首脑人物和机构的关系也颇为密切，是一个具有政治头脑的社会活动家。所谓他对兴亚政策的研究和主张，也与日本的扩张政策和侵华政策一脉相承。6 月 2 日上午 9 时半，大谷光瑞与兴亚院青岛出张所所长柴田[②]会面，就兴亚政策进行了 40 分钟的交谈，当天他还接待了几位来访者，包括专程从北京赶来的华北布教总监部芝原玄超、光冈良雄等，与他们商讨了宗教事务。

1939 年，日本僧人林彦明到青岛慰问侵华日军。林彦明（1868－1945年），日本净土宗僧。滋贺县人，字梅树、归堂，号香誉。8 岁出家，19 岁游学东京，历住浅草大秀寺、赞歧法然寺、沼津乘运寺、知恩寺诸刹，历任大僧正、日华佛教研究会总干事等职。1939 年 5 月 21 日，林氏在青岛大礼堂举行了"日华思想亲善讲演会"，为市民讲演大乘精神，目的在于"坚固日华思想亲善运动"，此次讲演会由日华佛教研究会及湛山寺佛学会主催，兴亚院华北联络部青岛出张所及本市公署为后援。

1940 年，日本僧人晓乌敏到青岛慰问侵华日军。晓乌敏（1877－1954年），日本真宗大谷派僧人，佛教思想家。曾师事清泽满之[③]，成为清泽满之组织的佛教团体"浩浩洞"成员，并担任"浩浩洞"之刊物《精神界》之

　　① 《青岛新民报》1939 年 6 月 1 日。
　　② 柴田弥一郎，1938 年 1 月 17 日以日本海军特务部部长身份任"青岛治安维持会"顾问，后任兴亚院华北联络部青岛出张所所长，1939 年 3 月 15 日任伪青岛特别市公署顾问，1940 年 8 月19 日奉调回国。
　　③ 清泽满之（1863－1903 年），日本真宗大谷派教育家。

庶务工作。大正四年（1915），《精神界》停刊，"浩浩洞"解散，遂返回明达寺，致力于布教工作。1940 年 4 月 29 日下午四时，晓乌敏趁来青岛慰问日军的机会，在兰山路大礼堂讲演大乘精神，"与中国人民缔结佛缘爱"[1]。昭和二十五年（1950），晓乌敏任东本愿寺宗务总长。

（三）日本佛教寺院的建立

青岛开埠成为德国的殖民地以后，天主教、基督教等外来宗教开始传入。至于外来佛教，则是从日本伴随着军事入侵的"海外开教"以及日本侨民大量涌入开始的。日德战争前夕的 1913 年，以净土真宗本派西本愿寺为先锋的日本佛教势力也进入青岛，拉开了在该地区长达 32 年"海外开教"的序幕。为使佛教长期扎根于中国，日本佛教各主要流派纷纷在中国设立教务所、别院、布教所、寺院等。青岛贮水山（当时叫若鹤山）周边包括黄台路、辽宁路、益都路、包头路、铁山路、聊城路一带是日本侨民居住和活动较为集中的地区，西本愿寺和日本的其他佛教寺院如善导寺、妙心寺等大部分也都选择在这一区域。据叶春墀《青岛概要》记载，1922 年，青岛日本佛教场所已经有六处。

1922 年青岛日本佛教场所[2]

名　　称	地　　点
本愿寺	平度町
日莲宗	直隶町
本派本愿寺	胶州町
真言宗	芝罘町
临济妙心寺	舞鹤町
曹洞宗	大村町

1932 年，西本愿寺代表大内静狂续租了无棣二路第十二号之九公地一段，以作为寺院使用。从当时青岛市政府核发的《续租公地凭照》中，可以了解到西本愿寺新建庙宇所在土地的基本情况：

青岛市政府为发给租地凭照事，兹据财政局案呈 有西本愿寺代表大内

---

① 青岛市档案馆，档案号：B0034－002－00055－0029，《关于日本晓乌敏法师来青慰问皇军欲藉此机会与中国人民缔结佛缘爱讲演的函》，1940 年 4 月 25 日。

② 叶春墀：《青岛概要》，上海商务印书馆 1922 年版，第 109 页。

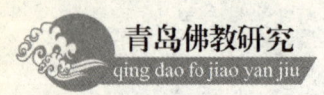

静狂具书，愿遵守青岛市领租公有土地规则及征收地租规则并其他行政法令，续租无棣二路第十二号之九公地一段，业经审核勘丈标界，请发凭照前来合行填发凭照，存执此照。计开续租条件：

一、租地面积　五十三公亩十三公厘零

二、租地期限　自二十一年八月九日至五十一年八月八日止

三、使用目的　寺院

四、应纳租额　每公亩年纳洋十一元八角

五、领租地号　无棣二路第十二号之九

六、保证　德舆泰记

七、其他　该地系于民国二十一年十月二十一日核准 恢复地权 特此证明

右给　西本愿寺　代表大内静狂　收执

中华民国二十一年十二月末日填发[①]

该续租公地即为西本愿寺新址及后来的别院所在地，它位于贮水山西南山麓，当时叫无棣三路，租地期限为30年。由该文件的"续租"字样可知，在此之前西本愿寺业已租下该地段。1933年，西本愿寺开始建设该寺院，并于1934年从胶州路的旧址迁至新寺院。当时的住持（也称代表、布教师）是大内静狂，布教人员有伯山政彦、佐野证诚等。1940年，该寺升格为西本愿寺青岛别院。

真宗大谷派的东本愿寺位于胶州路（现胶州路2号），该教派在青岛的活动与日本政府入侵山东的行动在时空上具有高度的一致性。1914年11月，日本在日德战争中获胜，日军攻占了青岛和胶济铁路，1915年大谷派插足山东省，开始在青岛布教，并开设布教所，后于1922年建成寺院，1928年5月1日布教所升格为东本愿寺青岛别院，并于1930年成为日本"北支那开教监督部"，管辖华北地区。住持是西田宽祐。

临济宗的妙心寺由古川大航于1915年4月开教。由于当时没有专设的场所，便暂借青岛太平路的天后宫之一部作为布教场所。后于1922年11月在贮水山北麓（吉林路4号）建正法山妙心寺，该寺安置刻有日德战争战死的日本官兵姓名的"英灵轴"，每年8月14、15日都举办"英魂祭"。

---

① 据日本新潟大学柴田干夫先生提供之档案复印资料。转引自李雪皎：《日本佛教在青岛的"海外开教"》，中国海洋大学2011届硕士毕业论文，第20页。

1922 年，日本在交还青岛之际，将散建于市内各处的战死官兵纪念碑一并移至该寺院。该寺后来也升格为别院。日本第二次占领青岛期间的住持（布教师）是细川禅英。

日莲宗的莲长寺位于贮水山西北麓（现吉林路 6 号），于 1922 年 12 月建成，也称"太光山莲长寺"，后被烧毁。日本第二次占领青岛以后，该教派在武定路 46 号设立临时布教所，布教师是大桥玄妙。

净土宗的知恩院青岛别院善导寺位于贮水山南麓（黄台路 42 号），建成于 1930 年 9 月，也称"新终南山善导寺"。寺院内利用青岛火葬场的残灰建造了高 13 尺的教祖善导大师的塑像。住持是本源义岳。

曹洞宗的曹溪寺位于上海路 18 号，创设于 1915 年 7 月。1938 年 8 月，迁到武城路 2 号，布教师是青木禅海。

真言宗的大光寺位于夏津路 7 号，也称高野山大光寺，设立于 1915 年 4 月，住持为谷口瑞岳，后为松田理海。

日本在青岛创设的佛教机构[①]

名称	创设年代	地点	主要布教人员	宗派别
青岛别院（出张所）	1911.2	无棣四路 12 号	大内静狂、伯山政彦、佐野证诚	净土真宗本愿寺派
青岛别院	1915.8	胶州路 2 号	芳原政范	净土真宗大谷派
大光寺	1915.4	夏津路 7 号	谷口瑞岳、松田理海	古义真言宗
大兴善寺	1940.7	青岛市外沧口	高桥实（宝）严	
莲长寺	1915 1922.12	吉林路 1 号 武定路 46 号	大桥玄妙	日莲宗
曹溪寺	1915.7 1938.8	上海路 18 号 武城路 2 号	青木禅海	曹洞宗
青岛别院	1914.12 1922.11	吉林路 4 号	细川禅英	临济宗妙心寺派
知恩院青岛别院善导寺	1925 1930.9	黄台路 42 号	本源义岳	净土宗
青岛教会所	1925 年前后	奉天路条街	阵川信隆	

① 肖平：《近代日本在华所办佛教机构之调查（1876—1946）》，《外国问题研究》1998 年第 1 期。

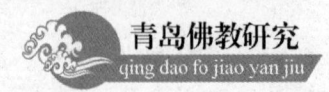

从江户时代到现代，日本佛教维系寺院与信徒关系的是檀家制度。"檀家"即寺院所属的信徒家庭，檀家数是衡量寺院的规模和影响力的重要因素。近世中期，寺院规定檀家必须遵守下列义务：（1）寺院新建或修复殿堂、伽蓝的费用，由檀家支付。（2）住持从本山接受僧阶时，费用由檀家支付。（3）负担住持的生活费。（4）檀家须参与祖师忌、佛忌、盂兰盆会及春秋彼岸会等。（5）每逢祖先之忌日法会时，须于自宅中设斋供养僧侣。（6）作佛事时，不得延请不属于檀那寺的其他僧侣。（7）应常去檀那寺祭扫先人坟墓。"九一八"事变后，特别是日本全面侵华之后，日本军队和侨民大量涌入青岛，这为日本佛教寺院取得经济后援、获取教众支持、兴建寺院、扩大规模提供了有力保障。

1939 年日本佛教青岛布教情况一览表[①]

名称	主管	人数	所在地	宗派别	本尊佛	檀家数
西本愿寺别院	大内静狂	4	无棣四路 3 号	净土真宗本派	阿弥陀佛	400
东本愿寺别院	芳园政范	1	胶州路 2 号	真宗大谷派	阿弥陀佛	300
妙心寺别院	细川禅英	4	吉林路 4 号	临济派	释迦牟尼释迦牟佛	250
善导寺	本原义岳	2	黄台路 42 号	净土宗	阿弥陀佛	250
莲长寺	大桥玄妙	不详	吉林路 6 号	日莲宗	十界曼荼罗	200
曹溪寺	青木禅海	不详	武城路 2 号	曹洞宗	释迦牟尼释迦牟佛	200
大光寺	松田理海	不详	夏津路 7 号	真言宗	大日如来	150

到 1945 年为止，在青岛的日本佛教寺院共有七处，其中，西本愿寺青岛别院的檀家数最多。在寺院建设规模方面，西本愿寺别院亦列首位，西本愿寺青岛别院的占地面积达五十三公亩十三公厘（约合 5300 平方米），建成后本堂面积约 132 坪（约合 436.4 平方米），租地期限为 30 年。西本愿寺青岛别院宏伟壮丽，旁边有僧寮供在寺僧人居住。东本愿寺位于胶州路三十六号，占地面积为 1851.2 平方米，建成后本堂面积约 310.3 平方米。曹溪寺占地面积为 337.54 平方米，本堂面积为 56 平方米。无论由檀家数还是建筑规模来看，西本愿寺别院的影响力最大。西本愿寺除了进行宗教活动外，也

---

① 青岛市档案馆，档案号：B27－006－9193－410，《青岛市庵观寺院及教堂一览表》。

面向日本侨民开展一些公益活动，如经营家政学园和日本语学校等。

佛教作为中日两国共同信仰的宗教，对两国人民的思想与信仰生活都产生了深远的影响，因此成为日本侵略者可资利用的工具。日本佛教人士或主动迎合或出于被迫而服务于侵华战争，佛教各宗派都有自己在华的弘法道场与宣化场所。他们配合军队的侵略活动，主要进行精神上的鼓动宣传。对在青岛的日本佛教寺院来说，最重要的还是所谓"从军布教"活动，如1927年5月至1928年5月，趁日军三次出兵山东之际，净土真宗东本愿寺派青岛布教所派遣僧人开展了战地布教和慰问。

二、日华佛教团组织慰灵祭

日本帝国主义侵华时期，对青岛地区进行了军事、政治、经济、文化全面侵略。其文化侵略的手段多种多样，其中忠灵塔与慰灵祭就是两种利用宗教进行侵略的特殊形式。日本侵略者建造忠灵塔，举行慰灵祭，一方面纪念、祭奠战死的日、伪官兵，欺骗日军及伪军继续为侵略战争卖命；另一方面，强迫当地人民参加祭拜，侮辱民族感情，实行思想麻醉和精神奴役。这些做法，带有浓厚的奴化色彩，其本质是为日本的侵略战争和殖民统治服务。

(一) 慰灵祭的举办概况

慰灵祭又叫"忠灵祭"、"忠魂祭"，是一种安慰亡灵的祭祀活动。如果祭祀对象不止一个，又称为"合同慰灵祭"。日本侵华期间在其所到之处举办过多次慰灵祭，祭祀的对象为因日本侵华战争而死去的日军与伪军。

日本占领青岛时期的慰灵祭主要由青岛特别市（1939.1—1945.9）公署主办，青岛日华佛教团主持，有时也与青岛日本居留民团合办。青岛特别市公署是日本兴亚院①管辖下的一个行政单位，"从市长到各局长均配有一名日本人作'顾问'，一名日本人任辅佐官，日本控制了市公署实际权力"②。青岛日华佛教团是日本军国主义控制的宗教团体，该团体"关于举行仪式须负一切责任"③。青岛居留民团是在不平等条约及日本官方扶植下成立的一

---

① 兴亚院，日本内阁于1938年12月设立的统一处理有关中国的政治、经济、文化、社会事务（外交除外）的机构，总部在东京，下设北京、上海、张家口、厦门四个联络部和青岛出张所。
② 青岛市史志办公室编：《青岛市志·沿革区划志》，新华出版社2000年版，第56页。
③ 青岛市档案馆，档案号：B0023—001—01679，《中国人牺牲者慰灵祭实施要领》。

个侨民组织，正式成立于 1923 年 3 月 1 日，事务所位于市内湖北路十七号旧德国海军俱乐部建筑内，其前身是日本第一次占领青岛期间成立的青岛日本市民会。[①] 由此可见，慰灵祭完全是由日方控制，而由傀儡政府承办的一种宗教仪式，这一仪式有着较为固定的程序[②]：

1. 全体入席；2. 奏乐（全体肃立）；3. 导师入场；4. 诵经；5. 祭文；6. 献花圈（此间奏乐）；7. 奠酒（此间奏乐）；8. 上香（此间奏乐）；9. 谢辞；10. 礼成

慰灵祭的程序并不是一成不变的，它会随着参加人员、环境等的变化而发生相应的改变。这种变化主要体现在慰灵祭内容的删减和仪式的顺序等具体细节方面。以"第四次治安强化运动殉难者合同慰灵祭"为例，其慰灵祭的仪式如下[③]：

1. 一同入场

2. 全体肃立，奏乐

3. 导师入场（日华佛教团）

4. 诵经（日华佛教团）

5. 祭文（正导师、副导师追悼文）

青岛特别市市长

青岛日本居留民团长

青岛方面特别根据地队司令官

桐部队队长（日本）

兴亚院华北联络部青岛出张所长

在青岛大日本帝国总领事

青岛总商会会长

6. 默祷（全体人员）

7. 烧香（诵经中）

青岛特别市市长

青岛日本居留民团长

遗族代表（中、日各一名）

---

① 陆安：《揭开青岛日本居留民团的神秘面纱》，《文史春秋》2012 年第 2 期。

② 赵月超：《日本第二次占领青岛时期的官办祭祀研究》，中国海洋大学 2009 年硕士论文，第 11 页。

③ 青岛市档案馆，档案号：B0031－001－00072，《治安殉难者合同慰灵祭》。

青岛方面特别根据地队司令官

桐部队队长

兴亚院华北联络部青岛出张所长

在青岛大日本帝国总领事

日本宪兵队青岛队本部队长

青岛总商会会长

8. 奏乐（警察局乐队）

9. 礼成

从慰灵祭的仪式可以看出，诵经、祭文、默祷、烧香是其主要的活动内容，基本不会发生变化。从其参加人员来看，涉及到当时在青岛几乎所有的中、日双方的高级官员，可见当地军政当局对慰灵祭宗教活动十分重视。据已知资料，1939 年至 1949 年期间，青岛地区举办过大小规模不等的（合同）慰灵祭共 22 次。

日本第二次占领青岛时期举办的慰灵祭统计表[①]

序号	时间	地点	内　容
1	1939.04.07	日本第一小学校广场	出征无言战士慰灵祭
2	1939.08.14—15	妙心寺别院	日德战殁者慰灵祭
3	1939.08.27	第三公园	中国人牺牲者慰灵祭
4	1939.11.14	第一小学运动场	第四舰队战殁者合同慰灵祭
5	1939.11.20	东本愿寺别院	皇军阵没将士之慰灵祭
6	1939.12.10	善导寺	二阶堂部队阵亡将士慰灵祭
7	1940.01.12	市民大礼堂	中日事变殉难者合同慰灵祭
8	1940.10.09	警察局里庭	殉职警官慰灵祭（3 人）
9	1941.03.31	忠灵塔	殉职警官慰灵祭（67 人）
10	1941.05.08	区青年会	巡官刘帅良及阵亡警士慰灵祭
11	1941.09.06	即墨城内后庵庙	日华殉难者合同慰灵祭
12	1942.04.18	忠灵塔	春季慰灵祭
13	1942.05.23	西本愿寺	祭中日殉国殉难英灵的仪式

---

① 参考赵月超：《日本第二次占领青岛时期的官办祭祀研究》，中国海洋大学 2009 年硕士论文，第 12 页，并作补充。

序号	时间	地点	内　容
14	1942.06.20	市民大礼堂	第四次治安强化运动殉难者合同慰灵祭
15	1942.11	忠灵塔	秋季慰灵祭
16	1942.12.10	李村警察分局	警长张德远等三人慰灵祭
17	1942.12.25	即墨城内后庵庙	警长慰灵祭（4 人）
18	1943.06.12	忠灵塔	春季慰灵祭
19	1943.11.05	忠灵塔	秋季慰灵祭
20	1944.05.16	忠灵塔	春季慰灵祭
21	1944.11.02	忠灵塔	秋季慰灵祭
22	1949.04.28	西本愿寺	日本将士和田大尉以下 41 名之慰灵祭

　　从统计表中可以看出，日本第二次占领青岛时期举办了多次慰灵祭，其中 1939 年、1942 年次数最多，各 6 次。1942—1944 年，一般每年固定办春、秋季慰灵祭。1945—1948 年，日本投降后未再举办，1949 年只举办一次。祭祀对象大多是最近一年内在青岛地区战殁的日伪军，也有在山东地区曾经发生的重大事变中的战殁者，如日德战殁者慰灵祭就是为了纪念日德战争中战亡的日军。而"将士和田大尉以下四十一名之慰灵祭"，则是为战死于台儿庄战役中的日本将士举行的。慰灵祭常重复祭祀，如 1939 年 8 月 14日，在妙心寺别院举行了《日德战殁者慰灵祭》，这是对在日德战争中战死者"第二十四回忠灵祭"①。除了对战死的日伪军举行的慰灵祭外，还有对所谓"无言战士"——战马的慰灵祭。如 1939 年 4 月 7 日（爱马之日）下午 3 时，在日本第一小学校广场就举行了"出征无言战士慰灵祭"，目的在于"以感谢其伟大之功绩，籍以振作全国民爱马精神，而谋□后后援活动之强化"②。还有为伪军举行的慰灵祭，如 1939 年 8 月 27 日（盂兰会之期）上午 10 时，在第三公园为"此次圣战勃发以来诚心协助皇军努力建设东亚新秩序而光荣牺牲者中国人祈祷冥福并慰安其遗族，且将皇军之盛意传达于山

---

　　① 青岛市档案馆，档案号：B0023－001－00442－0081，《关于举行日独战死者第二十四回忠灵祭的函》。
　　② 青岛市档案馆，档案号：D000301－00054－0004，《佛教团举办军马慰灵祭》，《青岛新民报》1939 年 4 月 8 日。

东三千万民众，特召集遗族举行慰灵祭"①。慰灵祭的举办地点主要是日本寺庙和公共场所，1941 年之后，慰灵祭的举办地点主要在警察局院内忠灵塔前。

在这些慰灵祭仪式中，青岛特别市市长都会致以祭文，其中一篇祭文如下：

青岛特别市市长赵琪②、致祭于青岛宪兵队，今次事变战伤病殁、及大正三年日独战争以降，战伤病殁将士，宪兵中佐——铃木喜代志以下诸英灵之前，曰：呜呼诸君，为忠君爱国而战，为代友邦中国铲除扰乱东亚秩序之共敌而战，为建设大东亚新秩序之大业而战，诸君克尽军人之任务，且杀身成仁，舍生取义，诸君形体虽死，而其精神实千古不死矣。

自日独战争以迄今日之奋战，友军威武，所向无敌，惟诸将士冲锋陷阵，沐雨栉风，忍饥馑，受□□，马革裹尸，病死沙场，英灵不寐，正义长昭，报国之诚，上冲九霄，盖世之功，永垂万代，九泉之下，当亦瞑目矣。今当中日两国化除阋墙之争，永奠东亚和平，吾人近瞻诸君遗烈，不能或忘，魂兮鉴临，惟希尚飨。

参加慰灵祭的人员除了政府的官员（自股长以上）和团体的代表外，还有遗族（战死的日伪军的家属）代表。市公署特别重视遗族的安排，为此制定了明确的组织原则。③

（1）被招待之遗族，每户出代表一人。若是老人等旅行困难时，得伴同看护一人。（看护人务由村长或遗族中出）

（2）对于得以利用火车、公共汽车之遗族，须以免费运送。

（3）遗族代表于县公署集合，以县为单位编成一班，班长由县公署职员中择选一名。以归村为止，须全负责携带爱护村旗。

（4）在青岛之遗族及看护人之宿泊或见学（参观），由青岛爱护区地方委员会及华北、青岛两交通会社负责。并对遗族赠送土产类的纪念品。

---

① 青岛市档案馆，档案号：B0038－001－00943－0014，《关于举行牺牲之中国人慰灵祭的函》。

② 赵琪（1883—1950 年），字瑞泉，山东掖县（今莱州市）人。德占青岛后，他就读于德华学校，毕业后充任翻译。民国十四年（1925）任胶澳商埠督办，主持编修《胶澳志》。抗日战争期间，1939—1943 年任青岛特别市市长。

③ 青岛市档案馆，档案号：B0023－001－01679，《中国人牺牲者慰灵祭实施要领》。

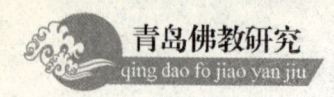

此外，还明文规定："关于慰灵祭所收奠金拟即分赠各遗族用资慰问。"① 以 1939 年 8 月 27 日举办的"中国人牺牲者慰灵祭"为例，此次慰灵祭表面上是傀儡政府为了缅怀自战争爆发以来在青岛地区死去的 56 名伪军并安慰其遗族而举办的一次大型祭祀活动。此次慰灵祭慰问品有②：

名称	毛巾	被子	手布	生地（布料）	石硷（肥皂）	菓子（点心）
数量	60 块	60 床	120 块	1 匹	30 打	60 个

由此推算，每位遗族大约可以获得慰问品：毛巾 1 块、被子 1 床、手布 2 块、布料 1/60 匹、肥皂 0.5 打、点心 1 个。其中仅有三位遗族家属各得到了 10 元慰问金。而 1940 年，日军某指导员中谷哲郎因公捐躯，"该故员遗族获得恤金国币 7840 圆整"③。同为"建设大东亚秩序"而战殁的人，中、日遗族所获得的慰问金相差极其悬殊。由此可见，市公署所谓十分"重视"遗族代表，仅仅是做了一些表面工作，只是给他们一点小恩小惠以达到拉拢、利诱的目的。

日本占领青岛时期的慰灵祭是日本对华宗教文化政策的组成部分，这是和日本政府的国内文化政策相呼应的，即为了实现日本政府的侵略、扩张，不惜愚弄和欺骗中、日两国人民，使其完全沦为战争的工具。

（二）慰灵祭的特点

慰灵祭是日本侵略者对中国人民进行思想麻痹、精神奴役的重要工具，是其"宗教战"、"文化战"、"思想战"的重要组成部分，其特点如下：

1. 明确的目的性

慰灵祭的最主要主办方是青岛特别市市公署，它只是日本控制青岛的一个工具而已，实际拥有实权的则是日本统治者。此外，慰灵祭的主办方有时还包括青岛日本居留民团、第四舰队、二阶堂部队。而且，每次慰灵祭都包括日本各机关、团体代表。

《中国人牺牲者慰灵祭实施要领》中明确记载："为吊祭此次事变勃发同时，为建设东亚新秩序不顾被敌方称为汉奸，毅然诚心协助皇军，拯救一般

① 青岛市档案馆，档案号：B0038－001－01033，《为 1940 年殉职官警 67 人举行慰灵祭等赠送奠金的函》。
② 青岛市档案馆，档案号：B0023－001－00458，《宣抚工作协力牺牲者慰灵祭实施报告》。
③ 青岛市档案馆，档案号：B0023－001－0082，《指导员中谷哲郎遗族接收恤金的函》。

中国人民，卒致殒命。民众对其英灵，莫铭感激。今为祝其冥福，并为安慰遗族而兴此举。"① 显然，当局完全是日军控制的傀儡，其举办慰灵祭的目的有二：一是为追悼"英烈"，激励士气。随着青岛地区人民不断组织抗日活动，使日伪军的伤亡无法避免，军队士气也会受到打击和影响。为了激励士气，建设其所谓的"大东亚共荣圈"，使日、伪军可以继续为战争卖命，傀儡当局行此举而显示其对牺牲士兵的重视和尊敬，以讨好日本占领军，重振军心；二是为了通过"安慰"遗族，"将皇军之盛意传达于山东三千万民众"②。为了更好地掩盖日军侵略者残暴的真面目和自身傀儡政府的本质，当局寄希望以慰灵祭这个披着神秘与善良外衣的祭祀形式，来安抚战死者的家属，同时显示自己的仁慈，并且可以拉拢中国民众，以美化日军和伪政府的形象。为了达到这一目的，当局一方面要求在青岛的中日各机关、各团体、市民都必须派代表参加；另一方面还要求遗族代表必须参加，并且通过给他们一点物质利益，以达到"感化"民众的目的，诱使更多的人为日军服务。

2. 参与的强迫性

为了达到上述目的，市公署每次都是以训令的方式规定本署各机关自股长以上一律参加。除了对本署职员要求参加之外，还对单位、遗族以及市民等都做了相应的要求。以"日华殉难者合同慰灵祭"为例，参加人员包括：即墨区队本部区队长、青岛警备队总队长、守备队长、宪兵队长、新民会即墨事务局、各指导官、办事处各联络员、即墨地方法院院长、即墨地方法院检查处首席、即墨稽征所所长、即墨邮政局局长、即墨电报局局长、华北汽车公司交通汽车公司代表、青岛同乡会、区队本部各指导官、各中队长、各中队指导官、办事处各科长、各区长、各商会、各校长、各乡镇长、办事处职员、各界来宾、军警。自1942年春、秋季慰灵祭形成固定的制度之后，当局傀儡政府在每次慰灵祭的仪式中又添加了一项新的内容：默祷。该内容打破了以往仅派市民代表参加的惯例，要求"于该日下午三时全中日市民各于所在之地默祷一分钟"③。这种强迫当地人民对战死者进行默祷的方式，完全无视当地人民的感情，将慰灵祭扩展成为全民祭祀，极力扩大其在青岛

---

① 青岛市档案馆，档案号：B0023－001－01679，《中国人牺牲者慰灵祭实施要领》。

② 青岛市档案馆，档案号：B0040－001－00377，《关于举行建设东亚新秩序而光荣牺牲者慰灵祭的函》。

③ 青岛市档案馆，档案号：B0031－001－00072，《治安殉职合同慰灵祭》。

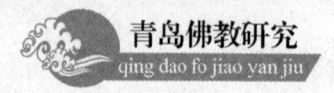
市民中的影响力。

（三）慰灵祭的影响

由于日本在青岛举办的慰灵祭具有目的明确、组织周密以及强迫人们参与等特点，其势必会对当地的政府和人民产生一定的影响，这种影响主要体现在以下三个方面：

首先，日华佛教团打着"日中亲善"的招牌，试图分化本地佛教势力，培养其作为日军侵华的帮凶。慰灵祭作为日华佛教团的活动之一，不仅粉饰了日军侵略的丑恶面目和傀儡政府的本质，而且正是这些反动的宗教行为逐步蚕食着本地佛教中的部分软弱势力和一些反动会道门组织，促使他们在日军恐怖和怀柔的双重政策下纷纷倒戈。他们极力宣传"大东亚共荣"的理念，为战死的日、伪军超度亡灵，在当时的佛教界产生了极其恶劣的影响。

其次，以太平洋战争的爆发为界，可以将日本在青岛举办的慰灵祭划分为两个阶段：前期举办的慰灵祭没有形成固定的举办时间，参加者大多是政府的职员（自股长以上）、团体代表和遗族代表；后期举办的慰灵祭每年都会有两次固定的举办时间，即春季慰灵祭和秋季慰灵祭，而且慰灵祭的参加人员已经不再仅仅局限于政府成员，而是将其扩展为全民祭祀的活动，规定青岛的全体中日市民于所在之地默祷一分钟。由此可见，前期举办的慰灵祭侧重于对政府上层领导的宣抚、教化，使其衷心地为日军服务，充当统治人民的工具。后期举办慰灵祭的主要特征则是让全体市民都加入到这一祭祀活动之中，让市民更加了解当局对为其效忠的战亡者及其家属的"优抚"，以麻痹更多的人为建设"大东亚秩序"效力。因此，在这一时期，慰灵祭的影响已经渗透到一般的市民之中，呈现出迅速扩大的趋势。

再次，日本第二次占领青岛时期招募的伪军的户籍并不局限于青岛本地，基本上来自于山东省各地。从 1939 年《中国人牺牲者慰灵祭实施要领》中关于"牺牲者"详细信息的记载中，可以归纳出 43 名死者的籍贯分别是：胶县（属青岛特别市）7 人、即墨县（属青岛特别市）4 人、青岛市12 人、安邱县（今属潍坊）14 人、博山县（今属淄博）1 人、博兴县（今属滨州）4 人、商河县（今属济南）1 人。按照慰灵祭实施要领的规定，一旦他们成为慰灵祭的祭祀对象，其遗族必须在当地县公署人员的陪同下来青岛参加慰灵祭。因此，举办方通过"遗族"这一媒介，自然而然地便将其重视死者、善待遗族的"盛意"传达到山东三千万民众，这种通过"遗族"宣传其文化政策的方式，完全突破了青岛的地域限制，迅速地传播到了遗族所在的山东其他地区。

慰灵祭本来是日本所特有的一种祭奠亡灵的宗教活动，在日本侵华期间已经演变成由日本法西斯实际操纵的、由伪政权操办的、为侵华而战死的日、伪军而进行的为其军事侵略服务的宗教祭祀活动。作为日本对华文化政策的重要组成部分，其目的不仅仅是为了"纪念"死者，更重要的是为了安抚士兵、鼓舞士气，麻痹沦陷区人民的思想，削弱其抗日意志，以达到欺骗、怀柔的目的，以此在精神方面配合日军的侵略战争。

三、成立宗教组织

为配合其侵华策略及强化对殖民地佛教的领导，日本侵略者先后在中国论陷区成立了许多佛教组织。1938 年，日本以弘扬佛教为由，策动一些汉奸在天津组织了"中华佛教会"，以代替我国原有的佛教会。1938 年 11 月，日本在中国沦陷区建立了日华佛教研究会分会和日本佛教协会。同年 12 月，又在北京成立了同愿会。在青岛，日本操纵下的宗教组织主要有青岛宗教联盟和佛教同愿会青岛分会。

（一）青岛宗教联盟

除佛教、神道教外，靠着军事武力的庇佑和开道，日本的基督教也纷纷登陆，在中国迅速地、大规模地展开活动。日本基督教会有 20 个教派，其中在中国设有教会的有 8 个。这些基督教教派在中国各地设立了 48 个教会或教会支部，其中绝大部分是在 1937 年"七七事变"后设立的，设立的主要地点均在中国东部大城市，其中北京、天津、上海、青岛、济南五地最多。在兴亚院特务机关各当局的操纵下，日本各宗教联合成立了青岛宗教联盟，其宗旨是"与中国方面宗教团体拟採紧密联络，向对华文化工作迈进，同时并努力中国民众之指导向上"[1]。1939 年 11 月 15 日，在青岛的日本佛教各派、基督教各派、金光教、天理教各团体在青岛芝罘路 45 号召开了"青岛宗教联盟"成立大会，会议程序如下[2]：

1. 开会；2. 遥拜皇居；3. 合唱国歌；4. 默祷；5. 致发会词；6. 报告

---

① 青岛市档案馆，档案号：D000304－00095－0003，《青岛宗教联盟定期开成立会——联盟各理事均经推定》，《青岛新民报》1939 年 11 月 12 日。

② 青岛市档案馆，档案号：B0023－001－00540－0102，《关于结成青岛宗教联盟举行开会的函》，1939 年 11 月 13 日。

经过；7. 朗读祝词；8. 三呼万岁；9. 闭会；10. 设宴。

青岛宗教联盟由兴亚院青岛出张所所长柴田任名誉会长，伪市长赵琪任名誉顾问。设理事长一人，下设佛教、神道教、基督教三教理事，分别由各寺住职组成。

青岛宗教联盟理事名单

	人物	身份
理事长	兼井鸿臣	兴亚院嘱托
日本佛教理事	细川禅英	妙心寺住职
	大桥玄妙	莲长寺住职
	大内静狂	西本愿寺住职
	芳园政范	东本愿寺住职
	青木禅海	曹溪寺住职
	本原义岳	善导寺住职
日本神道教理事	内田克己	金光教教师
	森富藏	天理教教师
日本基督教理事	岛村穗吉	日本基督牧师

青岛宗教联盟成立后，开展了一些社会慈善事业。

开敬老会。为了对年高有德的老者表示尊崇之敬意，青岛宗教联盟于1939 年 11 月 29 日午后 2 时在芝罘路该部楼上召开了敬老会，除备茶点招待外，并放映电影、表演新奇戏法，凡本市 70 岁以上之老人均可参加，约计可有二百人。① 开会当天，许多亲日单位赠送了礼物。

招募学习女工。为了救济贫民，1939 年 12 月，青岛宗教联盟拟招募 15－25 岁贫民子女学习手工。袜子制造教授所学习女工招募 20 名，讲习期间三个月，供□修了后给以相当工资。并邀请北京袜子模范工厂主任偕同技师一名，来青岛宗教联盟本部考试采用之女工。②

---

① 青岛市档案馆，档案号：D000304－00207－0005，《宗教联盟定期开敬老会——七十岁以上老人均参加，请看电影戏法备茶点》，《青岛新民报》1939 年 11 月 26 日。

② 青岛市档案馆，档案号：D000305－00121－0014，《青岛宗教联盟本部招募学习女工》，档案号：D000305－00123－0007，《北京模范袜厂来青募女工，宗教联盟创立》，《青岛新民报》1939年 12 月 17 日。

施粥。1940 年 1 月 25 日，青岛宗教联盟在台东镇施粥，领粥贫民千人。①

设日语学校。夜间授课，收容约五十名□间勤务者。

设立授产场。青岛宗教联盟于李村设授产场，目下教以制造袜子，"并进而养成各种职业战线之拓士，□将来担负生业指导之任"②。

青岛宗教联盟在青岛举办的这些文化及社会事业，不是纯为促进中日两国文化交流，而由于受其本国政府的支配，多少含有别的企图。这些文化、社会事业，在日本军阀侵华的过程中，常成为一种无形的武器，且扮演着很重要的角色。也因此，"在中国人的心目中，常把日本在华所举办的各种文教事业，视为一种文化侵略"③。

（二）佛教同愿会青岛分会

在日本军方的支持和授意下，一些附逆宗教人士成立了若干宗教组织机构，表面上由中国人任"会长"，但均有日本人做"顾问"。佛教同愿会就是在这样的背景下出现的。1938 年 12 月 31 日，佛教同愿会在北京广济寺召开成立大会，参加者有北京市各寺庙僧侣、各佛教慈善团体以及伪中华民国临时政府各机关代表 1000 余人。大会公推安钦多杰锵④为佛教同愿会会长，王揖唐为副会长，太虚法师、印光法师、王克敏、靳云鹏、吴佩孚、周学熙为名誉会长；夏莲居为理事长，现明法师、全朗法师为副理事长，邹泉荪、刘永谦、周叔迦、庄惕生、于化龙为常务理事；江朝宗为评议长，汤萝铭、余晋和为副评议长。夏莲居在成立大会上解释了"同愿"两字的含义："本会的愿就是四弘誓愿'众生无边誓愿度，烦恼无尽誓愿断，法门无量誓愿学，佛道无上誓愿成'。凡是发心与这四宏誓愿相同的，皆是我们的同愿，

---

① 青岛市档案馆，档案号：D000306－00214－0005《青岛宗教联盟东镇施粥，领粥贫民千人》，《青岛新民报》1940 年 1 月 27 日。

② 青岛市档案馆，档案号：D000310－00046－0005，《宗教联盟本部李村设立授产场——养成职业拓士》，《青岛新民报》1940 年 4 月 7 日。

③ 黄福庆：《近代日本在华文化及社会事业之研究》，台北近代史研究所 1982 年版，第 306 页。

④ 安钦活佛（1884－1947 年），原名丹增晋美旺秋，法号"安钦多杰锵"（意为大密宗师金刚持）。1920 年出任扎什伦布寺密宗扎仓堪布。1924 年九世班禅大师来到内地以后，安钦活佛随后也经通路抵达北京，以后在华北及东北地区讲经说法，颇受班禅器重。为了班禅返藏问题，他曾作为班禅以及民国政府的代表，几次奔波于内地和西藏之间，为祖国的统一和平事业作出了积极贡献。1937 年 12 月班禅大师圆寂后，他成为班禅集团中举足轻重的人物。日本当局为染指西藏，对他进行拉拢，其政治倾向也发生了一定的变化。

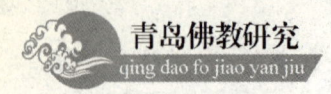
不过有愿之后，还要身体力行，愿行相应，才能断除烦恼，度化众生，自觉觉他，觉行圆满，这才是同愿的真义。如果不能本着愿力去行而仅仅有同愿的虚名，依然是不相应，也就不能谓之'同'。归纳起来说，同愿的意义，就是要一同发菩提心。……惟有佛法，才能拔除众生的一切苦恼，而给以究竟的安乐。能如是信受奉行，即为同愿。"而在稍后发表的成立宣言中，又宣称崇信佛法为中日两大民族共同点，"欲图共存共荣，必须同信同愿；欲达永久和平，必须宏扬佛法"。由此可见，佛教同愿会具有两重性：一方面是弘扬佛法的组织；另一方面又是日伪用来控制华北佛教界、配合日本侵华的工具。在近七年的时间里，依靠日伪政权的支持，同愿会发展成为华北地区规模最大的佛教组织，一定程度上沦为日本侵华的工具。

1. 成立

佛教同愿会成立后，即大力征集会员，积极筹设华北各地分会。按计划，佛教同愿会将陆续把华北各地的佛教组织都改为该会分会，纳入其管辖之下，加强其对地方佛教的影响与渗透。实际上，分会的筹设往往是在日伪控制的区域，特别是重要省市。分会的筹设多由热心的僧侣、居士或当地政府官员发起，发起人日后往往也成为分会的会长以及理事。各地分会的筹设，首要的任务是征集会员，根据规定，分会会员在50人以上者，方可报总会核准，经当地行政官厅备案方可成立。分会成立时，总会一般派居士或法师参加典礼，对会众进行训话，或进行讲经、传授饭戒活动，从而实现对分会的指导。

青岛"地临海隅，关系佛教甚重……人文荟萃，华洋辐辏，改为特别市，实乃华北咽喉重镇"①，故佛教同愿会首先在青岛成立了分会。青岛因特殊的地理、人文、政治条件而倍受同愿会总部的重视。青岛分会的筹设早就开始了。1939年12月19日的《青岛新民报》即报道"不日在本市亦将见佛教同愿会支部之设立，目下正在准备中，据闻来春即举行□会式"。1940年2月25日到3月24日，湛山寺和尚善波作为青岛代表参加了同愿会组织的的"华北佛教徒视察团"②。这是佛教同愿会组织的第一次访日视察活动，视察团成员游历了东京、京都、奈良等处各名胜古刹六十四处，并

① 《本会二十九年度会务报告》，《同愿》第二卷第八、九期合刊，1941年9月25日版，第27页。

② 《华北佛教访日视察团使命完成》，《同愿半月刊》第二期。

被以"外交官"身份礼遇，列席日本国会。当时各地分会尚未成立，青岛就被邀参与此次活动，可见在青岛筹建分会是蓄谋已久的。

1940年7月14日下午4时，佛教同愿会青岛分会在鱼山路青岛佛学会举行成立大会，北京总会派周叔迦（1940年2月前任北京总会常务理事）代表来青致辞，周氏于13日抵青，寓湛山寺内。该会成立秩序如下：[①]

一、开会

二、姚局长致开会辞

三、分会长朗读宣言

四、柴田所长致辞

五、赵市长致辞（陈局长致辞）

六、北京佛教同愿会代表致辞

七、分会职员之推定

八、尹局长致闭会辞

九、摄影

十、散会

在佛教同愿会青岛分会成立大会上，柴田所长致辞如下："当此之时，一般明远之士，均知互相同心、同愿以佛法达成中日两大民族之提携与共有共荣，所以先有北京佛教同愿会之成立，今日青岛分会也已结成，洵为最合时宜之举。希望与会诸君，念及东亚时局之重大，而思尽力发扬佛法以作奠定东亚之助。"[②] 日方以佛法为工具，助其建立"东亚新秩序"的侵略目的十分明显。

佛教同愿会青岛分会的人员构成是，会长倓虚，时任青岛湛山寺方丈；理事长尹法一，常务理事尹援波、善波、陈彦青、魏子厚，名誉会长伪市长赵琪、兴亚院青岛出张所所长柴田、喜多长雄。青岛分会中，伪政府官员和日本特务机关代表均被聘为名誉会长，他们一般不会对会务进行日常管理，但是却操有生杀大权。由此可见，建立佛教同愿会之目的在于极力扩大其在中国的影响力，进而同化中国民众，以期实现所谓的"大东亚共荣"。

佛教同愿会总会与分会之间是领导与被领导、监督与被监督的关系。分

① 青岛市档案馆，档案号：D000311－00054－0004，《佛教同愿会分会举行成立大会，北京总会派代表来青参加》，《青岛新民报》1940年7月14日。

② 青岛市档案馆，档案号：D000311－00058－0001，《以我佛大慈大悲之旨改善社会人心佛教同愿会青岛分会成立》，《青岛新民报》1940年7月15日。

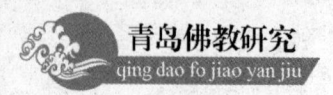
会必须将各职员履历、附属事业等基本情况交总会备案，必须将收入、支出款项及一切会务开展情况按月分别填表如实、及时向总会报告。总会根据需要随时遴选法师到分会调查情况，进行监督与指导。分会对于总会每年召开会员大会或会员代表大会时，应按规定派人员参加。此外，分会在具体开展会务时有一定的自主与灵活性，但在一些重大活动上，如庆祝释迦牟尼佛圣诞以及举行"大东亚战争阵亡将士追悼会"等必须与总会保持一致。

2. 会员

佛教同愿会会员最初分永久会员、基本会员、甲种普通会员、乙种普通会员四类，后经第二届理事、评议联席会议修正，改为永久、基本、普通三种。关于会员资格，规定："凡中国佛教寺院住持及退居均应为本会会员，其笃信佛教赞成本会宗旨之绪素，由本会会员二人以上之介绍，经理事会审查认可者，均得为本会会员。"会员入会时自认其中一种会员，根据相应标准缴纳会费。一般永久会员一百元，一次缴清，以后不再征收；基本会员每年六元，普通会员每年二元，均一次缴纳。缴纳会费后，同愿会将发给会员证书以及徽章，以资证明。会员均享有选举权与被选举权，会员必须参加同愿会组织的各种研究会与法会，如果会员有"违反会章或有其他不合法行为"者，由会员大会开除，如果会员想退会，应陈明理由，经理事会同意后方可退出。[①]

佛教同愿会中，僧侣是宣扬佛法的主体，居士只是起辅助作用："本会既为佛教团体，当然以僧侣为主，然初创之时，为办事便利起见，不得不由居士参加办理，而居士纵然通达教理，只能作宣传，为外护，弘扬佛法之重责，仍在僧伽，绍隆佛种，非居士所能担任。"[②] 但会员中居士占绝大多数，僧侣只占极少部分，有学者称其为"以居士为中心的佛教团体"也不为过。[③] 佛教同愿会会员中大多是各级伪政府政、学、商界人士，这些人多数都有亲日倾向，与日本有着千丝万缕的联系。随着战争的逐步扩大，多数平民为免滋扰，家中都供有佛像。在华北沦陷区，佩戴佛教同愿会证章者，出入城门方便，于是，信佛者日众。仅在济南，该会就有僧俗会员数千人。

---

① 《本会会员规约》，《同愿学报》第一辑，1940年12月31日，第34页。
② 庄肇一：《本会之任务》，《同愿》第四卷第一期，1943年1月25日，第2页。
③ 道端良秀：《日中佛教友好二千年史》，商务印书馆1992年版，第171页。

3. 经费

佛教同愿会青岛分会的经费主要来源于市政府补助，每年贰仟元，由于1944 年度的补助金到年底仍未发放，会长佽虚遂向教育局反映情况。青岛分会的各项经费支出主要用于"会同友邦佛教团体筹办释迦浴佛大会及各项佛教法会以及招待友邦各佛教团体，联络宗教，发扬东方文化等"。由于"物价过昂"，预计至少年需经费金额五千元。所以申请本年度发放五千元，并追加 1945 年度预算继续颁发，"以宏佛教而利会务"①。经过呈请姚市长，遂拨发了青岛分会 1944 年度补助金二千元，1945 年度五千元。

4. 组织章则②

第一条　本章程依佛教同愿会章程第 37 条之规定设立之，定名为佛教同愿会青岛分会。

第二条　本分会依总会章程第 37 条之规定，受总会之监督指导。

第三条　本分会设分会长一人，综理会务，由总会理事会派员协同当地会员推选后，商请总会聘任之。

第四条　本分会置理事会，设理事长一人，由分会长兼任之，常务理事二人至四人，理事若干人，由分会长就当地会员中选请总会理事会通过后聘任之。

第五条　理事会设秘书一人，由分会长任用之，掌理事会通常进行事件，及分会长交办事务。

第六条　理事会置左列各组，一总务组，二教化组，三利生组。

第七条　理事会各组设组长一人，分掌各组事务由常务理事会议通过商请会长任用之，并设干事若干人，由各组织长商请理事长任用之。

第八条　总务组职掌如左，一、关于文件之收发分配撰拟保管事项，二、关于会务之公布及印信典守事项，三、关于人事进退事项，四、关于编制统计及报告事项，五、关于会计庶务事项，六、关于交涉事项，七、其他不属于各组事项。

第九条　教化组职掌如左，一、关于修建法会及一切法仪事项，二、关于整肃律仪及严护戒德事项，三、关于宣讲佛法及劝善布道事项，四、关于

---

① 青岛市档案馆，档案号：B0023-001-02742-0048，《关于发佛教同愿会青岛分会一九四四年度补助金的呈文》。

② 青岛市档案馆，档案号：D000301-00054-0004，《佛教同愿会分会举行成立大会，北京总会派代表来青参加》，《青岛新民报》1940 年 7 月 14 日。

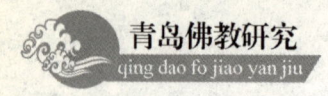
经论法物之流通事项，五、关于各种教育兴办之事项，六、关于图书之搜集及管理事项，七、关于经源法物寺庙古迹之保存及专管事项。

第十条　利生组职掌如左，一、关于济贫救灾事项，二、关于育幼养老事项，三、关于卫生掩亡事项，四、关于一切调查事项。

第十一条　理事会办事细则另订。

第十二条　本分会会务推行及会员进退，准佛教同愿会章程第二章及第三章之规定行之。

第十三条　本分会收入款项，随时报总务会。

第十四条　本章程如有未尽事宜，由佛教同愿会修改之。

第十五条　本章程自佛教同愿会理事会通过会长核定之日施行。

5. 工作

同愿会成立后，致力于开口一些所谓的佛教工作。首先，举办纪念法会。在同愿会的会务工作中，举办法会弘扬佛法是最基本的活动，是团聚会员、形成统一的宗教情感的重要途径。特别是在当时的战争环境下，佛教对于信众和专职人员来说，都是一种精神上的皈依。同愿会规定"每月择殊胜吉期，举办道场一次"①。在农历四月初八、七月十五、十二月初八尤要盛大举行。佛教同愿会青岛分会举办的各种纪念法会主要有：

1940 年 8 月 11 日（阴历 7 月 15 日）盂兰盛会，青岛佛教居士数十人发起，8 月 11 日起建道场七天。②

1940 年阴历九月十八日，湛山寺举行了观音法会祈祷世界和平众生安乐，时间功课如下："夏历九月十八日下午四点半，普佛。十九日上午四点，祝举；九点半，普佛上佛；下午两点，礼大悲法忏一幕；晚七点，设袷伽济孤施食一坛。谨此奉闻，顺颂法喜。十八日晚六点、十九日上午十二点，洁治山蔬恭候台驾。"③

1942 年，青岛市佛教同愿会为追荐建设大东亚阵亡英灵，于中元节在湛山寺举办了水陆道场慰灵追荐会，以此向青岛市民灌输"中日亲善"、"同文同种"的奴化思想。

①　《本会成立之经过》，《佛教同愿会会刊》创刊号，1939 年 9 月 1 日，第 105 页。

②　青岛市档案馆，档案号：D000314－00058－0020，《湛山寺定十九日举行观音法会，祈祷世界和平众生安乐》，《青岛新民报》1940 年 10 月 18 日。

③　青岛市档案馆，档案号：D000312－00042－0001，《超度亡魂祈祝祷和平举办盂兰盛会，本市佛教居士数十人发起，八月十一日起建道场七天》，《青岛新民报》1940 年 8 月 13 日。

毫无疑问，参加各种纪念法会，特别是纯粹的宗教活动，是会员所最为欢迎的。尤其是僧侣，认为这是在弘扬佛法，是对诸佛、菩萨的景仰。但佛教同愿会举办的法会，显然除了在进行一个宗教组织最为普通不过的仪式外，实际上也对外界传递出某种信息：在"面对战争、瘟疫、灾荒、经济衰败等不安全的社会状况，人类作出的强有力的反映，大概是采取宗教形态"。无论它是纯粹的宗教活动，还是以宗教活动作为形式，进行一种政治上的宣传，一般的信众往往是从实用的角度来参加这种宗教仪式的。因为"宗教仪式也许可以说是情感活动的静态表现。换句话说，宗教仪式是一种企图把种种情感活动变为比实际状态要缓和得多的抑制形式，一种唤起人们信心的行为"。"人们利用宗教仪式能够抵挡外界的侵袭，抑制自身情感带来的苦恼和不安"①。总之，参加这种宗教活动，能使普通民众得到必要的保护，这种保护一方面是佛陀给予的精神安慰，另一方面则是主导这种仪式的政治势力带来的庇护。这种被强行灌输了政治意识的法会，僧侣们不会从内心予以认同，但可能会以佛教固有的宽容精神去参与。因为他们坚信佛陀是对所有人平等的，即使是发动、支持侵略战争的人犯了罪过，似乎也能最终得到佛陀的宽恕。

其次，举行同愿共修念佛会。1939 年 5 月中旬，日本净土宗大僧正林彦明访问佛教同愿会，即曾与理事长夏莲居讨论中日两国共修念佛事宜。由于林彦明在中国行期匆促，未订具体办法。7 月 20 日，日本众议院议员、大正大学校长、净土宗僧正椎尾辨匡访问佛教同愿会，与理事长夏莲居针对共修念佛事宜往返磋商多次。自 1939 年阴历七月十五起，每月十五日，中日两国同时举行共修念佛。中国方面由佛教同愿会领导，在北京首倡，陆续推及华北各地。佛教同愿会发起共修念佛法会，认为"共修之要妙，全在时一愿同，法普人众。譬如一夫长呼，声逾丈寻；万众共鸣，响彻数里。芝烛之明，仅照房闼；烈炬之光，远薄霄汉。须知众生业力固不可思议，而愿力亦不可思议，佛力、法力尤不可思议。当前浩劫，既属共业召来，而弥天厄运，定凭大愿消去"。呼吁人们"不论男女老少，不拘贫富贵贱，不问地方远近，不分种族异同，但具同一信仰，用同一方法，在同一时期，作同一祈求"，目的在于"为战区亡灵、灾区难民及法界众生，普代回向"②。

---

① 池川大作、威尔逊：《社会与宗教》，四川人民出版社 1996 年版，第 4—6 页。
② 《第一次共修念佛祈祷息灾道场公启》，《佛教同愿会会刊》创刊号，1939 年 9 月 1 日，第 136—137 页。

佛教同愿会规定念佛例会后，1940 年 7 月之后，青岛分会便决定"每月十五日在湛山念佛"①。为解决交通问题，遂请交通公司特为加车。1940年阴历八月十五日中秋节，适佛教同愿会青岛分会会员在湛山寺例行念佛之期，是日又值休假闲暇，"极盼会员参加念佛会，并祈祷世界和平，并于当天下午一时半，自汇泉海浴场门外，特开长途汽车往返各两次，以备会员乘坐"②。1940 年阴历 9 月 15 日为佛教同愿会第四届念佛大会之日，是日下午 2 时至 5 时由第一公园备有长途汽车，作为会员往返乘坐之用。1940 年 10 月 24 日至 30 日，湛山寺为祈祷和平、消灾弥劫并发扬药师佛宏法，在寺内建设药师佛道会场七天，并自 16 日起由倓虚大师开始论演"药师琉璃光佛经典要"③。

在残酷的战争环境下，佛教界能够通过这种方式表达自己的意愿，祈祷世界和平，还是难能可贵的。中日两国共同念佛，也在一定程度上反映了佛教是超越国度的，是无国界的。但从世俗的角度看来，他们混淆了民族间的界限，特别是没有认识到造成当时浩劫的原因正是由于日本的侵略，对于侵略者给予了较大的宽容。这在具有强烈民族主义倾向的人看来，是难以接受的。

再次，监狱布道。佛教同愿会在 1940 年会务报告中提到监狱布道的缘起："常闻诸供养中，法供养最。度生大业，尤贵拔苦。今监狱不殊人间地狱，以斯义故，本会于各种法会之外，特派专员轮赴各监狱布道"④。监狱布道的目的在于"弘宣佛法、度诸苦厄"，"使在狱诸人，怖苦发心"⑤。最初佛教同愿会派教化组干事、职员等轮流赴监狱布道，后改派法师前往。青岛监狱当局"以人生痛苦，囚犯为极，非假佛法威力，难可解脱"。遂向湛山寺虔聘法师，"每月两次赴狱中说法，一般囚犯闻后受感动云"⑥。

最后，禁屠放生。佛教认为，一切众生皆有佛性，如杀众生，就等同断佛种子。这种慈悲心使佛教在实践上从消极的禁屠行为，进展到积极地解救

---

① 青岛市档案馆，档案号：D000311－00070－0002，《佛教同愿会规定念佛例会，每月十五日在湛山念佛，请交通公司特为加车》，《青岛新民报》1940 年 7 月 18 日。

② 青岛市档案馆，档案号：D000313－00050－0010，《佛教同愿会中秋节念佛——祈祷世界和平》，《青岛新民报》1940 年 9 月 15 日。

③ 青岛市档案馆，档案号：D000314－00042－0016，《湛山寺祈祷和平建药师佛道场——佛教同愿会于十五日将开第四届念佛大会》，《青岛新民报》1940 年 10 月 13 日。

④ 《本会二十九年度会务报告》，《同愿》第二卷第八、九期合刊，1941 年 9 月 25 日，第 29 页。

⑤ 《佛教同愿会第一次年会纪要》，《同愿学报》第一辑，1940 年 12 月 31 日，第 53 页。

⑥ 《青岛监狱感化狱囚》，《佛学月刊》第一卷第二期，1941 年 7 月 1 日。载《民国佛教期刊文献集成》第 95 卷，第 55 页。

一切生灵及保护一切动物的放生行为。佛教同愿会在禁屠与放生方面也做了一些工作，每逢佛教吉日如农历四月初八佛诞日、腊月初八佛成道日，以及阳历十月四日国际动物节，佛教同愿会均联合各界请求伪政府实行全市禁屠，伪中华民国临时政府以及后来的伪华北政务委员会均批准，并通电华北各省、市、县，一律照办，遂成定制。1942 年 5 月，青岛特别市公署就下发了关于准许佛教同愿会呈请四月初八佛诞日禁屠一天的训令。①

四、战后日本佛教的命运

1945 年 8 月 15 日，日本宣布无条件投降，日人在中国境内所组织的各种佛教团体亦随之瓦解，庙产移交中方，僧人撤回日本。

（一）庙产移交

1946 年 1 月，行政院拟订《地方政府接收处理日人寺庙祠宇注意事项》五条，规定：（一）凡日人寺庙祠宇，应由地方政府一律接收，并登记保管。（二）日人寺庙祠宇内有关神权迷信之神像、木主及法物等，均应予以撤除。（三）接收寺庙祠宇，依下列情况分别办理：（1）利用原有庙宇变更名称，或加以改造之，日人寺庙祠宇如系公产，仍收归公有，如系私产，应由所有权人提出确切证件，依法审议后发还。（2）日人新建寺庙祠宇，其土地权属于公有者，一律收归公有。（3）日人新建寺庙祠宇，其土地权属于私有者，依照收复区土地权利清理办法之规定办理。（4）日人寺庙祠宇，系利用原有民房改建者，应依法清理发还。至此，日本在华相关佛教活动，暂时画下了句点。

1945 年 10 月 25 日，青岛市对日军受降的仪式在汇泉跑马场举行。之后，对敌伪资产逐次接收。接收的原则是根据中国陆军总司令部 1945 年 12 月 29 日的电令进行："日产以政府接收为原则，日方庙产应由地方政府接管，如须维持庙容应由地方政府指派主持。"据此，青岛市政府当即派员赴各日方庙宇详做勘验，经查得日方佛教庙产，计有善道寺、西本愿寺、曹溪寺、大光寺、东本愿寺、妙心寺、莲长寺等 7 处。除莲长寺于被焚、房屋全数倒塌外，其余各寺庙均完整。政府责令湛山寺对上述 7 处日本佛教设施进行接收。关于青岛日本佛教寺院的财产状况，据 1946 年 2 月 26 日《日方

① 青岛市档案馆，档案号：D0031—001—00622—0044，《关于准许佛教同愿会呈请四月初八佛诞日禁屠一天的训令》。

庙产由地方政府接管》的文档中所附的调查表可大致了解。

日方庙产教会调查表

名称	地址	备　考
西本愿寺	无棣四路	该庙规模广大，除日本神社外为本市敌产各庙之冠，其中客厅、宿舍、饭堂等各项设备俱全，现由湛山寺僧人接收
善导寺	黄台路	该庙建筑规模略逊于西本愿寺，有大殿一座及楼房一所，客堂、宿舍、澡塘各项设备俱全，现由湛山寺僧人接收
妙心寺	日本神社西旁	该庙外观略逊于善道寺，而房间数目之多、各项设备之完全均过于善道寺，现由湛山寺僧人接收
东本愿寺	胶州路	该庙规模较前三庙为小，但各项设备亦全，现由湛山寺接收
曹溪寺	夏津路	该庙规模略小于东本愿寺，各项设备亦全，由湛山寺接收，现住有女尼一人看守门户
大光寺	夏津路	该庙规模设备均与曹溪寺略同，由湛山寺接收，住有女尼二人看守门户
莲长寺	吉林路	该庙于七七事变时被焚，迄未修复，院中一片瓦砾、房屋均已倒塌，无法利用

　　一开始，安排六所日本佛教寺庙全部由湛山寺负责接收，但是，其他道观和佛寺也曾屡次具文，希望参与分配敌产。如崂山白云洞道人王辅尘就于1946 年 2 月 7 日提交了《为呈请饬拨敌人庙产一所以资研究道学祈鉴准示尊由》的请示。[①] 青岛市政府为公平起见，于 1946 年 3 月 18 日以市长李先良签署《通知》送达湛山寺："查本市敌产庙宇，共计西本愿寺等七处，前由湛山寺暂行接收看管，除莲长寺被焚、房屋倒塌外，其余六处，为维持庙容、并公允分配计，兹派湛山寺僧人代管善导寺及西本愿寺二处。白云洞道士代管曹溪寺、大光寺二处。下清宫道士代管东本愿寺一处。华严寺僧人代管妙心寺一处。"[②] 即市政府将六处寺庙分别交由湛山寺、白云洞、下清宫、华严寺四家佛、道寺院接收保管。10 天之后，中国佛教会整理委员会于 3 月 28 日以《为敌产佛寺据情转请仍交湛山寺管理由》的公函至青岛市政府，认为既然道士可以接收佛寺，"则其他宗教团体亦可效尤，来日纷争将接踵而起"。建议根据湛山寺住持善波的请求，将青岛敌产佛寺七处仍交湛山寺负责管理。但是，青岛市政府于 5 月 8 日送达公函与中国佛教会整理委员

　　① 青岛市档案馆，档案号：B0021－003－00377－0057，《关于将敌产佛庙七处交湛山寺管理的公函》。
　　② 青岛市档案馆，档案号：B0021－003－00377－0137，《关于接收敌产庙宇等七处的通知》。

会，以现已与处理局、信托局遵照中央法令分配完竣为由未予同意。

如前所述，湛山寺事实上只接收了西本愿寺和善导寺两处敌寺，寺庙物品一直由湛山寺保管且保存较为完好。1948 年 7 月 5 日，市政府《关于点验敌产寺庙物品情况的呈文》称："湛山寺保管之西本愿寺较为完全，寺庙家具用品仍存原处由保管人负责保管，现存物品约占原始清册十分之九。"该文所附材料中记载有原来寺庙有香炉等法器多件，佛教经典数部。但"所有物品亦很平常，无贵重者"①。而华严寺所接收的妙心寺别院的动产却遭到了军方的破坏。到 1946 年冬，华严寺奉令驻扎军队。军队进入后，指定一处令僧人栖居，其余各屋均由军队住用。"所有动产，全归军人动用，或移徙，僧人毫无主权。现时所有之动产，或尚存留，或已损坏，或迁移他处。"作为华严寺的监院，法舟对于接收的妙心寺的动产也是"一切茫然，不得明了呈覆"②。

我们以《青岛曹溪寺清册》③为例，来了解一下日本佛寺的地址建物与遗留什器。

曹溪寺地址建物

地址		青岛武城路 2 号	
面积		337.54 平方米	
建物	本堂	56 平方米	青岛地所建物会社所有，曹溪寺赁借
	库里	21 平方米	
	客室（上阶）	16 平方米	曹溪寺所有
	居室（下阶）	16 平方米	
	炊事场、浴室	24.25 平方米	
	应接室	12 平方米	青岛地所建物会社所有，曹溪寺赁借
	居室（下阶）	58 平方米	
	玄关、便所、廊下	17 平方米	

① 青岛市档案馆，档案号：B0026－001－00569－0096，《关于点验敌产寺庙物品情况的呈文》。

② 青岛市档案馆，档案号：B0026－001－00570－0076，《关于接收妙心寺别院动产现时情形的呈文》。

③ 青岛市档案馆，档案号：B0026－001－00542－0183，《青岛高野山大光寺、曹溪寺、妙心寺、东本愿寺物品佛像等清册》，1946 年 3 月。

曹溪寺地址建物

品名	件数	品名	件数
本尊释迦牟尼像	一件	佛像（大小）	五件
佛饭器（金属制）	七个	洒水器	二个
烛台	四对	花瓶（佛前用）	大三对，小一对
金灯笼	二对	香炉（金属制）（大小）	二个
同（烧物）	二个	柄炉	一个
木莲华	一对	献茶果器具	一榍
供茶台	二对	三宝灵碗膳（大小）	二个
磬子（大小）	二个	手持用小磬	一对
木鱼	一个	佛但庄严打敷	五枚
本释尊前护帐	一枚	中梵钟	一个
香箱（大小）	四个	宝钱箱	一个
桌子	三个	椅子	廿七个
下驮箱	一个	佛典、佛教书、杂书	一箱
书（挂抽物）	三本	书	十五枚
画（挂抽物）	十五本	画	六枚
锅釜、茶瓶、其他食器类	若干	水盘、水瓶	若干
小钟	一个	前桌子	二个
炊事用具	一个	米饭釜（陶口制）	二个
炊事户栅	三个	冷藏库	
寿司桶	二个	洗濯用具	
花瓶台（紫檀制）	一个	花瓶（瓷器制）	一个
衣服单□	七个	押入□	五个
桌子（饭台）	二个	电汽小炉	
石油小炉	二个	时计	三个
电话器	一个	砚砚箱	一榍
火钵（大小）	五个	□□□	四个
坐蒲团	七枚	茶席用罩笥	一个
书籍架箱	四个	□□□听取器	一个

品名	件数	品名	件数
纸银质曹溪寺青少年徽章	四十五个	锡制茶瓶	一个
□□（水溜用）	二个	木匠具	若干
农具	若干	誊字板	一橱

（二）改建利用

移交给中方的日本佛寺，首先被改掉了寺名，全部改为具有强烈爱国意味或中国佛教特点的名字。然后被改造利用，或用于公益事业，或被难民、部队占居。

改定敌产寺庙名称表

原有名称	西本愿寺	东本愿寺	善导寺	妙心寺	莲长寺	大光寺	曹溪寺
改定名称	护国寺	国庆寺	昭忠寺	报国寺	国光寺	极乐庵	净土庵

1946 年，西本愿寺（护国寺）和善导寺（昭忠寺）的改建计划都列入了湛山寺和青岛佛学会的工作报告中。《青岛湛山寺三十五年工作报告》云："本寺乃利用西本愿寺僧寮创设私立成章小学一处，以适应社会之需要；利用善导寺专为抗战烈士供设灵位、以资超荐，并将该寺委托比丘尼住持保管，此本寺运用敌产之大概情形也。"[1]《青岛佛学会三十五年工作报告》中说："本年三月由本会佛教同人，以时局关系失学儿童过多，为适应社会之需要，创设私立成章小学一处，于本市无棣四路护国寺内，招收男女学生四百人，呈报本市教育局立案，按章授课，长年经费，悉由本会同人设法筹募。"[2] 私立成章小学最初创办，招收学生 300 人，办学质量好，升学率高。1948 年暑假期间，六年级毕业生男女 41 名及五年级试考生 2 名，全部考入市立中学，成绩名列前茅。青岛公私立小学共 50 余所公认成章小学为冠。家长慕名争送孩子入学，学生增至 500 人，以至学校容纳不下，后又增建校舍 12 间。

善导寺被接收后，由于其建筑基本完好，便决定将其略予修建利用，既节省了修建经费又可以使忠烈祠早日完成。于是，时青岛市民政局局长石钟琇向市政府提出了改造利用善导寺的计划：（一）拟即将昭忠寺改建为忠烈

---

① 青岛市档案馆，档案号：A0021-001-00417-0205，《青岛湛山寺一九四六年工作报告》。

② 青岛市档案馆，档案号：A0021-001-00417-0207，《青岛湛山寺一九四六年工作报告》。

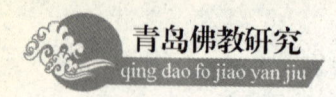
祠；（二）拟将大殿内佛像移去，添置长桌供奉烈士牌位；（三）拟将该寺大门及日人所建石碑二座均予拆除，另建一中国式庙门一座，门上置"忠烈祠"匾牌一面，以新观瞻；（四）将大殿右角亭内日本神像拆除，作为游人休息之所；（五）拟将大殿内两边设置橱窗陈列烈士遗像遗物；（六）拟将楼房辟为烈士子弟学校，籍资培养。① 该建议得到了时任青岛市长李先良政府的同意与支持。

其余移交的日本寺庙多遭占居。据1948年调查，当时东本愿寺、曹溪寺均为难民住居，妙心寺则由鲁东师管区占居，善导寺、大光寺则为联勤总部部队占居，毁坏严重，"各庙物品大半损失"②。

日本佛教为了贯彻日本政府和军方制定的对华文化宗教政策，积极利用宗教为战争服务。日本佛教各宗派在战争中随军布教，扭曲佛教教义，为侵略战争服务，并在青岛建立布教所和别院等，举行慰灵祭，鼓舞军心，树立善待亡者、优待死者家属的"光辉形象"，使生者安心地为"大东亚战争"继续服务。另一方面随着日本全面侵华战争的爆发和进一步扩大，建立佛教同愿会青岛分会，进一步加强对僧侣的控制，以期实现"中日提携"、"大东亚共荣"的目的。日本佛教在青岛的"海外开教"随着日本在华势力的发展而发展，也随着日本的战败而迅速退出中国舞台。自始至终，日本佛教没有在青岛拥有真正的民众基础，未能获取中国民众支持，最终也未获得成功。

---

① 青岛市档案馆，档案号：B0024－001－00754－0126，《青岛市政府民政局关于敌建黄台路善导寺及中山公园忠魂碑改建忠烈祠的呈》。

② 青岛市档案馆，档案号：B0026－001－00569－0096，《关于点验敌产寺庙物品情况的呈文》。

第七章　建国后的青岛佛教

　　青岛解放后，在国家民族宗教政策的引导下，僧人们积极参加了各项爱国活动。在 1956 年农业合作化高潮中，华严寺与太清宫等处寺庙、道观联合办起了生产合作社，过着亦禅亦农的生活，走上了自给自养的道路。1959 年时，崂山有法海寺、潮海院（即石佛寺）、清凉寺、菩萨庙（即文殊普贤庙）、峡口庙、华严寺、毗卢庵、观音寺和灵圣寺 9 座寺院。其中完好和比较完好的有华严寺、法海寺、观音寺、清凉院，破旧的有潮海院（即石佛寺）、毗卢庵、灵圣寺、菩萨庙，已倾圮的有峡口庙。这些寺院中共有和尚 12 人，尼姑 3 人，寄居 5 人。其中，华严寺有和尚 6 人、尼姑 1 人，法海寺有和尚 2 人、寄居 2 人，观音寺有寄居 2 人，潮海院有和尚 2 人，毗卢庵有和尚 1 人，清凉院有和尚 1 人、尼姑 2 人、寄居 1 人。"文革"中，各寺院的神像被砸毁，经卷、文物被焚烧，僧尼被遣散，大殿被封闭或挪做他用。但也有些宗教文物受到了群众的保护，华严寺的《大藏经》和《册府元龟》被青岛市的文化部门抢救出来，沙子口东风船厂的职工把石佛寺和大石寺的五尊铁佛完整地保存下来，源头村居民把法海寺的乾隆年间重修碑拉到家中隐藏起来。十一届三中全会后，党的宗教政策得到恢复和落实，被遣送的僧、尼均落实了政策，并妥善安排了他们的生活。人民政府多次拨款对重点寺院法海寺、华严寺、于姑庵、湛山寺进行维修。1985 年 6 月 1 日，青岛市佛教协会筹备委员会成立，1991 年 7 月 27 日青岛市佛教第一次代表会议召开，会议通过了《青岛市佛教协会章程》，选举产生了青岛市佛教协会第一届理事会，明哲为名誉会长，真寂为会长。

一、明哲法师与湛山寺的发展

　　明哲法师（1925－2012 年）为湛山寺的第四任住持，字日晶，俗名张

251

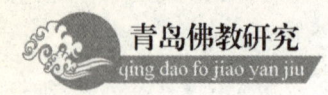
玉祥，号云祥，山东济宁市人。1948年拜上海圆明讲堂圆瑛老法师座前剃度出家，1950年在福州市舍利院慈舟法师门下受三坛具足大戒，1952年随慈老去厦门南陀普寺任僧值职。1953年春在上海随静权大德高僧学天台、华严大教。1954年秋去五台山清凉吉祥寺随能海上师学习戒律和密宗教法。1955年应广济茅逢净如方丈邀请，参加华严法会，作为副讲。1956年以优异的成绩考入中国佛学院，1959年毕业。1979年进中国佛教协会法源寺任监院，兼任中国佛教协会文物馆组长。1980年7月，中国佛学院恢复，任佛学院讲师、监学、教务长等职。1987年11月，被选为山东佛教协会第一届会长，山东省政协委员。1988年6月6日，任青岛市湛山寺方丈。1992年蒙香港湛山寺住持宝灯法师代倓虚大师传天台宗法嗣四十五代。1998年12月任青岛市佛教协会第二届会长。2007年9月，任山东省佛协会长，继续担任湛山寺住持和佛学院院长。2012年9月16日往生，戒腊62夏，终年87岁。明哲大和尚精研佛学八大宗派，台贤并重，是集显密佛学精髓于一身的般若禅行者和佛学教育泰斗，一生戒德庄严，解行相应，致力并献身于佛教教育事业。为中兴湛山寺，呕心沥血，为法忘躯，丕振宗风，功德巍巍！

（一）湛山寺的续建

青岛解放后湛山寺在青岛市人民政府的关怀下，进一步得到发展，但在"文革"中，湛山寺被迫关闭，僧人被遣送，大殿及配房被挪做他用。十一届三中全会以后，随着党的宗教政策的恢复和逐步落实，湛山寺重现光彩。

1982年，湛山寺被青岛市人民政府列入市级重点保护单位。

1983年，国务院确定湛山寺为汉族地区佛教在全国的重点开放寺庙。

1984年7月，原占湛山寺的单位全部搬走，青岛市人民政府先后拨款150万元，由青岛房屋修建公司承包，将被破坏的大雄宝殿、天王殿、三圣殿、藏经楼以及山门、石狮子、药师塔、方丈寮、僧寮、客房、讲经堂等进行了全面大修，同时还修建了厕所、道路，安装了输电线路、上、下水设备、电话总机等。由浙江天台县工艺厂用樟木雕刻了释迦牟尼等佛像15尊；浙江宁波佛像艺术研究所泥塑了四大天王、16尊者（原帛画16尊者像失于"文革"期间）等佛像22尊；由苏州市民丰锅厂铸造了钟和宝鼎等法器。在修复湛山寺的过程中，得到上海龙华寺明旸①、玉佛寺真禅②两位大法师和苏州西园寺安上法师的鼎力协助和支持。

1985 年，香港大光法师向青岛湛山寺赠送了佛舍利和倓虚大师舍利。

1986 年 12 月 30 日，湛山寺正式对外开放。

1988 年，北京广济寺首座明哲法师应邀来湛山寺兼任方丈。同年 6 月 6 日，湛山寺举行了隆重的佛像开光和方丈升座仪式。

1989 年，旅日华侨王淑兰、孙盛兰居士捐资在湛山寺放生池内修建了"兰亭"一处，"兰亭"二字系中国佛教协会会长赵朴初所题。

1989 年，香港显密佛学会郭兆明博士和美国洛杉矶李文琳居士捐资在湛山寺内修建了钟楼和鼓楼。钟楼上悬挂着两吨多的一口大钟，楼下供地藏王菩萨。鼓楼上架放着一面大鼓，楼下供观音菩萨，玉石材质，是青岛信徒从缅甸请来的。

1989 年 5 月，湛山寺东院设立了"青岛湛山寺安养院"。安养院设安养堂、延寿堂等部分，安养堂是安置老年僧尼修行办道、安度晚年之所，延寿堂接待国内外佛教界和有关人士来此供养。此外，寺内还开办了素食部、服务部，以具有佛教特色的素斋、素点和旅游纪念品为各界人士服务。

1996 年，重新装修八角七层的"药师琉璃光如来宝塔"，精工制造了金色铜质药师佛像千尊，装设塔内四壁。塔内各层还有台湾同胞田瑶平居士捐献的铝制红体金色佛像塔两座、李玉玲居士捐献的雕刻玉石药师佛像 32 尊；1998 年，青岛高居士等请九华山匠师雕刻一体四面药师佛三尊，与千尊铜像均装成金身，一并供奉在塔内。

1996 年，翻修改建放生池，在荷花池中建玉石净水观音一尊。

2000 年时，湛山寺所存文物如下③：

湛山寺原有七部藏经，在"文革"中只抢救出一部残缺不全的清代《龙

---

① 明旸法师（1916—2002 年），爱国高僧，福建闽侯（福州市）人，俗家姓陈，著有《圆瑛大师年谱》、《佛法概要》等书。曾任全国第八届政协常委，全国政协宗教委员会副主任，中国佛教协会副原会长，上海市佛教协会会长，北京广济寺、上海龙华寺、宁波天童寺、福州西禅寺方丈，上海圆明讲堂主持。

② 真禅法师（1916—1995 年），江苏东台人，字妙悟，别号昌悟。6 岁从净修法师出家，15 岁受具足戒。先后就读于东台三昧、焦山定慧、镇江竹林等寺之佛学院、及南京华严师范学院。历任竹林寺、上海玉佛寺和静安寺住持，中国佛教协会常务理事、上海佛学院院长、上海佛教协会会长等职务。

③ 明哲：《青岛湛山寺与佛教》，青岛市政协文史资料委员会编：《青岛文物与名胜保护纪实》，青岛出版社 2000 年版，第 54—55 页。

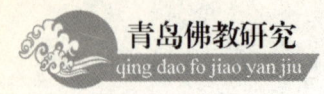
藏》，其余全部被毁。现存共有六部藏经：

第一部《龙藏》，是原存的一部，已残缺；

第二部《大正藏》，100 册，加拿大诚释法师赠送；

第三部《频伽藏》，100 册，从北京购请来；

第四部《标点大藏经》，10 套，每套 12 册，从北京购请来；

第五部《中华大藏经》，100 册，还未购全，从北京购请来的；

第六部《续藏》，150 册，苏州西园寺安上法师[①]赠送。

存原有缅甸玉佛一尊、贝叶经 4 页、乾隆御笔书《千手千眼大悲陀罗尼》1 册（残）、其他铜佛像大小若干，具有一定的文物价值。

2005 年，湛山寺新建卧佛殿、倓虚大师纪念堂。后来，又建成五佛殿、中印高僧堂、佛教文化楼等工程。

20 世纪 80 年代以来，欣逢盛世。政府重修梵宇琳宫，金碧辉煌。湛山寺法运昌隆，梵行庄严，中外善信倾心皈向，再创历史之鼎盛，增时代之光辉。

（二）湛山佛学院

1935 年，湛山寺讲堂修起之后，由沈鸿烈市长发起设立佛学专科补习班，选二十名资质优秀的出家人，授以各部经典。1940 年 11 月，把专科补习班改为私立湛山寺佛教学校，也称"湛山佛学院"。湛山佛教学校前后持续十余年，成为当时国内一流的佛教僧才培育基地，培养僧才众多，现仍有不少健在者任职于海内外各大寺院。建国后，该校停办。1999 年，湛山寺成立了"湛山寺僧伽学习班"和"五明佛学研修班"。2004 年，经国家宗教局批准，复办青岛湛山佛学院为省级佛学院，取名为山东湛山佛学院，明哲方丈被任命为院长。学院在省市宗教主管部门领导下，由山东省佛教协会、青岛市佛教协会、青岛湛山寺主办。首届佛学院大专班录取新学僧 40 余名，于 2007 年 6 月圆满毕业。2006 年秋，又增开了佛教青年学习班，一期学员八十多人，大专及以上学历占 70%。

---

① 安上法师（1928－1997 年），俗姓杨，名向晨，辽宁绥中县人。1945 年高台乡青龙寺出家，1947 年在沈阳万寿寺受具足戒，1952 年到江南佛教圣地灵岩山寺，1959 年被选送中国佛学院深造。他学识渊博，极具组织能力，曾应邀海内外众多重大法会现场主持，被誉为"全国总知客"，弘传了佛教文化，增进了海内外佛教界的友谊和交流。创办了"戒幢佛学研究所"，为寺院培育了大批现代僧才。安上法师历任中国佛协常务理事、江苏省和苏州市佛协副会长兼秘书长、中国佛学院灵岩山和栖霞山两分院副院长、苏州西园戒幢律寺方丈。

湛山佛学院的办学方针是"教观总持，解行并进，勤修三学，精学五明"。院训是"信解行证"，努力将丛林学院化，将学院丛林化，爱国守法，爱教守戒，二谛圆融，弘法利生，在继承传统、顺应时代的原则下，奠定山东湛山佛学院的教育文化体系："显密圆融，台贤并重，禅净双修"，实现办学规范化、制度化、科学化，将佛学院办成适应时代需要的高水平佛教院校。

二、北宋金银书《妙法莲花经》面世

1951年土地改革时，即墨各村将没收地主和庙宇的一些文物上缴县文物管理工作组，这部《妙法莲花经》亦上交县文物管理工作组保存。同年，胶州专署派员来即墨调走文物32大箱，金银书《妙法莲花经》第六卷亦在其中。1984年即墨县博物馆建立后，这部佛经的一、二、三、四、五、七卷即移交县博物馆收藏。第六卷则遗存于胶州市博物馆。

北宋金银书《妙法莲花经》共7卷，28品。全经均用宋代精制磁青纸书写，每张纸纵30.5—31厘米，横51—52厘米，每卷用纸16.5—25张不等。各卷卷前均有金银泥绘制的经变画，每幅画用纸3张。部分经纸有银丝栏，框高22.5—23厘米。经文系用金银泥书写，楷书。经文书写工整，文字结构严谨，为宋代书法艺术精品。每纸书写26—33行，每行16—20字不等。凡经名及菩萨、如来、世尊诸佛名皆为金书，其余为银书。每卷经文开端的右上角书经名及序次，下书"后秦三藏法师鸠摩罗什奉诏译"。第七卷卷尾有银书"庆历四年（1044）太岁甲申十二月戊子朔五日壬辰弟子何子芝造此经一部谨记"的题记。后又有金书"大明洪熙元年（1425）孟秋吉旦善人葛福诚重修补造毕"的题记。

各卷卷前图画，一般包括护法神像、经变画、供养人像、如来说法图等部分。各幅画面均有文字榜题。经变画的榜题以简练的文字说明画的内容，各卷经变画内容与该卷各品经文内容相应。供养人像上方有题记，各卷略有不同。如第五卷以金银泥绘二女供养人肖像，上方金书题记："果州西充县抱戴里弟子何子芝与同寿女弟子陈氏、长男文用、次男文祚、小男文一同造此经，愿长保安吉，供养亡过母亲杨氏。"如来说法图皆如来居中，并绘梵王、帝释、天王、菩萨、比丘弟子等，其中如来、梵王、天王、菩萨等为金面，余为银面。除第一卷外，各卷经文均按护法神像、经变画、供养人像、如来说法图、经变画、经文顺序接排。第一卷没有经变画和供养人像，护法

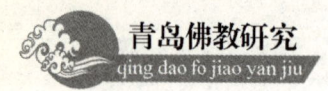
神像、如来说法图后所续一纸，以八宝杂花为地，间绘宝匣、宝龛各一，并有"大乘法宝"、"皇帝万万岁"、"仁宗御赞"牌记各一。其后经文纸色略浅并薄于他卷，文字风格亦与他卷不同。则第一卷除护法神像、如来说法图外，当为明代洪熙元年所补。

这部佛经共二十八品。第一卷二品：《序品第一》、《方便品第二》。第二卷二品：《譬喻品第三》、《信解品第四》。第三卷三品：《药草喻品第五》、《授记品第六》、《化城喻品第七》。第四卷六品：《五百弟子授记品第八》、《授学无学人记品第九》、《法师品第十》、《见宝塔品第十一》、《提婆达多品第十二》、《劝持品第十三》。第五卷六品：《随喜功得品第十八》、《法师功德品第十九》、《常不轻菩萨品第二十》、《如来神力品第二十一》、《嘱累品第二十二》、《药王菩萨本事品第二十三》。第六卷四品：《安乐行品第十四》、《从地涌出品第十五》、《如来寿量品第十六》、《分别功德品第十七》。第七卷五品：《妙音菩萨品第二十四》、《观世音菩萨普门品第二十五》、《陀罗尼品第二十六》、《妙庄严王本事品第二十七》、《普贤菩萨劝发品第二十八》。其中第五、六两卷品序倒错。

全部经卷俱经装裱，全为卷轴装。除第四卷外，其他各卷包首均残，前杆全失。包首用黄色及淡青色云纹绫，宽26－27厘米不等，内面为金色樗蒲纹印花绢，宽9－10厘米。各卷经首纸横宽26－27厘米，经尾纸横宽43－59厘米。木轴，平头。全部经卷以细白麻纸裱背。包首内印花绢的纹饰十分清晰。

1986年8月上旬，著名文物鉴定专家史树青和刘光启于青岛讲学时，对该经进行了初步鉴定，共同认为：北宋时用金银写经是中国考古史上的一次空前发现，书写经文的磁青纸是宋代特制的名纸，就造纸历史而论，这是今日能见到的最早、最精的制品，因而确认该经为一件世所罕见的国宝。应即墨县博物馆和青岛市文物管理委员会的要求，国家文物鉴定委员会于1987年3月26日在中国历史博物馆举行了北宋金银书画《妙法莲花经》鉴赏会。国家文物鉴定委员会主任委员启功、副主任委员史树青、刘巨成等50余位专家、学者参加了鉴赏。鉴定结论为：《妙法莲花经》又称《法华经》，是大乘派佛教经典。各卷经变画画风沿袭了唐代吴道子的"吴家样"风格，均有详细的题榜，具有唐代佛教内容卷轴画的艺术传统。这种在四川完成的，流传于山东即墨、胶县的金银书画作品，不但是研究北宋时期四川绘画和书法的代表作，对研究中国美术史、宗教史都具有重要价值。但这部佛经的渊源以及流传至即墨的情形尚待考证。

三、灵珠山菩提寺的兴建

灵珠山菩提寺（原称白云寺），位于珠山国家森林公园内，是一处汉传佛教禅宗道场，始建于明朝末年，清朝咸丰六年（1856）重修，民国三十一年（1942）二次重修，"文革"期间停止宗教活动，1972 年彻底毁坏。

2006 年初，黄岛区政府决定恢复重建菩提寺，同年 11 月 22 日和 12 月 7 日得到了省、市宗教事务局的重建批复，并于 12 月 26 日进行了隆重的奠基仪式。经各方共同努力，2009 年 9 月 20 日，菩提寺圆满竣工，9 月 28 日隆重举行了盛大的落成开光仪式。中国佛教协会咨议委员会副主席、中国政协委员、山东省政协常委、山东省佛教协会会长、青岛市佛教协会会长、山东湛山佛学院院长、青岛湛山寺方丈明哲长老荣膺菩提寺方丈，主持了"祈祷国泰民安、世界和平"庆典法会。开光以来，灵珠山菩提寺作为黄岛区新推出的宗教文化景点受到了广泛关注，吸引各方游客纷至沓来。

灵珠山菩提寺占地 82 亩、总建筑面积 8000 平方米。主要建筑有庙前广场、山门殿、天王殿、东西配殿、毗卢宝殿、藏经楼、观音殿、上客堂、菩提院、僧寮、斋堂等。寺庙的主体建筑由青岛安泰信集团有限公司捐资 2000 余万元，并承建。佛像及法事用品由区内企业及信徒捐资 1260 万元购置。庙区道路、绿化、广场设施等配套工程由区政府出资建设。寺庙建筑有四大特色：一是影壁，影壁正面雕刻的是唐代画圣吴道子所绘佛陀说法图，真迹现珍藏于故宫博物院，此次属第一次公开；二是广场设施，牌楼、法幢、经幢在全国寺院中属一流；三是毗卢宝殿佛像，佛像制作精美，神态举止庄重，质地全部为整体香樟木贴金；四是四面千手观音，圆通宝殿内 16 吨重的四面千手观音有 2400 多只手、眼，质地为电解铜贴金，该造型全国范围内独一无二。灵珠山菩提寺从青岛湛山寺精选 20 名优秀僧人组成，现服务居士 100 余人，每天开展正常的佛教活动，接待十方香客和游人。

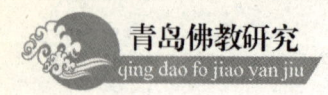

参考文献

一、著作

1. 谋乐：《青岛全书》，胶督署青岛印书局刊 1912 年版。

2. 袁荣叟：《胶澳志》，台北文海出版社 1969 年版。

3. 汤用彤：《汉魏两晋南北朝佛教史》，中华书局 1983 年版。

4. 任继愈：《中国佛教史》（1－3 卷），中国社会科学出版社 1982 年、1985 年、1988 年版。

5. 青岛市档案馆：《帝国主义与胶海关》，中国档案出版社 1986 年版。

6. 山东省政协文史资料委员会编：《山东文史集粹》（上），中国文史出版社 1988 年版。

7. 《弘一大师全集》编委会：《弘一大师全集》10 册，福建人民出版社 1991－1993 年版。

8. 周至元：《崂山志》，齐鲁书社 1993 年版。

9. 李恩浦：《于七起义》，青岛出版社 1995 年版。

10. 林子青：《弘一法师年谱》，宗教文化出版社 1995 年版。

11. 杨曾文：《日本近现代佛教史》，浙江人民出版社 1996 年版。

12. 青岛市史志办公室：《青岛市志·崂山志》，《青岛市志·民族宗教志》，新华出版社 1997 年版。

13. 山东省地方史志编纂委员会：《山东省志·少数民族志/宗教志》，山东人民出版社 1998 年版。

14. 潘桂明：《中国居士佛教史》（上、下册），中国社会科学出版社 2000 年版。

15. 青岛市政协文史资料委员会：《青岛文物与名胜保护纪实》，青岛出版社 2000 年版。

16. 青岛市档案馆：《胶澳租借地的经济与社会发展》，中国文史出版社

2001 年版。

17. 何劲松：《近代东亚佛教——以日本军国主义侵略战争为线索》，社会科学文献出版社 2002 年版。

18. 韩养民：《中国古代寺院生活》，陕西人民出版社 2002 年版。

19. 吴绍田：《源远流长的东莱文明：大泽山文化研究》，山东人民出版社 2002 年版。

20. 倓虚讲述、大光记录：《影尘回忆录》，宗教文化出版社 2003 年版。

21. 楼宇烈：《中国佛教与人文精神》，宗教文化出版社 2003 年版。

22. 陈引驰：《佛教文学》，上海人民美术出版社 2003 版。

23. 黄宗昌：《崂山志》，香港新世纪出版社 2003 年版。

24. 吴绍田：《源远流长的东莱文明：平度历代碑刻研究》，山东人民出版社 2004 年版。

25. 安作璋、王志民：《齐鲁文化通史（全八册）》，中华书局 2004 年版。

26. 曹越主编、孔宏点校：《明清四大高僧文集·憨山老人梦游集》，北京图书馆出版社 2005 年版。

27. 王向远：《日本对中国的文化侵略：学者文化人的侵华战争》，昆仑出版社 2005 年版。

28. 何光沪：《宗教与当代中国社会》，中国人民大学出版社 2006 年版。

29. 江灿腾：《晚明佛教改革史》，广西师范大学出版社 2006 年版。

30. 青岛市政协文史资料委员会：《青岛文史资料》第 16 辑，青岛出版社 2006 年版。

31. 杨庆堃著、范丽珠译：《中国社会中的宗教——宗教的现代社会功能与其历史因素之研究》，上海人民出版社 2007 年版。

32. 林子青：《弘一法师书信》，三联书店 2007 年版。

33. 道坚：《中国佛教与社会探论》，宗教文化出版社 2007 年版。

34. 青岛市档案馆：《〈青岛开埠十七年——胶奥发展备忘录〉全译》，中国档案出版社 2007 年版。

35. 夏清瑕：《憨山大师佛学思想研究》，学林出版社 2007 年版。

36. 杨曾文：《日本佛教史》，人民出版社 2008 年版。

37. 黄肇颚：《崂山续志》（点校本），山东省地图出版社 2008 年版。

38. 潘怡为：《崂山佛教》，青岛出版社 2009 年版。

39. 任宜敏：《中国佛教史——明代》，人民出版社 2009 年版。

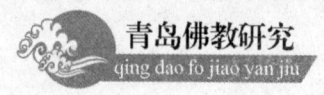
40. 王红蕾：《憨山德清与晚明士林》，中国社会科学出版社 2010 年版。

41. 青岛市崂山区史志办公室：《游览崂山闻人志》，方志出版社 2010 年版。

42. 陈玉女：《明代的佛教与社会》，北京大学出版社 2011 年版。

43. 孙顺华：《古今青岛》，青岛出版社 2012 年版。

44. 孙德汉：《青岛文化通览》，山东人民出版社 2012 年版。

45. 《憨山老人梦游集》，福建省莆田广化寺佛经流通处。

46. ［日］道端良秀著、徐明、何燕生译：《日中佛教友好二千年史》，商务印书馆 1992 年版。

47. ［日］释圆仁原著、［日］小野胜年校注、白化文等校注：《入唐求法巡礼行记校注》，花山文艺出版社 1992 年版。

二、论文

1. 《近代名刹湛山寺对外开放》，《法音》1987 年第 2 期。

2. 《用金银字书写的〈妙法莲花经〉被确认为稀世珍宝》，《图书馆杂志》1987 年第 3 期。

3. 江灿腾：《晚明佛教复兴运动背景的考察——以憨山德清在金陵大报恩寺的磨炼为例》，《东方宗教研究》第一期（1987 年）。

4. 《明哲法师荣膺青岛湛山寺方丈》，《法音》1988 年第 8 期。

5. 佛宣：《青岛湛山寺举行佛像开光暨明哲法师荣膺方丈升座仪式》，《法音》1988 年第 8 期。

6. 郑俊坤：《己巳浴佛日湛山寺随喜呈明哲上人及诸大德》，《法音》1989 年第 9 期。

7. 潘桂明：《晚明"四大高僧"的佛学思想》，《五台山研究》1994 年第 4 期。

8. 韩秉方：《罗教及其社会影响》，《世界宗教研究》1994 年第 1 期。

9. 高凤林：《隋唐时期山东地区与日本、朝鲜之间的交流与往来》，《山东师大学报（社会科学版）》1994 年第 1 期。

10. 朱亚非：《从〈入唐求法巡礼行记〉看唐代山东的对外交往》，《文献》1996 年第 4 期。

11. 孟国祥：《日本利用宗教侵华之剖析》，《民国档案》1996 年第 1 期。

12. 于洪江：《拜读倓虚大师著〈影尘回忆录〉感赋》，《佛教文化》1997 年第 1 期。

13. 肖平：《近代日本在华所办佛教机构之调查（1876—1946）》，《外国问题研究》1998 年第 1 期。

14. 郭菘：《湛山名刹一代高僧——记爱教爱国的明哲法师》，《中国人才》1998 年第 8 期。

15. 刘凤君：《论青州地区北朝晚期石佛像艺术风格》，《山东大学学报（哲社版）》1998 年第 3 期。

16. 刘凤君：《青州地区北朝晚期石佛像与"青州风格"》，《考古学报》2002 年第 1 期。

17. 侯坤宏：《抗战前后日本在华从事有关佛教的活动》，《近代中国与世界——第二届近代中国与世界学术讨论会论文集（第二卷）》2000 年。

18. 忻平：《日本佛教的战争责任研究》，《华东师范大学学报（哲学社会科学版）》2001 年第 5 期。

19. 王奎珍：《新时期青岛市宗教群体演变及其结构分析》，《中共青岛市委党校 青岛行政学院学报》2001 年第 2 期。

20. 何宗旺：《居士与中国近代佛教复兴运动》，《长沙大学学报》2002 年第 3 期。

21. 夏清瑕：《憨山德清的三教一源论》，《佛学研究》2002 年。

22. 郑国：《"法显与中国佛教文化——纪念法显赴印取经由崂山登陆 1590 周年学术研讨会"综述》，《世界宗教研究》2003 年第 3 期。

23. 胡巧利：《德清雷州事迹述评》，《广东史志》2003 年第 3 期。

24. 濮文起：《近代僧伽教育之父——倓虚》，《中国宗教》2004 年第 9 期。

25. 韩三洲：《从绚烂之极归于平淡 倓虚眼中的弘一法师》，《博览群书》2004 年第 5 期。

26. 戴继诚：《憨山大师与海印寺》，《五台山研究》2004 年第 4 期。

27. 濮文起：《传法不传座——倓虚的僧伽管理思想与实践》，《佛教文化》2005 年第 4 期。

28. 濮文起：《弘一与倓虚》，《世界宗教文化》2005 年第 2 期。

29. 杜常顺：《明朝宫廷与佛教关系研究》，暨南大学 2005 届博士毕业论文。

30. 李巍、张守泉：《续灯畅宗风 利乐愿无穷——记青岛湛山寺明哲法师》，《中国宗教》2006 年第 10 期。

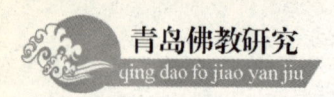
31. 林希玲、聂阿山：《宗教问题与构建社会主义和谐社会研究》，《中央社会主义学院学报》2006 年第 5 期。

32. 《中国宗教》记者采访组：《心手相连 扬帆远航——青岛宗教工作访谈录》，《中国宗教》2006 年第 8 期。

33. 青岛市委统战部：《青岛市积极创新宗教团体建设思路》，《中国统一战线》2006 年第 5 期。

34. 濮文起：《倓虚与湛山寺》，《中国民族报》2006 年 9 月 6 日。

35. 戴继诚、赫丽莎：《晚明佛教：短暂的辉煌与深远的影响》，《宗教学研究》2006 年第 3 期.

36. 张晓芳：《山东国民政府文化政策研究（1928－1937)》，山东师范大学 2007 届硕士论文。

37. 顾琰琰：《青岛慈善总会与宗教团体共商慈善大计》，《中国民族报》2007 年 7 月 10 日。

38. 顾琰琰：《青岛市宗教团体融入慈善》，《招商周刊》2007 年 7 月 23 日。

39. 崔博娟：《山东明清佛教建筑地域性初探》，青岛理工大学 2007 届硕士毕业论文。

40. 王红蕾：《从憨山德清的交往看晚明丛林与士林的思想互动》，《南开学报（哲学社会科学版)》2007 年第 3 期

41. 崔传富：《平度碑刻考略》，《东方艺术》2007 年第 4 期。

42. 代桂云、左鹏：《青岛市民宗局积极引导宗教与社会主义社会相适应》，《人民政协报》2008 年 4 月 17 日。

42. 高建华：《国民政府时期青岛慈善事业研究（1945－1949)》，青岛大学 2008 届硕士论文。

43. 青岛市宗教局：《青岛市宗教界开展创建"四型"宗教团体活动》，《中国宗教》2008 年第 6 期。

44. 孙雪峰：《倓虚与近代中国东北佛教》，《民营科技》2008 年第 3 期。

45. 付华：《胶州地名与宗教考略》，《中国地名》2008 年第 2 期。

46. 梁树清：《崂山僧道之争刍议》，山东大学 2008 届硕士毕业论文。

47. 程少燕：《日僧圆仁视野中的唐代青州》，青岛海洋大学 2008 届硕士毕业论文。

48. 刘玉霞：《崂山道教的历史地理研究》，青岛海洋大学 2008 届硕士

毕业论文。

49. 翟广顺：《弘一法师李叔同的教育思想及其青岛时期的佛教活动》，《中共青岛市委党校·青岛行政学院学报》2009 年第 6 期。

50. 李明：《民国时期僧教育研究》，山东师范大学 2009 届硕士毕业论文。

51. 邢子、桑吉：《"倓虚大师在近现代佛教史上地位"座谈会召开》，《佛教文化》2009 年第 5 期。

52. 鲁统彦：《山东隋唐时期佛教述论》，《临沂师范学院学报》2009 年第 5 期。

53. 《构建和谐社会 祈祷世界和平——湛山寺佛诞节浴佛法会圆满结束》，《青岛画报》2009 年第 7 期。

54. 《续佛慧命 弘慈广济—记湛山寺方丈明哲法师》，《青岛画报》2009 年第 7 期。

55. 王欣、盛晓平：《名刹湛山寺》，《走向世界》2009 年第 26 期。

56. 妙醒：《山东青岛灵珠山菩提寺隆重举行佛像开光暨明哲长老升座庆典法会》，《法音》2009 年第 10 期。

57. 张玉峰：《唐宋元明时期崂山旅游文化探析》，山东大学 2009 届硕士毕业论文。

58. 李明：《民国时期僧教育研究》，山东师范大学 2009 届硕士毕业论文。

59. 赵月超：《日本第二次占领青岛时期的官办祭祀研究》，中国海洋大学 2009 届硕士毕业论文。

60. 肖贵田：《东方佛韵——"山东佛教造像艺术展"》，《中国博物馆》2010 年第 2 期。

61. 鲁统彦：《山东唐朝时期佛教的地理分布》，《山东师范大学学报》2010 年第 1 期。

62. 姜继兴：《湛山寺 我国最年轻的汉传佛教寺院》，《城乡建设》2010 年第 10 期。

63. 《明哲方丈：精心擘划湛山寺的未来》，《青岛画报》2010 年第 1 期。

64. 《无缘大慈 同体大悲——湛山寺举办为青海玉树抗震救灾捐献法会》，《青岛画报》2010 年第 5 期。

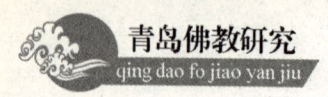
65. 刘庆：《青岛地区物质文化遗产保护与利用研究》，山东大学 2010 届博士毕业论文。

66. 任双霞：《大泽山老母信仰的转变》，山东大学 2010 届博士毕业论文。

67. 王孺童：《倓虚大师〈念佛论〉之天台净土观》，《法音》2010 年第 7 期。

68. 景扶明、景安颂：《憨山大师由五台山至崂山的奇缘和悟道境界》，《五台山研究》2011 年第 3 期。

69. 刘海宇、史韶霞：《青岛市博物馆藏双丈八佛及相关问题探析》，《敦煌研究》2011 年第 4 期。

70. 班泰勇：《倓虚大师佛学思想研究》，山东大学 2011 届硕士毕业论文。

71. 李雪皎：《日本佛教在青岛的"海外开教"》，中国海洋大学 2011 届硕士毕业论文。

72. 卢忠帅：《明末佛教四大高僧慈悲思想的社会实践》，《五台山研究》2012 年第 2 期。

73. 孙宇男：《憨山德清：圆融化一的佛道观》，《中国宗教》2012 年第 9 期。

74. 陆安：《揭开青岛日本居留民团的神秘面纱》，《文史春秋》2012 年第 2 期。

75. 王焰安：《憨山交游考之一：僧人法师》，《韶关学院学报》2013 年第 11 期。

76. 王焰安：《憨山大师交游考之二：与官宦贵戚（上）》，《韶关学院学报》2014 年第 3 期。

77. 王焰安：《憨山大师交游考之二：与官宦贵戚（下）》，《韶关学院学报》2014 年第 5 期。

78. 何孝荣：《从高僧到大师：憨山德清的崂山生涯》，《江西社会科学》2014 年第 10 期。

三、网站

1. 中华佛学网 http：//www.aaa110.com

2. 宝华寺 http：//www.baohuasi.org

3. 佛缘网站 http：//www.foyuan.net

后 记

佛教只佩戴一把剑，那就是智慧之剑，佛教只认得一个敌人，那就是无明。千百年来，佛教用智慧和慈悲拯救人类普度众生，对此，历届党和国家领导人不仅高度认同佛教文化价值，而且尊重佛教信仰和基本理念。毛泽东主席曾经说过："我们共产党从献身精神上来讲，与佛教有相同之处。共产党就是信仰马列主义这个'佛'，高举无产阶级革命的旗帜，拯救天下穷人脱离苦海。"新中国成立以来，历届领导人在任内或者退休后，都与佛教界人士保持着紧密的联系，这与佛教在中国社会的作用和地位有着密切关系。佛教自传入中国以来，在中国的历史和文化领域有着重要的影响力。佛教作为一种充满了智慧与理性的宗教，它的诉求对促进和谐社会、和谐世界亦有不可忽视的作用。2014 年 3 月 27 日，中华人民共和国主席习近平在巴黎联合国教科文组织总部发表演讲说："佛教产生于古代印度，但传入中国后，经过长期演化，佛教同中国儒家文化和道家文化融合发展，最终形成了具有中国特色的佛教文化，给中国人的宗教信仰、哲学观念、文学艺术、礼仪习俗等留下了深刻影响。中国唐代玄奘西行取经，历尽磨难，体现的是中国人学习域外文化的坚韧精神。……中国人根据中华文化发展了佛教思想，形成了独特的佛教理论，而且使佛教从中国传播到了日本、韩国、东南亚等地。"对佛教的意义给予高度评价。

若不建立在道德上，不以全民的意愿作为施政的目标，政治容易流于权术的运作，从政者更容易受权欲所支配，导致互相斗争，争权夺利。社会若不借助佛教因果的力量来安定人心，和谐安宁恐怕难以圆满实现。佛教的慈悲无远弗届，能够将蛮横未开的边疆，教化成开明有礼的中土；佛教的忍辱无坚不摧，能够将世代的仇衅消弭于无形；佛教的感恩无愿不遂，能够填补欲望的沟壑；佛教的智慧无事不成，能够感化顽强为驯良。所以，有时政治力量达不到的地方，佛教可以弥补不足，发挥它的功效，超越政治的狭隘。

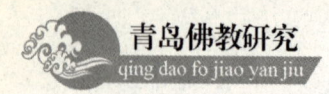
因此，我们要树立与时俱进的马克思主义宗教观，传承、弘扬中国佛教文化的正能量，在实现中华民族伟大复兴的中国梦中做出新贡献。

五年前，笔者在致力于《崂山道教史》研究的过程中，就发现了崂山丰富的佛教文化元素——东晋高僧法显取经归来在崂山登陆、北魏时创建了崂山法海寺、明末高僧憨山大师驻锡崂山十二年、清代黄宗昌父子兴建崂山华严庵……在进一步探究的基础上，又发现了崂山之外的大泽山、天柱山、大珠山、灵山等地众多的佛教文化遗迹。青岛市内，二十世纪三十年代兴建的湛山寺成为最年轻的天台宗佛教寺院，先后聘请慈舟、弘一等大师来湛山寺佛教学校讲学，培养了大批优秀僧才，弘法海内外……透过这些文化元素，青岛佛教自强不息、包容并蓄、教化社会、利益众生、厚德载物、协和万邦的特质与品格清晰可见。系统研究这一文化现象的想法，有幸得到了社会各界的共鸣与认可，2012 年被立项为青岛市社科规划项目。如今，拾掇成《青岛佛教研究》一书，有幸作为《崂山道教史》的姊妹篇吧。

感谢青岛理工大学、中国海洋大学各级领导和同事们的关心与支持！感谢北京人文在线编辑部的辛勤工作！生命有限，学海无涯，在久远的青岛佛教历史和浩瀚的佛教知识面前，个人显得如此单薄、渺小。才疏学浅难免一叶障目，教外俗人的外行话不免贻笑大方。怀着忐忑的心情，祈望方家不吝赐教为盼！

作者

乙未年于青岛